尾佐竹猛研究

明治大学史資料センター【編】

日本経済評論社

尾佐竹　猛

尾佐竹（右）と父（中央）・弟（左）

明治大学　旧（３代目）記念館（1931年）

はしがき

明治一四年（一八八一）に開校した明治大学は、平成一九年（二〇〇七）に創立一二六周年を迎えた。われわれは、このように長い歴史を持つ明治大学に固有な学問的傾向、または知的伝統を「駿台学」ということばで表わし、本格的に検討をおこなってきた。

本書は、われわれが「駿台学」の体現者として最もふさわしい人物であると考えている尾佐竹猛（おさたけ・たけき）を対象とした共同研究（尾佐竹猛研究会）の成果である。研究会には現在、明治大学に所属する各分野の研究者が参加し、およそ三年にわたって調査・研究を進めた。したがって、その視点も多岐にわたっており、多面的に尾佐竹とその業績について分析できたのではないかと自負している。

さて、尾佐竹は明治一三年（一八八〇）一月、旧加賀藩の下級士族の家に生まれた。同二九年（一八九六）、明治大学の前身である明治法律学校に入学、同三二年七月に優秀な成績で卒業した。その後は、福井・名古屋・東京で地方・控訴院の判事を歴任し、大正一三年（一九二四）には大審院判事になった。その一方で、研究者として数々の著書や論稿を発表、明治文化研究会の中心人物としても知られ、昭和三年（一九二八）に東京帝国大学より法学博士の学位を授与されている。また、母校明治大学をはじめ、東京帝国大学などで教鞭をとり、明治大学文学部の前身である専門部文科の設立にも尽力した。

本書は、平成一五年（二〇〇三）に開設された明治大学史資料センターにとって初めての研究論文集であるが、尾佐竹がその生涯で著した業績については、すでに『尾佐竹猛著作集』全二四巻（明治大学史資料センター監修、ゆまに書房発行、平成一七年九月〜同一八年九月）として刊行されているので、あわせて参照いただければ幸いである。

平成一九年八月

明治大学史資料センター所長
渡辺　隆喜

目次

序章　尾佐竹史学の成立

渡辺隆喜

はじめに

明治大学は大正七年（一九一八）公布の大学令下で、「大明治建設」をうたい綜合大学の構築を合言葉にしたが、一方で学問のあり方が問われるようになり、やがて「学の明治」樹立のスローガンになる。大正・昭和戦前期は「大明治建設」と「学の明治」建設の両スローガンの交差期で、戦後に展開する学問の前提にもなった時期である。今日の綜合大学化の試みは、社会的不況とのかかわりで抑制的時期に突入しているが、「学の明治」のあり方は、それ故にこそ一層検証の必要が高まっており、学問の世界の将来的展望や個性ともかかわって、再検証されねばならない時に逢着しているのである。われわれが「駿台学」を課題とする意味も、このような時代的要請と無関係ではない。

ここで「駿台学」とは、明治大学に個有な学問的傾向、または知的伝統を表現するものである。そのため本書では、その最初の体現者と思われる尾佐竹猛の学問を検討する。尾佐竹は金沢藩の最下級士族、実質的に足軽の立場にあった尾佐竹保の長男として明治一三年（一八八〇）一月に生まれ、同二九年（一八九六）、明治法律学校に入学した。

明治三二年（一八九九）七月に首席で卒業し、(1) 司法官試補を経、福井、名古屋、東京の地方裁判所判事となる。大正二年（一九一三）五月、出世して東京控訴院判事となり、大正一三年（一九二四）一月には大審院判事になっている。このとき四五歳であった。(2)

後にみるように、地方裁判所判事から控訴院判事の時期、つまり明治四〇年代から大正一三年頃までの時期が、彼の学問形成期であり、民本主義を唱え時代の寵児となった吉野作造が明治大学に出講していた時期でもあり、尾佐竹もこれに近く、大正デモクラシーの影響のもと学問的基礎を形成したことになる。法律的実務の研究をつうじて歴史学に接近する尾佐竹の学問的態度は、必然的に借り物的西欧法律の日本的定着過程、あるいは日本的慣行との調和がいかなるものであったかという視点を導入することになった。まさに直訳的法律学および法制度の、日本的調和の関係が、大正期という時代的要請とかかわって民本主義的立場を考慮しつつ問われることになったのである。この尾佐竹の学問形成の時代的背景はまた明治大学の建学理念とかかわっていたのである。

一　尾佐竹猛の業績の成立

尾佐竹は自己の業績の総括ともいうべき『明治維新』(3) で、「私の研究は「明治維新史」から「明治文化史」に入り、それより「明治憲政史」に進んだ。といふよりも、此三者を並立的に研究して居るといった方がより適当であるかも知れぬ」と研究の来歴を述べている。この言をそのまま聞くと、維新史→文化史→憲政史と継続的に研究が深化したと思われがちであるが、実態はそうではない。むしろ言の後半で述べているように「並列的に研究」とした方がより正確であろう。もっと直接的な言い方をすれば、憲政史→文化史→維新史と逆説的に研究が深化し拡大したといった方がよいと私は考えている。その理由は以下に述べるが、この事が明治大学の建学理念とかかわり、駿台学の樹立に途を開く、正当な方法であったのである。
尾佐竹の業績を検証するに際し、まずその著書の成立過程を年代との関連で確認しておこう。早期出版の順に示せば次のようになる。

大正八年　　　　　　柳河春三
大正一四年一〇月　賭博と掏摸の研究
大正一四年一二月　維新前後に於ける立憲思想
大正一五年七月　　明治文化史としての日本陪審史
大正一五年一〇月　明治警察裁判史
大正一五年一二月　国際法より観たる幕末外交物語
昭和二年　　　　　明治憲政史
昭和五年六月　　　日本憲政史
昭和一二年九月　　日本憲政史論集
昭和一三年二月　　日本憲法制定史要　明治政治史点描
昭和一三年一一月　日本憲政史大綱
昭和一七年一一月　明治維新　上巻
昭和一八年四月　　明治維新　中巻

最初の著作『柳河春三』は、幕末の洋学者で、伊藤圭介・上田帯刀に蘭学を学び医を業とした人物である。彼は英・仏語にも通じ、幕府開成所教授にもなった。日本最初の雑誌『西洋雑誌』や『中外新聞』を刊行している。著書に『洋学指南』などがあるように、幕末期洋学の輸入とその性格を知るうえで格好の人物であった。尾佐竹が終世西洋文化の日本への定着、つまり文化接触を研究上の課題とする最初の手がかりを与えたものと思われる。彼が明治文化史を究明する手法はこのような接近法を主流としたのである。

尾佐竹の業績は大正一四、五年に急激に多くなる。『賭博と掏摸の研究』は判事として職業上の興味とかかわって、彼の早くからの研究課題であった。したがって当初は賭博と掏摸の全国的事例の収集という事実関係の確認が出発点であったようで、史料収集的性格をもつもので、研究と銘うちながら研究的考察はそれほど深くはない。やはり史料収集的性格をもちながら、研究に飛躍させたのは『維新前後に於ける立憲思想』である。

吉野作造の世話で法学博士の学位論文としてまとめられたこの著書は、吉野の推薦の辞にも述べられているように、明大学会の発行した雑誌『法律及政治』の、第一巻第二号から第三巻第六号に掲載された「帝国議会前記」なる「資料」がその基礎になっている。第一巻第二号は大正一一年（一九二二）六月で、一三年六月まで二二回にわたって連載されたものである。「立憲思想」や「議会前記」が課題とされているように、明らかに憲法思想の導入、憲法制定および議会開設を主題としたのである。つまり、憲政史研究こそ尾佐竹の業績の中心にして、かつ最初の本格的著作であった。この憲政史研究はやがて明治憲政史を経、日本憲政史に拡大され日本憲政史論集、日本憲法制定史要、明治政治史点描から日本憲政史大綱に続く、尾佐竹史学の中核になるのである。著作『明治維新』はその結果としてあまれており、研究上は憲政史→維新史に深化、体系化するのである。

一方、尾佐竹は大正一五年（一九二六）に『明治文化史としての日本陪審史』を出版している。緒言において尾佐竹は陪審制に象徴される法制史を、新旧文化の相克として解くことを提案し、新旧法制の推移こそ明治文化の特質になることを言及している。まったく新しい西洋法制をとり入れた日本が、いかにして実体化するかを問い、「翻訳好きの官僚」とその「官僚の天降り的命令[4]」が主となる明治文化を象徴する法制が、幕末以来の西洋化の過程で、実態的に形成されはじめた日本の動向に留意し、内在的動向とかかわることを明らかにしたことが「日本」陪審史とした所以であると述べている。つまり幕末以来の西洋化の「沿革」を明らかにし、国内的動向との関連に留意した点に特色がある。

『柳河春三』以来、洋学導入史に興味を示し、外交使節派遣や洋学者の動向に留意し、明治文化史を西洋とのかかわりで明らかにする正当な視点であった。この視点は尾佐竹史学の方法的背景にもなっており、憲政史と文化史は研究当初より双生児の関係にあった。換言すれば、尾佐竹史学の中核的研究としての憲政史研究は、幕末期以来の文化接触的手法により、深化されたのであり、時期を問題にすれば幕末維新期という維新史ともなり、方法論的視点からは文化史的手法となり、中心課題が憲政史であった。尾佐竹はこの点を維新史↓文化史↓憲政史の三分野に区分して説いたのであり、研究的性格から言えば、まさに憲政史↓文化史↓維新史になるのである。

この点とかかわり尾佐竹は、『明治警察・裁判史』において『維新前後に於ける立憲思想』と『明治文化史としての日本陪審史』とを、「統合して一の体系を為す[5]」と、その自序で述べている点に注意する必要がある。『日本陪審史』は後に述べるように、明治大学発行の『国家及国家学』の第八巻第二号（大正九年〈一九二〇〉二月）から六号に掲載された「明治法制史譚」や、『法曹会雑誌』の第一巻第一号（大正一二年〈一九二三〉一月）に掲載された「日本陪審の沿革」などの論文が基礎になっている。いずれも西洋化の沿革から内的関連を説く点で共通しており、沿革的史料の多用に力点がおかれ、内在性および内的関連への言及が少ないという特色があるものの、警察および裁判を含め、立憲制の生成を基礎に人権主義に立脚する歴史をみようとする点で「一の体系」をなすのである。この点の詳細は次節に譲る。

ついで、以上の沿革的方法論の形成される過程を、彼の論文のなかに探ってみよう。実は尾佐竹の論文はそれほど多くはない。彼の著作以外の業績を、初期に限って年代順に並べると次のようになる。論文以外に掲載紙に「散録」、「雑録」、「漫録」、「資料」などに分類されたものを含んでいる。

明治四四年一〇月　無尽ト富籤ト「チ―ハ」　『刑事法評林』第三巻第一〇号～第四巻第六号
明治四五年二月　非理法権録　『法学志林』第一四巻第二号～第三五巻第七号
大正二年三月　賭博に就いて　『法曹記事』第二三巻第三号
大正三年六月　幕末ニ於ケル国際法　『法学志林』第一六巻第六号
大正九年二月　明治法制史譚　『国家及国家学』第八巻第二号～第八巻第六号
大正九年一一月　撰挙並ニ公選投票ナル用語ニ就テ　『法曹記事』第三〇巻第一一号
大正一一年五月　駿台閑話　『法律及政治』第一巻第一号
大正一一年六月　帝国議会前記　『法律及政治』第一巻第二号～第三巻第六号
大正一二年一月　日本陪審の沿革　『法曹会雑誌』第一巻第一号～第一巻第九号
大正一二年二月　穢多非人の称号廃止　『法曹会雑誌』第一巻第二号～第一巻第四号
大正一三年一月　刑事弁護制に就て　『法曹会雑誌』第二巻第一号
大正一三年一月　湖南事件の回顧　『法曹会雑誌』第二巻第一号～第三巻第一号
大正一三年三月　警察制度の創設　『法曹会雑誌』第二巻第三号～第二巻第六号
大正一三年七月　裁判所の名称　『法曹会雑誌』第二巻第七号～第二巻第一二号
同　幕末国際法の発達　『法律及政治』第三巻第七号～第五巻第一二号
大正一四年四月　加留多賭博の三大系統　『法曹会雑誌』第一三巻第四号

彼の本格的著作『維新前後に於ける立憲思想』が出版されるまでの主なものは以上である。このうち論文と思われるものは「無尽ト富籤ト「チ――ハ」」、「幕末ニ於ケル国際法」、「明治法制史譚」、「帝国議会前記」、「日本陪審の沿革」、「警察制度の創設」など僅かである。前述した如くこれら諸論文は、大正一四、一五年出版著作の基礎となっているが、特に重要なものは大正九年の「明治法制史譚」と一二年の「日本陪審の沿革」である。大正一一年の「帝国議会前記」が『維新前後に於ける立憲思想』に結実したように、これらは『日本陪審史』に帰結する。

実は大正期をつうじ陪審制は、法曹界のみならず政界においても、また近代史上も大きな問題であった。次節で述べるように、大正デモクラシーの法曹的表現とも言うべきこの問題は、尾佐竹にとっても重要で、自己の研究課題として議会成立史と同様に、真正面に据えるべき課題であった。大正九年二月発表の「明治法制史譚」は、陪審制度、選挙の二章より成立し、陪審「問題ハ普通選挙ト共ニ論スルモノ」(6)としていたように、人民主権の容認のうえに論じていた。

このような尾佐竹の研究哲学がどのように成立したかは興味のあるところである。尾佐竹の自叙伝や回顧録が残されていないので、具体的には判明しないが、彼の研究視点の成立過程は、残された業績から判断するしかない。上記の業績よりみれば、大正七、八年頃までが研究態度の形成期に相当し、大正九年から一三年が本格的論稿の準備期で、かつ著作準備期であった。大正一四、五年以降が著作発表期、出版期となるので、尾佐竹の研究眼は論稿発表開始期の、明治四四年（一九一一）からで大正七、八年期に形成されたと言ってよいであろう。彼が東京地方裁判所判事から東京控訴院判事になる時期で、実務的にも多忙な時期であった。

ところで尾佐竹の研究態度形成期は、また大正デモクラシー期でもあった。この時期、尾佐竹が最初に書いた「無尽ト富籤ト「チ――ハ」」の論稿は、『刑事法評林』なる雑誌に掲載されている。「東洋唯一の刑事法雑誌」(7)と称するこの雑誌は鵜沢総明、花井卓蔵監修の雑誌であった。言うまでもなく鵜沢は明治大学の新進とはいえ中心教授の一人で、政友会系代議士でもあり、花井は英吉利法律学校（現中央大学）出身の弁護士にして衆議院議員で、日比谷焼き打ち事件、大逆事件などの弁護をつとめる革新的人物であった。尾佐竹は判事として論稿を書いたが、これらの人々に近い存在であったと思われる。後に彼は陪審論のなかで、明治四二年（一九〇九）の選挙違反その他の検挙に際し、人権蹂躙問題が発生し、これが大正期に至る陪審論唱導の契機となり、翌四三年（一九一〇）の第二六回帝国議会における政友会の建議になったと述べている。その建議は「国民ヲシテ司法権ニ参与セシメ、其独立ヲ保障シ、裁判ノ公平ヲ把持シ、以テ国民ノ実際状態ニ背馳セシメサルハ、人権保護ノ最大要旨」⑻と主張し、これが政治化の契機をなしたという。その後、民衆運動の激化とともに陪審制度が確立すると指摘する姿勢は、すでに論文発表を始めた明治末期には確立していたと思われる。

尾佐竹の論稿で、次に早いのは法政大学発行の『法政志林』上に、「散録」または「雑録」として掲載された「非理法権録」である。明治四五年（一九一二）二月を最初に、昭和八年（一九三三）七月まで二三年間にわたり一〇八回掲載されている。「雨花子」と称する別号を用いた論稿であるため、最新刊の『法学志林』総目録には、尾佐竹の業績とされていないが、当初から法曹界の雑録を記すものとして出発した。例えば、大正元年九月の「非理法権録（二）」には陪審制の沿革、ポリスの原語と巡査の起源、無尽金の裁判、人足寄場と免囚保護事業、拷問禁止、法廷内の弁護士と裁判官の関係などを簡単に紹介している。この種の雑然とした紹介は、やがて時間とともにテーマが統一されてくる。大正六年（一九一七）四月の「非理法権録」には立憲制の基礎を述べ、五箇条の誓文を出発点にするものの、それ以前に坂本龍馬の上下議院論、加藤弘蔵の隣草、立憲政体略、西周の議題草案のあったことを示し、特に西の議題草案は憲法草案に相当するとし、三権分立論を紹介する。また大正八年（一九一九）四月には憲政発達の過程を論じ、五箇条の誓文以来憲法発布、国会開設の詔勅に至る間の歴史過程の究明を提唱する。大正中期における彼の興味は、議政官、貢士対策所、議事体裁取調所、公議所、旧幕府側の公議所、待詔局、目安箱、上局会議などにあり、さらに選挙や江戸市中改革仕方案が記されている。これらはすべて『維新前後に於ける立憲思想』に生かされることになる。こうして大正デモクラシー高揚期の大正五、六年頃から議会史、憲政史への傾斜を強めるのである。しかも公的な歴史叙述に反発し、庶民の代表機関を重視し、その実証に着手する。『法学志林』が明治大学と同様に、フランス法の伝統を有し、民主主義的な自由法学派の梅謙次郎とその系譜をひく編集長牧野英一の主催する雑誌であり、これに掲載したのも、親近性をみたからであろう。

尾佐竹はこうして準備された小論を、明治大学の機関誌『国家及国家学』および『法律及政治』誌に論文化し、著書に仕上げてゆくのであるが、その過程で自己の学問手法を次のように述べている。「由来、我明治大学ハ私学ノ権威テアル。其歴史ニ於テ、其現状ニ於テ、他ノ比肩スヘカラサルハ言ヲ待タヌカ、其「明治」ナル年号ヲ冠スルコトニ於テ、特ニ明治史研究ノ使命ヲ有スルモノト、余輩ハ信スルノテアル。曽テ本大学カ「明治大学史」ヲ論述シタルトキニ於テ、世人ハ是レ単ナル明治大学一箇ノ歴史ニ止ラスシテ、明治大学ノ法制史、文明史テアルト賞賛シタノテアル。余輩ハ此先輩ノ志ヲ体現シテ、茲ニ斯界ノ陳呉タラントス」(9)、という。

陳呉とはこれを述べる、という意であるが、前文をうけて明治法制史、明治文化史研究の継承を断言しているのである。まして明治大学史が単なる個別明治大学の歴史としてではなく、明治法制史、文化史の一環とし個別明治大学が世間に発信したものであるとすれば、明治大学関係者の継承すべき課題であることは必然である、としているのである。このような系譜的特徴にとどまらず、法律家としての尾佐竹自身が、自国の歴史を問わず立身出世のための実利的学問に堕した法学を批判するとき、研究上の方法的手法も、必然的に明治末期以来の人権主義的議会史の方法が正面に据えられることになる。これはとりもなおさず、明治大学の建学理念の発展であり、大正デモクラシーの影響下に、尾佐竹の史学方法論として確立する。尾佐竹は意図的に駿台学の樹立を求めたのであった。

二　尾佐竹史学成立の背景

尾佐竹が独自に明治法制史、文化史、維新史を構築しようとしていた明治末期から大正中期にかけては、法学上の学問にとってどのような時代であったかを検証してみよう。

当時は大正デモクラシー期で近代史上の中間点に位置し、政治史的には閥族打破、憲政擁護、普通選挙の運動が高揚した時期であった。尾佐竹の研究課題たる立憲思想、議会、選挙はこの時期に、借り物としてではなく、内在性の視点から問題にされる客観的情勢が充分にあったのである。これに法律実務家として加えねばならなかった問題は、陪審制をめぐる大正期の法曹界の動向であった。尾佐竹が主張する憲政史を中核とする文化史、維新史は、自分が判事たる以上、法学的手法から離れることは当然できない。彼の研究態度のなかに史料中心主義、事実確認の沿革史的方法が据えられるのも職業と密接にかかわっている。尾佐竹の偉いところは、この史料的確認の積み上げ法をとりながらも技術論に走らず、その実態化を日本的伝統との関連で解こうとした点であり、政権闘争史観や皇国史観をとらず庶民の社会生活に重点をおいた点である。

このような態度形成は、フランス法的な明治大学の建学理念と、大正デモクラシーという時代背景によって成立した。法曹界もまた時代的要請と無関係ではあり得なかった。尾佐竹は『明治法制史譚』で陪審制と選挙を検討し、これを憲政史研究の基礎に位置づけているが、彼にとっては平民の政治的成長を基本に、憲政史、文化史、維新史を説くこと、つまり近代史を語ることが学問的課題となっていた。

『維新前後に於ける立憲思想』の直接の前提になった論文「帝国議会前記」の緒言において、この間の事情を尾佐竹は次のように述べている。長文であるが、彼の言葉を引用すれば次のようになる。「従来、我が憲政の発達を論ずるものは、先ず五箇条の御誓文中の万機公論の一条に始まり、民選議院の建白に及び、夫より憲法草案の起草といふのが普通の順序となって居る。而して憲法草案の起草は博文伊藤の功に帰し、民選議院の建白は、何うやら退助板垣の手柄の様に見へ、御誓文は孝悌福岡と公正由利の合作といふ風に述べられて居る。斯ういふ風の説き方は（中略）貧弱極まるものと嘆ぜざるを得ない。法条の作成といふ様なことは、嘆なる一属吏の仕事であって、憲政史の一少部分を占むるに過ぎない（中略）。要は国民の憲政思想が如何にして発達し、如何にして憲法の正条を要求するに至ったかの、経路の説明が必要である」[10]と。条文説明の歴史学ではだめだ。中田薫の「デモクラシーと我歴史」なる論文の視点、幕末以来の公議輿論要求の社会状況が、維新変革に反映していることを明らかにし、「法的議会史を研究せんとして、先ず選挙の方面より論ぜんとした」[11]と述べている。

国民の成長―公議世論―選挙―議会の成立の論理は、「法的議会史」と言おうが言うまいが、憲政史研究の王道である。この論文の基礎に大正九年の「明治法制史譚」があった。

ここではこのような態度形成の背景にあった陪審制の問題をみておこう。この点に関する先行研究の代表的なものは三つある。一つは言うまでもなく尾佐竹の『明治文化史としての日本陪審史』であり、二つは利谷信義の論文「司法に対する国民の参加」[12]であり、三つは三谷太一郎の著書『近代日本の司法権と政党』[13]、『政治制度としての陪審制』[14]である。利谷論文は陪審制を大正期の法律問題とし、尾佐竹の業績が資料的制約から概観に終わっている点の空白を埋めようとしたもので、陪審制の成立過程を江木衷らに代表される「在野法曹」の役割に求め、「司法のブルジョア化」を説くのである。大正一二年成立の陪審法は、「在野法曹」のブルジョア化、換言すれば新興ブルジョアジーの代弁者としての在野法曹の推進により実現したとみるのである。一方で利谷はこれを不完全に代弁したのが、原敬に代表される政友会勢力であるとするが、この後段の政友会勢力こそが陪審法成立の主導勢力、推進者として説くのが三谷太一郎である。

三谷は政党政治確立過程の一環として、司法部および枢密院との関連で、陪審法成立をあつかっており、この法案成立の主役は「在野法曹」ではなく、政党（原政友会）だと主張する。勿論、この法案を起草し要求の声をあげた法曹界を背景に、政党が推進したことは言うまでもない。政治史のみを課題とするならば政党問題とし、法案成立に至る政府部内の各機関の関係に言及するのは当然であろう。しかし、法案の性格上、司法部内に止まらぬ法曹界全体、否、社会全体に目を向けねばならない。利谷も言うように法曹界を「在野法曹」に意味を見出すならば、政友会の勢力基盤と在野法曹のかかわりをも視野にいれておくべきである。まして「在野法曹」が新興ブルジョアジーの代弁者とするならば、三谷は政友会の政党基盤とブルジョアジーとの関係も問うべきであった。

尾佐竹の陪審法研究は、研究の最初であるという時期的制約から、『明治文化史としての日本陪審史』は第一章陪審思想の移入、第二章陪審の視察、第三章陪審の試み、第四章陪審法成案、附録に陪審法が付されている。陪審制に関する考えが、日本に伝えられた嘉永七年以来の沿革と、岩倉使節団の海外視察から日本的試みを明らかにし、最後に陪審法成立過程を考察している。日本では陪審制が「試施」[15]され、「陪審法制定の気運は徐々に醸成」されていたとする。司法卿大木喬任の時代、明治一二年（一八七九）に修法課の属吏磯部四郎が陪審法を起草し、ボアソナードの治罪法草案に登場したが、当局者の反対で削除され、その後もあいまいのまま推移してきた。これが明治四四年四月に日本弁護士協会評議員会で、「陪審制度を設くる件」が議題になったときの提案者磯部四郎、三好退蔵を中心に、花井卓蔵らの努力で制定に向けての第一歩が始まる。すでに明治四二年に江木衷の陪審論が登場し、磯部や梅謙次郎の陪審論となり、二六回帝国議会に松田源治ほか四名の建議提出となっていた。これは幸徳事件を契機としたようである。

明治四三年、大物法曹人を網羅した法理研究会で、陪審制がとりあげられ、賛成論は泉二新熊、鵜沢総明、牧野英一、梅謙次郎らが主張した。この年に公けにされた論文のなかで、陪審賛成論を展開したのは、『法律新聞』、『刑事法評林』、『法学志林』に拠った人々であり、明治大学、法政大学関係者が多かった。必ずしもフランス法学者ばかりではなかったが、フランス法系の学校関係者が多かったことは必然である。「在野法曹」なるもの自体、ドイツ法主体の官学的性格から離れており、近代的市民形成の課題を担っていたからである。このとき江木、磯部も賛成論を強調したが、翌年成立の西園寺内閣の法相松田正久（政友会）によって握りつぶされている。

大正期に入り法曹界で継続して議論されていた陪審論は、大正六年より在野法曹の人々により思想普及がはかられ、大正八年、臨時法制審議会のもと原敬内閣が成立し、陪審法確立の意向が明らかにされた。一一月の日本弁護士協会の決議を経、司法省に上申されたが、政府内の紆余曲折を経て大正一二年三月に第四六回帝国議会で通過し、四月に公布されている。

明治期の法曹界および政治家に大きな影響を与えたトクビィルは、陪審制は「人民主権の一形態」とし、「一つの政治制度」としているが、一方ではブルジョアジーの経済的自由の、要求実現の経済制度ともされており、政治経済史的にも人民主権の経済的自由要求の制度であった(16)。尾佐竹は国民の政治的成長を、議会史の前提に据えながら、陪審論にこの視点からの言及がないものの、明らかに彼は賛成論にくみしていた。陪審論を普通選挙上の関連で論ずるのはこのためである、そして正確に彼が文明史としての陪審論を主張するならば、法制史、政治史を包括した近代史としての、大正史を描かねばならなかったのである。

本稿はこの点の研究論文ではない。したがって尾佐竹の提起した国民視点に近い利谷説の確認をしておきたい。明治三三年（一九〇〇）四月の陪審法提起は、日本資本主義の産業資本段階に対応した法体制の確立期に相当し、のびゆくブルジョアジーが経済活動を法秩序の中に安定させるためのものであったとし、その担い手が在野法曹であるとする。一方、政府では反動的な新法制が整えられ、帝国主義化に対応することになるが、明治四三年の大逆事件を契機に、「皇室」の抑圧体制に反発するブルジョアジーの経済活動の自由の要求と合致して、陪審制が要求されることになった、三井組の法律顧問江木衷の陪審必要論に先導され、これ以降の陪審法成立過程は、在野法曹の大きな役割により実現する過程とする。国家権力の統制の進行に対するブルジョアジーの立場を、在野法曹が代弁するということの利谷の観点も、シェーマ的な設定に特徴があり、経済的自由と法律、とくに陪審法と経済社会および在野法曹の相関が具体的に明らかにされているわけではない。ブルジョア化のもつ社会生活上の実態と陪審法との関連が明らかにされて、初めて近代国家の登場が明確になろう。この点の検証は後日になろうが、尾佐竹もまたこの方向を問題提起し、実証の第一歩に着手した点に先見性があったのである。

三　尾佐竹史学と戦後維新史学

尾佐竹史学の特色を、戦後はじめて指摘したのは林茂である。林は東京大学の戦後の政治史担当教授である。戦前から明治文化研究会のメンバーとして、尾佐竹のもとに出入りしていた人物であった。

その彼が、昭和二三年（一九四八）一〇月に復刻された『維新前後に於ける立憲思想』（実業之日本社）の解題を書いている。そこでまず、吉野作造の「本書推薦の辯」が語る尾佐竹著作の学問的価値を承認する。と同時にわが国の立憲思想の萌芽と立憲制への移行をはじめて体系化し、史料的裏付けに功績のあったことを評価する。多くの評者の意見を参考にしながら、この本の長所をいくつかあげている。

第一は吉野作造が指摘するように、「実に処女地に打建てられた一大標本」であること、つまり新しい分野を開拓した大きな業績であること。第二に史料が博捜されて実証的にすぐれていること。第三に輿論政治の萌芽より、その初期の試行の時代が体系的に明らかにされていること。第四に土佐藩の議会論から民選議院建白、また自由民権運動への流れを明らかにしたこと。第五、中央の試みだけでなく「藩議院」や「地方民会」など、地方の試みも明らかにしたこと。第六、尾佐竹は「単に忠実に史料を紹介することを以て念として居る」といっているように、「史料主義」こそ尾佐竹の学問的生涯を貫く方法であったこと等である。

林はこの長所と対置して、次のような批判点をも述べている。第一に事実の考証についてはきわめて精緻でありながら、それに尽きている点が多いこと。第二に、ときに好事家的関心と叙述に堕すること。第三に論文は社会的背景にふれることが少ないこと。第四に思想の発展を扱いながら、それが内在的にもつ論理構造の展開、イデオロギー性などを捉えていないこと。第五にあまりも主題に忠実であって、その他の要素を軽視すること等である。いずれもこの指摘はあたっているが、その批判点の克服は戦後をまたねばならなかった。尾佐竹の業績は歴史学の原点としての史料発掘とその批判をつうじて歴史の内在性に着眼し、実証しようとした点に大きな意味があった。

このような尾佐竹のもつ長所が再確認されるのは東大政治学ではなく、戦後歴史学においてである。戦後歴史学のなかで、維新史の評価は次のようになされている。歴史学研究会編『明治維新研究講座』（昭和三三年〔一九五八〕）によれば、それまでの維新史研究は維新史＝政治的変革とする説と、維新史＝社会経済的変革を基礎とする政治的変革とする見方との、二大類型がみられるという。前者は多くは政権の幕府から天皇への移転という王権復古史観または大義名分論が強かった。ことに後者の視点はまったく微弱で、前者が主流をなし東京大学中心の官学アカデミズム史学に継承されていた。多く書かれた維新史研究書も、この王権復古または勤王史観による場合が多く、若干の西洋史学の影響をうけた研究者や、唯物史観を除けば、尾佐竹は特異な位置を占めていた。

尾佐竹は前述の如く、名分論にわずらわされることなく、明治維新とは封建制から立憲制への移行する歴史であるとし、それを政治指導理念のうえから尊王論と倒幕論と封建廃止論という、本来別個のものが一致してゆく過程として説明した。尾佐竹には社会的変化が政治的変革の基礎にあるという視点は、それほど強くはなかったが、幕末から明治初年の権力闘争に登場した人々の思想の実証に重点がおかれており、維新史を単なる王政復古ではなく、立憲国家の形成として史料を博捜した点に、次期研究者への継承を可能とする財産を残し得たのである。とくに文化史的視点から封建文化の近代文化への移行を問題とする視点からは、必然的に社会変動の観点も前提になっていた。

維新史の時期区分論によれば、王政復古史観は政権移譲が問題になるため、王政復古の大号令から維新政権の成立まで、二、三年の期間でしかあり得ない。その前期も後期も、政権移譲に付随する背景事情でしかなかった。政治史のしかも政権のみを問題とする限定的な皇国史観に対し、戦後は戦前すでに出はじめていた社会経済史学の影響をうけ、社会変動に関連して説かれるようになった。つまり維新は単なる政権の移行ではなく、政治、経済、社会、文化の全機構的変革と捉える方法である。

この観点から、早くから提出されたのが維新変革の主体形成の問題とかかわり、大塩平八郎の乱を維新史の起点とする説で、このほか幕藩政治の修正の最後の機会としての天保の改革の始期か、その失敗した終期に、維新史の起点を求める説であった。これに対し、日本史の世界史への登場の起点としてのペリー来航を、維新史の始期とする説が登場した。服部之総がブハーリン主義とし自已否定した視点の、新しい意味づけによる再登場であった。

社会変動を重視するあまり、国内経済や政治改革を優先させた始期論に対し、ペリー来航は世界史と国内史の、社会変動の結節点として再評価され、これを維新史の始期とするのは、今日では通説になっている。尾佐竹が維新史を文化史として、外国接触つまり外国文化との関連で説くことよりすれば、それまでの間接的影響であった文化動向は、ペリー来航は直接的影響に転ずる画期になったわけで、彼もまたこの立場にあったわけである。

これに対し、維新史の終期をどこにおくかについて尾佐竹は明確な主張があった。王政復古史観による最短期を別にすれば、戦後は明治四年（一八七一）廃藩置県、同六年（一八七三）地租改正期とするもの、明治一〇年（一八七七）西南戦争期、明治一七、八年松方デフレ期とする説があいついだ。その後、明治二二年（一八八九）大日本帝国憲法期、同三二年法体系整備期でかつ不平等条約の法権確立期などの説も出されたが、尾佐竹説は明治一七年、八年松方デフレ期に合致する。彼によればこの時期が封建文化から明治文化への移行の画期であった。当時は堀江英一が村落指導者層の寄生地主化の画期とし、天皇制の社会的支持基盤の創出とのかかわりで、松方デフレ期を維新史の終期としたように、この社会変動に尾佐竹の文化変動説が重っているのである。つまり近代社会の構造的変化が、尾佐竹のいう封建文化の解体、明治文化への移行期に相当しているわけで、彼の維新史の終期説は、明らかに社会変動を前提にしていたのであった。その意味でも尾佐竹維新史は、戦後維新史学の出発点たり得たのである。

おわりに

以上に述べたように、尾佐竹史学は維新史、文化史、憲政史の三分野より成るが、その中心は憲政史であった。そのため立憲思想の導入から立憲国家の成立が、尾佐竹史学の中核になり、必然的に社会変動と民衆の政治的成長説に近づくことになった。尾佐竹自身が言うように、政治闘争史観や政権移行史観では維新史を捉えなかったのである。彼の研究は時代的制約から、いまだ上層社会の開明性を主として課題としたけれども、維新史を社会変動を前提とする文化史の移行として問題としたところから、政治、社会、経済、文化の全機構的変革論としての戦後維新史に途を開くことになった。民衆前提の立憲国家論を採用したこともまた然りである。

したがって、尾佐竹史学の根底を支えたのは史料中心主義的な自由主義的学風である。彼はマルキストではなく、また神学的歴史観の持ち主ではなかった。明確なブルジョア、デモクラシーの持ち主であった。彼は当時はもちろん今日においても維新史研究の第一人者であり、とくに「実証面、史料面での巨峰」であることは間違いない。昭和一七、八年に出版された尾佐竹の著『明治維新』の、最大の特徴は「凡人の見た維新史」の立場に立ったことである。当時、主流であった官学アカデミズムの皇国史観や国体史観と異なり、実証的研究から帰結された庶民的立場を大切にしており、「維新史の取扱ふべき年代」も、ペリー来航から明治一七、八年としたのである。この期間こそ、彼にとっては封建制解体と新文化建設への画期であり、この過渡期を維新史としたのである。この期間はまた西欧文化の影響をうけつつ、庶民の政治参加を可能とする立憲国家建設期でもあり、抑圧されながらも地方自治を要求する時期として、「地方民会」研究を推進した。

明治大学の建学理念としての独立、自治、自由、平等は直接に研究のなかで触れてはいないようであるが、尾佐竹史学の背景となったことは言うまでもないであろう。「凡人」の視点からの研究は、まさに庶民の政治参加により独立自治のための地方自治を根幹とする立憲国家究明の姿勢であった。時代的制約のために直接語ることはないものの、大正デモクラシーの風潮のなかより登場し、戦後世代に語りかける視点を用意したことは、尾佐竹個人の資質のみでなく、自由民権運動のなかに成立した明治法律学校の伝統や、大正デモクラシー期の明治大学のあり方を色濃く反映していたのである。今日的立場から言えば、まさしく「駿台学」に相当する業績を、大正時代において残した人物と言うことができよう。

(1)『明治大学百年史』通史編I、四一一頁。
(2) 尾佐竹猛『志賀瑣羅誌』。
(3) 尾佐竹猛『明治維新』(白揚社)序、一頁。
(4) 尾佐竹猛『明治文化史としての日本陪審史』緒言、八頁。
(5) 尾佐竹猛『明治警察裁判史』三頁。
(6)『国家及国家学』第八巻第五号(大正九年五月)七三頁。
(7)『法学志林』第三巻第一一号(明治四四年一一月)。
(8)「明治法制史譚」『国家及国家学』第八巻第四号、三七、八頁。

(9) 同右、第八巻第二号（大正九年二月）一八、九頁。
(10) 「帝国議会史前記」『法律及政治』第一巻第二号（大正一一年六月）九七頁以下。
(11) 尾佐竹猛『維新前後に於ける立憲思想』緒言、四頁。
(12) 利谷信義「司法に対する国民の参加」（岩波講座『現代法』六、所収）。
(13) 塙書房、一九八〇年。
(14) 東京大学出版会、二〇〇一年。
(15) 尾佐竹猛『明治文化史としての日本陪審史』一五九頁。
(16) 三谷太一郎『政治制度としての陪審制』序論、九頁以下。

第1章　司法官としての履歴と時事法律論

村上一博

はじめに

近代日本における司法官の任用は、明治四年（一八七一）に司法省が創設されて以来、「自由任用制」によって行われていたが、中国律型の「新律綱領」・「改定律例」にかわり、ボワソナード起草による西欧近代型の旧刑法（明治一五年（一八八二）施行）が制定されたのを契機として、「試験任用制」へと移行した。明治一七年（一八八四）一二月「判事登用規則」（太政官第一〇二号達）によって、判事資格認定のための試験が、初めて制度化されたのである。

試験によって認定されるべき「学識」とは、西欧近代の法学理論にほかならず、帝国大学を頂点とする教育機関のヒエラルヒー構造の確立とあいまって、判事の第一次供給源として無試験特権を与えられた帝国大学と第二次（補充的）供給源としての私立法律学校という二重構造を孕むものであった。この二重構造は、判事試験が、明治二〇年（一八八七）七月「文官試験試補及見習規則」（勅令第三七号）によって文官試験に吸収され、次いで、明治二四年

（一八九一）五月「判事検事登用試験規則」（司法省令第三号）によって再び（検事を加えて）独立してのちも生き続け、その最終的な消滅は、行政科・外交科・司法科の三試験が統合された大正七年（一九一八）一月「高等試験令」（勅令第七号、大正一二年施行）まで待たねばならなかった(1)。

こうした司法官試験導入のかたわらで、明治二〇年後半から三〇年代にかけて、「学識」が欠如ないし充分に備わっていない（と司法省によって認定された）大量の老朽司法官が淘汰処分され、また法制度の面では、刑法に遅れて、ようやく明治三一年（一八九八）に明治民法が施行、さらに諸法典が整備されて「明治三二年法体制」（利谷信義）が確立することになる。

近代日本における司法官養成は、おおよそ右のような経緯をたどるが、司法官に関する研究は、従来、司法行政の観点からが主流で(2)、司法官の「学識」の研究は、大津事件で知られる大審院長児島惟謙についてはともかく、手塚豊氏による一連の労作を除けば、ほとんど行われてこなかったと言ってよい(3)。近年、民刑事判決および手稿などを素材とした司法官の法理論ないし法意識の研究も始まりつつあるが(4)、歴代大審院判事の経歴すら完全には捕捉されていない状況にある。

本稿は、尾佐竹猛という一人の大審院判事の経歴をたどり、その「学識」を検討することを目的とするが(5)、目下のところ、彼に関する人事関係記録類や、控訴院判事以前に彼が下した判決文を見出すことができないため、もっぱら、その論稿とくに時事法律論を中心に検討することにしたい。

一　尾佐竹の司法官履歴

尾佐竹猛は、司法官の「学識」がほぼ均一化し、また近代日本の法体制が一応の完成をみた時期にあたる、明治三二年（一八九九）七月に明治法律学校を卒業し、翌三三年（一九〇〇）一一月の判事検事登用（第一回）試験に及第、司法官試補（東京地裁詰）を経て、（第二回試験に及第したのち）判事となった。諸法典が出そろった、この時期の司法官には、西欧近代の緻密な法解釈技術と判例の安定性が求められたはずである。尾佐竹の司法官としての経歴を見てみよう。(6)

一、福井区・地方裁判所判事時代（明治三五年七月～明治三八年一一月）
二⑴、東京区・地方裁判所判事時代（明治三八年一一月～大正二年五月）
⑵、新島区裁判所判事兼務時代（明治四一年六月～明治四三年四月）
三、東京・名古屋控訴院判事時代（大正二年五月～大正一二年一二月）
四、大審院判事時代（大正一三年一月～昭和一七年一二月）

右のように順調に昇進の道をたどっている事実からみると、厳密な法解釈に長けた出世指向型司法官が連想されるのだが、およそ尾佐竹の数多くの著作から受ける研究者肌の好事家的イメージとはそぐわない。彼の司法官履歴については、人事記録類を発見できないため、その司法官としての訴訟処理能力などについては不明といわざるを得ないが、履歴のなかで、とくに節目として注目されるのは、①東京区裁判所判事時代の明治四一年六月に新島区裁判所判事の兼務を命じられたことと、②大正一三年一月九日に大審院判事に抜擢されたことであろう。

前者の人事を差配したのは、後年「腕の喜三郎」と称された鈴木喜三郎ではなかったかと考えられる。鈴木は、明治三一年七月東京控訴院判事、三五年（一九〇二）九月同部長を務めたのち、四〇年（一九〇七）三月欧米視察、帰国して四一年（一九〇八）三月に東京地方裁判所所長に任じられた。松下芳男は、三淵忠彦（のち、大審院長）から聞いた話として、尾佐竹の性格について、上官であった鈴木喜三郎が「考課状」（勤務評定のこと）に「駻馬、御しがたし」[7]と書いたと述べていることから、東京地方裁判所の所長に就任した鈴木が「所信に強く、それがときとして過剰で、頑固と思われるほどのこともあった」[8]性格の尾佐竹を持て余して、新島区裁判所判事の兼務を命じ、要職から遠ざけたのではないかと推測されるのである。

この鈴木とは逆に、尾佐竹を引き立てたのは、横田秀雄である。横田は、大正一二年（一九二三）九月に第一四代大審院長に就任したが、就任の翌月には、尾佐竹を大審院（第三刑事部）代理判事に抜擢し、翌一三年（一九二四）一月に正式に大審院判事に任じた。大審院長就任にあたって、横田が目標に掲げたのは「裁判（法理）の実際化」であり、そのために彼は、大審院判事の大幅な刷新と増員を行った。当時四四歳であった尾佐竹は、横田コートを担うホープとして、抜擢されたものと考えられよう[9]。横田は、明治法律学校において、明治三二年六月から（大審院判事となったのは明治三四年（一九〇一）一二月）民法を講じ、大正九年（一九二〇）四月法学部教授、一〇年（一九二一）六月法学部長、一三年一一月学長に就任しているから、穿った見方をすれば、明治法律学校出身者という意味でも、尾佐竹に好感をいだいていたことが、この異例とも言える人事の背景にあったのかもしれない[10]。

二　海南叢書三部作

尾佐竹が判事として最初に赴任した福井区・地方裁判所の時代については、福井屈指の料亭五嶽楼の一人娘であった山田まさとの恋愛や郷土誌『志賀瑣羅誌』の完成など私的な事柄はともかく、当時の判決原本などがすべて亡失しているため、司法官としての彼の「学識」を検討することは難しい。東京区・地方裁判所判事および新島区裁判所判事を兼務していた時期についても、彼が関与した判決はいまだ発見されていない。しかし、新島区裁判所判事を兼務していた二年弱の間（明治四一年六月～四三年四月）に、海南叢書三部作と銘打って『海南法権史』（明治四一年一〇月）・『海南流刑史』（明治四二年三月）・『海南風俗史』（明治四二年一〇月）の三冊が執筆されているので、[11] これらを素材にして、彼の司法官としての「学識」（前半期）を窺うことができる。

最初に執筆した未定稿の『海南法権史』の序文で、尾佐竹は、次のように執筆の動機と目的を述べている。

> 不肖乏ヲ新島区裁判所判事ノ職ニ享ケ、明治四十一年十月十二日出張シ滞留スルコト数日、此間公務ノ余暇ヲ剽シテ編述シタルモノヲ本書トナス。
>
> 本書固ト新島区裁判所管内ニ於ケル司法ノ沿革史ヲ叙述シ、以テ後来執務ノ参考トナサントスルニアリ。然レトモ事出張中ニ係リ、書ヲ以テ参照スヘキナク、古老ニ就テ之ヲ質スノ時ヲ有セス。亦タ二三ノ断簡零墨ト座右ノ規書トヲ基トシ、葱卒稿ヲ終リシノミ。記述ノ蕪雑ニシテ行文ノ渋晦ナル、素ヨリ編者ノ期スル所、偏ニ識者ノ訂正ヲ待ツヤ切ナリ。若シ夫レ万一ニシテ後ノ執務者参照ノ一端ヲ僥倖シ得ハ、編者ノ本懐何者カ之ニ若カン。

この序文によれば、「後来執務ノ参考」のため「新島区裁判所管内ニ於ケル司法ノ沿革史」を、裁判所などに保管されていた「断簡零墨ト座右ノ規書」に依りながら、公務の余暇を利用して書き上げたと言う。この法権史を執筆してのち、執務のために新島へ赴く（一年に二度）たびに、流刑史・風俗史と書きついでいったのである。

(1) 新島の司法

わずか短時日で執筆したとはいえ、『海南法権史』には、新島における近代的司法および行政の移植過程が、今日では既に失われた資料を用いながら描かれていて貴重である。しかし、本稿では、尾佐竹が赴任した時期における新島の司法状況を確認するために、裁判所の開設と処理事件数を中心に、ごく簡単に触れるにとどめたい(12)。

伊豆七島の司法事務は、明治一〇年(一八七七)三月に東京裁判所の管轄とされた(太政官第三三号布告)ものの、具体的事務は開始されず、明治一四年(一八八一)には「当分該島吏へ、民事ハ百円以下及勧解并ニ刑事ハ違警罪ノ裁判ヲ委任シ……裁判治罪ノ手続ハ適宜取扱フヘシ」(太政官第五七号布告)とされ、また明治二三年(一八九〇)の「裁判所構成法施行条例」においても「……伊豆七島ニ於テ民事刑事ノ訴ニシテ区裁判所ノ裁判権ニ属スルモノ及非訟事件ハ裁判所設置迄島吏之ヲ取扱フ」(第一三条)べきものと定められた。依然として、従来の「島法」が存続し、訴訟事務も「島吏」に委ねられていたことが知られる。ようやく、明治三二年二月二七日(司法省令第六号)に、新島区裁判所が設置され(新島・利島・神津島・三宅島・御蔵島の五島を管轄)、三カ月後の五月一七日に、最初の専任判事として、島田脩三が任じられた。六月一日には東京区裁判所管内に編入、判事も東京区裁判事との兼務となり、六月一六日から訴訟事務が開始された(13)。

さらに、同年一二月二五日には、落成移庁の式典が挙行されている(14)。尾佐竹によれば、新庁舎の規模は「本舘百拾坪、附属三十八坪七合五勺、別舘十九坪五合、土蔵二階建六坪」で「海南諸島未ダ曽テ有ラサル宏壮ノ建築」であり「司法ノ威誰レ揚ル、若郷村民之ヲ望見シ、判事ハ果シテ神カ人カト疑ヒ庁舎ヲ礼拝シテ去レリト云フ、今ニ至リテ一話柄トシテ残レリ」という逸話が残っているという。

島田脩三が、八丈島区裁判所・父島区裁判所兼務に転じてのち、明治三五年八月二日に名越勝治(→小田原区裁判所へ転任)、明治四〇年一月一六日に吉田護(→神戸区裁判所へ転任)、次いで、明治四一年六月一八日に尾佐竹猛が第四代目の新島区裁判所判事となった。

尾佐竹は訴訟事務数について、開庁年である明治三二年には「督促事件支払命令十件、異議申立二件、民事々件二件、登記件数四十件(内地所十件建物三十件)、軽罪事件一件、欠席判決一件……検事局ニテハ求公判一件、他庁移送二件中止一件」であり、三三年は「和解五件、督促事件支払命令廿件、異議申立五件、民事七件、登記百八十七件(外二三宅島出張所登記件数地所八十九件建物五件)、軽罪四件、罰金科料三十件、検事局取扱ハ求公判四件、不起訴四件、他庁送致五件中止一件」であったと記している。『日本帝国司法省民事統計年報』によると、明治三二年(第二五巻)「新受2、通常訴訟2、結局1・未決1、売代金1」、明治三三年(第二六巻)「旧受1・新受5、通常訴訟6、判決4、取下1・未決1、無担保貸金2・売代金1・飲食料1・物品引受1」となっているから、尾佐竹が記した事件数と若干異なっているが、訴訟処理件数はきわめて僅少であったことに変わりはない。尾佐竹が新島区裁判事であった時期になると若干増加しているが、微増にとどまっている。

明治四一年(第三四巻)
　和解：新受1
　督促：新受4、支払命令4、異議申立1、執行命令1
　訴訟：旧受1・新受1、通常訴訟2、取下2、契約金1・物品引渡1
明治四二年(第三五巻)
　和解：旧受1・新受1、取下2
　督促：新受12、支払命令11・未決1、異議申立5、執行命令2
　訴訟：新受8、通常訴訟6・公示催告1・仮差押仮処分1、
　　欠席判決1・取下4・その他2・未決1
　　無担保貸金1・売掛代金3・清算金1
明治四三年(第三六巻)

和解（新島区裁は項目なし、管轄外か）
督促：旧受1・新受2、支払命令3、異議申立1
訴訟：旧受1・新受7、通常訴訟6・公示催告2
欠席判決1・判決4・その他1
無担保貸金2・預金1・損害賠償金1・家畜飼養料1

右のように、新島区裁判所判事に任じられていたといっても、新島に常駐していたわけでなく、一年に二回、計三度、それぞれ数週間、単身滞在して執務を行っていたようであり、その滞在中に、執務量が少なかったこともあって、生来の歴史性向が頭をもたげ、海南三部作の執筆に至ったというところであろう。

(2) 尾佐竹史学の萌芽

A、『海南法権史』

とはいえ、新島での経験は、司法官としての尾佐竹に何ほどかの影響を及ぼしたはずである。『海南法権史』の末尾に、のちの尾佐竹史学の本質が垣間見える部分であると思われるので、少し長くなるが、引用しておきたい。

衆議院議員ノ選挙権……ヲ有シ、兵役ノ義務ニ服スル立憲治下ノ臣民ナリト雖、町村制ノ施行無ク（明治二十二年勅令第一号）、所得税法実施セラレス（所謂税法第五十条）、酒造税法ノ適用無ク（酒造税法第卅八条）、行政ノ実務ニ当ルモノヲ地役人名主年寄等ト称シ、居民ハ納税ニ代フルニ現物ヲ以テシ、役所ニ於テ之ヲ公売シ以テ納入ニ充ツルカ如キハ、女労男逸物ハ婦女ノ頭上ニ依リテ運ハル、海島一帯ノ奇習ト相対照シ、人ヲシテ帝都ヲ距ル僅ニ八十浬ノ島地タルコトヲ怪シマシム。更ニ眼ヲ転シテ司法ノ実務ヲ見ンカ、其始メハ判事アリ書記アリ雇アリ廷丁アリ人員剰多ナリシモノ、今ヤ専属判事ナク書記只ダ一名ヲ置クノミニシテ、而カモ検事局ノ書記ヲ兼ネ会計吏タリ登記官タリ。更ニ進ンテ執達吏事務取扱タルニ至ツテハ、到底内地法衙ノ想像ノ及フ所ニアラス。人ヲシテ三面六臂ニアラサルヤヲ疑ハシム。弁論公判ノ呼出往々ニシテ月余ヲ経ルモ、送達ノ有無不明ナルコト多ク、登記ノ制度厳タリト雖、土地台帳ノ無キヲ如何セン。一名ノ警部ハ数名ノ巡査ヲ補助トシ警察官タルト同時ニ典獄ノ事務ヲ兼ネ、併セテ検事々務取扱タリ。其勤務所ヲ警部巡査在勤所ト呼ヒ、島役所ノ一室島吏ト机ヲ並ヘテ事ヲ視ルニ過キス。固ヨリ警察署又ハ警察分署ニアラサルヲ以テ、違警罪即決例ノ権限ハ附与セラレサルナリ。配下利島ニハ一名ノ巡査アリテ全島ノ事務ヲ掌リ、俸給半歳尚ホ入手スルヲ得サルノ嘆声アルハ暫ラク忍フヘシト雖、巡査ナキ諸島ニ於テハ、名主ハ戸籍吏ニシテ司法警察官タリ。曽テハ司法官タリ司獄官タリシ手腕ヲ以テ之ニ臨ム。其執務ヤ易々タルヘシト雖、事少シク複雑ナル戸籍事務等ニ至リテハ其煩ニ堪ヘサルモノ、如ク、人ノ少シク之カ注意ヲ為スモノアラハ直ニ其職ヲ辞スヘク、一度之ヲ辞センカ其後任ヲ希望スルモノナシ。海島法制ノ蹟ヲ挙ケントスル亦難ヒ哉。然リト雖モ、時勢ノ進運ハ遂ニ海島ノ旧態ニ甘ンスルヲ許サス。汽船ノ定期航海ハ漸次其数ヲ増シ、電音直ニ事ノ急ヲ報シ、一夜ノ航海身ハ既ニ帝都ノ人タルヲ得ルニ至リテハ、焉ンソ法治国ノ桃源タルヲ得ンヤ。議事機関タル村寄合島寄合ノ制既ニ行ハレ、町村制ノ実施亦タ将サニ近キニアラントシ、各種ノ税法復タ此地ヲ忽諸ニ附セス、島内今ヤ税吏ノ片影ヲ見、式根ノ築港遠ク一府三県ノ力ヲ協スアリ。文明ノ黒瀬川ハ遂ニ陸上ニモ及ハントス。此間独リ怪ム。堂々タル司法ノ庁衙石径徒ラニ莱レテ庁舎其朽廃ニ委シ、官舎人空ウシテ公堂僅カニ人声ヲ聞ク。島内事多カラサルノ時人員充足シテ、事繁キノ現時反リテ此寂寥ヲ致ス。余ハ当局ノ措置ニ疑ナキヲ得ス。此書ヲ編シ終リテ慨然タルコト多時。

尾佐竹は、新島に近代法の波（「文明ノ黒瀬川」）が徐々に押し寄せていった過程を跡づけ、新島も「遂ニ海島ノ旧態ニ甘ンスルヲ許サス」もはや「法治国ノ桃源」ではなくなったと認識しながらも、完全な近代化を実現することが如何に困難かを痛感している（「海島法制ノ蹟ヲ挙ケントスル亦難ヒ哉」）。そして、さらに、今一段の措置をとるべきときに明治政府がその労を惜しみ、「堂々タル司法ノ庁衙石径徒ラニ莱レテ庁舎其朽廃ニ委シ、官舎人空ウシテ公堂僅カニ人声ヲ聞ク。島内事多カラサルノ時人員充足シテ、事繁キノ現時反リテ此寂寥ヲ致」している事態に「慨然」とし、政府の方策に疑問を投げかけている。尾佐竹は、「民衆の法律化」の困難性を、新島で実感したのである。

B、『海南流刑史』

『海南流刑史』の「緒言」では、「流刑」を研究する必要性について、次のように述べている。

新刑法ニハ既ニ痕跡ヲ止メス、特種ノ沿革ヲ有セル英国スラ濠洲ニ送ルヲ漸次廃止シ、近年ノ監獄協会大会亦之カ廃止ヲ決議セシ流刑ハ、既ニ現代ノ法制ヨリ脱却シ遺忘セラレシト雖、東西ノ創世紀ヨリ近世ニ至ル迄盛ニ行ハレ、死ニ次クノ重刑トシテ法制史上重要ノ地位ヲ占メ、特ニ我国ノ如キ四面環海島嶼碁布ノ島国ニアリテハ、最モ適当ノ刑罰トシテ用ヒラレ、因襲ノ久シキ刑法ノ新時期ヲ劃シタル旧法スラ、其行フヘカラサルヲ知リ乍ラモ尚ホ且ツ明文上之ヲ廃スルニ忍ヒサリシナリ……伊豆七島ノ地タル首都ニ近クシテ而カモ交通不便、錯落タル列島ハ数ヲ尽シテ羅列シ、其間タル近カラス遠カラス、渡ルヘクシテ渡ルヘカラス、地ヤ确ニシテ人稀レニ民度隔絶シテ他アルヲ知ラス。是レ豈ニ好箇ノ流刑地ニアラスヤ。古来流刑ヲ云フモノハ七島ヲ云ヒ、七島ヲ云フ者ハ流刑ヲ云フ。流刑ナクンハ七島ナク七島ナクンハ流刑ナシ。何クニカ七島ヲ離レテ流刑ヲ説クモノソ。然ルニ独リ怪ム。世未タ曽テ流刑ニ干スル書アルヲ知ラス。近時刑罰ノ執行ヲ喋々スルノ徒多シト雖、未タ曽テ流刑ノ執行ニ付キ之ヲ調査シタルモノアルヲ聞カサルコトヲ。謂フ勿レ、廃セラレタル刑罰ハ之ヲ研ムルノ要ナシト。

沿革ヲ知ラサルノ理論ハ、遂ニ砂上ノ楼閣ト選フ所ナキヲ知ラサルカ。百川海ニ注クノ壮観ヲ知リテ、点滴樹葉ヲ打ツノ源ヲ知ラサルノ徒、焉ンソ以テ法理ヲ談スルニ足ランヤ……。

尾佐竹はここで、流刑は、明治四一年に施行された刑法で廃止され、世界的にみても「既ニ現代ノ法制ヨリ脱却シ遺忘セラレシト」いえども、一般の司法官が「廃セラレタル刑罰ハ之ヲ研ムルノ要ナシ」と考えるのは間違いであって、「沿革ヲ知ラサルノ理論ハ、遂ニ砂上ノ楼閣」にすぎず「百川海ニ往クノ壮観ヲ知リテ、点滴樹葉ヲ打ツノ源ヲ知ラサルノ徒、焉ンソ以テ法理ヲ談スルニ足ランヤ」と述べ、司法官にとって法制史研究がいかに不可欠であるかを訴えている。現在の法制を理解するためには、その沿革の研究こそが重要であると説くのである。

C、『海南風俗史』

さらに、『海南風俗史』の「緒言」では、執筆の動機について、

交通ノ至便ト風俗ノ純朴トハ遂ニ相両立セサル……爰ニ三度官命ヲ帯ヒテ新島ニ航スルヤ、途次大島ニ至リテ稍得ル所アリ。謂ヘラク、七島ノ風習因ツテ起ルコト遠シ。今ニ於テ之ヲ伝フルナクンバ、遂ニ汇滅シテ攻フルニ由ナカラントス。是ニ於テ微カ敢テ測ラズ。七島風俗史ヲ編セントスルノ意アリ

と述べている。交通の便利さが増すにつれて、伊豆七島の風俗風習が次第に失われつつある状況を見て、尾佐竹は、それを書き留めておく必要を感じたのである。このような風俗史研究は、その後、尾佐竹によって展開されることはなかったが、民衆の法規範をこえて、さらに生活規範のレベルにまで関心が広がっていったことを看取することができる。

以上のように、海南三部作の執筆動機や執筆後に彼がもらした感慨などを見てくると、たとえかりに閑職の筆すさびから執筆を始めたものであったにせよ、われわれは、海南叢書三部作のなかに、西欧から移植された近代的な法制度について、「民衆の法律化」・「法律の民衆化」をいかに実現するか、その実現のためには、法の沿革史研究や民衆の「生ける法」を把握することが必要であるという認識が、尾佐竹の中で、たしかに芽生えていることに気づかせられる。こうした認識が、彼をして、後年の陪審制や憲政史研究、さらには広く明治文化史研究へと駆り立てていくことになる(15)。海南叢書三部作には、尾佐竹の生涯を貫く二重生活(司法官と研究者)を支える基本的なモチーフが、既に見出されるのである。

三　時事法律論

さて、尾佐竹の司法官としての「学識」を検討するには、なによりも、彼が下した判決文を検討することが不可欠なのだが、先にも述べたように、彼が単独で担当した民刑事事件の判決例を一件たりとも発見することができない(16)。そのため、以下では、彼が、その時々の関心にそって――多くの場合、ペンネームを使って――発表した時事的な論稿から法律(解釈)論を析出してみることにしたい。

(1)「民衆の法律化」と「法律の民衆化」

時事的な論稿は、東京控訴院時代以降に、活発に執筆されるようになるが、その舞台となったのは、『法曹会雑誌』『法曹公論』あるいは『中央法律新報(17)』といった主に法曹を対象とした諸雑誌である。

『法曹会雑誌』に連載された「日本陪審の沿革」(全八回、大正一二年四～一二月)は、日本の陪審史に関する最初の体系的研究として知られているが[18]、のちに一書に纏められて『明治文化史としての日本陪審史』（大正一五年（一九二六））として刊行された際[19]、尾佐竹は、あらたに書き加えた「緒言」のなかで、まず、近代日本における西欧的法制度の受容について、次のような特徴を指摘する。

明治文化の内で最も翻訳の色彩が濃厚でまたその時代の永かつたのは法制の部面であつた。遮二無二欧米の翻訳を採り容れ、只だ其の及ばざらんことを虞へた明治の初期でも、そう一号令の下に社会の各方面が根底から改造さる丶訳には行かなかつたが法制丈けは国家の権力で強制すれば即日からでも一応は全国に行はる丶形となるのである……如何に流行の粋を追ふ紳士淑女でも始めて洋服を着て其日から似合ふものでは無いが法制丈けは其日からでも欧米と同制度たり得るのである……元来我国民は法治的生活に慣熟せず法制とは何かした六つかしきもの、面倒なるもの、恐るべきもの、近づくべからざるものであるとの意識が潜在して居り、充分なる法的批判の眼の無かつた処へ、新文化の潮流に乗じ新興政府の根本的改造の意気込みで押し付けられたから、国民は殆んど見当はつかぬながらも何かしら、新らしきもの、より能きものとして受け容れられ、国民の理解があらうが無からうが形式丈けは立派に儼存して居つたのである。

したがって、「東洋文化を宗としたる旧文化と、欧米文化を輸入したる新文化との遷移期に最も明確なる一線を画したのは法制の部面」であり、「卒然として一見すれば新旧両文化の間には何等の交渉無く全然別個の存在を有し、殆んど法制の過渡時代なるものは存しないが如くに観察される」ことになる。「従つて近時明治文化の研究が盛んになり新旧過渡期の検討が興隆し来つたにも拘はらず法制の部面丈けは殆んど顧られずして此埒外に放置されて居る現状である」と述べたのち、さらに、法律と実際生活と乖離について言及する。

斯は確かに文化史の研究としては一大欠点である、如何に新旧法制の遷移が鮮かでも人事はしかく簡単に遷移し得るものでは無い、其転換の鮮かであればある丈け、その過渡期の悩は大であらねばならぬ。……実際生活に適応して法令が発布せられたといはんよりは、法令に適応すべく努力した実際生活の如何に慌しかつたかは明治文化の研究に志すもの丶看過すべからざる一大問題である。

さなくとも凡ての文化の革新期に於て著しく目だつのは法制である、砲火の洗礼に革新の端を発し、戦塵収まつて政局の安定、生活の保障は先づ法制の整備を以て初まり、刑律の制定、弾官の増置がその具体的施設の先駆を為すのである。初期の新聞雑誌の初欄に必らず法令を掲げ判例を載するを例とする如き、甚しく今日の新聞雑誌と体裁を異にするのも此故である。法令の俗解、絵解き、の類の行はれしのも這は法令公布の民衆化として宣伝の宜しきを得たるものとして賞賛すべきものといはんよりは寧ろ此の如き時勢の産物として然らしめたるものと解すべきである。警察制度の統一、地方警吏の分布が教育制度の普及に先つて居るのも此故である。時に或は官憲の横暴となり、閥族の擁護となり、人権の圧迫といふ如き不祥事を頻発したことは悲しむべきであるが、這も亦た初期には往々免るべからざる暗黒面として、此の暗黒面の存すること夫れ自体が、その光明的方向と共に研究の目的であらねばならぬ。……

このような状況認識にたって、尾佐竹は、陪審制度の問題に論を進める。

……明治法制史に於て特に奇異なる地位を占むるのは陪審である。此［陪審］制度はいふ迄も無く欧米の輸入であるが、本来新しい制度では無く、古くより各国共に存し寧ろ一部の論者の間には其弊に堪へぬとさへまで称せられて居るが、我国では新しき始めての制度として輸入せられたのである。あれ程欧米法制の輸入に急なりし明治初期に行はれずして今頃に至つて漸く行はれんとするは寧ろ一の奇蹟といはねばならぬ。これは前にも述べたる如く我国民の法治的訓練が欠けて居つたからといふ言を遺憾ながら繰返さねばならぬ、嘗ては刑事に弁護人を付することさへ反対した当局であるから陪審などは勿論問題にならなかつたのである。彼れ程猛烈に要求されたる民権運動さへ容易に完了の容るゝ所とならなかつたのに、何等民間の要求無き陪審には官僚の耳を仮す筈は無かつたのである……唯だ槙村正直事件（小野組転籍事件）には司法と行政との衝突あり、廣澤参議暗殺事件には裁判所と警視庁との扞格となり之を解決するの方策として陪審を設けんとし、結局其変態たる参座を設けたのは所謂官僚一部の要求に基づく陪審とも見ることは出来るが、これとて只だこれのみに止まり民権運動の如く民間の後援が無かつたから単に新奇なる試みとして明治史の初期を飾る興趣多き一場面を展開したるに止まり疾くに世の中より忘れられたのである。今次陪審法の起草に際しても新なる輸入としてのみ考へられ、こゝにも五十年前の一般法制部面に於けると同じく創作的に立案せられんとしたるとき、幸にも参座制に興味を有する某氏の提唱に依り此奇なる制度の一斑を回顧するに至りしはせめてものことではあるが、その参座制とても突如として案出されたのでは無く、其思想は早くより移入せられ陪審といへる訳語の如きも一般法制の熟語よりも早く定語となつて居た位であり、参座制廃止の後も憲法制定の時、或は治罪法起草の際等に於て屢問題となり、其思想絶ふるが如く絶へざるが如く、冥々の中に其勢を助長し、遂に今日の成案と為るに至つたのである。世の陪審を論ずるものは欧米の沿革を述ぶるに急にして殆んど我国の沿革を顧みざるもの否なその沿革あるを知らざるもの比々皆然りである。これ余輩の如き明治文化の研究に志すものゝ黙して止む能はざる所、茲に拙著を出し題名に特に『日本』の二字を冠せしむる所以である。……

いささか長い引用となったが、ここから、西欧近代法の流入と民衆の法観念とのギャップの認識とそれを克服する方策について、尾佐竹がどのように考えていたかを知ることができる。彼にとって、陪審制度と普通選挙制度は、「国民の法治的訓練」の場として、最も必要かつ不可欠な制度だったのである。[20] また、陪審制度は、たしかに「欧米の輸入」という側面があるが、小野組転籍事件や廣澤参議暗殺事件における「参座制」など維新以来の「文化史」的沿革があることを指摘することで、陪審制度導入に反対する時期尚早論や西欧追随論を批判するのである。

ちなみに、右の「緒言」のように、西欧法の受容を着物に譬える論法は、「憲法の着物」(『中央法律新報』、大正一〇年七月)[21] でも見出される。

今の立憲といふ衣は洋服では無いか、和服を着慣れたかといつて、洋服が似合ふといふものでもあるまいといふ半畳が入る。これが立憲政に限らず凡ての我国文化の謎である。本誌は法律の民衆化を標榜して起つたのであるが、単に汎く民衆化社会化といつた丈けでは、恰も晴着を普通着にしよう事務服で礼服に代用してやろしい様にしようといふ努力で、結構な企てであるが我国では此上に更にもう一つの努力は、洋服の事務服を家庭の普通着にしようといふ骨折が要る……法律の民衆化の一面にはどうしても国民性化が必要である。先づ第一に国民性化して然る後、世界的に民衆化社会化の道程を執るのが順序ではあるまいか。従来我国の凡ての文化が薄ペラで翻訳的であるといふ非難も、畢竟は国民化せざる内に、直ちに世界化せしめようとしたからの欠陥である……法律の民衆化と民衆の法律化とは楯の両面に過ぎぬのは、欧米の実際であるが、我国では此両者の隔りが頗る大である。法律の民衆化は出来るとし[て]も民衆の法律化[は]却つて六かしい。

尾佐竹は、「法律の民衆化」の過程として、先ず「国民性化」したのちに「世界化」することが重要であり、さらに「民衆の法律化」にまで至らねばならないと言うのである。[22]

(2)「人権蹂躙」

尾佐竹は、控訴院および大審院では、主に刑事部に属し、刑事事件を担当していたから、その人権感覚が問われなければならない。「我国死刑の沿革」(『中央法律新報』大正一〇年五月)[23]では、「死刑……其名を聞くだにも慄然として夏猶ほ寒きを覚ゆる残忍なる極刑、国家の名に於て個人の生命を奪ふ此恐るべき惨刑……其間屢学者の死刑廃止論を聞きしも実現せらる丶こと無く又た実際の適用としては幾分死刑に処するを減少せしが如きも遂に全く不適用の域には至らなかつたのである。死刑全廃否な刑法全廃の日の来らん時代を澆望すること切である。是にて此忌むべき恐るべき酷刑の沿革を擱筆す」と結び、現職の司法官として、死刑廃止意見を表明していることは注目に値しよう。

さらに、「人権蹂躙と貞操蹂躙」(『中央法律新報』大正一一年二〜三月)[24]では、

人権蹂躙……貞操蹂躙……両者共近頃の流行語である。孰れも蹂躙されたりと称する者の叫声であり、共に従来弱者視せられたるものが、強者と対等の地位に立ち、若くは立たんとしての反撃である。此二つの叫声は、真に聖代の不祥事ではあるが、一面また時勢進運の賜であつて、個人自覚の向上発展である。……何が故に人権蹂躙といふことが存するのかといふことを考察して見ると、これは組織か制度の何処かに、何等かの欠陥があるからであろうが、それよりも第一には、どうしても国民の無自覚といふことを挙げねばならぬ。国民が其の権利に自覚し、充分に政府を監督鞭撻して居るならば、換言すれば国民か権威を有して居るならば、到底こんな不祥事が有り得やうは無いのである。国民が眠りて、卑屈にも其与へられたる権利の価値を自覚せざるときに於て、其間隙に乗じて、人権蹂躙は侵入し来るのである。……人権蹂躙は国民の人権蹂躙のみでなく、これは国法蹂躙、国憲蹂躙であることは、何人も直ちに気の付くことであるが、実際問題としては、人権蹂躙は他の一面には官権蹂躙である……故に人権蹂躙を叫ぶものは、一面に於て其の他の機関の無能怠慢を責めることを忘れてはならぬ。

> 権限を犯されて知らざる真似をして、または実際知らずして、手を束ねてぼんやりして居つた機関を矯正しなければならぬ。……
>
> 違警罪即決例といふ聖代の怪物……違警罪に付ては、正式の裁判を用ひず言渡が出来る、不服な者は正式の裁判を仰ぐことが出来る……違警罪といふ言葉は今の法律には無いが、今の語では違警罪語で警察犯である……其主意は警察犯の如き軽微な事犯に、一々裁判手続をしては、当事者も堪るまい裁判所も堪らぬからといふので、専ら人民の便利の為めであつたのである。真逆制定当時の立法者は、人民の便利が却つて途法も無く人民を圧するの具と為らうとは、想像はしなかつたかも知らぬが、此奴飛んでも無い喰はせ物であつた。

と言う。尾佐竹によれば、「人権蹂躙」は、「国民が眠りて、卑屈にも其与へられたる権利の価値を自覚せざるときに於て、其間隙に乗じて」侵入して来る。また、人権蹂躙は「国法蹂躙」・「国憲蹂躙」にほかならないのであるから、「国民が其の権利に自覚し、充分に政府を監督鞭撻」しなければならない。要は、国民の人権感覚の成熟が必要だと言うのである。この点については、「中止解散検束」（『中央法律新報』大正一一年一〇～一二月）[25]でも、同様の主張を展開し、国民の「法律思想の乏しさ」を嘆いている。

> 専制国警察国時代と、立憲国自由国時代との区別が解つて居れば問題は無いのであるが、何時も我輩が憎まれ口を利く様に、法律思想に乏しい、立憲思想の欠如せる我国民性の短処は、遺憾ながら此問題にも暴露して居るのである。演説の場合には、勢に乗じて警官の横暴を絶叫して紛争することも尠くは無いが、平素エラそうなことを言ひ、立派な口を利いて居る文士が、其所謂程度の低い警官から、発売禁止を受けても、グウの音も出ずに、まさかどこかの隅に、蚊の鳴く様な声で、ブツ〳〵不平を並べる位に過ぎぬのは、法律思想に乏しいからといへ

ば、それ迄であるが、自分が何を取り締られて居るやも知れずに、御無理御尤で、泣き寝入りして居るのは、寧ろ憐むべきである。

もっとも、右の論稿では、悪名高い違警罪即決例[26]は「聖代の怪物」「飛んでも無い喰はせ物」として批判の対象とされているが、「即決例の私生児――聴取書が問題の種――」（『法曹公論』大正一五年一～三月[27]）をみると、

公娼を廃止さへすれば人身売買の悪風も止み、風紀も廓清されると思ふ廃娼論と同じ程度で、違警罪即決例廃止論に敬意を表する。……ソリや即決例は古ひ法令には相違御座らぬ、マッタ警察官の人権蹂躙とやらも方々の仰しやる通り存在するかも知れぬ。が此二つの事実を結びつけて相互に手段結果の関係があるから、根本的に廃止せねばならぬとの論は一体何処から出るので御座るか……刑事訴訟法を見ると、即決例の私生児たる聴取書といふ奴がやつぱり顔を出して居る。一体即決例の悪くいはれたるのは私生児……の罪が大部分その禍を為して居る、元来聴取書といふことは旧刑事訴訟法にも、即決例にも一言半句の規定は無いにも拘らず、即決例の腹から産れ出で、捜査処分の名の下に刑事訴訟の運用の裏面にシツカと喰ひ下がつて一大勢力を為して居る。……今若し聴取書の問題を全然打切りにして即決例のみを観察したら、それこそ廃止論は極めて弱いものになるので、行政官たる警察官に司法権を行はしむるのは違憲だといふ極めて正しき論理も、或は即決例も略式裁判の一種で、間接国税犯則者処分と同じものとなり、賛成はせられなくても、甚だしき攻撃は受くることは無く、その法律の古いことも必らずしも非難の的とはならぬであらうと、我輩の愚なる頭は考へるのである。……［違警罪即決例は］神変不思議の働きをなし、或は未決勾留と既決囚とが同一になつたり、行政官たる警察官が、或は予審判事となり、公判判事となり、検事となり、典獄となるが如くに見ゆるに至つて、攻撃の声は猛然として台頭し来た

のである。然らばこれは即決例ありて始めて、こんな変態の生じたのか、若しそうならば直ちに之を廃したら宜からうといふが、そうは簡単に参らぬ。実は此即決例以前から警察は当然逮捕監禁審問処罰の権あるものとして我れも人も怪まずに行使して居つたが、法律といふ奴の進歩、民権の伸張といふ厄介なものが出て、これに楯をついたので、表面の理窟から争はれず如何はせんと、ためらう中に、好個の隠れ家として見出したのが即決例である。

と述べて、違警罪即決例そのものの違法性を糾弾するよりも、即決例が「神変不思議の働き」をして濫用される背景こそが重要だという認識を示している。「即決例丈け見れば不都合とも不可解とも見へるが、そもそもの本体を知らぬからの議論である」と、即決例廃止論を揶揄するのである。

尾佐竹も、警察・検察不信論が一般的に存在することを認めているが[28]、違警罪即決例とならんで悪名高い過激運動取締法案について、これを擁護している論稿も目立つ。大正一一年三月に貴族院で可決された過激社会運動取締法案（衆議院で審議未了となった）について、尾佐竹は「至極良法だ」（『中央法律新報』大正一一年三月[29]）と言う。

法案に社会運動とか共産主義とか無政府主義とかあるのを見、また宣伝なる語を散見するのを見て、近頃の流行の熱に浮れて上つ調子になり無暗に新らしがり雑誌なんどに書いたり、宣伝したりして得意になつて居つた連中が、これでは今にも自分の頚に縄がかゝる様に思つて吃驚し十年七年五年なんて監獄に入れられては大変だと騒ぐに過ぎない。胆玉の無い連中は笑止千万だ。一体平素から真実其主義を奉ずるのなら、堂々所信に殉んじ甘んじて囹圄の人となるこそ、主義に忠実なる所以では無いか。

「法案の復興？　反対論の復興？」（『中央法律新報』大正一三年二月）[30]においても、

過激法は至極良法と信ずること今猶ほ変らぬ。……若し果して真に法律その者が不当だと信ずるならば、何故に緊急勅令発布当時に攻撃しないのか、その時は難有がつて或は無関心で居つて、今頃になつて反対するのは、反つて反対論こそ昼間の化物で引込み場が無くて始末に困るだらう。

と述べている。この過激社会運動取締法案は、大正七年の米騒動以後、爆発的昂揚を見せた社会運動に対して、明治政府が、結社ないし思想の取締りに目標を絞って、本格的な鎮圧に乗り出したものと解されており、大正一二年二月には、東京などで労働組合法案・小作争議法案とともに、三悪法反対の運動として活発に展開され、その後、大正一四年（一九二五）の治安維持法に展開していくものと位置づけられているだけに[31]、尾佐竹の同法案擁護論は、先に述べた違警罪即決例に対する見解と併せて考えると[32]、――国民の人権意識の未熟さに問題の本質をおいたことを考慮しても――、社会秩序維持からの発想が強く、いささか違和感を禁じえない。

(3)　「貞操蹂躙」

『中央法律新報』には、「民衆の法律化」・「人権蹂躙」のほか、女性の「貞操蹂躙」をめぐる論稿も掲載されている。山田唯比古のペンネームで連載された「判例の素人評」（『中央法律新報』大正一一年四～七月）[33]は、東京控訴院判事であった尾佐竹が「素人」を装った、ユニークな判例評釈である。まず、「所謂家風に適せずとの事由は、婚姻予約の履行を拒絶し得べき正当の理由とならず」と題して、大正一〇年一二月六日の東京控訴院民事第二部判決が取り上げられている[34]。

僕だとて現行法の下では、婚姻では届出は要らぬといふ様な極端論はせないが、届出は単に婚姻を確保する一形式に過ぎない。届出あつての婚姻で無く、婚姻あつての届出だ、届出は単に婚姻の一少部分を補ふ役しかない。抑も末の末だ。しかるに其一部分其末端が婚姻其者だとは、如何に時代錯誤者だとて驚かずには居られぬ。……法律家のいふ婚礼の定義には、媒酌とか三々九度とかは要件で無いかも知らぬが、同棲の意思は要件として居るに違はあるまい。その証拠には如何に届出はあつても、同棲の意思も行為も無く、単に赤の他人同志であつたなら、これは婚姻とは認めまい。して見れば、同棲と届出とは共に要件で、其間甲乙のあるべき筈は無い、其何れか一方が欠ければ無効といひ得るかも知れぬが、其一方が予約で他の一方が本契約であるといふ論理はどうしても立たぬ。……

婚姻の予約といふものは、正当な事由さへあれば破棄しても宜いものであるか、夫れ以外は離婚は、出来ないことになつて居るそうだが、予約だといふとこんな制限は無いのであるか、届出と同棲とは婚姻の要件として、甲乙無い筈であるに、其一要件たる届出を破棄するには、面倒な条件があるが、其他の要件たる同棲を破棄するには、そんな制限は無いのか、所詮は同棲を予約なりと無理に不自然に解した結果、茲に至るのは已むを得ないかも知れぬが、不自然はどこ迄も不自然である。……判文には『正当の事由無き、婚姻予約の履行拒絶の為めに受けたる、精神的苦痛の慰藉を口るが為めに金銭的損害賠償』云々と、中々面倒な文句を列べてあるが……判例では之れ（手切金のこと）よりも広く、世間の認めた夫婦でも届出がないといふ一点のみで、他の私通関係に扱はれると見へる、之れでは粋を通り越して、難有迷惑である、矢つ張り形式論はどこどこ迄も、付き纏ふものと見える。……

諸公がやつと大正四年に御気がつかれる頃には、世の中はもつと進んで居る。折角苦心して女の為良かれと御計らひ下さる貞操蹂躙とか、または予約違反の損害賠償とかいつて、夫婦問題を金銭で解決しようとの判決では、世は売買婚の何千年前かに逆転した時代錯誤で御坐るまいか。折角の御苦心序に、そんな不徹底を条文に離れず即かずの判決よりは、寧ろ一歩進んで、人間味のある人情の豊な、そしてまた粋な裁判は出来ぬもので御坐るか。

大正四年（一九一五）云々と言うのは、大正四年一月二六日に、大審院が、民事連合部の判決（横田秀雄が部長判事を務めた）で、「内縁」を「婚姻予約」、すなわち将来夫婦の関係を生ぜしむる旨の契約と解してその有効性を認め、正当な理由なく違約した場合には、相手方が被った有形無形の損害を賠償する責めを負うべき旨を判示した「婚姻予約有効判決」をさしている。この判決は、民法の解釈を越えた「補充的立法行為」（穂積重遠）であると高く評価された名判決として知られているが、横田自身が「男女両性カ合意ノ上同棲シ事実上夫婦ノ如キ関係ヲ創設スルモ其相互間ニ於テ真ニ夫婦トナルノ意思ヲ有セサルトキハ婚姻予約ノ問題」は生じないと述べていることに明確に伺われるように、すべての「内縁」を事実上の「婚姻」として法的効果を認めようとしたわけではない。

ちなみに、横田は、「婚姻予約ヲ論ス」において、上記の大審院判決の意義を、①「婚姻予約ニ関スル当事者ノ地位ヲ社会観念上ヨリ観察」し、さらに②「当事者一方ノ理由ナキ違約ニ因リ相手方ノ被ムル苦痛損害ノ動モスレハ甚大ナルノ結果ニ鑑ミ、法律上違約ニ対スル制裁ヲ設クルヲ必要ニシテ且正当」と考えた結果、「判例ヲ変更シ婚姻予約ノ当事者ハ相手方カ正当ノ理由ナクシテ違約シタル場合ニ付キ之ニ対シテ損害ノ賠償ヲ請求スルノ権利アルコトヲ確定」した点にあると述べている[35]。

尾佐竹は、このような当該判決に反対を表明する。「届出は単に婚姻を確保する一形式に過ぎない。届出あつての婚姻で無く、婚姻あつての届出だ、届出は単に婚姻の一少部分を補ふ役しかない。抑も末の末だ」と、「事実婚主義」の立場を鮮明にして、さらに「貞操蹂躙とか、または予約違反の損害賠償とかいつて、夫婦問題を金銭で解決しようとの判決では、世は売買婚の何千年前かに逆転した時代錯誤」であると断じている。このような立論の背景には、彼自身が、事実婚を実行していた事実があったように思われる。先に触れたように、福井区・地方裁判所に赴任した尾佐竹は、山田まさと恋愛したが、まさが料亭五嶽楼の一人娘であったために、法律上の婚姻を締結することができず、明治四三年（一九一〇）一月に長女信子が誕生し、翌月に信子が母まさの父親である山田仁右衛門の養女に入ることにより、ようやく四四年（一九一一）四月に正式の婚姻届出を行っているのである。[36]尾佐竹は、自らの経験を通して、「不徹底を条文に離れず即かずの判決よりは、寧ろ一歩進んで、人間味のある人情の豊な、そしてまた粋な裁判」を望むと結ぶのである。[37]

また、「婦人の貞操値段」（『法律新聞』昭和四年一〇月）[38]では、

貞操に関する訴訟の多くなつたのは事実である、これは近年の傾向でここ十年以後の事のやうである……性道徳の弛緩といふ事をいひますが昔は酷かつた……それが欧米道徳の輸入されるに及んで性道徳が厳粛になつた、欧米道徳でよいものはこれだけであります、それでは性道徳とはどんなものであるかといふに婦人に就て見れば結婚前にあつては一般に対し、また結婚後にあつては夫以外に対する停止であるに過ぎない、と同時に妻君は夫に扶養される事により或意味に於て一生の淫売であるといへるかも知れません、要するに資本主義過渡期にあつての婦人は職業婦人になるか、女房になるか、淫売になるかの何れかの一ツである、なほ貞操に関する訴訟の多くなつたのは婦人の自覚による事は論を俟ちません。

と述べ、家庭内における婦人の解放すら視野に入れた、非常に進歩的な議論を展開していることも注目に値する。[39]

むすびにかえて

本稿では、新島区裁判所判事時代に執筆した海南叢書三部作（『海南法権史』明治四一年一〇月、『海南流刑史』明治四二年三月、『海南風俗史』明治四二年一〇月）と、東京控訴院判事から大審院判事時代に『法曹会雑誌』・『法曹公論』あるいは『中央法律新報』に掲載した諸論稿、とくに時事法律論を中心として、尾佐竹の司法官としての「学識」を検討してきた。

尾佐竹のすべての論稿に一貫して流れているのは、明治維新前後から日本社会に移入してきた近代西欧的な法制度および観念について、「法律の民衆化」さらに「民衆の法律化」を如何にして実現するかという課題にほかならない。新島時代の経験から芽生えたこのモチーフが、時事的な法律論である「人権蹂躙」・「貞操蹂躙」論へと繋がり、さらに陪審史・憲政史・文化史などの法制史研究へとさらに大きく展開していくことになるのである。

今後は、尾佐竹が担当した民刑事判決例の発見につとめ、判決例の分析を通して、司法官尾佐竹猛の「学識」の全体像に迫りたい。将来に残された筆者の課題である。

（1）利谷信義「日本資本主義と法学エリート——明治期の法学教育と官僚養成——」㈡（『思想』第四九六号、一九六五年）、村上一博「明治法律学校の司法官群像」（『法律論叢』第六九巻一号、一九九六年）など、参照

（2）近年の重要な研究として、楠精一郎『明治立憲制と司法官』（慶応通信、一九八九年）、前山亮吉「近代日本の行政改革と裁判所」（信山社、一九九六年）、三阪佳宏「明治三〇年代初頭における裁判所・裁判官統制強化論の法史的意義」（『阪大法学』第四〇巻一号、一九九〇年）などがある。

（3）手塚豊著作集第一〇巻『明治史研究雑纂』（慶応通信、一九九四年）所収の諸論文、参照。

（4）岩谷十郎「明治期司法官の近代法適用をめぐる逡巡」（杉山晴康編『裁判と法の歴史的展開』敬文堂、一九九二年）、同「訓令を仰ぐ大審院」（『法学研究』第六六巻八号、一九九三年）、村上一博「明治初期における一裁判官の法意識」（『明治大学社会科学研究所紀要』第三二巻二号、一九九四年）、同「旧民法編纂過程にみる司法官の家族観」（同『日本近代婚姻法史論』法律文化社、二〇〇三年）など。

（5）明治大正期における司法官供給源として、明治法律学校は、英吉利法律学校（のち東京法学院、中央大学）とともに最大手の私立法律学校であった（前掲拙稿「明治法律学校の司法官群像」参照）。排出された数多くの司法官のなかで、尾佐竹は——経歴の面でも、学問業績の面でも——明治法律学校を代表する司法官の一人であり、また母校の教壇にも立っている。この意味で、尾佐竹の「学識」を検討は、司法官研究にみならず、「駿台学」の系譜の探求にも資するはずである。

（6）尾佐竹が、明治三三年一一月に判事検事登用第一回試験に及第したことは『官報』第五二〇九号（一一月一〇日発行）一二六頁、また一二月七日付で司法官試補（東京地裁詰）に任じられたことは『官報』第五二三二号（一二月八日発行）一二六頁で確認される。

なお、これ以降における司法官としての尾佐竹の経歴については、『帝国法曹大観』（大正四年、六一頁）、『改訂増補帝国法曹大観』（大正一一年、五七頁）、『御大礼記念　帝国法曹大観　改訂三版』（昭和四年、五〇頁）、『大日本法曹大観』（昭和一一年、一六頁）、『大日本司法大観』（昭和一五年、二三頁）（いずれも、『日本法曹界人物事典［司法篇］』ゆまに書房、一九九五年、収載）に依拠し、田熊渭津子編『尾佐竹猛（人物書誌体系4）』（日外アソシエーツ、一九八三年）所収の「年譜」を参照した。

（7）松下芳男「尾佐竹猛氏の横顔」㈠（『新版　明治文化全集』月報13、日本評論社、一九六七年）五頁、向井健「尾佐竹猛・生誕一〇〇年」（『三色旗』第三七三号、一九七九年）一頁。

もっとも、山岡万之助『鈴木喜三郎』（鈴木喜三郎先生伝記編纂会、一九五五年）によれば、東京地裁所長時代、鈴木は「私学出身者のため、公平に進路を開いた」と評価されている。

（8）前掲、松下芳男「尾佐竹猛氏の横顔」㈠、五頁。
司法官試補（東京地方裁判所詰）時代の、明治三四年二月に「司法官の増俸に関し、敢て江湖に問ふ」と題する東京区・地方裁判所検事六八名による意見書が発表されており、若冠二一歳の尾佐竹も名を連ねている。このことからも、彼の性格が窺われるであろう。

（9）横田秀雄については、村上一博「岸本辰雄と横田秀雄の民法（家族法）理論」（村上編『日本近代法学の揺籃と明治法律学校』日本経済評論社、二〇〇七年）二三頁以下、参照。

（10）明治一三年一月、尾佐竹とともに、明治法律学校出身の水口吉蔵（明治九年一〇月生まれ、三一年七月卒業）と櫻田壽（明治九年一〇月生まれ、三四年七月卒業、一四年八月まで）の二人も大審院判事に抜擢されている。ちなみに、尾佐竹・水口・櫻田以前には、阿部茂雄（明治九年一〇月生まれ、三一年七月卒業）が、ただ一人、しかも退職月の大正九年三月に大審院判事となっていたにすぎない。

（11）『海南法権史』・『海南流刑史』・『海南風俗史』の三冊（海南叢書三部作）は、『尾佐竹猛著作集［法制史編］』第一巻（ゆまに書房、二〇〇五年）に復刻されている。なお、この三部作の所在や発見の経緯については、村上一博による解題「尾佐竹猛著作集『法制史編』（全六冊）について」を参照。

（12）伊豆新島における近代的行政制度の整備については、別に改めて論じる機会を持ちたい。

（13）前田長八氏によれば、明治三二年六月一六日の『役所日記』にも「本日新島区裁判所開庁、裁判及登記事務取扱ハル」と記されている（前田長八『新島の歴史（伊豆諸島東京移管百年史）』一九八一年、四三五頁）。

（14）ちなみに、『海南法権史』には、島田判事による祝辞が収載されているので、参考までに引用しておこう。
「惟ミルニ、本島ハ絶海ノ孤島ニシテ、往昔ヨリ維新ニ至ル迄ノ間ハ本洲トノ交通殆ント絶無ノ姿ニシテ、而シテ僅ニ通シテ来住セルモノハ、捕魚採藻ノ漁夫ニアラサレハ則チ刑余ノ遠島人ノミナリキ。茲ニ於テカ、当時ノ政府本島ノ民ヲ視ル本洲ノ民ト仝シカラサルノ慨アリキ。然ルニ、維新革命ハ既往ノ悪慣ヲ打破シ、明治祥代一視同仁ノ盛徳ハ六合ニ洽ネク沢四海ニ及ホシ、海波万里ヲ隔ツル本島ノ民ニ至ル迄、猶且天恩ノ余沢ニ被霑シ、交通ノ便関ケ海ニ煤煙ヲ漲ラシ汽笛残夢ヲ破ルノ壮アリ。陸ニ教育ノ制成リ、咿唔ノ声ヲ断タサルノ美ヲ見ルニ至リ、島政漸ク将サニ本洲ニ均シカラントスルノ其第一初歩トシテ、今歳新タニ新島ニ区裁判所ヲ設ケ吏僚ヲ派シ以テ本島司直ノ職ニ当ラシメ給フニ方リ、本官員ニ首班ノ任ニ撰ハレ来リテ裁判所開始庁舎新築ノ職ニ従ヒ、尓来半歳、主任ノ監督其宜敷ヲ得テ期ニ愆ラス、設計図面ニ照ラシ違算ナク竣功セシトノ報告ヲ欽シ、落成移庁ノ典ヲ挙クルヲ得タルハ本官ノ栄トスル所ナリ。今日以後、正ニ其職ニ当ルニ志操氷雪ニ比シ其任ヲ尽シ、昔日遠島流刑ノ刑場タリシ本島ヲシテ、長ヘニ家ニ戸ヲ鎖サス道ニ遺チタルヲ拾ハス、民ニ権利ノ枉屈ニ訴ヘ義務緩慢ヲ嗟スルモノナカラン事ヲ庶幾フ」。

(15) 後年、尾佐竹は、吉野作造の追悼文集のなかで、吉野の明治文化研究を、現実と離れた「閑事業」、「単なる物好き」、「骨董趣味」、「邪道」と見る俗説に対して、

「私の明治文化の研究が、老人連の頑迷を罵る今の若い人に向つて、その攻撃する僻説にも、時代の背景が之を必要とせし情実あることを知らしめ、且之を改むるにも時代の推移に注意するの必要あることを警告する上に役立つたことである。歴史的達観を缺けば今日の新人だつて、其主張を頑守する点、敢て老人と変らない。古い人にも新しい人にも、明治史の研究は共にひつようなのである。明治文化の研究は決して時勢と掛け離れた閑事業ではない。」

という吉野の文を引きながら、その実践的意義と学問的良心を称えている（尾佐竹「明治文化研究の母としての吉野博士」赤松克麿編『故吉野博士を語る』中央公論社、一九三四年）。この弁明が、彼自身の研究姿勢にも通じることは言うまでもないであろう。

(16) 控訴院・大審院判事時代に尾佐竹が担当した事件の判決文は数多く確認される。試みに、『法律新聞』紙上で、担当判事中に尾佐竹の名前が見られる大審院（第三民事部）判決を探してみると、

(1)「文書偽造行使罪と成立要件」大正一二年一〇月一三日判決（『法律新聞』第二一九二号）
(2)「告知ノ違法ト上告ノ理由」同年一一月七日判決（『法律新聞』第二二〇二号）
(3)「判事ノ除斥ト範囲」同年同月同日判決（『法律新聞』同号）
(4)「狐チヨボ方法の説示」同年同月一〇日判決（『法律新聞』同号）
(5)「犯罪ノ個数ト当然ノ要素」同年同月同日判決（『法律新聞』同号）
(6)「ジヤン拳及花札ノ使用ト賭博罪ノ構成」同年同月一四日判決（『法律新聞』第二一九七号）

(7)「証拠調全部ノ却下ト忌避ノ原因」同年同月一七日判決（『法律新聞』第二二〇〇号）
(8)「内務省令第二十号ト詐欺ノ方法」同年同月同日判決（『法律新聞』第二二〇三号）
(9)「証拠決定ノ取消ト事実審ノ職権」同年同月同日判決（『法律新聞』同号）
(10)「上告申立書ノ差出ト裁判所」同年同月同日判決（『法律新聞』第二二一一号）
(11)「詐欺罪ノ成立」同年同月二一日判決（『法律新聞』第二二一六号）
など、大正一二年の一〇～一二月の三カ月間だけで、二七件の判決を見出すことができる。当時の大審院判事の繁忙さが推測されよう。ちなみに、本稿では詳述する余裕はないが、(4)(6)といった尾佐竹が得意としていた賭博に関わる事件が見られる点が興味深い。

　尾佐竹が関わった判決は比較的容易に確認できるのだが、言うまでもなく、こうした判決は、複数の判事の合議によって下されているため、尾佐竹個人の法理論を析出することは困難である。

(17)『中央法律新報』は、片山哲・星島二郎らによって設立された中央法律相談所の機関誌として、「法律の社会化」を掲げ、一九二一年一月に創刊されたが、執筆者として、牧野英一・穂積重遠ら東京帝大教授のほか、今村力三郎・布施辰治といった社会派弁護士、あるいは堺利彦・山川均ら社会主義者も加わっている。当時、東京控訴院判事であった尾佐竹に執筆を依頼したのは、編集を担当していた松下芳男のようである（松下「尾佐竹猛氏の横顔（1）」新版明治文化全集月報13）。以下に述べるように、尾佐竹の論稿は、一部の社会運動家を諧謔的な筆致で揶揄したり、過激社会運動取締法を弁明するなど、同誌に掲載された他の論稿とはいささか異なった視角から、法律論が展開されている。
　なお、『中央法律新報』に連載された論稿は、若干加筆あるいはそのまま、『判事と検事と警察――蒙愚理問答　中止・解散・検束――』（総葉社、大正一五年一二月刊）に収録されている。表題は違うものの、『玄人の玄人・素人の素人らしからざる法律論』（大誠堂、昭和一〇年六月刊）は、同書の復刻再版である。
(18) ちなみに、陪審法は、大正一二年四月に公布され、五年後の昭和三年一〇月から施行された。
(19) 尾佐竹猛「日本陪審の沿革」（全八回、『法曹会雑誌』第一巻一～六・八・九号、大正一二年四～一二月）、のち『明治文化史としての日本陪審史』（邦光堂、大正一五年七月）。

(20) 尾佐竹「陪審と普選も道連れ」(『法曹会雑誌』第七巻一一号、昭和四年一一月)は「普通法案が一度は議会の解散といふ迄大きな岩礁に乗り上げたと同じく、陪審法案は枢密院といふ難関に打ちかかり、やつと第四十六議会を通過したのである。そして大体似たり寄つたりの頃に実施せられ、しかもその結果は両者共、極めて良好である。昭和の御代の兄弟は、今後も益手を携へて有終の美を済さんことを切望する」と述べている。

(21) 雨花子「憲法の着物」(『中央法律新報』第一年一二号、大正一〇年七月)。

(22) 縦横子「解散は何の為め」(『中央法律新報』第四年三号、大正一三年二月)では、国民の意思を反映しない政治についても、手厳しく非難している。

「選挙人の無智なるに乗じ、投票を買収し、国民を代表せないことを宜い気にして、自分の懐ろ計りを肥すことを専務とした政党は、其天罰として何等国民の意思に基かざる内閣は出来ても攻撃の辞柄は無い。尤も口には調法にも、超然内閣の出現は憲政の常道に反すといふが、誰れがそんな口実を真に受けるものか。一体憲政の常道が確立して居れば、現在の如き政党が存在し得る筈が無いでは無いか。自分は憲政の非常道をしながら、他を憲政の常道にあらずと攻撃したとて、それに何んの権威がある。更に解散を食つた口惜しまぎれに、且つは選挙の地声擁護の為めに、護憲の太鼓を叩いたとて、国民は日蓮宗の団扇太鼓に迷惑する位に、迷惑するより他に何等の意味は無い。国民は現代の議員共を一掃することに於て、解散を歓迎して居る。此点は少くとも国民の意向とピツタリ一致して居るのであるから、解散決して無意味で無い。言を換ふれば内容その者は民意を代表せないが、解散そのものは、少くとも民意を代表して居るともいへる。此点が大出来で、確に或意味に於ける立憲的である、合法である。……愚劣なる政府政党共よ来つて我輩に赦を乞へ」。

(23) 雨花子「我国死刑の沿革」(『中央法律新報』第一年七号、大正一〇年五月)。

(24) 千田世成「人権蹂躙と貞操蹂躙」(一~三)(『中央法律新報』第三年三・五・六号、大正一二年二~三月)。

(25) 千田世成「中止解散検束」(一~五)(『中央法律新報』第二年一八~二三号、大正一一年一〇~一二月)。

(26) 違警罪即決例は、明治一八年九月に制定されたが、しばしば濫用された。これに加えて、行政検束、あるいは捜査機関による事実上強制的な被疑者取調・勾留・捜索・差押が広範に行われ、社会問題となっていた。

(27) 尾佐竹猛「即決例の私生児――聴取書が問題の種――」(一～二)(『法曹公論』第三〇巻一・三号、大正一五年一・三月)。
(28) 名那繁次「改正刑訴法第一二三条に就いて」(一～五)(『中央法律新報』第三年一〇～一三・一五号、大正一二年五～八月)。
(29) 縦横子「至極良法だ」(『中央法律新報』第二年六号、大正一一年三月)。
(30) 縦横子「法案の復興？ 反対論の復興?-」(『中央法律新報』第四年二号、大正一三年二月)。
(31) 小田中聰樹『刑事訴訟法の歴史的分析』(日本評論社、一九七六年)など、参照。
(32) さらに検察官の起訴便宜主義についても、「司法権の独立に就て」(『中央法律新報』第一年一五号、大正一〇年九月)では、「正義人道の擁護を職とする司法の事務は神聖であり、独立であらねばならぬといふに帰する……法理上は行政官でありながら、世人は認めて司法官とし検事自身も之を以て任じて居るの傾きがある」と述べ、「司法権の独立」から正当化しようとしている。
(33) 山田唯比古「判例の素人評」(一～五)(『中央法律新報』第二年八・九・一一～一三号、大正一一年四～七月)。
(34) ちなみに、このほかには、「電車の車掌運転手は、飛乗りに就て責任を帯はず」と題して「交通道徳を無視する無節操なる飛乗り客には、自業自得論を以て戒め、一面乗客を物品視し、厄介物視する無責任なる車掌運転手に、人命保護の大責任を自覚せしむる為めの判決とすれば、これは宜い判決で、法理上前後の説明が相撞着しても、そんなことはかまはない」と述べ、また「原首相暗殺事件：艮一の無期は適当なり」と題して「感じ易い青年が単純なる心に、首相を殺せば国民が救はるべしと、一図に思ひ込み、幼稚なる虚栄心も手伝つて、此犯行をしたといふことに帰着する……而して被害者は乞食立ん坊とは異り、苟も一国の首相だといふことになれば、軽くする訳にも行かぬ。さりとて死刑も酷だ。マア無期といふ処が適当な処であらう」と評している。
(35) 横田秀雄「婚姻予約ヲ論ス」(『法政新誌』第一八巻二号、大正一〇年、のち横田『法学論集』所収)。横田は、右論文において、婚姻予約の成立要件と効力について、詳しく論じている(前掲拙稿「岸本辰雄と横田秀雄の民法(家族法)理論」四〇～四一頁、参照)。

(36) 田弁子（谷内文雄）「福井の司法史雑話（十六）」（福井地方・家庭裁判所『庁報ふくい』第八六号、一九八八年一月）一一頁。なお、この点について、詳しくは、山岸論文を参照されたい。
(37) 明治民法施行以前には、大審院から下級審裁判所に到るまで、「事実婚主義」が判例の基調であったことは疑いないのだが（村上一博『日本近代婚姻法史論』法律文化社、二〇〇三年）、尾佐竹の論稿に、そのような認識はまったく見出されない。
(38) 尾佐竹猛「婦人の貞操値段」（『法律新聞』第三〇四〇号、昭和四年一〇月）。
(39) 尾佐竹猛「女権発達史概観」（『歴史公論』第四巻四号、昭和一〇年四月）もある。

第2章　「裁判事件史」の開拓者——裁判と事件と歴史——

山泉　進

はじめに

近代日本政治史の分野ですぐれた業績を残した林茂は、尾佐竹猛の没後刊行された『大津事件』（岩波新書、一九五三年六月）の解題のなかで、尾佐竹の思想的立場を、仮に「官僚的自由主義」という表現が許されるならばと限定してのことであるが、それに最も相応しい立場であったと位置づけた。そして、その学風は「好事家的な傾き」があったが、方法的には「史料主義」を貫いたと評価した。さらに、「最も得意とされる史実の考証に伴って随時随所に展開される独自の史論は、犯し難い司法官的な峻厳さの半面に洒脱なところをも隠そうとはされなかったその性格をも想わせて、一種の風格をもち、特異な境地に立って居られた」と、実際に間近に接した尾佐竹の印象をも記している。おそらく、一方に、一貫して裁判官としての職責を全うし、大審院判事としてのぼりつめた実務法律家としての生活を置き、他方に、あれだけ広範囲にわたる研究領域の著作を公刊した尾佐竹の研究活動を並べてみると、林の評価には頷かせるに足る説得力がある。勤勉な学生ではなかったが、四年間、早稲田大学の大学院において林茂から

「日本政治史」の指導を受けた経験のある私としては、林自身もまた、禁欲的に「史料主義」を貫いた姿勢を見せてきたが、そのことも併せて、林の評価を受け入れたいという気持になる。

学問研究者としての尾佐竹について、林は、明治史研究にとっては吉野作造と並んで、「忘れることのできない偉れた開拓者ないし建設者」であったと評価する。そして、「かって吉野博士をして「幕末から明治初年に亙っては勿論のこと、実は明治から大正にかけての出来事でも、何の問題を持って行ったって同君で埒の明かぬ事はない」(『維新前後に於ける立憲思想』推薦の辞)と語らしめたように、その研究領域は日本殊に幕末明治以降の政治・法律・文化・社会・風俗等にわたって極めて広いが、晩年には、なかでも、政治殊にいわゆる明治憲法制定ならびに明治維新の歴史的研究に最も深い関心を寄せられ、その業績も最も豊かなものがある」(二二五頁)と述べている。「晩年」という言葉に力点を置けば、尾佐竹自身も、「私の研究は「明治維新史」から「明治文化史」に入り、それより「明治憲政史」に進んだ。といふよりも、此三者を並列的に研究して居るといつた方がより適切であるかも知れぬ」(『明治維新』上巻、白揚社、一九四二年一一月、序)と記している。(1) 確かに、明治文化史、明治憲政史、明治維新史については、纏められた研究書が刊行されているし、幕末外交(国際公法)史、明治政治史、陪審史を含む明治法制史などについても、この三分野に包摂してしまって問題はあるまい。これらの分野は、現代ではあたりまえの学問領域として確立しているが、おそらく尾佐竹の時代には先駆的な領域であり、ユニークさを誇ったのだと思う。それでも、現代の私からすれば、尾佐竹の多岐にわたる研究領域や独自性を、その三分野に閉じ込めてしまうことには、多少の違和感を覚える。例えば、出版という点に絞っても、尾佐竹猛の仕事にはユニークなものがある。いきなり『賭博と掏模の研究』(総葉社書店、一九二五年一〇月)を持ち出す必要もあるまいが、『法曹珍話 閻魔帳』(春陽堂、一九二六年六月)、『明治秘史 疑獄難獄』(一元社、一九二九年六月)や『法窓秘聞』(育生社、一九三七年九月)などの書物を取り上げてみて、それらをどういうふうに評価するのかとなると、ある人は明治文化史の研究範囲にいれるであろうし、あるいは法制史のカテゴリーにいれるかもしれないが、いずれにしても、ちょっと変わってはいますが、という言葉くらいは付け加えるであろう。そして、人によっては、「雑録」や「散録」として執筆された、正当な学問分野の埒外にある「雑学」やエッセイとして片付けてしまうかもしれない。

しかし、『賭博と掏模の研究』が繰り返し形をかえて現在まで刊行され、あるいは先に並べて掲げた本が最近においても復刊されているところをみると、むしろ尾佐竹猛の仕事は、この方面においてこそ評価されてしかるべきではないか、という声も聞こえてくるような気がする。私は、ここで、ちょっと名づけるのに困るような分野の研究を、「裁判事件史」と命名して、その業績の先駆性について積極的に評価したいと思う。生来、優秀な頭脳は、尾佐竹猛をして、大審院判事の地位まで至らしめたが、体制のなかにあって、いわば正当化された歴史学からは逸脱してしまうような、「雑学」や「余技」ともよべる分野の研究を冒険的に追求することによって、「新しい知」のあり方を示したこと、そこにこそ尾佐竹猛の真骨頂があるのだと私は思う。そこに流れているものが、歴史的資料や文献への執着、事実究明への好奇心、人間的出来事への旺盛な興味、過去へのノスタルジー、現在を解き明かすための歴史的関心、現状への批判的精神、既成の見方を打ち破ろうとするへそ曲がり精神、これらの感性と精神こそが、尾佐竹猛作品の魅力であると私は考えている。それらは、もともと「官学」とは対比される「在野の学」としての出発点をもっていたが、その部分において、明治法律学校で学んだことが影響を与えているとしたら、これほど喜ばしいことはない。

一　裁判事件史の開拓

(1)　裁判事件史の構想

「裁判事件史」という用語を尾佐竹猛自身が発明し、使用しているわけではないし、現在、こうした学問分野が確立しているわけでもない。(2) それでも、『明治秘史 疑獄難獄』(前掲)の「自序」のなかには、「近時明治時代の研究が盛んになり、各方面より夫れ〳〵専門の研究はあるが、最も必要なる裁判事件には筆を染めたものは余り多くは無いのである。そこで敢て自ら揣らず、こゝに本稿を草するに至つたのである」(なお、以下の引用においては必要最小限の読点を付している)と述べている個所があり、「裁判事件」という用語を使用しているので、この語を生かして「裁判事件史」という言い方をしても、尾佐竹猛にとってそれほどの違和感がないであろう。

裁判事件史の内容は、本論考のサブタイトルとして付しておいたように、「裁判」と「事件」と「歴史」から成立している。いま、「裁判」と「事件」と「歴史」との関係について、尾佐竹の考え方を概観しておくと、次のようにいうことができると私は考えている。一般的にみれば、まず「事件」があって、その事件が「裁判」によって裁かれる。そして、「裁判」の変遷過程を再構成して「歴史」を考える、このような順序になるであろう。ところが、法律を専門とする尾佐竹猛の問題関心には、まず「裁判」があって、そこで「事件」を通して事実が認定され、それを通して物事の変遷、つまり「歴史」を考えていく。このような順序になっていく。普通、歴史家は「出来事」の連続のなかに貫通している一定の法則や傾向をみて、そのように「出来事」を動かしている動因を歴史観として確立し、その歴史観にしたがって「出来事」の連鎖を論理的に、あるいは物語の展開として叙述することを任務とする。歴史を動かす「出来事」は、日常の一般的な事実とは区別されるところの、意味のある事実変化として記録されて残される場合が通常である。その「出来事」のなかから、歴史家は自分の歴史観にとって重要であるものを「事実」として選択する。

ところで、一見すると矛盾しているようにみえるが、「出来事」と「事件」の関係をみれば、「出来事」は、その影響力が大きくなればなるほど「事件」としては成立しないという性質をもっている。例えば、明治維新のような大変革を、「事件」と呼ぶことはない。それは、維新の変革が「事件」を超えているからである。一般化すれば、革命やクーデターのような、既存の政治体制を一変させるような「出来事」は、「事件」としての範疇を越えてしまうのである。そこまでドラスティックな変革でなくても、政権の交代、あるいはその軋轢がひき起こす諸々の闘争、また元寇のような対外的な危機、このような歴史年表に記載されるような多くの「出来事」においても、必ずしも「事件」と呼ばれるわけではない。逆にいえば、「事件」として性格づけられものは、ある種の「裁判」において事実が認定されるという「出来事」なのである。例えば、明治一四年の政変や日露戦争は通常「事件」と呼ばれるようなことはない。幸徳秋水を首謀者として明治天皇暗殺未遂計画があったとされ、大審院で裁判が行われた大逆事件、陸軍の青年将校たちの国家改造をめざしたクーデターが失敗して軍法会議で裁かれた二・二六事件、これらがまさしく典型的な「事件」と呼ばれるものなのである。つまり、「事件」は、一定の「裁判」あるいは司法的処理を介して「事件」として成立するのである。

「裁判」といえば、いかにも近代的な響きがするが、法治国家としての法的な整備が行われていない場合においても、社会には、その形成に付随する規範的な制裁が必ず存在するので、何らかの「裁き」を通して「事件」が形成されてきた。それらは、日本史の分野においては「乱」や「変」を付して呼ばれることが多い。「壬申の乱」や「禁門の変」などと呼ばれている「事件」は、その例である。政治や社会の変動期には、必ずといっていいほど、「事件」が多発する。もちろん、尾佐竹の研究の多くは、日本の幕末・明治初期を中心としているので、「裁判」の問題は、その制度の創設と密着することになった。維新後の近代国家への脱皮のなかで、維新政府は当然にも法整備を急いだが、とりわけ幕末に締結した不平等条約の解消という国家的課題に後押しされることになった。尾佐竹の仕事の独自性は、実務法学者がもつ法律的知識をいかして、法典の作成と裁判制度の整備の過程とをベースにして、それが裁判上どのような問題をひき起こしたのかを視野にいれながら、「事件」の解明をはかったことである。その意味でも、「事件」に「裁判」が先立っていると表現したのである。

尾佐竹の近代的法制度の創設と整備に対しての歴史的関心、つまり「明治法制史」への関心は、彼の学問的出発点にもなった「明治法制史譚」（全四回、『国家及国家学』一九二〇年二〜六月号、但し三月号は休載）に直裁にみることができる。『国家及国家学』は、一九一三年に鵜沢総明を「主筆」として、駿河台の明治大学構内に設立された国家社を発行所として創刊された月刊誌であった。尾佐竹は、東京控訴院判事の肩書きで執筆している。尾佐竹は、まず、我が国において法制史研究ほど学者の間において無視されているものはないことを指摘し、「法曹ノ大部分ハ我邦ニ法制史ナンテモノハ無イト心得テ居ルラシイ」と述べている。その理由として、次の二つの点を指摘している。一つは、法学という学問が新しい学問分野であって、せいぜい明治後期からの学問であり、「翻訳学」の域を出るものでなく、たんなる「メソード」あるいは「コンメタール」に過ぎないものであるところからくるものである。第二には、法曹界において法律に興味をもって研究しようとするものは「極少数」であり、多くは「立身出世」のため、あるいは「実利的立場」から研究しているに過ぎない現状がある。したがって、「直接役ニ立チソウモ無イ法制史ナト馬鹿馬鹿シイトイフ気分」になっている。さらに、尾佐竹の批判は続く、「一体我邦ニハ科学トシテノ歴史学ハ無カツタ、近時漸ク其ノ体ヲ成シカカツタカ、是レ迄ノ歴史トイヘハ、官報ノ繰合セカ又ハ一部豪族ノ政権争闘史ヨリ外無ク、而モ全然学問トシテノ独立ハ無カツタ」と。せいぜい、有職故実の学、あるいは官制研究としての「支那制度ノ翻訳」が存在した程度である。欧米の「模倣ニ浮身ヲヤツシテ」いた時代はそれでもよかったが、現代のように欧米と肩を並べる時代になれば、そうもいかなくなる。そこで、尾佐竹は主張する、「特ニ明治時代ハ一般歴史トシテハ最モ興味モ多クマタ最モ必要テアツテ、古今東西ノ幾千年間ノ歴史カ此数十年間ニ圧搾セラレ我邦ニ存在シタノテ、混乱錯雑トハイヘ研究ノ価値甚タ大ナルニ拘ハラス、研究最モ困難ニシテ未タ体ヲ為シタ明治史カ編述セラレテ居ラヌノテアル」、「余輩ハ敢テ此大事業ニ当ル抔トイフ非望ハ有セナイカ、此必要ハ人一倍痛切ニ感シテ居ル」と。さらにいう、明治という年号を冠する明治大学において、明治時代の法制史、政治史、文明史を研究することは、大学としての「使命」であり、自分の研究に対しても「十分ノ後援ト指導」を期待する、と。もちろん、出身大学に対する期待が込められてのことである。

「裁判」と「事件」にかえれば、この「明治法制史譚」において、幕末から明治初期にかけての陪審制度の紹介の歴史を紹介しているが、加えて、一八七三（明治六）年に起きた京都府知事の「槇村事件」を取り上げて、その時採用された「参座」の制度を日本における陪審制の試みとして紹介するのである。このように、尾佐竹においては、槇村事件と陪審制の問題、あるいは湖南事件と司法権独立の問題というように、個別的な「事件」を裁判制度の問題とリンクさせて論じる点に、その独自の法制史的方法をみることができる。これらの事件については、また後に触れるとして、ここでは、多少繰り返しにはなるが、さらに、尾佐竹の問題関心のありかたを知るために、『明治文化史としての日本陪審史』（邢光堂、一九二六年七月）の「緒言」の記述を取り上げてみたい。尾佐竹は、「明治文化の内で最も翻訳の色彩が濃厚でまたその時代の永かつたのは法制の部面であつた」と述べて、とりあえずは法整備の過程を「明治文化」というカテゴリーの内部の領域として扱いながらも、次のように、その特色を明らかにしている。

　砲火の洗礼に革新の端を発し、戦塵収まつて政局の安定、生活の保障は先づ法制の整備を以て初まり、刑律の制定、弾官の増置がその具体的施設の先駆を為すのである。初期の新聞雑誌の初欄に必らず法令を掲げ判例を載するを例とする如き、甚しく今日の新聞雑誌と体裁を異にするのも此故である。法令の俗解、絵解き、の類の行はれしのも這は法令公布の民衆化として宣伝の宜しきを得たるものとして賞賛すべきものといはんよりは寧ろ此の如き時勢の産物として然らしめたるものと解すべきである。警察制度の統一、地方警吏の分布が教育制度の普及に先つて居るのも此故である。時に或は官憲の横暴となり、閥族の擁護となり、人権の圧迫といふ如き不祥事を頻発したことは悲しむべきであるが、這も亦た初期には往々免るべからざる暗黒面として、此の暗黒面の存す

ること夫れ自体が、その光明的方面と共に研究の目標であらねばならぬ。（四～五頁）

一体此問題に限らず我国には法制史が学問として発達せず、普通史家は之を度外視し、一般法家は一顧だもせないといふ弊がある、史家と法家と相協力しても猶ほ困難なる事業なるに、此両者より見離されては全然立つ瀬が無かつたのである、従来纔に存して居つた法制史の研究は史家文家の片隅に其残喘を保つに過ぎずして法家より観たる法制史は殆んど存せなかつたのである、然るに其の史家文家の埒外より新なる法制が輸入されたのであるから最早や史家文家の手には合はなくなつたが、さりとて法家としては全然新なる仕事であり、その欧米の法制史は極めて明瞭であるにも拘はらず、これと勝手の違つた我史家文家の領分へは手が届かなかつたのである。（五頁）

このように、尾佐竹は法制史研究と一般の歴史研究（歴史学）との谷間にある問題領域を、現代的にいえば学際的方法によって開拓し、「裁判事件史」という独自の学問領域を切り開いたといえる。

(2) 裁判事件史のモチーフ

以下では、尾佐竹の裁判事件史という独自の研究を支えている学問的関心が何であったのか、そのことが研究にどのような方法を要請し、研究としての特色を生み出したのか、これらのことについて考えてみたい。はじめに裁判事件史についての問題関心、モチーフについて言及したい。まず、指摘できることは、この研究が明治文化史の研究と密接に結びついていることである。尾佐竹は、二〇歳代の終わりに、判事として新島への主張を機会にして、『海南法権史』（一九〇八年一〇月）、『海南流刑史』（一九〇九年三月）、『海南風俗史』（一九〇九年一〇月）の三部作をまとめたことにみてとれるように、歴史や風俗への関心は早くからもっていたと推測できる。しかし、明治文化への関心となると、やはり一九二三年九月の関東大震災を経験して、数多くの文化財や歴史的資料が消滅してからのことであろう。その年の一一月から『読売新聞』に九回にわたって連載し、後『法曹珍話　閻魔帳』に収録された「珍所珍物過去帳」の冒頭には次のようにある、「今度の災害に滅びたもの、内で第一に惜めれたのは書画骨董であつた、先祖代々折紙つきの由緒正しい御家の重宝も、成金全盛時代に金に糸目をつけずに手に入れた何万何十万の珍品奇物も、それこそ灰となつては人事乍ら残念がつたものも少くはなかつたが、否々それよりは帝大を始めとして各学校の図書館や名家の稀覯書の亡くなつたのは、何よりの文化的大損失と青筋立てながら嘆息する学者もあつた」と。それらのものについては調査が進んでいるが、それでも調査では触れられていない「珍名所」、「珍物」、「奇物」について書き残しておきたいというのが、執筆動機であると述べている。最初が、警視庁にあった「刑事参考館」、ついで「詐欺の製造所」、「幸徳事件の記録」というように進んでいくのであるが、この点は吉野作造においても同様の問題意識があり、「明治文化研究会」の発足へと繋がる。私は、尾佐竹の研究は、明治法制史への関心から発し、関東大震災を経験することによって、明治文化史というより広い枠組みへと拡大されたと考えている。その実証を、陪審制度を論じるにあたって、「明治法制史譚」（前掲）というタイトルを、単行本化において、『明治文化史としての日本陪審史』（前掲）、つまり「明治文化史」を付したタイトルへと変えたところにみてとることができる。

第二には、明治文化研究は、たんなる、失われたものに対する個人的なノスタルジーに根ざしただけのものではなくて、明治期の歴史や文化を次世代へと繋げていくという世代的な使命感に裏打ちされているものでもあった。もちろん、「文化」という概念のなかにすでに世代的継承性の意味が含まれているのであるが、しかし、尾佐竹にあっては、たんなる継承以上に、いわば反省された文化を正しく伝達する必要性というような使命感を窺うことができるのである。例えば、『明治警察裁判史』（邦光堂、一九二六年一〇月）の「自序」には次のように書いている、「明治歴史に関する著述の観るべきもの無き現代学界の大なる欠陥である。つまり是迄の歴史の書き方では我邦の歴史は幕末史に終つて居るかの如き奇怪なる現象を呈して居り、最も必要なる最も大切なる明治史に付いては何等纏つた著冊が無いのである」（二頁）と。そのうえで、文化の伝達者としての自覚についてつぎのようにいう、「我等の受けたる教育は不完全極つたもので、我等の処したる社会は極めて稚雑ではあつたが、無心にしても目に入り耳に入つたのは過去つた明治文化の匂いであつたと同時にどうやら現代の清新なる香も少しは鼻を打つのである。現代の青年が過去を解するに苦むと同じく老年の先輩は現代を理解するに未だ充分ならざるの憾がある。我等は其何れにも通ぜざるの憾はあるが、またその何れにも通じ得るかの如き自惚心を生じ得る丈けの余裕はある。いづれは斯道の大家に依りて明治文化史、明治法制史の大成せらるゝは期して待つべきであるが、我等も分相応に漠然と開きたる耳目に入りたる丈けのことは記述して現代青年に示す位の奉仕はあつても甚だしき有害ではあるまいと決心」（三頁）したのであると。引用した部分において、「明治文化史」や「明治法制史」として纏まった研究がないといい、また「現代青年」に示すくらいの「奉仕」についてかたっているが、それから一〇年を過ぎて書いた『明治政治史点描』（育生社、一九三八年二月）の序においても、「明治政治史」について「労作」があることを知らないといい、その原因は、「明治時代を創造し、または体験し、棲息したる人」は、各方面の中枢にいるにもかかわらず歴史の客観性を認めようとしなかったことにあるといい、他方では、自分たちは、「明治時代の片影」を多少とも知っている世代であり、また「今の青年にも多少の接触」がある世代でもあるからと、謙遜しながらも世代を橋渡しすることに微力を尽したいと書いている。

第三には、明治に対する歴史的関心が、現代における問題の解明と結びついていることである。あるいは、現代的な問題を歴史的に考えてみようとする思考態度を指摘することができるといったほうが、わかりやすいであろうか。一見、趣味的に装っている尾佐竹の叙述のスタイルは、表面的にみれば裁判官という「表」と、戯作的「裏」とのバランスをとっているかのようであるが、搦め手で時代状況や時代的要請を踏まえてのテーマ設定になっていることが多い。おそらく、陪審制度や司法権の独立の問題などについては、かなり意識的に時代の要求を踏まえて研究対象としていることをみてとることができるが、そうでない場合においても、尾佐竹のもつ歴史的感性は、意外にその時代の状況に深いところでマッチしているように思われる。このことは、先の世代的な使命感とも関係している。例えば、戦時中に出版した『明治大正政治史講話』（一元社、一九四三年八月）は、前述の『明治政治史点描』の要約と大正期への延長をかねたような書物であるが、表面は控えめではあるが、かなり正直に時代状況に対する不満を表明している。その「序」にいう、「現代の腐敗堕落、あらゆる罪悪は、悉く明治時代に西欧の物質文明、個人主義、自由主義を輸入したのに基づくとは定説といつてもよければ、また流行といつても可なる程の勢ひである」と時代状況を認識する。この年二月にはガダルカナル島からの撤退がはじまり、経済の統制化が進むなか、思想界においても「聖戦」が叫ばれ、「日本精神」が一段と猛威を振るう状況であった。すでに、共産主義や社会主義の思想は、とっくの昔に撃退され、続いて「個人主義」や「自由主義」も、社会主義の温床として批判の対象とされ、この時期、残りかすのような「日本精神」だけが「西欧の物質文明」を敵にして絶叫していた。そして、「日本精神」は、「明治維新の精神」に学ばなければならないというような論調が横行していた。尾佐竹は、このような時代認識にたいして、次のように問題を提起する、「全体、明治維新と明治時代とはそんなにちがうものであるのか、維新に奮起した精神が、そんなに早く駄目になつたのであるか、そも〳〵また明治維新と明治時代とは、そんなに差別があるものか、もう一歩突つ込んでいへば明治時代の人々はそんなに不都合な人間ばかりであつたのか」と。そのために明治維新と明治時代とについての「基本的知識」と「一般的事実」を提供したのが本書であると。「無学無識」や「非才」であるとか、随分遠慮した表現を挟んではいるが、理性を失った時代のなかにあっても、歴史の正確な鏡に自分を映してみる必要がある、こう尾佐竹は主張しているのである。

第四には、尾佐竹の裁判事件史の動機となっているものに、明治法制史への関心があったことである。これについては先に言及した。先にも引用した『明治文化史としての日本陪審史』という書物のタイトルにおいて、「陪審制」という法制度を「明治文化史としての」とわざわざ形容し直したように、尾佐竹は、この時期、法制史を文化史の領域に包摂できると考えていた。ともかく、尾佐竹においては、明治法制史という学問分野は、日本において近代化のために突出してなされた急速な法整備の実体を解明することであった。その解明のためには、法律についての専門的知識が必要とされる。尾佐竹は、裁判官という職業上に求められている実務的知識にもとづいた、法律や裁判制度の歴史についての豊富な知識を背景にして、裁判と事件の実態にせまったのである。しかし、尾佐竹は、いわば学者として裁判事件の結果を解明しようとしたばかりではない。彼の問題関心は、さらにそのような法制度の急速な西欧化が、民衆の意識や生活実態との間に乖離をきたし、様々な問題をひき起こしてきたことを問題にしようとした。これは現代の学問分野でいえば、法社会学の範囲ということになろう。とりわけ、特殊な知識をもった「官」による民衆への横暴を告発し、民衆の人権にたいする配慮が足りなかった点をも指摘することを忘れなかった。

第五に、明治維新史研究との関連を指摘する必要もあるであろう。維新の歴史過程の究明において、政治家たちの暗殺というような個別的事件に出会い、その個人的動機を解明するために裁判資料に関心を抱いたことは容易に推測できる。個別的事件もまた歴史の一齣である。そして、裁判官という職業柄、資料へのアプローチにおいて有利な立場にいたことも事実であった。

以上のようなことを、尾佐竹が裁判事件史に関心を抱いたモチーフとして指摘することができるであろう。

(3) 裁判事件史の方法

尾佐竹猛の裁判事件史という学問方法を特色づけているものが、その研究における史料（資料）重視であることは疑いえない。ここで、史料と資料を厳密に定義区分するわけではないが、一般的には文献的資料を史料と称し、それ以外の非文献的な資料を含めたものを資料と捉えておきたい。もちろん、史料（資料）を重視するということは、実証的方法の重視ということである。例えば、『明治秘史　疑獄難獄』（前掲）の「自序」において、次のようにのべているところなどは、その端的な証明になるであろう、「裁判の話といふと、どうかすると面白いものと誤解して居る人がある。（中略）世の中の出来事といふものはしかく面白いものでは無い。文士が豊富なる想像力に任せ艶麗なる筆の先きで描き出したものとは丸で選を異にして居るのである。乾燥無味唯もうゴツゴツとして蠟を噛むが如きのが裁判の本筋である。これは文芸の作品と異り一字一句の証拠が無くてはならず些の想像も潤色も許さゞるからである」と。「蠟を噛むが如き」といい、「些の想像も潤色も許さゞる」という表現を使っているところが、いかにも史料の重要性、生の事実へのこだわりを発揮しているところであることはいうまでもない。もちろん、このようにいったからといって、生の史料を骨董的に提供するだけが尾佐竹の仕事であったわけではない。歴史研究者として、当然にも、史料（資料）に対してのクリティークが要求され、史料（資料）についての真偽の鑑定力や資料の信頼性、あるいは研究上における重要度などを判定する能力が要求された。それは他の学者や学会などにおける研究状況についての十分な知識があってのうえのことである。尾佐竹が裁判事件史を扱う場合、その多くの史料は、法制史に関する布告や条文、あるいは判決文というような公的な文書を第一義的に重視し、使用していることはいうまでもない。その点は、「唯だ微力相応、少しでも史料を蒐集し」（『明治政治史点描』前掲、序）などいう、謙遜の言葉になっているが、尾佐竹史学の魅力は、何といっても史料をもって歴史を語らせるところにあることはいうまでもなかろう。

とはいっても、歴史研究は、史料（資料）の発見や紹介、羅列によって構成されているわけではない。いうまでもなく、歴史観による資料による整除があり、また叙述を必要とする。叙述を伴わない歴史研究は存在しない。この点について、尾佐竹は、次のようにいっている、「いふ迄も無く僕は文士ではないのであるから、これを潤色しようとしても出来無いのであり、又よしんば出来るとしてもこれは絶対に避くべきであるから、単に正確なる事実を世に提供することを主眼とし、所謂裁判の本筋たる乾燥無味なる事件の骨格を羅列したるに止まり、大袈裟に誇称するならば、明治史の根本史料を蒐めたといゝ得ることが出来るとしても、決して面白い物語を書き綴るといふやうな野心も表現も毛頭無いのである」と。「文士」は「面白い物語」をつくるが、歴史家は「面白い物語」はつくらない。こういう表現のなかには、「文士」(小説家)に対する軽蔑があるのではなくて、むしろ「蠟を嚙むが如き」の殺伐さに堪えてこそ、歴史家としての価値があるとの自戒をみてとることができるのである。

歴史家である尾佐竹が、小説などの文学について言及することは少ないが、「探偵小説」に触れた「江戸時代の探偵小説」(『法窓秘聞』前掲、収録)と題する、ちょっとおもしろいエッセイがある。尾佐竹は、江戸時代に文芸は栄えたが「探偵小説」だけは貧弱であった、いや、「厳格にいつたならば、探偵小説なるものは江戸時代には発達しなかつたともいひ得らるゝのである」(七四頁)と言い切る。そして、その理由として、「探偵」すなわち「犯罪の捜査」を「科学的」、「論理的」におこなうノウハウを、当時の捜査当局がもっていなかったからであるという。逆に言えば、捜査機関の不完全さが、探偵小説の発達を妨げたのであると。そのことを、さらに敷衍すれば、科学性の欠如ということは、その反面において超人的な「英雄崇拝」を作り出すことにもなったという。その代表が「大岡政談」であるが、そこに至る過程には、最明寺時頼の回国説や、水戸義公の諸国物語のような「名君回国譚」が登場している。これらの名君は、各地の人情風俗を知り、「暴官汚吏」の悪巧みを探り、「孝子義僕」の行いを隅々まで知って、しかる後、「廟堂」にたって理想的な裁判をおこなうというストーリーになっている。尾佐竹のいうのには、しかし、交通の不便な時代に、このように諸国を巡るなどという背景設定が不自然であり、読者のほうは「空想」として満足できなくなる。そこで、実際に諸国めぐりをしないで、「天眼通」で見通す名奉行の登場となる、こう説明するのである。つまり、「大岡政談」も捜査機関が未発達の結果、生み出されたものというのである。さらに、「探偵小説」の発達を妨げた要因としては、江戸幕府の専制体制のもとで、「官庁」の権威は絶対的であり、たとえ小説であっても「筆が裁判に触る、ことを許さなかつた」という事情があった。「探偵小説」を、現代の推理小説と言い換えてしまうと問題はあろうが、それでも犯人探しをストーリーとしている点においては共通するものがあろう。それに対して「大岡政談」の方は、すでに捕えられている犯人に自白させるところにストーリーがおかれ、その意味では「探偵小説」とはジャンルのちがう「裁判小説」というべきものである、尾佐竹はこの点を説明して次のようにいう。

探偵小説といふのは犯人不明の事件を、犯罪捜査機関が苦心して犯人を突とめて逮捕するといふ道筋が、その生命である。然るに大岡物は犯人として白洲に引かれたものを白状させるに独特の手腕を示すといふのが筋である。即ち証拠があつても白状せない兇徒を巧みに白状せしむるといふのが狙ひ処である。勿論その白状せしむる為めに証拠蒐集の手段を尽すのであるが、本筋は白状裁判が基本である。今の言葉でいふならば、警察若くは検事判事の手に在る間、或はそれに至る迄も題材としたのが探偵小説であるが、大岡物は公判の裁判を主としてあるから、裁判小説といふべきである。勿論大岡時代には警察も検事も判事も奉行の一手に属して居つた。今程明確な区別は無いがそれでも犯罪捜査、審理、判決といふ順序はいくらか似通つた点があるから、その段階に於て右の区別を為すことが出来るのである。（七七頁）

この例になぞらえれば、尾佐竹の目指した記述が、歴史研究者としての「裁判小説」の方法であり、「探偵小説」とは方法が異なるのであるということになるし、さらには「文士」が目指す「面白い物語」である「小説」とも違って、歴史家としての「事実」の記述を目指したということになろう。

ところで、尾佐竹の史料（資料）重視の態度は、「官学」の方法であった悪しき実証主義をまねていたわけではない。むしろ、彼の本領は、知られていない著作あるいは新聞記事などの文献、つまり権威化されていない史料をも重視し、公的史料からは落ちこぼれていった、市井の事実をとりあげて、そのことを通して、高名な政治家や法律家、官僚たちの人間臭さをも描き出した。そこで、取り上げられた事実は、しばしば、「奇なる」ものであったり、「変なる」ものであったりするが、それは、ある種、通常でないものこそが、公式化された歴史の背後にあって、歴史を動かしているという確信があったに違いないと、私は考えている。少し言い方をやわらげれば、そのような「奇なる」ものや「変なる」ものを通してこそ、歴史の本質に迫ることができるという思いがあったのではないだろうか。にもかかわらず、尾佐竹の「事件史」が、たんなる興味本位の「犯罪史」に陥っていない理由は、他方に、公的史料に裏付けられた体制化された歴史についての認識があったからである。

もっとも、尾佐竹のいわば市井に埋もれた事実への言及は、ある種の混乱をも巻き起こすことにもなる。私が研究対象としている幸徳秋水が首謀者とされた「大逆事件」に関連していえば、この事件で死刑となった管野須賀子についての自伝について触れたことがある。それは、『法曹珍話　閻魔帳』に収録されている「獄中の著書」という短文であるが、次のように紹介している個所である。幸徳秋水の『基督抹殺論』に触れたあとで、「同じく絞死台に露と消えた管野すが（注、管野の間違い）は、其前赤旗事件で入獄の際の見聞録を「地獄の女」と題して某新聞紙上に連載した。女監の記事として是程詳しい記述は始めてゞあつた」（一一九頁）と。この管野須賀子が書いたとされる「地獄の女」については、大逆事件再審請求の主任弁護人であり、『史談裁判』（全四冊）の著書がある森長英三郎、あるいは『管野須賀子全集』を出版し、伝記『管野須賀子の生涯』を遺稿として出版した清水卯之助も、生前にはとうとう探し出すことができなかった。不幸な過去を背負った管野須賀子の生涯については、小説風に書かれたものは残されているのであるが、もし自伝に関係する個所が含まれているならば、管野研究にとっては、一級の史料であることは間違いない。が、いまだ、掲載紙を確認できていない。その探索を引き継いだ私としては、もちろん、ありがたい情報ではあるが、気にかかる史料として悩まされ続ける運命になっている。よくいえば、後の世代への宿題を残してくれたということであろうが、あるいは尾佐竹の遊び心に翻弄されているということかもしれない。

(4)　裁判事件史の性格

裁判事件史は、個別的な事件を対象とし、一般的には被害者と加害者とが存在する一回的な人間ドラマでもある。この点が、条文や制度を主たる対象とする法制史とは異なった面をみせる。ここでは、ある意味で個人が主役であり、裁判制度は背後に退いている。同時に、小説のように想像を交えた心理分析や心理描写は禁止されている。したがって、個人は、あくまでも行動から見た個人であり、裁判資料に記録されている個人の内面、おおくの場合は動機、でなければならない。そうであるならば、歴史研究者としての主体や主観は限りなく禁欲され、無化されなければならないのであろうか。尾佐竹は、一見すると、資料に語らせ、事実にストーリーを求めているかのようにみえる。しかし、逆説的にみれば、このような方法において、歴史研究を個性化しているともいえるのである。

尾佐竹は、同時代における唯物史観や皇国史観というような、歴史に「公式」や絶対的原理を持ち込んで解釈し、叙述する歴史学から距離をおき、独自の歴史解釈と歴史叙述を構築した。尾佐竹が「客観的」な歴史に違和感を抱き、むしろ「変なるもの」あるいは「異なるもの」に興味をもったことについては先に言及した。そのことが、尾佐竹の仕事を時代の寵児とはしなかったかもしれないが、逆に時代をこえた独自の歴史研究を後世に残すことにもなった。尾佐竹の裁判事件史の特色は、裁判という人間ドラマを対象とし、また史料の個別性に執着したところから生まれたものである。と同時に、時代の流行に対抗する彼の批判精神によっても規定されているものである。いま、個人の個性と時代精神が交わるものを「性格」と名づけるとすれば、尾佐竹の裁判事件史はまさしく「性格」をもつものとして評価することができよう。もちろん、このような「性格」が尾佐竹の作品を現在においても魅力あるものにしていることはいうまでもないが、同時にそこに流れる批判的な精神や自由な精神を嗅ぎわける力もまた読者には要求されることにもなる。尾佐竹猛の著書目録でみれば、「志賀瑣羅誌」や先に紹介した海南三部作などの私家版を別にすれば、事実上、最初の著作とされるものは、『賭博と掏模の研究』(前掲)であろう。もっとも、この年から翌年にかけて、『維新前後に於ける立憲思想』(一九二五年一二月)、『法曹珍話 閻魔帳』(一九二六年六月)、『明治文化史としての日本陪審史』(同年七月)、『明治警察裁判史』(同年一〇月)、『国際法より観たる幕末外交物語』(同年一一月)、『判事と検事と警察』(同)とたて続けに出版しているので、あまり最初の著作という点については意味がないのかもしれない。それでも、ある意味で、現在でも尾佐竹猛の代表的著作として復刊がなされていることをかんがえれば、この書物の価値もそれなりに評価すべきであると私は考えている。さて、私が注目するのは、その序文「自序」の文章である。少し長くなるが、紹介しておきたい(ただし、段落を付して読みやすくした)。

自分はこれ迄随分何の役にもたゝぬことを書き散らし喋舌り散らした、それが役に立たぬ丈けならばまだしも、その為め思はぬ人に迷惑を及ぼし、自分も迷惑したことも尠くはなかつた。謂はば有害無益のことばかりに骨を折つて居たやうなもので、根が悧巧に出来て居ない、人間のすることはこんなものだと、自ら嘲りながらも相も変らず有害無益のことばかり仕て居つた為め、或る先輩から無用学博士といふ難有い綽名を賜つた位であつた。

然るに世には物数奇な人もあるもので、お前のこれ迄書いたものや喋舌つたものを、夫れ〳〵分類して纏めて見たらどうかと、勧めて呉れた仁があつた。これには自分も面食つたが、そんな馬鹿なことをといふ言葉の尻から自惚といふ奴がむく〳〵と頭を擡げて、やれ〳〵とけしかけたものだから、つい其の気になり纏めかゝつて見たところ、塵も積れば山とやらで、自分でも驚く程の量であつた。

こんなに書いたり喋舌つたりしたのかなーと、今更つまらぬことに感心しながらも、先づ手近なところで、賭博に関するものと、掏模に関するものとと纏めて出版することになり、それ〳〵本屋と活版屋とに渡したところ、それ例の天鑑といふ大地震に出くはして、本屋も活版屋も丸焼となり、お陰で原稿も跡形もなくなり、これでサバ〳〵したと半分は負惜みもいつて見たが、なにしろあの災害のことだ、それ丈けで済んで他に被害のなかつたのが何よりと喜んだが、咽喉元過ぐれば何とやらで、勤倹努力が震災前に輪をかけた奢侈贅沢となり、復興気分といふ馬力をかける時勢となりては、被害の無かつた身丈けに天鑑とやらも忘るゝことも早く、焼けた原稿が惜しいやうな気がし出した。さりとて今更ら起草するといふ気もなかつたが、一度新聞や雑誌に出たものは之を手に入るゝことも出来そうになつたから、また〳〵集めにかゝつてどうやら集まつたが、それでも旧稿の三分の一に過ぎなかつた、

元来賭博に関するものと、掏模に関するものとは別々に出す積りであつたが、こうなつては二者一つに纏めた方が宜いと思ひて、一冊にすることにして略ぼ目鼻がついた。謂はば焼木杭や古トタンを集めて、バラツクを建てたやうなものであつた。まだ本建築の段取り迄はゆかなくても、せめてもの心遣りに造つたのであつたが、その後二三片のトタンや五六枚の板も加へて、どうやら寒さは凌げる位のものとなつたところへ、書肆総葉社主人が来て出版さして呉れといふ、バラツク住民が府営住宅へ入るの喜びで二つ返事で承知はしたもの丶、また〳〵これ迄とは異つた方面に、迷惑をかけるのかなと思ひながらも、慾目も手伝つてどうか甘く行つて呉れゝば宜いがなーと、危みながらも出版といふ処迄漕ぎつけたが、もと〳〵バラツク出来である、読者諸君の区画整理でどうとも取り計らつて呉れ給へ。これ迄の罪滅しで一切苦情がましいことは申さぬ。

私は、この文章を近代の名文の一つとして評価したい。ここで表現されている主体は、「何の役にもたゝぬ」文章を書く自分であり「無用学博士」と称せられている自分であり、「物数奇な人」がまわりにいる自分であり、「自惚」

と「負惜み」を感じる普通の感情をもつ自分であり、出版法の網の目からお目こぼしを期待する自分であり、「苦情がましいことは申さぬ」と粋がっている自分である。この自分が、大審院判事という権威ある自分とどこかで釣り合っているのであろうが、それでも、この文章のなかに描かれている主体は、関東大震災という「天譴」（天のとがめ）を背景にして見事に表現されている。この文章のなかに、まさしく自由の精神を感じることができるのである。

さて、それから二〇年近く経った一九三三年四月に、同じ総葉社書店（新進社書房が加わっているが）から、『賭博と掏摸の研究』は再発行されている。紙型はまったく同じものを使っているが、奥付には「再版」の文字等はない。ただ違っているのは、「自序」の前に、一一頁にわたって書評、新聞記事の紹介、個人の礼状などが掲載されていることである。例えば、内田魯庵は『中央公論』書評欄において、「賭博の方法やイカサマを古今に渡つて現在行はれる手段までも公開したのは、本書が恐らく跡にも先にも類の無い天下一本の奇書であらう」、「此の如き文献では、迚も求められない材料を其道の本職から拾集して系統的に纏められた著者の組織的才能の非凡なるを感嘆すると同時に、此の多大の労苦を捧げた研究を筐底に秘めずに公開されたのを深く感謝して措かない」と絶賛している。また、法制史学者、三浦周行は、まず文中で「法制史家が大切の博奕を知らぬ真似するとて御一喝」された個所を読んだときには、スリにやられた時以上にドキリとしたと洒落っ気で書いて、「御指導の程」を願いたいと結んでいる。民俗学者の柳田国男は、挨拶ばかりで、「知らぬことばかりにて頁毎に利益をうけ居り候」と書いているが、常民の生活には少し無縁であったのかもしれない。また、明治大学の予科長として、一九二〇年から翌年にかけて起った「植原・笹川事件」にかかわり、大学を去った笹川種郎（臨風）は、「我兄得意の壇上他人の追随を容るさざるところのもの」との評価を送っている。

私が、ここでこれらの書評を紹介しているのは、東大史料編纂官の肩書きをもつ花見朔巳の評価が掲載されていて、それに注目したいからでもある。花見は、これまでの日本の歴史学が、「たんなる貴族や武士階級――所謂上流社会の生活記録に過ぎずして、商工農といふ如き一般民衆の生活には、更に触るる所がなかつた」という批判がなされてきたことを指摘する。そして、尾佐竹の著書は、この要求に応えたものであり、歴史学の「民衆化」に貢献したところに意義があると評価するのである。ここでも、大審院判事と「民衆化」という、ある意味で正反対の立場を綱渡りしているようにみえる。尾佐竹は、職業的立場としての裁判官の役割をきちっとこなしながら、研究上、あるいは執筆上の立場として自分独自の世界を作り上げた。そして、その間のバランスを巧みにとりながら、両方の仕事を二つながらにこなしていた。しかし、そのバランスは、極端な二重人格性において保たれていたわけではなく、研究上の方法においても、「民衆化」という題目が、たんなる「風俗」趣味に陥ることがないような自己規制がきいていた。両者は、「事実」に対する厳格さという軸の一貫性で支えられていたと考えることができよう。おそらく、大正期末、震災後に出版された『賭博と掏摸の研究』を大正デモクラシーの成果として評することはできないかもしれない。しかし、尾佐竹の研究の方向性は、確実にデモクラシーの方向を向いていたし、この研究もまた、その流れのなかにあったことは確かだといえる。そのことは、尾佐竹が日本の幕末・近代史を、広い意味での文化史研究を通して得た確信であったと考えられる。つまり、法を整備することによって国家の制度や裁判制度を充実させ、人権を保障し、国会を開設することにより国民の意見を国政へと反映させること、この流れを尾佐竹は世代的にも歴史的実感としてもっていたのである。

二　制度と事件

(1)　制度としての陪審制と司法権の独立

尾佐竹猛の裁判事件史研究において、繰り返し論じられた代表的なテーマは何といっても陪審制と司法権独立の問題であろう。まず、陪審制については、早くは「非理法権録（二二）」（『法学志林』一九一二年九月号）において取り上げられている。そこでは、陪審制度の問題について、「近時陪審制度の可否朝野の論題となり頗る世論の囂しきを見る」と書き始めているように、「大逆事件」後から現在に至るまでの議論を念頭におきながら、歴史的にこのテーマを追求するという、すでに指摘した尾佐竹に特徴的である問題関心と方法を表明している。まず、福沢諭吉の『西洋事情』、岩倉大使一行の『欧米回覧実記』を引用し、日本に陪審制度が紹介された起源を求めている。また、後に触れる「槇村事件」についても触れているが、ここでは、「事多く政略的に出で、又此一事件にのみ行はれたるものなるを以て、敢て深く論ずべきものにあらざるなり」と述べ、むしろ、旧幕府時代の「御前裁判の変態」としてこの事件を研究してはどうか、などと論じている。

続いて、私の調査のかぎりのことであるが、陪審制の問題が取り上げられたのは、同じ『法学志林』（一九一九年一二月・一九二〇年一月号）に掲載された同名の「非理法権録」においてである。この時は、法制審議会において陪審制度が取り上げられることが決定されたことを受けての言及になっている。まず、一八七五（明治八）年発行の『声くらべ』と題された都々逸情歌集から書き出され、そこに収録されている歌のなかに、「つまらないうたぐりをうけちやだまつてゐられないわな」という前詞に続いて、「恋の訳しり陪審にたて、粋な裁判してほしい」という情歌があることを紹介する。そして、この「陪審」という語の右付きのルビとして「ジユリー」、左付きのルビといして「タチアイニン」とカタカナで振られていることを指摘して、この当時は、「陪審」を「立会人」と翻訳されていたことに触れる。そして、一八七三年には、すでに「参座」の制度がつくられていて、陪審思想が、都々逸に歌われるほどになっていたと説明する。そして、一八七一年、司法省が設置され、江藤新平が薩長勢力に対して力を揮った時代の事件として、槇村事件を取り上げ、司法省と京都府との対立のなかで「参座」の規則が設けられた経緯、事件の顛末、その後の陪審制度の行方などについて触れ、「永々しき陪審物語」とした。

さらに、これらの調査を踏まえて執筆されたのが、本格的な論文「明治法制史譚」（前掲）であった。この論文において、尾佐竹は、「陪審制度」と「選挙」について、幕末以来の文献において紹介されてきた過程を丹念に追跡している。陪審制度については幕末から紹介されてきた過程に触れ、「陪審制度ノ我邦ニ紹介セラレタルハ、其起源頗ル古ク寧ロ一般欧州法制ヨリモ早ク宣伝セラレタリト云フモ不可ナシト雖、英人カ其特色トシテ鼓吹シタル此制度モ、彼レハ国民性ヲ異ニセル東洋ニ於テ殆ント風馬牛相関セサルモノノ如ク、特ニ我邦ニ於テハ唯夕欧米ニ此制度アリト云フコトノミ、他ノ事項ヲ記述セルニ付随シテ一二専門家ノ之ヲ論議シタルモノアルニ過キス、然カモ其徒ト雖此制度ノ真意ヲ解シタルモノ尠ク、其訳語ノ如キモ区々トシテ一定セス」と述べている。ところが、一八七三年に京都府知事の関与した槇村事件が起こり、この時に採用した「参座」の制度、つまりは「変態陪審」により、国民にも浸透するに至ったとする。そして、陪審制度の趣旨に触れて、この制度は、「裁判又ハ検挙ニ危惧ノ念ヲ懐カルルノ時」に生まれたものであり、「人権蹂躙問題」に関係するものであると断言している。

日本に陪審法が公布されたのは一九二三年四月、その施行は一九二八年一〇月であった。ただし、陪審員による答申には拘束力はなく、また死刑または無期刑にあたる事件（法定陪審）と、三年以上にあたる有期刑で被告からの請求のあった事件（請求陪審）の区別が設けられたほか、大逆事件などには適用されなかった。尾佐竹は、この時期に、再び日本における陪審制度導入についての歴史を書いた。「日本陪審の沿革」と題された論文は、『法曹会雑誌』（全八回、一九二三年四～一二月号、但し七月号は休載）に連載された。ちなみに『法曹会雑誌』は、尾佐竹の論文の連載が始まる四月号から、『法曹記事』が解題されたもので、その号が第一巻第一号となっている。母体の法曹会は、全裁判官、検察官を正会員とする団体で、この当時は平沼騏一郎が会長であった。連載の開始にあたって、多少国学者風に、尾佐竹は次のように述べている（句読点は原文のママ）。

陪審制度の、由来する処。欧州の、制に、基づくものなるは、論を俟たざるも、其、思想は、夙に、我邦に、移入せられ、曾ては、其制度、実施せられしことあり。爾来、幾多の、変遷を、経て、遂に、今日の、成案を、見るに至つたので、其、沿革の、古き、敢て、他の、一般法制に、譲らざるものがある。

今や、多年の、懸案たりし、陪審法案は、将さに、議会を、通過せんとしつゝあり。此時に、際し、其、沿革を、略叙するは、必らずしも、無益の、業に、あらざるべし。暫らく、貴重なる、紙面を、汚さんとするのである。

以下、第一節「陪審思想の移入」、第二節「陪審の視察」、第三節「陪審の試み」(第一項「参座」、第一款「槇村事件」、第二款「広沢参議暗殺事件」、……第五款「島津久光の参座意見」)、と続き、連載の最終回にいたっている。これを骨子にして、増補したものが、『明治文化史としての日本陪審史』(前掲)となる。その際、論文中の節を章へと変え、第三章「陪審の試み」、を四節に分けて、第一節を「参座」として、先の第一款から第五款までを、それぞれ項とし、別に第二節「高等法院陪審裁判官」、第三節「観審」、第四節「合同審問」を追加、そして、論文中の最終の第八回分を第四章「陪審法成案」に起こし、附録として「陪審法」を付して、全体を整理した。内容については、次項で触れる。

次に、司法権の独立の問題について言及したい。尾佐竹がこの司法権独立の問題あるいは大津事件について、いつ頃から関心をもち始めたかについては、正確には確認ができていない。田熊編『尾佐竹猛』の著作年譜でみると、『中央法律新報』(一九二一年九月一五日号)に「司法権の独立に就いて」を執筆したことを知ることができるが、これが最初とは思えない。『中央法律新報』というのは、大正デモクラシーの時期、片山哲、星島二郎らが中央法律相談所を設立(一九二〇年一月)、その機関誌として「法律の社会化」を掲げて一九二一年一月に創刊されたものである。中央法律相談所の前身は、東京帝国大学基督教青年会が設立した簡易法律相談所で、この設立には吉野作造が関係していた。そういう経緯もあってか、『中央法律新報』には牧野英一、穂積重遠、末弘厳太郎、鳩山秀夫などの大学教授が執筆しているが、他には花井卓蔵、今村力三郎、布施辰治、山崎今朝弥などの人権派の弁護士、あるいは堺利彦や山川均などの社会主義者なども執筆するという具合であった。尾佐竹は控訴院判事の肩書きで執筆している。ちょっと今では考えられない執筆者の布陣である。(3)

尾佐竹は、この文章において、「平素無事の時は堰きとして闃として声無きが如くにして、しかも一度時の権官政客等に関係ある事件の勃発するや、必らず叫ばるゝは司法権の独立の声である」と書き出している。ここでも、執筆動機が、現実に起きている政治家に対する不起訴事件であることを示唆している。これに関連して、司法権独立の問題を取り上げたのである。尾佐竹によれば、司法権独立の意味には二種類あり、一つは、「干渉するなかれ、誘惑するなかれ、妨害するなかれ、秋官をして何等拘束を受くる処なく自由に其手腕を発揮せしめよ」という要求に表れているもので、もともとは「正義人道の不可侵」の原則にもとづき、司法事務は神聖で独立したものでなければならないという考え方である。それに対し第二の考え方は、「検事は行政官なり、司法官にあらず、司法権の独立とは判事の裁判権に限る意味である、また犯罪ありとも必らずしも起訴を要せないのである」との意味に解釈する。尾佐竹は、この二つの考え方に矛盾があるわけではなく、一番目の考え方を実現させるために第二番目の制度ができたと解釈する。つまり、「人権蹂躙問題は、検事が其理想を実現せんとするに急なるの余り、判事の権限を無視し、若くは警官を自由に指揮し得たる場合に存したるにて、換言すれば検事が他の権力を併有したるに近き状態に於ける場合に生ずる問題」であるとして、「権力の分立」、「機関の対立」が必要であることを強調しながらも、他方では、検事は行政官であり上官の命令に従うことは裁判所構成法の規定するところであるとして、その立場を擁護する。そして、「検事は行政官なりと云ひながら、其地位を保証されているのである。普通の行政官の如き当路に迎合するの要は毫も認めないのである。此特殊の地位は我国独特の制度とはいひながら、頗る其当を得て居るのである」としている。尾佐竹は現役の裁判官として、いささか検事の立場の擁護をせざるをえなかったのであろうが、文章全体の趣旨からすれば、司法権の独立の問題は、第一の考え方を原則とすることを言明することになっている。

尾佐竹は、この文章において、直接的に大津事件について言及しているわけではない。ただ、大場茂馬（大審院判事から政治家となったが、一九二〇年一二月に亡くなっている）が、一九一六年一月、『時事新報』に連載した「湖南事件と大浦庇護事件」（同年、同名で刑政書院から出版された）に言及し、先の第一の考え方と第二の考え方を同一視したものであり、「第二義よりしては同視すべからざる二事件を並称したものといへる」、つまり、検事不起訴事件と湖南事件は別のものであると批判している。ここで、「大浦庇護事件」といわれているものは、第二次大隈内閣の農商務大臣であった大浦兼武が、第三五議会における二個師団増設案を通過させるために野党である政友会所属議員を買収した事件で、内務大臣時代の一九一五年六月に表面化したが、平沼騏一郎検事総長以下の司法当局は、大浦の政界引退と引き換えに不起訴処分とした事件である。

尾佐竹の「大津事件」の研究は、現在、三谷太一郎の校注・解説で『大津事件』（岩波文庫、一九九一年四月）として刊行されている。尾佐竹の生前に一冊の本として「大津事件」の研究が刊行されたわけではなく、没後、林茂の解題を付して、尾佐竹猛著『湖南事件』（前掲）として初めて単行本化された。そこに収録されたオリジナルな原稿は、「雨」のペンネームで『法曹会雑誌』（一九二四年一月〜一九二五年一月）に一三回にわたって連載された「湖南事件の回顧」である。第一回目の執筆に当たって、尾佐竹が書いた序の文章には、次のようにある、

司法権独立史上万丈の光彩を放つて居る湖南事件に付ては、其輪郭は略ほ世に知られて居るが、其核心に至つては猶ほ明ならざる点がある。これは何といふても中心人物たる児島惟謙氏に聞かなくてはならぬが、氏は既に

故人になつて居り今更、如何とも致し難い、幸ひに同氏の手記なるものが現存して居る、しかし事件の関係者が一人でも生存中は公にしてはならぬといふ遺言があつた為め、同家では厳秘に付してある。仄聞する所によると、手記といふのに二種あつて、一は児島氏自身の純粋なる手記であり、今一つは之に基づき某氏が更に児島氏の聴きて追補したるものである。此後者も手記同様同家に秘蔵されて居るといふことである。先年時事新報に大場茂馬氏の筆で、「湖南事件と大浦庇護事件」と題し湖南事件の顚末が掲げられたとき、雑誌『新社会』にも「司法権独立と湖南事件の真相」といへる一編が掲げられ、両者間に右の手記を剽窃したとかせぬとかの争があつたことは、今猶ほ記憶して居る人もあらう。而して右新社会の記事は中途で掲載を中止したが、これは児島家の懇請に因つたのである。また其前明治三十五年に法律新聞に「湖南事件夢物語」といふのが出来たが中途で中止となつた。これも同様の事情でなかつたかと推測される。こんな具合で肝腎な手記は到底見ることが出来ぬから残念ながら之をあきらめ、余輩が従来蒐集した断簡零墨に依つて此事件の顚末を回顧しようと思ふ。

ここでの、内容は、上篇「露皇儲来遊記（一～一五）」、中篇「事変記（一～二一）」、下篇「裁判記（一～二六）」に、余篇（第一「津田三蔵」、第二「向畑治三郎・北賀市市太郎」、第三「畠山勇子」）が加えられた構成であった。後、多少の増補と改訂が加えられて「露国皇太子大津遭難　湖南事件」とのタイトルで『明治秘史　疑獄難獄』（前掲）に、二七〇頁余りのページを占めて収録された。ここでは、時間の経過もあって、先に引用した序文の末尾を「回顧しようといふので」と変えて、次のように付け加えた。「法曹会雑誌第二巻第一号より第三巻第一号に亘り「湖南事件の回顧」と題し連載したが、その後に沼波瓊音氏の『護法の神児島惟謙』が出版せられ、書中に右の所謂手記なるものを基礎として編述せられあり、最近には『伊藤博文秘録』が出て、その一節に此事件に関する貴重なる史料（国民新聞拙稿「明治の秘笈開かる」参照）が載せられてあつた。そこで、これ等の史料を参考とし、猶ほ其後に蒐集した二三の史料を加へて、本稿を成したのである」と。なお、『明治秘史 疑獄難獄』掲載の文章が、戦後刊行された『尾佐竹猛全集』（第一一巻、実業之友社、一九四八年一二月）にそのまま収録された。

岩波新書版『湖南事件』は、林茂の解題にあるように、「一元社版により、ただ書中、他の資料、文献から引用された部分については、故著者の意図を傷うものではないと推測される限りにおいて、できるだけ、原典に遡って遺漏や誤植を補正し、引用頁数等をも附記して読者の便に資することに力めた」との方針で刊行された。また、岩波文庫版には、底本として『明治秘史 疑獄難獄』を使い、岩波新書版を参照し、引用文については可能なかぎり原典や校訂本を参照したと記されている。さて、尾佐竹の大津事件研究の評価にとって重要なのは、とりわけ実証性の評価においては、彼自身も序文において触れていた、児島惟謙の手記との間に齟齬がないかどうかという点にあろう。この点について、尾佐竹自身は、先に引用した序の文章にあったように、「こんな具合で肝腎な手記は到底見ることが出来ぬから残念ながら之をあきらめ」と記していた。しかし、「純粋なる手記」と「追補したる」ものと二種類あること、それらが児島家に秘蔵されていることなど、かなり手記についての事情を詳しく知っていて、なおかつ、わざわざ見ることができなったことを記しているのも不自然な感じがする。ところで、児島手記といわれるものは、尾佐竹が指摘しているように二種類あって、一つは児島の事件日誌であり「第一記録」とよばれ、他のひとつは、一九〇五（明治三八）年に子息、富雄の友人の協力により「第一記録」をもとにして纏めた増補版である。その表紙には、「露国皇太子『ニコラス』親王殿下大津御遭難顚末録」と記されている。その構成は、全五編で、第一編「大津事件ノ梗概」、第二編「内閣ノ干渉ト司法権独立ノ危機」、第三編「司法権独立ノ擁護」、第四編「司法権ノ独立ト公明ナル判決」、第五編「大津事件ノ結果ト余味」、である。

児島惟謙は一九〇八年七月に他界するが、その生存中は発表を禁じた。ただ、友人でもあった同郷の法学者、穂積陳重だけには筆写を許した。児島が亡くなる直前の一九〇七年六月のことであった。それから少し時間が経過して、一九二五年一二月、穂積陳重は、児島富雄に書簡を送り、弁護士で政治家でもあった花井卓蔵に依頼して児島手記を公刊してはどうかと打診した。翌一九二六年七月、児島惟謙祭がおこなわれ、その時の発起人、講演者として花井卓蔵が参加し、公刊の話が具体化する。なお、穂積陳重はこの年四月に亡くなっていた。児島惟謙述、花井卓蔵校『大津事件顚末録』が春秋社から出版されたのは、一九三一年一二月である。「第二記録」である「大津事件顚末録」に加えて、附録として、伊藤博文秘録「大津事変」（伊藤博文監修・平塚篤編纂）を付した。また、穂積陳重の子息、穂積重遠と児島富雄の序を掲載し、上に説明したような刊行にいたる経緯を明らかにした。「大津事件顚末録」の末尾には、穂積陳重の一九二四年一二月付の、次のような「追記」が記されている、「児島翁ハ本書ヲ予ニ内示スルニ当リ、此事件関係者生存中ハ之ヲ他人ニ示スベカラザル旨ヲ附言セラレタリ。今ヤ翁始メ関係者殆ント死亡セルヲ以テ、之ヲ一二正義ヲ尚ブノ友人ニ示シテ欽仰ノ情ヲ分タントス」と。ここに、記されている「一二正義ヲ尚ブノ友人」の一人が、花井卓蔵であったことは、ほぼ間違いない。

ここで、尾佐竹に話をもどせば、『法曹会雑誌』に連載し始めるのは、一九二四年一月号であるので、この「追記」以前ということになる。岩波文庫の解説において、三谷太一郎は、「ちょうどこの年の七月には、事件当時の首相であった松方正義が没した。穂積が松方の死を念頭において、その写本の閲覧を許した「一、二正義を尚ぶの友人」の一人が著者であった可能性は高い」と書いているが、松方の死以前に、尾佐竹の連載は開始されていて、少なくともこの部分は時期的に合わない。ただ、増補版に付け加えられたとすると、この点を実証しておく必要があるであろう。また、一八五六（安政三）年生まれの穂積が、二四歳ほども年若い尾佐竹を「友人」と呼ぶかどうかについても疑問がある。ちなみに、花井は一八六八（明治元）年生まれで、穂積とは一〇歳の違いである。これらの点について、岩波新書版の解題で、林茂は次のようにコメントしている、「児島惟謙の手記は、手記そのものの形では、また、公には、いずれも博士のこの研究発表後に、世に問われたものであるが、博士はそれ以前に既に種々の形で刊行されていた文献に引用されたところによって、ほぼ遺すところなく利用されている。したがって児島惟謙の手記の公刊された今日においても、訂されるべき重大な誤はこの研究の中には含まれていない、ということができよう」と。これに対して、三谷は、大審院判決についての電報が「湖南事件の回顧」に引用されていて、この電報の実物は穂積が作成した「第二手記」の写本に貼付されていたものであり、この事実を知ることなしに書くことはできず、「著者はおそらく当時公開されていなかった穂積所蔵の児島手記写本そのものを許されて参照することができたのではないかと思われる」と推測している。ここでは、これらの推論を紹介するのみに止める。

(2)　槇村事件・広沢参議暗殺事件と陪審制度

槇村事件、広沢参議暗殺事件ともに、『明治文化史としての日本陪審史』の第三章「陪審の試み」、第一節「参座」の第一項と第二項に収録されている。ここでは、事件の概要について簡単に触れ、その制度創設の経過を簡略に説明しておきたい。

尾佐竹は、槇村事件を論じるにあたって、まず一八七一年四月に創設された司法省の役割と性格を説明している。それによると、当時の行政、軍事関係の役所は多くは、薩摩・長州閥によってにぎられ、たまたま司法省に土佐、肥前出身の優秀な人材が集まるような状況があった。司法省は、法律に関係する一切の権限をにぎり、民事・刑事の裁判はもちろんのこと、行政裁判権、警察権、法制局の事務までをも司っていた。さらに、司法行政と裁判所の役割との間に区別もなく、司法省裁判所（控訴院の前身）の所長は司法卿（大臣）であった。このような、司法権が絶大なる時代に起きたのが槇村事件である。槇村正直は、薩摩藩出身、当時は長谷信篤京都府知事のもとにいた参事であったが、公卿出身の知事のもとで実権をにぎっていた。その背後には、維新の元勲である木戸孝允や井上馨などの力が働いていた。一八七二年一〇月、京都裁判所が設置され、司法省から北畠治房が所長に任命された。これに対して京都府庁からの反発があった。

さて、事件は、「小野組転籍事件」とも呼ばれるように、京都の豪商小野組の府外への転籍届けに始まっている。ところが、豪商の転籍は、財政に影響し、またその面目にもかかわるというので、京都府庁は許可しない方針をとって手続きを進めなかった。これに対し、小野組は京都裁判所へ訴訟を求めた。ここに裁判所と府庁との間に軋轢が生まれ、ついには中央政界の問題へと発展した。そして、当初の行政裁判問題は刑事裁判問題へと変わっていった。この経過は、いささか複雑であるので割愛するが、ともかく、三条太政大臣と江藤司法省参議までが登場し、「臨時裁判所」設置や「陪審」の問題が話題となり、また司法省からは槇村参事の捕縛の申し出がなされた。そして、事件解決のために採用されたのが参座の制度である。太政官から一〇月九日布告された「参座規則」の内容は次のようなものであった。「参座ハ其時ニ望ミ内閣ニ於テ議定シ諸官員ノ中ヲ以テ之ヲ命スヘシ」、「参座ハ九人ト定ム若シ已ムヲ得サル公事アルトキハ欠席ヲ許スト雖モ六人出席セサレハ裁判ヲ行フ事ヲ得ス」、「刑ニ軽重ヲ決スルハ判事ノ任ト雖罪アルト否トヲ定ルハ参座ノ権トス」、との規定である。さらに、こんな規定まである「拷問ヲ用フル時ハ参座ノ承諾ヲ得テ然ル後行フ事ヲ得ル」と。尾佐竹は、この規定を紹介して次のようにコメントしている、「これが我国に、始めて試みられた陪審規則である。罪あると否とを定むるは参座の権と、規定したのは、天晴立派な陪審であるが、直ちに其次条に、拷問には参座の承諾を要すとの規定あるには啞然たらざるを得ぬ。陪審と拷問とが並立するとは殆んど信ずべからざる奇現象であるが、しかも、参座の承諾を要すと為したるは、当時として進んだる立法である」（五七〜八頁）と。

こうして、臨時裁判所の職員、参座の人選がおこなわれ、また参座の意見により槇村の拘留がなされた。この時、木戸孝允による上書がなされ、また右大臣岩倉具視の命により槇村の釈放命令が出された。ここでもまた、争いがあるもこれも割愛して、一二月二九日、三条実美太政大臣の名で参座は廃止とされる。これにより一般の訴訟手続きにかえり、同月三一日、府知事、槇村参事に対し有罪の判決が下った。槇村に対する判決文の最後のところは次のようにある、「其科犯権越職ニ該ルヲ以テ二罪倶発例ニ依リ情事有心ニ渉ルヲ以テ違制重ニ問ヒ懲役百日ノ処官吏贖罪例ニ依リ贖罪金三十円申付ル」と。

こうして、日本で最初の陪審制度である参座が採用された。そして、次に採用されたのが、広沢参議暗殺事件である。尾佐竹がこの事件を取り上げたのは、『法曹会雑誌』に掲載された「日本陪審の沿革（五）（六）」においてである。事件は、長州藩出身の維新政府重鎮であった、広沢真臣の暗殺である。一八七一年一月九日（新暦二月二七日）、東京、麹町の私邸での出来事であった。すでに、一八六九（明治二）年に新政府高官、横井小楠（平四郎）参与、大村益次郎兵部大輔の暗殺があった。広沢は、「仁王像の楼門より闊歩し来るが如し」と形容されるような大男で、薩摩の西郷隆盛と並び称されるような偉材であった。広沢の傷は全身に一三ヶ所、咽喉に三ヶ所の突き傷があり、そのうち二ヶ所は突き損ないで、三回目が致命傷になったといわれる。まず、同室にいた「妾」の福井かねが取り調べを受けた。さらには、密通があったとされる、家令の起田正一が調べられた。しかし、確たる証拠もなく、東京市中に大捜査網がしかれ、二月二五日には、天皇から異例の犯罪捜査に対する詔書が発せられた。「故参議広沢真臣ノ変ニ遭フヤ、朕既ニ大臣ヲ保庇スル事能ハス、又其賊ヲ逃逸ス。抑維新ヨリ以来、大臣ノ害ニ罹ル者三人ニ及ヘリ、是、朕ガ不逮ニシテ、朝憲立タス、綱紀ノ粛ナラサルノ所致、朕甚タ焉ヲ憾ム、其天下ニ令シ、厳ニ捜索セシメ、賊ヲ必獲ニ期セヨ」と。尾佐竹は、この詔書を引用した後で、「此詔書を拝読し功臣を優遇し給ふ大御心には、感泣措く能はないのである。犯罪捜査に詔書を下し賜ふのが既に異常の優渥であるのに、事前に保護する能はず事後に捕縛する能はざるは朕が不徳であると宣うて、責任を御一身に負はせ給ふを拝しては、有司は正に慚汗の背に普きを覚えたであらう。我等今にして之を拝読するも恐懼措く能はざるのである。嗚呼此の聖天子あり我帝国の興隆真に故無きにあらず」（『法窓秘聞』前掲、一一五頁）とコメントしている。明治人、尾佐竹の率直な心情であったと窺うことができよう。

犯人探索は広範囲にわたり、反政府勢力を中心にして、八〇名以上が取り調べを受けたが、真犯人を特定することができなかった。様々な流言蜚語が流れた。また、当時のこととて、被疑者に対しては厳しい拷問がおこなわれ、尾佐竹は、そのことに対する怒りを露にしている。とりわけ、かねは妊娠中で、拘留中に分娩し、その子は広沢家に引き取られたということであるが、「徳川時代でも女の被告は手錠もかけず、又拷問をしないのが原則であるが、この時はそんなことは問題でない。かねは分娩後七十五日経たぬ内に拷問せられ、しかも事件落着迄、四年間拘留せられて居つたのであるから、残酷とも何とも形容の辞が無い非人道的残虐である」（前掲書、一一八頁）と。また、起田についても、拷問がおこなわれた。その背景には、東京府と司法省との管轄争いがあり、訊問の権限を得た東京府は、拷問により起田に犯人であることを自白させた。ところが、司法省裁判所においては、取調べの結果、虚偽の自白であり、証拠不十分をもって不起訴とした。こんな対立のなかで、新たに容疑者が検挙されることもあったが、いずれも証拠不十分、かくして、一八七四年八月、司法卿大木喬任は参内を命じられ、天皇から直接、犯人検挙に全力を尽すよう要請を受けた。司法省は布達を出して、「而後四年ヲ経ルト雖モ未タ捕獲ニ不至、実ニ不済儀ニテ、朝憲之不相立次第ニ付、今一層厳密捜索ヲ遂ケ」云々と決意を新たにする。しかし、四年後となってしまっては、新たな証拠も犯人も見つかりそうにもない。そして、警視庁と判事との板ばさみになった検事側から参座の建議がなされた。

翌一八七五年二月、「広沢故参議暗殺事件別局裁判規則」が制定された。そして、原告官、弁護官、参座、裁判官が組織され、三月一九日、参議兼司法卿大木喬任、参議兼外務卿寺島宗則、権中判事小畑美穂、参座、内務大丞村田氏壽ら、三〇数名による大法廷が開かれた。参座には、村田を首座として、外務省一名、大蔵省二名、元老院三名、陸軍省二名、文部省一名、教部省一名、内務省一名、各省の中堅官吏一二名が任命された(4)。この時までに容疑者は起田、福井ら五名、三件にしぼられていた。審理の結果、起田だけが票決の対象とされ、七月一三日参座投票がおこなわれたが無罪とされた。その後、中村六蔵という人物が捕縛され、一時自白したが撤回、先の「規則」を設けて参座の代りに裁判官一二名として投票をもって決をとった。一八八〇年三月三日、全員無罪の投票をした。尾佐竹は、「爾来真犯人は発覚することなくして、今日に及んだのである。仮令犯人は生きて居たとしても、最早時効にも罹つて居るが、恐らくは、疾くに故人となつて居るのであらう」（前掲書、一一六頁）と記している。

(3) 大津事件と司法権の独立

「大津事件」（あるいは湖南事件）と呼ばれている事件は、児島惟謙の名前とともに、あるいは司法権の独立との関連において、現在においても様々に論じられている事件である。事件そのものは単純しかも明白であった。あまりにもよく知られている事件であるので、ここでは、尾佐竹の著述にその後に公刊された史料をも加えて事件の概要と司法処理の過程について簡単に触れておきたい(5)。

ロシア皇太子ニコライ（当時の新聞等では英語読みされたのか「ニコラス」と表記されていた）が、東方の旅にでたのは、一八九〇年一一月、この間、エジプトに寄り、スエズ運河を通って、インド、セイロン、シンガポール、東南アジアの諸都市、香港、広東、それから揚子江を漢口までのぼり、日本の長崎に着いたのは翌年四月二七日であった。皇太子は軍艦アゾヴァ号に乗船し四隻の軍艦を先導とし、モノマフ、ナヒモフの二艦を随えての入港であった。皇太子は、長崎から鹿児島を経由して五月九日に神戸に入港、京都観光の後、横浜から東京に入り皇居において天皇らの皇族と会見、その後青森を経て、ウラジオストックにおけるシベリア鉄道の起工式に臨席する予定になっていた。当時のロシア帝国は、全世界の領土の六分の一を占める強大国、近代化の緒についたばかりの日本には、存在自体に恐怖心を感じるような国であった。また、ニコライの来日にともない、西南戦争で戦死した西郷隆盛が生還してくるというような流言も新聞紙上に掲載されるというような有様で、日本国内には異様な緊張感がみなぎっていた。ともかく、ニコライ皇太子一行は神戸に入港すると、その日のうちに京都へ。事件のおきた五月一一日は、午前七時三〇分常盤ホテルを出発、腕車にて大津遊覧に出かけた。腕車というのは特別仕立ての人力車のことで、梶棒を引く車夫一人、左右から後押しをする車夫二人、合計三名で二輪車を動かした。大津では、まず三井寺を訪ね、正法寺（観音堂）などを見物、三保ケ崎に出て唐崎神社へ、琵琶湖で魚などを掬ったりして楽しんだ後、午前一一時四〇分滋賀県庁に到着した。昼食と休憩の後、県庁を出発し、帰還の途についたのは午後一時三〇分、先導の腕車は四輛、竹内京都府警部、木村滋賀県警部、沖滋賀県知事、接伴官と続いて、その後ろにロシア皇太子、ギリシャ皇太子、有栖川宮親王、従者、ロシア公使等々と、随伴者の腕車六〇輛余り、送奉者の腕車四〇輛余り、合計百輛にもなる大行列であった。ギリシャ皇太子ジョージは、ニコライに同伴しての東方旅行であった。

県庁を琵琶湖方面に一丁ばかり行き、左折して京町通りに入り、辻の札を左折して、それより逢坂山を越えて京都に帰るという、旧東海道を通っての帰路であった。皇太子の腕車が下唐崎町にさしかかった時、判決では午後一時五〇分頃とされているが、普通に歩いても一〇分足らずの距離のところであるが、混雑で時間がかかったせいか、ともかく、津田岩次郎宅前で警備にあたっていた巡査津田三蔵が突然にサーベルを抜いて皇太子をめがけて腕車の横から斬りかかった。刃先は皇太子の帽子の縁を切り、右のこめかみに当たった。皇太子が驚いて叫び声をあげながら振り向いたところを、三蔵は再び頭をめがけて斬りかかった。皇太子は腕車から飛びおり、二五、六メートル走って永井長助宅前まで到った。事に気づいたギリシャ皇太子がすぐさま追いかけて、県庁にて購入した竹鞭で三蔵の肩の辺りを叩きつけ、ニコライ皇太子の左側後押しの車夫、向畑治三郎が、皇太子を追う三蔵の両足を捉えて引き倒し、さらに右側車夫の北賀市市太郎が、倒れた三蔵が手離したサーベルを拾い上げて三蔵めがけて斬りつけた。さらには、他の車夫や巡査も加わって三蔵はその場で捕縛された。皇太子の傷は右側頭部に九センチと七センチの骨に達する程であったが、意外に元気で永井宅で腰掛けたままで応急処置を受け、いったんは県庁に帰り、午後三時五〇分発の列車で馬場停車場より京都に向かった。傷のことでいえば、むしろ北賀市に斬りつけられた三蔵の方が重傷で、三ヶ所の傷のうち両耳のうしろ、枕骨結節の切り傷は長さが一三、四センチ、深さが四、五センチもあって出血も激しかった。

犯罪の事実としてはこれだけのことであった。が、その衝撃は大きかった。『明治天皇紀』（第七巻、吉川弘文館、一九七二年七月）によれば、午後一時五〇分に、皇族からの接待役に選ばれていた有栖川威仁から天皇への急電があり、「露国皇太子を暗殺せんとする者あり、頭部に重傷を受く、速かに陸軍軍医総監橋本綱常を差遣せられたし」、さらに三時五分には「京都へ行幸あらんことを請ふ」旨の電報があった。この間、沖守固滋賀県知事からは、午後二時三〇分発で、西郷従道内務大臣宛てに事実の概要と津田三蔵という「全ク精神狂ヒ」の人物の犯行である旨の電報が打たれ、これも天皇のもとに届けられた。「天皇大に駭きたまふ」とは、『明治天皇紀』に記された言葉であるが、四時過ぎには御前会議が召集され善後策が諮られた。それにもとづいて、北白川宮能久親王を取り急ぎ天皇の名代として京都に出張させること、医師を派遣することが決定され、一行は四時四〇分発の列車で出発した。さらには、この会議において、天皇自らも翌朝、京都に向かうことが決定された。その夜、天皇は京都のニコライ皇太子、それにペテルブルグのロシア皇帝に慰問の電報を打ったが、皇后からもロシア皇后にむけて電報が打たれた。午後九時、松方正義首相を通して国民に向けて勅語が発せられた。「今次朕カ敬愛スル露国皇太子殿下来遊セラル、ニ付、朕及朕カ政府及国民ハ国賓ノ大礼ヲ以テ歓迎セントスルニ際シ、図ラサリキ途大津ニ於テ難ニ遭ハセラル、ノ警報ニ接シタルハ殊ニ朕カ痛惜ニ勝ヘサル所ナリ、亟カニ暴行者ヲ処罰シ善隣ノ好誼ヲ毀傷スルコトナク以テ朕カ意ヲ休セシメヨ」との文言で、『官報』号外をもって国民に知らせた。もちろん、これを受けて内務大臣は府県庁の警察に警備を厳重にするよう訓令した。これらをみると、この事件についての知らせを受けた後の、天皇周辺における動揺の様子を推察することができる。

他方、政府においても、滋賀県庁、大津裁判所から首相、各大臣に電報が到着、松方首相、内務、外務諸大臣が参内、さらに枢密院議長、顧問官、宮中顧問官、それに当時政府外にあって政治に影響力をもった「黒幕」らも参内、御前会議が開かれた。そこでは、皇太子が引き続き滞在し、上京されるよう要請することなどが決められた。また、塔之沢温泉に静養中の宮中顧問官、伊藤博文にも上京の要請がなされ、伊藤は午前一時に新橋に到着、それから宮中に参内し天皇に面会した。政府からは、とり急ぎ西郷従道内務大臣、青木周蔵外務大臣が京都に派遣された（午後九時三〇分出発）。このように事件直後から翌一二日にかけて、日本国家の中枢で起こったあわただしさは、まさしく政治の例外的状態とでも呼べるような状況であり、この事変の衝撃の大きさをつぶさに物語っている。加えて、一二日からは官民をあげての大騒ぎとなり、京都に向かうものあり、慰問電報を打つ者あり、学校は休校となり、あげくのはてには「三蔵」の名を禁じる村あり、尾佐竹は、このような状況を「空前にしてまた絶後」と形容している。

次に、津田三蔵の犯行はどのように裁判所において裁かれたのか、このことをみておきたい。当時の大津地方裁判所、予審判事三浦順太郎の回想『大津事件実験記』（『大津事件日誌』東洋文庫、一九七一年五月刊所収）によると、県庁において皇太子を見送り、庁内の陳列品などをみていたところ、皇太子がと叫ぶ声があり、同僚の予審判事、井上庸太郎と現場に駆けつけたということである。途中、傷ついた皇太子が県庁へと引き返すのに出会ったということであるから、その迅速さがわかる。二人は現場に到着するや、直ちに、つまり検事による予審請求をまたずに（一八九〇年一〇月に公布された刑事訴訟法によれば、第一四二条、一四三条で「軽罪の現行犯」については、このような事が可能であった）予審に着手し、現場検証と津田三蔵への訊問、証拠品であるサーベルの押収、それに三蔵に対する勾留状を発している。もっとも訊問の方は三蔵が、「精神の興奮せると、負傷の痛みとで発言吃々、一向に要領を得ず」との状態であった。送致書類を受取った山本検事は、検閲の結果、「引続キ取調ブベキハ勿論ノ事ト思料候」云々の意見書を付して、当日書類を土井予審判事に還付した。それにより再び予審手続が進められ、巡査や目撃者に対する証人訊問、また、三蔵に対しても、膳所監獄の未決病室に収監後、午後六時頃より様子をみながら予審判事及び種野弘道検事による訊問が再開されたものの、取調べは進捗せず一二時過ぎには退出したということである。このように、一一日から一五日にかけて、被告、証人、参考人について訊問が進められ、一五日には事実に関する取調べは修了した。また、この日には三蔵の精神鑑定をおこなった野並魯吉に対する訊問もおこなわれた（鑑定書の提出は一七日）。安斎保の報告書『大津事件に就て』（司法省・思想研究資料、特集第六五号、一九三九年刊、復刻版、東洋文化社、一九七四年五・六月刊）によれば、この間、被告人訊問四回、証人または参考人訊問は三三名に対して三八回がおこなわれ、それに現場検証、家宅捜索等を加えると、まさしく「不眠不休の審理」であったとのことである。

五月一八日、三浦予審判事は午前一〇時、津田三蔵に対し、予審終結の言渡書を交付した。内容は、被告の犯罪は刑法第一一六条の「大逆罪」に該当するものであり、当地方裁判所の管轄外であるとの決定であった。当時の刑法は一八八二（明治一五）年から施行されたもので、その第二編第一章において「皇室ニ対スル罪」を規定し、第一一六条は、「天皇三后皇太子ニ対シ危害ヲ加ヘ又ハ加ヘントシタル者ハ死刑ニ処ス」との条文であった。予審判事は、検事から当日に提出された「意見書」を受け入れてこのような決定をおこなったのであるが、その大津地方裁判所検事局の山本検事は、三好退蔵検事総長、政府当局者の意見に従って、このような「意見書」を提出したことはいうまでもない。ところで、裁判所構成法（一八九〇年実施）の第五〇条第二項は、「大逆罪」に該当する事件は、大審院の特別権限に属するものとされ、「第一審ニシテ終審」である特別法廷において裁かれることになっていた。そこで、三好検事総長は、当日の午後二時、児島惟謙大審院長に対して予審請求をおこなった。児島は大審院判事の意見を聴き、予審を開始することとし、裁判所構成法第五五条により、あらためて大津地裁の土井庸太郎を予審判事に任命した。当時、司法省参事官として大津に派遣された倉富勇三郎は、後の回想のなかで、もし児島に「確乎たる決心」があったのなら、検事総長の予審請求書のなかにロシア皇太子に対し危害を加えたという事実が記載されているのだから、これに対しては裁判所構成法第五〇条第二項を適用する必要がないとして、予審判事の任命を拒否するのが一番よかったのではないか。そして、このことは大審院長の個人的権限で可能であったはずであり、そうすれば大審院判事に「干渉」する必要も生じなかったと、多少皮肉を込めて述べている（「裁判所構成法前後の回顧」、『法曹会雑誌』一九三九年一一月号）。むろん、この時点において児島をとりまく状況としては、そのようなことは不可能であったのであろう。

あらためて大審院予審判事に任命された土井庸太郎は、一三名に対する証人訊問で確認をとった後、その日の午後一〇時「意見書」を提出した。大審院では、堤正巳裁判長以下七名が、予審判事作成の「訴訟記録」並びに電報により送られてきた「意見書」を参照し、それに検事総長の意見を聴いて、合議の結果、翌一九日午前二時過ぎ、大審院の特別権限に属する事件として公判に付すことを決定した。これほどまでに決定を急いだ背後には、事件の翌日京都まで見舞いに来ていた天皇が、一八日アソヴァ号に食事に招待されており、裁判の進行状況について尋ねられる恐れがあったこと、また一九日には、皇太子は東京に寄らずウラジオストックへと向かうという本国における決定が知らされていたというような事情があった。これ以前の一八日午前、松方首相は児島大審院長を官邸に招き、「陛下殊の外御苦慮の段、先刻京都なる内閣員より電報ありたり。しかるに今裁判所において、その適用のならざるものとせば、陛下の御思召に反し、かつ我が政府の威信を内外に失するに至るべし」云々と、大逆罪の適用を受け入れるように説得した。これに対して、児島は、「法律は国家の精神にして裁判官が感情を以て私すべきものにあらざるは諒とせられよ。もし裁判官にして敢えて感情に駆られんか、これ自己の職務に不誠実にして、国家に不忠不義なるはもちろん、畏れ多くも天皇陛下をして神聖なる大権に背かせ奉るの結果と為らん。故にいかなる困難あるとも法官たるものは、法律の正条に憑拠し以て法律の神聖を忠守するの途あるのみ」と述べて、説得に応じなかった。さらに翌一九日には、松方首相、山田顕義法相に宛てて「意見書」を提出し、成文法を遵守することこそ「文明国」としての評価につながるとの考えを敷衍した。一旦は二五日と決まっていた公判は二七日へと延期され、午後一二時三〇分大津地方裁判所において開廷された。一般の傍聴は開廷前に禁止され、児島院長ほかの要人と情報を外部に洩らさないことを条件に一五名の代言人だけが入廷を許された。判決の言渡しは同日の午後六時三〇分、この時は新聞記者二四名、一般人一一七名（代言人を除いて）の傍聴が許された。判決は、政府あるいは伊藤博文らの実力者の意に反し、六対一の評決で刑法第二九二条が適用され、「謀殺未遂罪」として津田三蔵に無期懲役の判決が宣告された。この時傍聴席からは「万歳」の声があがったという。まさしく、裁判所は政府や実力者たちの干渉には屈しなかったのである。かくして、「司法権の独立」は守られ、児島惟謙は「護法の神様」とも称されることになった。

後年、尾佐竹は「司法権の独立と大審院の創設」（『法曹界雑誌』一九三七年一〇月号、司法記念日第十周年記念号）を執筆し、司法権独立の問題を取り上げている。この論文においては、江戸時代における司法制度のあり方から始め、明治初年の政体書、一八七一年の司法省設置、司法省裁判所章程、大審院章程などを経て、帝国憲法、裁判所構成法の制定にいたる経過を丹念に追いながら、司法権の独立がどのようにして実現化されたかを論じている。その過程は次のように要約される、「司法権の独立は、司法省の創設に始まり、次いで裁判所の建設、建物の分離に端を発し、更らに司法省と裁判所との分離であり、最後に裁判所の内部に於ける判事各人が、行政長官たる所長院長より独立して、茲に完全なる独立となり、その基礎として身分の保障が憲法法律に由つて確保されたのである」と。そして、このような制度的な保障のもとに大津事件は起こった。「翌二十四年には、湖南事件あり、司法権独立史上万丈の光彩を放つたことは縷述する迄もなき不朽の史実である」と。

おわりに

以上、尾佐竹猛の業績についての一つの側面を「裁判事件史」と名づけて、評価の対象として分析してみた。それは、尾佐竹の『賭博と掏模の研究』（総葉社書店、一九二五年一〇月）、『法曹珍話　閻魔帳』（春陽堂、一九二六年六月）、『明治秘史　疑獄難獄』（一元社、一九二九年六月）や『法窓秘聞』（育生社、一九三七年九月）などの書物に結実された尾佐竹の業績を、歴史研究のうえでどのように捉え、正当に位置づければよいのかという個人的な関心にもとづいている。もちろん、ここでは明治大学史資料センターの仕事として、「駿台学」の系譜のなかで考えていることも事実である。あるいは、尾佐竹史学のおもしろさは、そのような正当的な位置づけにあるのではなくて、雑学的、趣味的、はみだし的、オタク的性格にこそあるのであり、もっといえば正当性を拒否する姿勢こそが評価されるべきであるという声が聞こえてきそうである。私は、そのような声を無視するつもりはない。ただ、正当性を拒否することとは、独自な世界を築いていくことであり、そこには既成のものに対する批判的、あるいは、そのことばが強すぎるとすれば不満足な精神が働いているということでもある。そこに働く精神こそは、自由な精神として評価しておきたいというのが私の言いたいことの核心である。

とはいっても、尾佐竹猛の仕事に心酔しようと私は呼びかけるつもりもない。また、冒頭に引用した林茂の「官僚的自由主義者」という評価を鵜呑みにする必要もない。ただ、大審院判事として上りつめた尾佐竹のキャリアは、その歴史研究の仕事のなかには、やはりある種の「枠」をはめていたことも事実であると思う。尾佐竹は、そのキャリアを通して、体制と決定的に対立する思考様式をもたなかったし、また必要性も感じなかった。意外に眼前の事実を過去の積み重ねとして受け入れる保守主義者であり、現実の極端な正当化や断罪を嫌悪する現実主義者であったとも考えられる。そのような生活態度や現実感覚が、歴史研究の方法として「史料主義」を貫かせたともいえる。もっと批判的にいえば、尾佐竹においては、「史料」への逃避が常に用意されていたのである。一例をあげれば、「大津事件」についての記述である。「大津事件」は、いわば未発の「大逆事件」という要素をもっていたのであるが、司法権の独立との関係でいえば、大審院長、児島惟謙が特別法廷の裁判長である堤正巳をはじめとして諸判事を説得する場面が綴られている。例えば、児島は堤に対していう、「敢えて問う。公らは十八日に面晤せし大臣または朋友を欺くか。抑もまた天下国家を欺きて、一身の安を貪らんとするか、今や公らはその一を選ばざるを得ざるの立脚地にあり。予よりこれを見れば、その軽重本末は火を睹るよりも明らかなるも、しかも君の選ばんとするはいずれの途なるや。洵に国家の大事は、公らの一挙一動に繫りて存するなり。請ふ熟慮せよ」と。すでに指摘されてきたことでもあるが、大審院長による判事の説得が、裁判官個人による良心に従っての判断という司法権独立の原理とは真っ向から反対するものであることは、現代では常識に属することである。その点は、尾佐竹においては全く無視されている。あるいは、大審院における特別法廷での判事が、そのまま通常裁判による判決をおこなったことの手続上の問題、それによる上告権が奪われた問題、あるいは津田三蔵に対する人権保護の観点からする弁護人選定の問題、あるいは緊急勅令による言論統制の問題等々、現代的な視点からすれば、この裁判においては論じられなければならないことは多い。しかし、児島の手記という「史料」に依拠する視点からは、このような事柄に言及する余地は生まれてこない。

余りにも現代に引き寄せて尾佐竹猛の仕事を批判しようとしているのかもしれない。「史料」を盾にして、「裁判」と「事件」と「歴史」を結びつけた、私が「裁判事件史」と名づけた尾佐竹の仕事からは、批判する以前に、まだまだ汲み取るべきものが多いというのが、私の言いたいことである。なお、本稿は「裁判と事件と歴史——「裁判事件史」開拓者としての尾佐竹猛」と題して『大学史紀要（尾佐竹猛研究Ⅰ）』（第九号、二〇〇五年三月）に掲載した論文に加筆したものである。

（1）尾佐竹の、全体的な学問業績については、渡辺隆喜「尾佐竹史学の成立とその特色」（『大学史紀要』第八号、明治大学史資料センター、二〇〇三年一二月）を参照。もちろん、本論考において、尾佐竹についての先駆的な文献・学問調査をまとめられた田熊渭津子編『尾佐竹猛』（人物書誌大系4、日外アソシエーツ、一九八三年七月）に負うところが大きい。それを踏まえた年譜・著作目録等についは、飯澤文夫「書誌調査からみた尾佐竹猛」(『大学史紀要』第九号、二〇〇五年三月)参照。なお、巻末の「「裁判事件史」関係文献・データ」には、飯澤から教示された尾佐竹猛「法窓秘話」(『特異犯篇』防犯科学全集第八巻、中央公論社、一九三七年一月)を加えた。

(2) 戦後、「裁判事件史」の仕事は、森長英三郎の『史談裁判』(全四集、日本評論社、一九六六年一二月〜一九七五年七月、没後、『新編史談裁判』全四巻、同、一九八四年六月)と『日本政治裁判史録』(全五巻、我妻栄編集代表、第一法規、一九六八年一一月〜一九七〇年一一月)に引き継がれていると私は考えている。森長の「史談裁判」は、もともと『法学セミナー』(一九六三年七月〜一九七四年九月号)に一一年間にわたって連載したものをまとめたものである。森長は人権派弁護士として、戦後の新憲法の精神でもって明治憲法下の刑事裁判や裁判制度を批判することを目的として執筆した。他に『足尾鉱毒事件』(上下巻、日本評論社、一九八二年三月)と『裁判 自由民権時代』(同、一九七九年八月)を執筆している。対照的に、『日本政治裁判史録』は、東京大学法学部教授を中心として研究会を組織し、その共同研究の成果として刊行されたものである。その研究・刊行趣旨は、「明治以後に裁判の対象となった政治的事件のなかから、重要なものを選び出した上で、その事件の内容と裁判の過程を解説し、これが歴史に占める地位を検討し、加えて判決文を中心とする関係書類を収録するシリーズを刊行」することであった。こちらは、客観的な姿勢に貫かれている。それぞれが、尾佐竹の仕事をどのように意識していたかは不明であるが、私は尾佐竹の開拓した研究分野が、それぞれの意図をもって継承されているのだと考えている。

(3) 太田雅夫「中央法律相談所と『中央法律新報』」(復刻版、第一巻上、東洋文化社、一九七二年九月)参照。

(4) 田中時彦「広沢真臣暗殺事件」(『日本政治裁判史録』明治・前編、第一法規出版、一九六八年一一月)二六五頁。

(5) 以下の叙述については、拙稿「津田三蔵・大逆事件」(『司法の窓』第八四号、一八九五年一二月)参照。

（附録）「裁判事件史」関係文献・データ

Ｉ　関係著作

（＊印は明大図書館所蔵、＊＊は内容についての簡単なコメント、なお、復刻版等についてのより詳しい情報は飯澤文夫作成「尾佐竹猛著書一覧」を参照のこと）

1、賭博と掏模の研究（総葉社書店、一九一五年一〇月）＊
・（改装版）総葉社書店、一九三三年四月）＊

＊＊書評・紹介文が巻頭に付せられるが、内容は全く同じ。

・掏模・賭博（犯罪科学書刊行会、一九三四年一〇月）＊

＊＊賭博篇全部と掏模篇の第1章「掏模の沿革」のみを収録。

2、法曹珍話　閻魔帳（春陽堂、一九二六年六月）無用学博士＊
・復刻版（批評社、一九九九年一月）＊

3、明治文化史としての日本陪審史（邦光堂、一九二六年七月）＊

4、明治警察裁判史（邦光堂、一九二六年一〇月）＊

5、国際法より観たる幕末外交物語：附生麦事件の真相その外（文化生活研究会、一九二六年一二月）＊
・増補版（邦光堂、一九三〇年三月）

6、大岡政談（帝国文庫、博文館、一九二九年四月）

7、明治秘史　疑獄難獄（一元社、一九二九年六月）＊
・尾佐竹猛全集（第11巻、実業之友社、一九四八年一二月）＊
・復刻版（批評社、一九九八年一二月）＊

8、秘書類纂（刊行会、一九三四年九月）

9、刑罪珍書解題（犯罪科学書刊行会、一九三四年一一月）＊

・犯姦集録（史談叢書3、三崎書房、一九七二年一一月）＊
＊＊同書に「御仕置例類集抄」「牢獄秘録」が加えられたもの。解説は紀田順一郎。

10、特異犯篇（防犯科学全集、第八巻、中央公論社、一九三七年一月）＊
＊＊尾佐竹猛「法窓秘話」と大森洪太「欧米特殊犯罪種々相」が収録されている。

11、法窓秘聞（育生社、一九三七年九月）＊
・尾佐竹猛全集（第12巻、実業之日本社、一九四九年三月）＊
・復刻版（批評社、一九九九年一二月）＊

12、湖南事件――露国皇太子大津遭難（岩波新書、一九五一年六月）
・大津事件――ロシア皇太子大津遭難（岩波文庫、一九九一年四月）
＊＊三谷太一郎校注・解説。

13、江戸時代犯罪・刑罰事例集（編・解題、柏書房、一九八二年三月）

II　「裁判事件史」データ（略称）

1、賭博と掏模の研究（総葉社書店、一九一五年一〇月）→賭博
2、法曹珍話　閻魔帳（春陽堂、一九二六年六月）無用学博士→閻魔
3、明治文化史としての日本陪審史（邦光堂、一九二六年七月）→陪審
7、明治秘史　疑獄難獄（二元社、一九二九年六月）→疑獄
9、刑罪珍書解題（犯罪科学書刊行会、一九三四年一一月）→刑罪
10、特異犯篇（中央公論社、一九三七年一月）→秘話
11、法窓秘聞（育生社、一九三七年九月）→秘聞

（1）事件・裁判

（a）個別事件（主として政治的事件）

◎印は、『日本政治裁判史録』（明治前・後、第一法規出版、一九六八年一一月、一九六九年二月）で取り上げられているもの。

・天一坊事件（享保一三年、秘聞・同、四〇～五一頁）
・国定忠治事件（嘉永三年、秘聞「国定忠次郎の判決」三二～三九頁）
・生麦事件（文久二年八月、閻魔・同、一九八頁、『国際法より観たる幕末外交物語』）
・横井小楠暗殺事件◎（明治二年、閻魔「横井小楠暗殺の後日譚」一〇四頁、秘話「横井小楠の暗殺」二六一～二六九頁）
・パークス襲撃事件◎（明治一年二月、秘聞「外人襲撃」二二四～二三六頁）
・近藤勇の処刑（明治一年四月、疑獄、三～八頁）
・新聞雑誌弾圧事件（明治一年～、秘聞「発行禁止不服の訴」三五〇～三七〇頁）
・片桐省介汚職事件（明治二年七月二七日、秘聞「片桐省介一件」九六～一一〇頁）
・大村益次郎暗殺事件◎（明治二年九月四日、秘聞「死刑の差止め」八四～九五頁）
・住谷兄弟敵討事件（明治三年三月、秘聞「明治の仇討」二三六～二四六頁）
・阪本龍馬暗殺の下手人（明治三年、疑獄、一一～二二頁）
・雲井龍雄の罪案◎（明治三年一二月、疑獄、二五～三四頁）
・広沢種臣暗殺事件◎（明治四年一月九日、秘聞「犯罪捜査の詔勅」一一一～一二六頁、疑獄「広沢参議暗殺事件」三七～七六頁、陪審「広沢参議暗殺事件」九四～一五八頁）
・マリアルズ号事件◎（明治五年、秘聞「マリヤルズ号事件」二六五～三四六頁）
・玉乃世履暗殺未遂事件（明治五年八月一〇日、秘聞「訴訟関係人の怨み」一二七～一三二頁）
・加賀本多家家臣敵討事件（明治五年一一月、秘聞「明治の仇討」二四七～二五五頁）
・小野組転籍事件（明治六年、疑獄、七九～一三四頁、陪審、「槇村事件」二六～九四頁）
・岩倉具視暗殺未遂事件◎（明治七年一月一四日、秘聞「赤坂喰違の変」一三三～一四〇頁）

・尾去澤銅山事件◎（明治八年、秘聞「尾去澤事件銅山事件」一六七〜二一七頁）
・山科生幹一件（明治八年、疑獄「非常上告の始め山科生幹一件」一三七〜一五〇頁）
＊「司法権の独立と大審院の創設」（『法曹界雑誌』一九三七年一〇月号）一二一〜一二二頁
・思案橋事件（明治九年一〇月、秘聞「思案橋事件」一四一〜一六六頁）
・黒田清隆夫人殺害事件（明治一一年三月二八日、閻魔「黒田伯爵の夫人斬殺事件」四三〜五〇頁）
・伊藤博文暗殺未遂事件（明治一一年、秘聞「明治十一年の伊藤博文暗殺未遂事件」二二一頁）
・臼井六郎敵討事件（明治一三年一二月、秘聞「明治の仇討」二五六〜二六四頁）
・藤田組贋札事件（明治一二年、閻魔「三大贋札事件」七五頁、疑獄「藤田組の贋札事件」一五三〜一七六頁）
・板垣伯遭難事件◎（明治一五年、閻魔、八〇〜九〇頁、疑獄「板垣伯岐阜遭難事件」一七九〜二六二頁）
・森有礼刺殺事件（明治二二年、閻魔九一頁、秘話「森文部大臣刺殺事件」一六五〜二〇五頁）
・湖南事件◎（明治二四年、疑獄「露国皇太子大津遭難 湖南事件」二六五〜五二二頁）
＊「湖南事件の回顧」（『法曹会雑誌』一九二四年一月号〜一九二五年一月号・全一三回）の増補・改訂→『湖南事件』（岩波新書・林茂解題）→『大津事件』（岩波文庫、解題・三谷太一郎）、別に「大津事件の御宸念」（『明治の行幸』東興社、一九四四年三月、三五七〜三七〇頁）がある。
・閔妃暗殺事件◎（明治二八年、秘話「漢城の血雨」二二六〜二四九頁）

（b）事項（複数にまたがる事件・社会的犯罪）
・三大親分の判決（仕立屋銀次・湯島吉・鍋勝）（賭博、一五一〜二一七頁）
・江戸にて狐附奉行御捌之伝（刑罪、一九九〜二四七頁、秘聞「狐憑き」二〜三一頁）
・大岡越前守（秘聞「大岡越前守に就て」五二〜七三頁、「江戸時代の探偵小説」七四頁、「探偵小説私見」七九頁、『大岡政談』、疑獄「大岡政談解題」五二五〜五四一頁）
・探偵実話（秘話「探偵実話が少しばかり役に立つた話」四〜九頁）

・材木因縁物語（山田実玄・黒田清隆・松下軍治、等）（秘話、一〇〜三一頁）
・バラバラ事件（秘話、三二〜四三頁）
・妊婦殺人事件（秘話「妊婦の腹を割き胎児を引き出して斬る」四三〜五二頁）
・贋作（秘話「偽者いろ〳〵」五四〜七三頁）
・ニンベン師とハム師（秘話「ニンベンからハムへ」七三〜七七頁）
・発掘と引揚（秘話、一〇三〜一一六頁）
・毒婦（夜嵐お絹・高橋おでん）（秘話、一四〇〜一五六頁）
・博物館御物の窃盗（秘話、一五七〜一六五頁）
・鈴木正三保険金殺人事件（明治三八〜四四年、秘聞「妊娠中の妻並に娘其他一家眷属六人を毒殺したる保険魔」三七一〜三七四頁）

（2）人物・司法・裁判（主として見出し項目より摘出）

（a）人物

あ行

・浅見倫太郎（閻魔「司法省を逃げ出した人々」三三三頁）
・天野岩次郎（閻魔「英公使館焼打と功労記念碑」二一二頁）
・有松英義（閻魔「司法省を逃げ出した人々」三三三頁）
・安楽兼造（閻魔「拷問せられたる安楽処刑せられたる園田」一三〇頁）
・石原健三（閻魔「司法省を逃げ出した人々」三三三頁）
・磯部四郎（閻魔「人間は借金を払ふ動物なり」一一一頁）
・一木喜徳郎（閻魔「郡長出身の二大臣」一四七頁）
・伊藤仁太郎（閻魔「被告小久保喜七と伊藤仁太郎」九四頁）

・伊藤博文（秘聞「伊藤博文の判決」二一八頁）
・伊藤博邦（閻魔「伊藤博邦九歳の文」一四四頁）
・犬養毅（閻魔「我社の私選投票」一五三頁）
・今泉雄作（閻魔「火附強盗改め役岡喜七郎」五四頁）
・岩崎弥太郎（閻魔「斬られた法官」一二七頁）
・江木衷（閻魔「生れた年を知らぬ江木冷灰」五七頁）
・エヂンバラ殿下（閻魔「明治二年御来朝の英王子」一七八頁）
・大岡育造（閻魔「埼玉在勤の秀才」四一頁、「代言人出身の二大臣」五〇頁）
・大隈重信（閻魔「証人大隈の悪筆樺山の究答」六五頁、「隈侯いろ〳〵」二九六〜三二〇頁）
・大芝惣吉（閻魔「火附強盗改め役岡喜七郎」五四頁）
・岡喜七郎（閻魔「火附強盗改め役岡喜七郎」五四頁）
・岡田摂（閻魔「ロンドンの人別二百八十万」一九二頁）
・岡部長職（閻魔「岡部法相宿を忘る」一二二頁）
・小川平吉（閻魔「火附強盗改め役岡喜七郎」五四頁）
・奥宮健之（閻魔「獄中の著書」一一九頁）
・尾崎行正（閻魔「司法省を逃げ出した人々」三三頁）
・尾崎行雄（閻魔「尾崎法相の推薦演説」一〇六頁、「我社の私選投票」一五三頁）
・織田完之（閻魔「司法省を逃げ出した人々」三三頁）
・オリハント（閻魔「鎖港説の英人」二一八頁）

か行

・景山英子（閻魔「女子最初の治警違反者」一七二頁）
・勝本勘三郎（閻魔「埼玉在勤の秀才」四一頁）

・加藤高明（閻魔「郡長出身の二大臣」一四七頁、「我社の私選投票」一五三頁）
・加藤政之助（閻魔「埼玉在勤の秀才」四一頁）
・樺山資紀（閻魔「証人大隈の悪筆樺山の究答」六五頁、「薩英戦争余談」二〇九頁）
・金子堅太郎（閻魔「怜悧なる少年金子堅太郎」一五〇頁）
・金山季逸（閻魔「斬られた法官」一二七頁）
・川崎三郎（紫山）（閻魔「獄中の著書」一一九頁）
・川崎卓吉（閻魔「郡長出身の二大臣」一四七頁）
・川村雨谷（閻魔「司法省を逃げ出した人々」三三頁）
・管野すが（閻魔「獄中の著書」一一九頁）
・北畠治房（閻魔「人魚の献上」六七頁）
・木下尚江（閻魔「火附強盗改め役岡喜七郎」五四頁）
・清浦圭吾（閻魔「司法省を逃げ出した人々」三三頁、「埼玉在勤の秀才」四一頁、「清浦法相の茶代」一〇二頁）
・陸羯南（閻魔「司法省を逃げ出した人々」三三頁）
・幸徳秋水（閻魔「獄中の著書」一一九頁、秘話「発掘と引揚」一〇六頁）
・河野広中（閻魔「結髪大刀の河野信次郎広中」一四一頁）
・光妙寺三郎（閻魔「化石譚一束」一三三頁）
・古賀廉造（閻魔「司法省を逃げ出した人々」三三頁）
・小久保喜七（閻魔「被告小久保喜七と伊藤仁太郎」九四頁）
・後藤新平（閻魔「司法省を逃げ出した人々」三三頁）
・小宮三保松（閻魔「司法省を逃げ出した人々」三三頁）
・小松原謙次郎（閻魔「司法省を逃げ出した人々」三三頁）
・小村寿太郎（閻魔「司法省を逃げ出した人々」三三頁）

・小山温（閻魔「耳は其方へ向いて居る」九七頁）

さ行

・西園寺公望（閻魔「注意人物西園寺公望」七七頁、「西園寺卿の御遠遊」二一五頁）
・齋藤実（閻魔「人間は借金を払ふ動物なり」一一一頁）
・堺利彦（閻魔「家庭叢談と家庭雑誌の初」一七五頁）
・柵〔しがらみ〕山人（秘話「窃盗犯人？　小説家？」二〇五〜二一一頁）
・柴田貞太郎（閻魔「町家住ひの英国の大臣」一八六頁）
・渋沢栄一（閻魔「安田の勾留渋沢の前科」三〇頁、「博覧会差遣渋沢篤太夫栄一」一二九頁）
・杉孫七郎（閻魔「小使雇人杉孫七郎のロンドン観」一八九頁）
・杉浦検一（閻魔「司法省を逃げ出した人々」三三頁）
・鈴木〔山岡〕音高（閻魔「被告小久保喜七と伊藤仁太郎」九四頁）
・鈴木宗言（閻魔「失明法官」一二四頁）
・末松謙澄（閻魔「怜悧なる少年金子堅太郎」一五〇頁）
・添田壽一（閻魔「風姿粗野なる添田の熱誠」七二頁）
・園田安賢（閻魔「拷問せられたる安楽処刑せられたる園田」一三〇頁）

た行

・武田千代三郎（閻魔「郡長出身の二大臣」一四七頁）
・武冨時敏（閻魔「郡長出身の二大臣」一四七頁）
・立見鑑三郎（「司法省出身の二大将」三八頁）
・玉乃世履（閻魔「斬られた法官」一二七頁、疑獄「玉乃世履のことども」五四二〜五五一頁）
・田村成義（閻魔「火附強盗改め役岡喜七郎」五四頁）
・田健次郎（閻魔「司法省を逃げ出した人々」三三頁）

・浜田国松（閻魔「火附強盗改め役岡喜七郎」五四頁）
・早川千吉郎（閻魔「三井に反対した早川千吉郎」六〇頁）
・原敬（閻魔「司法省を逃げ出した人々」三三頁、「原敬の試験成績」六二頁、「星亨刺殺と原敬」一一六頁）
・原胤昭（閻魔「火附強盗改め役岡喜七郎」五四頁）
・福地源一郎（閻魔「英公使館焼打と功労記念碑」二一二頁）
・福島安正（「司法省出身の二大将」三八頁）
・星亨（閻魔「星亨刺殺と原敬」一一六頁）

ま行

・松室致（閻魔「司法省を逃げ出した人々」三三頁）
・松田道一（閻魔「司法省を逃げ出した人々」三三頁）
・松田虎吉（閻魔「日英人の相撲」一八一頁）
・三島中洲（閻魔「司法省を逃げ出した人々」三三頁）
・箕浦勝人（閻魔「家庭叢談と家庭雑誌の初」一七五頁）
・武藤金吉（閻魔「火附強盗改め役岡喜七郎」五四頁）
・元田肇（「代言人出身の二大臣」五〇頁、「七百年の地上権三百年の債権」一一四頁）

や行

・安居修蔵（閻魔「権利金の創設者安居修蔵」一〇九頁）
・安田善次郎（閻魔「安田の勾留渋沢の前科」三〇頁）
・結城琢（蓄堂）（閻魔「獄中の著書」一一九頁）
・横田國臣（閻魔「埼玉在勤の秀才」四一頁、「人魚の献上」六七頁）
・横千之助（閻魔「火附強盗改め役岡喜七郎」五四頁）
・依田銈次郎（閻魔「火附強盗改め役岡喜七郎」五四頁）

ら行
わ行
・和田垣謙三（閻魔「人間は借金を払ふ動物なり」一一一頁）

（b）事項（テーマ）

1、賭博
・『賭博と掏模の研究』（上巻・賭博篇）
・賭博（秘話「詐欺賭博に就いて」七七～一〇二頁）
・秘聞「愛知の賭博」（三九五～四〇七頁）
2、掏模
・『賭博と掏模の研究』（下巻・掏模篇）
・閻魔「掏模物語」（二二一～二九四頁）
・秘聞「少年掏模」（二八三～三九四頁）
3、陪審
・『明治文化史としての日本陪審史』
・閻魔「明治初年に陪審の試み」（一五九頁）
・広沢種臣暗殺事件（明治四年一月九日、秘聞「犯罪捜査の詔勅」一一一～一二六頁、疑獄「広沢参議暗殺事件」三七～七六頁、陪審「広沢参議暗殺事件」九四～一五八頁）
4、犯姦（性犯罪）
・刑罪「犯姦集録」（二五三～三六一頁）
5、贋札
・閻魔「三大贋札事件」（七五頁）

6、御陪食
・閻魔「嗚呼甘い」（八八頁）
7、山窩
・秘話「山窩の群」（一一六〜一二八頁）
8、時効
・秘話「時効物語」（一二八〜一三八頁）
9、農民騒動
・秘話「農民騒動（真土村騒動・秩父暴動）」（二六九〜三一七頁）
10、その他
・『中外新報』記事（中文新聞）（閻魔「東洋の英吉利支那記者の活眼」一六九頁）
・ストームヤクトエンピロル号（閻魔「英皇より献納の軍艦」一九六頁）
・犬（閻魔「犬いろ〳〵」（三二一頁）
・政治家と金（秘聞「政治家と金」三七五〜三八二頁）
・前科一犯の僕（秘聞・同右、三八四〜三八七頁）

第3章　尾佐竹猛の賭博史研究
——司法官・歴史家としての尾佐竹猛——

秋谷　紀男

はじめに

尾佐竹猛の研究は極めて多岐にわたっているが、明治維新史、明治文化史、日本憲政史に特色付けられることに異論はないだろう。そのなかにあって、尾佐竹が明治期から大正期にかけて新聞雑誌に発表してきた賭博や掏摸に関連した研究は、他に例を見ない斬新な研究であった。これら一連の研究は、大正一四年（一九二五）に『賭博と掏摸の研究』[1]として纏め上げられたが、賭博や掏摸という研究がほとんど無い時代であっただけに注目度は大きく、この著書によって尾佐竹は日本の賭博史研究の第一人者となったといえる。

本論では、司法官、歴史家としての尾佐竹猛がなぜ賭博史研究に取り組んだか、尾佐竹の賭博史研究はどのような特色をもっていたのか、という二点について考察していきたい。まず、明治期から大正期にかけての賭博の流行とその取締り状況からみてみることにしよう。

一　賭博の流行と取締りの強化

(1)　賭博関連規則の整備

近代日本において賭博の取締りが開始されたのは、明治一五年（一八八二）一月一日に施行された旧刑法によるものである。このなかでは、「賭場ヲ開張シテ利ヲ図リ又ハ博徒ヲ招結シタル者ハ三月以上一年以下ノ重禁錮ニ処シ十円以上百円以下ノ罰金ヲ附加ス」（二六〇条）、「財物ヲ賭シテ現ニ賭博ヲ為シタル者ハ一月以上六月以下ノ重禁錮ニ処シ五円以上五十円以下ノ罰金ヲ附加ス其情ヲ知テ房屋ヲ給與シタル者亦同シ但飲食物ヲ賭スル者ハ此限ニ在ラス」（二六一条）、「財物ヲ醵集シ富籤ヲ以テ利益ヲ僥倖スルノ業ヲ興行シタル者ハ一月以上六月以下ノ重禁錮ニ処シ五円以上五十円以下ノ罰金ヲ附加ス」（二六二条）と規定された。すなわち、賭場を開張し、博徒を招集したもの、賭場で賭博をなしたるもの、富籤によって利益をなしたるものに対しては重禁固に処し罰金が課されるという罰則規定が設けられたのである。しかし、旧刑法では賭博犯は現行犯逮捕に限られ、治罪法により夜間の家宅捜査が禁止されたことにより、賭博は実質的には公許された感があった。

こうした中で、明治一七年（一八八四）一月二一日に賭博犯処分規則[2]が発布施行された。これにより、賭博犯は「当分ノ内行政警察ノ処分ニ属シ東京ハ警視庁其他ハ地方官ヲシテ別紙賭博犯処分規則ニ依リ取締懲罰ノ事行ハシム」ことになり、賭博犯の処分は各府県にゆだねられた。この賭博犯処分規則は次の内容からなる。

賭博犯処分規則

第一条　賭博ヲ為シタル者ハ一月以上四年以下ノ懲罰及五円以上二百円以下ノ過料ニ処ス家屋ヲ貸与シ及見張ヲ

為シ其他総テ幇助ヲ為シタル者亦同シ
博徒ニシテ党類ヲ招結シ又ハ賭博ヲ開陳シ又ハ兇器ヲ携帯シ又ハ四隣ニ横行スル者ハ一年以上十年以下ノ懲罰及五十円以上五百円以下ノ過料ニ処ス
其招結ニ応シタル者ハ賭博ヲ為サスト雖モ前項ニ依テ処分ス
第二条　賭具及賭場ニ現存スル財物ハ何人ノ所有ヲ問ハス之ヲ没収ス
第三条　賭博犯ヲ取押フルニハ何人ノ家宅ヲ問ハス何時タリトモ之ニ立入ルコトヲ得但警察官巡査ハ其証票ヲ携帯ス可シ
第四条　此規則ヲ施行スルノ方法細則ハ警視総監府県知事（東京府ヲ除ク）県令ニ於テ便宜上之ヲ定メ内務卿ノ許可ヲ得テ施行スルコトヲ得

この賭博犯処分規則では、賭博を行ったもの、見張りなどを行ったりしたものに対しては一ヶ月から四年の懲罰、博徒の首領で賭博を開陳して凶器などを携帯したものに対しては最高一〇年の懲罰に処せられることとなり、旧刑法の罰則規定よりも詳細かつ厳しい罰金規定が設けられた。また、賭博犯人服役方[3]（明治一七年一月十号布達）により、「前略懲罰ニ処シタル賭博犯人ハ明治十四年九月第八十一号達監獄則第一条第五項禁固ノ刑ニ処セラレタル者ニ準」ずるものとされた。すなわち、賭博犯は懲罰として懲役場に入れられ重禁固に準じて服役させることになった。この賭博犯処分規則によって処罰された山本長五郎（清水次郎長）は、懲役七年過料四〇〇円という厳しい懲罰をうけた[4]。

名古屋地方裁判所管内では、賭博が明治一五年から一六年にかけて流行し、博徒たちの社会に及ぼす影響も甚大になってきた。このため、明治一六年から一七年にかけて「警察当局ハ彼等ニ対シテ一大掃蕩ヲ試ミ其各家ノ主要親分乾児ヲ逮捕処罰スルコト頗ル厳烈ニシテ至ル処彼等渡世人ヲ畏怖戦慄セシメ今日猶ホ明治十六、七年ノ警察大刈込ト

第1表　府県別賭博犯逮捕者の推移

明治17年		明治18年	
府　県	人　数	府　県	人　数
兵庫県	2,185	愛媛県	2,115
愛媛県	1,699	兵庫県	1,942
愛知県	1,297	愛知県	1,566
大阪府	1,265	埼玉県	1,439
静岡県	1,218	岡山県	1,407
岡山県	1,140	福岡県	1,378
茨城県	1,077	茨城県	1,322
千葉県	1,031	京都府	1,120
福岡県	989	福島県	1,040
埼玉県	926	静岡県	1,026

出典：増川宏一『賭博III』（法政大学出版会、昭和58年）304-305頁による。

称シ彼等間知ルト知ラサルトヲ問ハス有名ナル話柄ト為リ然レハ其当時相当ナル親分又ハ乾児ハ或ハ捕ヘラレ或ハ遠ク他府県ニ遁逃シ殆ント一時其跡ヲ絶チタルカノ観アリ[5]」という状況になった。明治一五年の旧刑法および明治一七年の賭博犯処分規則の発布施行は、賭博の流行を断絶させ、博徒たちの社会への影響を軽減しようという考えに基づいていた。ただし、警察による大検挙が全国的に行われたにもかかわらず賭博行為は後を絶たず、明治一〇年代後半から明治二〇年にかけて全国賭博犯の逮捕者は二万人から三万人に達していた。また、明治一七年と明治一八年（一八八五）の府県別賭博犯逮捕者の推移（第1表）によれば、両年とも兵庫県、愛媛県、愛知県が上位三位を占めており、埼玉県、岡山県、茨城県なども上位に名を連ねていた。当時は全国的に賭博犯が後を絶たなかったが、賭博がとくに活発に行われていた地域も存在していた。

賭博犯処分規則は、明治二二年（一八八九）六月一〇日に廃止された。賭博犯処分規則は賭博犯に上告を認めず、弁護人もつけられなかった。大日本帝国憲法の発布を前にして、明治政府は憲法違反にあたるこの規則は廃止せざるを得なかった。その代わりとして、この規則の廃止された直後、明治政府は古物商条令と遊技場取締規則を定め、賭博の武装化を防ぎ、射的などの遊技場を対象に賭博の取締りを強化したのである。なお、明治期には骨牌税が新設され、骨牌などの奢侈的娯楽品に課税するとともに、社会の風教の矯正にも努めている。

賭博に関する処罰が厳格となる一方で、旧刑法に盛り込まれた賭博罪を廃止しようとする動きも見られた。東洋義友会（東京芝田村町）の宮地茂平と津田官次郎は賭博律廃止同盟を結成し、明治二四年（一八九一）一一月に東京神田錦町で賭博奨励演説会＝賭博法律廃止請願大会を開催した。さらに、翌年には「沈睡せる社会を覚醒し大に財物の融通を諮り社会に活気を与へ不景気を挽回する目的、並に刑法上に賭博律を置くの不道理なることを認め断然賭博律を廃し大に賭博を行ひ盛んに富籤を興す」[6]ために賭博律廃止請願を明治二五年（一八九二）の第四議会に提出している。賭博、富籤そのものを正当化して、これによって景気回復や社会の活性化を図ろうという考えも一部にはあったといえよう。

ところで、賭博とは賭場を中心として行われる犯罪を指す場合が多いが、明治期から大正期には経済活動の活発化に伴って取引所に関連した賭博、あるいは競馬等の娯楽を媒体とした賭博も多く見られるようになった。これに対しても関係法規が整備された。まず、明治二六年（一八九三）三月四日に取引所法および取引所税法が公布され、一〇月一日から施行された。

取引所法によれば、「取引所外ニ於テ取引所ノ定期取引ト同一又ハ類似ノ方法ヲ以テ売買取引ヲ為スコトヲ得ス」（第二五条）、「第二十五条ニ違背シタル者及公定相場ヲ偽リタル者ハ五十円以上五百円以下ノ罰金ニ処ス」（三二条）とされ、取引所以外の場所で定期取引と同様な売買を行うと賭博罪とみなされた。この取引所法では米穀、商品、株式の一元行政が実施され、取引所の組織を株式会社と会員組織の並存としたが、ほとんどの場合は株式会社組織であった。取引所法施行後、日本では取引所の設立が相次いだ。二六年には岡山米穀取引所をはじめとして二一ヵ所、翌二七年（一八九四）には七四ヵ所が設立され、明治三一年（一八九八）までに設立された取引所は一七〇ヵ所に達した。

このように、急激な資本主義経済の交流に伴って株式取引所および商品取引所が設立され、株式取引などが活発化したが、泡沫的な取引所も多かった。大阪堂島米商会所（明治九年〔一八七六〕設立）、東京株式取引所（明治一一年〔一八七八〕設立）、大阪株式取引所（明治一一年設立）などは明治初期に設立され堅実な経営を行っていたが、明治二〇年代後半から三〇年代にかけて設立された取引所の中には数年で廃業に追い込まれるところも少なくなかっ

第2表　全国の賭博犯逮捕者数

年	人数
明治15年	21,106
明治16年	26,248
明治17年	32,826
明治18年	36,019
明治19年	29,473
明治20年	29,293
明治21年	36,252
明治22年	33,741
明治23年	不明
明治24年	37,931

出典：増川宏一『賭博III』303-304頁による。

たのである。(7)

明治三〇年代になると、取引所に関連した大審院判決もなされるようになった。明治三四年（一九〇一）六月二五日の大審院判決(8)では、大阪米穀取引所の相場を標準として取引所以外の場所で売買取引を行った件について「取引所法第三二条ハ取引所外ニ於テ定期売買其他類似ノ方法ヲ以テ売買取引ヲ為シタル者ヲ処罰スルモノナルニ原判決ノ事実ニ依レハ被告等ハ米穀取引ノ体ヲ装ヒ大阪堂島米穀取引所ノ相場ノ昂低ニ依リ金銭ヲ賭シタルモノニシテ売買取引ヲ為シタルモノニ非サルヲ以テ取引所法違反ニアラスシテ賭博ヲ為シタルモノト故ニ原判決ノ擬律ハ相当ニシテ上告ハ其理由ナシ」と、原告の上告を退けている。

なお、取引所法は大正三年（一九一四）三月三〇日に改正され、「仲買人ハ委託ヲ受ケタル取引所ノ定期取引ニ付取引所ニ於テ其ノ売付、買付又ハ受渡ヲ為サスシテ之ヲ為シタルト同一又ハ類似ノ計算ヲ以テ委託者ニ対シ其ノ決済ヲ為スコトヲ得ス前項ノ規定ニ違反シタル仲買人ハ取引所之ニ三箇月以上ノ営業停止ヲ命シ又ハ之ヲ除名スヘシ」（第二五条）、「取引所ニ依ラスシテ定期取引ト同一若ハ類似ノ取引ヲ目的トスル市場ヲ開キ又ハ其ノ市場ニ於テ取引ヲ為スコトヲ得ス」（第二六条ノ二）となった。

また、大正一二年（一九二三）四月一〇日には競馬法が公布され、日本競馬会によって競馬が行われ、日本競馬会以外のものが勝馬投票券を発売すると「三年以下ノ懲役若ハ五千円以下ノ罰金ニ処シ又ハ其ノ刑ヲ併科」するものとした。

第３表　警視庁管内の賭博および富籤による就捕者の推移

（単位：人）

	1月	2月	3月	4月	5月	6月	7月	8月	9月	10月	11月	12月	合計(a)	就捕者合計(b)	(a)/(b) %
明治29年													2,043		
明治30年													1,920		
明治31年													2,872		
明治32年													2,496		
明治33年													2,645	10,309	25.7
明治34年													3,276	11,376	28.8
明治35年	360	318	351	305	318	274	219	150	253	432	421	360	3,761	13,786	27.3
明治36年	385	435	559	296	180	241	169	193	308	186	251	316	3,521	15,849	22.2
明治37年	254	229	168	186	150	129	149	139	193	283	249	210	2,340	14,641	16.3
明治38年	167	211	264	253	187	112	197	180	117	216	257	224	2,385	15,705	15.2
明治39年	272	235	281	181	167	272	161	171	159	252	247	384	2,782	16,289	17.1
明治40年	276	326	347	309	291	255	239	183	172	282	260	300	3,240	15,992	20.3
明治41年	255	297	333	311	307	198	307	289	279	195	292	353	3,416	16,258	21.0
明治42年	309	400	399	339	256	230	319	303	375	383	306	434	4,047	18,051	22.4
明治43年	499	716	585	438	458	389	492	328	404	306	413	518	5,446	18,508	29.4
明治44年	668	864	791	514	606	532	522	488	450	626	758	574	7,315	22,631	32.3
明治45年	768	778	834	703	573	480	494	462	700	738	596	654	7,743	24,476	31.6
大正２年	669	907	762	621	705	459	666	706	672	630	768	745	8,310	27,352	27.4
大正３年	1,032	741	824	646	619	796	702	456	696	734	616	717	8,579	30,297	28.3
大正４年	961	964	893	757	590	487	679	565	636	741	545	792	8,610	31,856	27.0
大正５年	1,002	1,233	1,082	989	946	676	735	670	721	784	759	972	10,569	33,126	31.9
大正６年	1,164	1,253	1,118	900	1,212	780	807	859	1,018	756	925	964	11,756	35,948	32.7
大正７年	1,281	1,269	1,192	1,236	987	935	699	652	779	754	640	913	11,337	37,539	30.2
大正８年	1,242	1,048	1,299	982	729	958	771	729	694	908	751	617	10,782	35,177	30.7
大正９年	972	870	1,078	810	780	875	734	682	681	615	765	720	9,582	33,359	28.7
大正10年	856	778	953	736	775	884	593	609	679	651	719	764	8,997	32,575	27.6
大正11年	794	962	1,076	715	823	693	751	626	739	726	793	827	9,525	34,532	27.6
大正12年	260	382	402	286	315	344	224	257	88	606	1,141	1,274	5,579	21,106	26.4
大正13年	1,243	1,749	1,934	1,270	1,298	1,256	966	1,054	1,217	1,328	1,152	1,165	15,632	46,084	33.9
大正14年	1,651	1,704	1,728	1,328	1,548	1,219	1,130	1,183	1,227	1,046	1,286	1,261	16,311	50,623	27.4
大正15年	1,877	1,658	1,632	1,528	1,563	1,259	1,057	936	1,085	1,334	1,015	1,047	16,041	50,899	31.5

出典：各年『警視庁統計書』により作成。
注：明治42年までは賭博による就捕者数、明治43年以降は賭博および富籤による就捕者数を示している。

(2) 賭博の流行と新刑法

このように明治一〇年代以降には賭博の取締りを強化するための法的整備がなされた。しかし、賭博による就捕者数は明治期から大正期にかけて増加の一途をたどった。前述のように、賭博犯処分規則施行後も全国では、毎年二万人から三万人が賭博犯で逮捕されていた（第2表）。また、警視庁管内の賭博による就捕者数（第3表）は、明治三〇年代には二〇〇〇人台から三〇〇〇人台で推移し、全就捕者数に占める割合も一〇％台から二〇％台であった。明治四〇年代になると就捕者数は一気に七〇〇〇人から八〇〇〇人に増加し、全就捕者数にしめる割合も三〇％を越える年もみられるようになった。明治一〇年代以降の賭博関連法規の整備にもかかわらず、博徒の活動は復活し、これにともない賭博・富籤による就捕者は増加したのである。

こうした中で、新刑法が明治四一年（一九〇八）一〇月一日から施行され、博徒に関する取締りは再び強化された。新刑法では「博戯」と「賭事」を区別し、賭博とは偶然の事情によって財物の得喪を決する行為をさした。単純な賭博犯罪に対しては一月以上六月以下の重禁固が廃止され、これに代わるものとして罰金が一〇〇〇円以下と規定された。常習として博戯または賭事を行ったものに対しては三年以下の懲役、賭博場を開張し博徒を結集して利を図ったものに対しては三ヵ月以上五年以下の懲役とされた。富籤に関しては、発売したものに二年以下の懲役または三〇〇〇円以下の罰金、発売の取次ぎを行ったものに対しては一年以下の懲役、二千円以下の罰金が課せられた。とくに、旧刑法では現行犯でなければ賭博犯を逮捕できなかったが、新刑法では非現行犯でも逮捕が可能となった。また、新刑法では懲役年月および罰金額ともに引き上げられた。

非現行犯逮捕が可能になった新刑法の施行によって、動揺を示す博徒もでてきた。名古屋裁判所管内では、「明治四十一年刑法法典ノ改正セラルルヤ再ヒ彼等ノ恐怖時代ヲ現出シ司法処分ノ厳罰ト警察官吏ノ戒告ト相俟チテ新刑法ナル語ハ彼等ノ耳ニ恐怖ノ響ヲ為シ一時相当有名ナル親分乾児ノ正業ニ就ク者相次クノ観ヲ呈シ其他ノ者ト雖モ影ヲ潜ムルニ至」[9]った、と報告され、新刑法の施行によって博徒の減少が確認されている。しかしながら、博徒が一掃されることはなかった。それどころか、第一次世界大戦による日本経済の好景気は博徒の活動を再び活発化させ、賭博、富籤による就捕者数は増加した。警視庁管内の賭博および富籤による就捕者数は大正五年（一九一六）に一万人台に達し、この増加傾向は大正八・九年（一九一九・二〇）の大正バブル経済期まで続いた。名古屋地方でも大正バブル経済期には賭博が激増し、次のような様相を呈していた。

経済界ハ欧州戦後ノ為メ異常ノ活況ヲ呈シ本県ニ於テモ機織業者、陶磁器業者、農家、其他諸工業、株式、米穀仲買人ヨリ下ツテ職工、日雇人夫ニ至ル迄各身分ニ応シ過分ノ金銭ヲ獲得スルニ至リシト都鄙ヲ通スル投機熱ノ勃興トハ彼等ノ或者ヲ駆ツテ盛ニ賭博場ニ出入セシムルニ至リ各費場所ノ賭場ハ俄然盛況ヲ来タシ博徒ノ収入又激増スルニ連レ乾児ノ数モ日ニ月ニ増加シ大正八、九年ノ頃至リ殆ント其盛ニ達シタルノ観アリ名古屋市内二、三ノ有数賭場ノ如キ連日一人千金以上ノ得喪ヲ為シ寺銭ノ額亦一夜ニ数百円ニ超エ為メニ博徒ニシテ産ヲ起シタルモノ多ク数万円ヲ貯ヘシモノ四、五ニシテ止マラス例令ハ櫻井林蔵（瀬戸先代大親分）大久保事佐藤徳次郎ノ十数万ノ資産ヲ作レルカ如キ以テ如何ニ其盛況ナルカヲ窺フニ足ルヘシ[10]

大正バブル経済期には、いわゆる「成金」が全国に誕生したが、投機で一時的に財をなした人々の中には、賭博に没頭する者も多くなり、賭博に費やされる金額も巨額になっていった。しかし、大正バブル経済崩壊後、警視庁管内の賭博、富籤による就捕者は一万人台を割り込み、関東大震災の起こった大正一二年には五千人台まで減少した。バブル経済の崩壊と関東大震災による経済への打撃が多額の金額を賭けるような賭博を減少させた面もあるが、大正一三年（一九二四）からは再び増加して一万人台に達した。このように、明治期から増加してきた賭博および富籤による就捕者は、大正期には増加の一途をたどり大正期には全就捕者に占める割合も三〇%前後の年がほとんどであった。賭博の流行は日本経済や社会状況に大きく左右され、さらに賭博関係法規の整備によって取り締まりが強化され、賭博関係の就補者が増加した面もあるが、明治大正期を通じて賭博犯は全逮捕者のなかで最も高い比重を占めていたのである。

二 司法官尾佐竹猛と賭博史研究

(1) 司法官としての賭博史研究

尾佐竹の賭博・掏摸の研究は、明治三三年(一九〇〇)の判事検事登用第一回試験に及第した頃から開始されたという。その後、尾佐竹は明治期には福井地方裁判所判事、東京地方裁判所判事として勤務するが、これらの地方裁判所において何らかの形で賭博事件を取り扱ってきたことは想像できる。さらに、大正期に入ると、大正二年(一九一三)五月に東京控訴院判事、五年七月に名古屋控訴院判事、八年一月に東京控訴院刑事第四部担当、一〇年(一九二一)四月に東京控訴院刑事第三部担当、一二年一〇月に第三刑事部代理判事(大審院長 横田秀雄)、一三年一月に大審院判事を務めている(11)。前述のように、この時期は大正バブル経済の中で経済活動が急激に伸び、賭博等も活発に行われて検挙者も増加の一途をたどった。賭博関連の大審院判決もこの時期に増加し、尾佐竹の賭博史研究にも反映することになった。司法官として明治期から活動を開始した尾佐竹は、地方裁判所、名古屋控訴院、東京控訴院、大審院判事を経験する中で、賭博事件の判決に関与し、賭博関連の判例に多く接したといえる。「賭博関連裁判に裏打ちされた賭博史研究」という尾佐竹の賭博史研究の特色は、このように形成されていったのである。

大正期に入ると、彼は賭博判例などを基にして法律専門雑誌や新聞に積極的に投稿している。彼が『法律新聞』、

『法曹界雑誌』に書き始めるのが大正七、八年頃からであり、『法学志林』(法政大学)、『法律及政治』(明治大学)、『読売新聞』などは大正一〇年頃からである。つまり、大正期に入ると尾佐竹の賭博関係論文などが法律専門雑誌や大学法学部雑誌などに数多く投稿され始める。彼は、当時の社会経済状況を反映した賭博裁判の判例を基にして賭博に解説を加えるとともに、歴史的な視点からより実証的かつ綿密な賭博研究を展開していった。そういう意味で、彼の賭博史研究上のひとつの特色は、司法官という立場から賭博関連裁判に関連していったことが大きく反映しているといえよう。

(2) 明治・大正期の賭博関連大審院判決

尾佐竹の司法官時代は賭博関連法規が整備され、明治期から大正期にかけて賭博関連の大審院判決も多く出された。この時期の賭博関連の大審院判決をみてみよう。

たとえば、「天災」なるサイコロ賭博については、明治三五年(一九〇二)五月一五日の大審院判決で、「原判文ニハ被告Xハ前同夜同所ニ於テ寺銭ヲ得ル目的ヲ以テ前記ノ賭場ヲ開張シ云々トアリ而シテ右ハ其前文ニ掲ケタル骨子壷笊ヲ使用シ金銭ヲ賭シテンサイト称スル博奕ヲ為スヘキ賭場ヲ開張シタリトノ趣旨ニシテ被告カ財物ヲ賭シ偶然ノ事ニ依テ勝敗ヲ決スヘキ賭場ヲ開張シ利ヲ図リタル事実ナルコトハ自ラ明カナルヲ以テ原判決ハ事実理由ノ明示ニ於テ欠クル所ナシ[12]」という判決が出ている。この時、弁護側は「「テンサイ」ト称スルモノハ如何ナル方法ヲ以テ之ヲ為スモノナルヤ毫モ此点ニ付キ説示スル所ナキカ故ニ右「テンサイ」ナルモノ、賭博罪ノ要件ヲ具備スルモノナルヤ否ヤヲ知ル由ナシ[13]」と述べた。「テンサイ」というさいころ賭博がどのようなものであるかを弁護側は説示すべきと主張しているが、大審院判決は、被告が賭場を開張し財物を賭し、偶然の事によって勝敗を決すべきとしたことは明白であることから賭博罪と判断した。

大正一二年一一月一〇日には大審院で「狐チョボ方法の説示」についての判決が出た。この時期、尾佐竹は第三刑事部代理判事（大審院長　横田秀雄）としてこの判決に何らかの形で関連したと考えられる。これは、「狐チョボ」というサイコロ賭博をめぐっての判決である。判決内容は、「骰子ヲ其ノ用法ニ従テ使用シ由テ以テ勝敗ヲ決スルカ如キハ所謂偶然ノ輪贏ナルコト明白ニシテ之ニ付テ財物ヲ賭スルトキハ賭博罪ノ成立ヲ認ムヘキハ勿論ナルカ故ニ原判決ニ於テ被告等カ一定ノ日時場所ニ於テ斯カル行為ヲ為シタル事実ヲ認定シタル以上ハ狐チヨボナルモノノ方法ヲ詳説セサレハトテ賭博罪ノ具体的説示トシテ缺クル所アリト云フヲ得ス論旨理由ナシ(14)」というものであった。

すでに、明治四四年（一九一一）四月二五日の大審院判決でその行為が博戯であるか賭け事であるかの区別は判文上明示しなくても理由不備とはいえない、という判決が出ている。したがって、賭博の日時場所等を認定すれば、「狐チョボ」の方法を詳説する必要はなく、この判決も明治四四年の大審院判決に準じている。こうした大審院判決に精通していた尾佐竹であるが、さいころ賭博の種類にも熟知していた。彼は、自著のなかで「先づ采ころを一つ使ふのが樗蒲一で、二つ使ふのが丁半、三つ使ふのがキツネ、同じくヨイド一名十四九と云ふのがあります。夫から四つ使ふのが之がチイツパ、五つ使ふのが即ち天災と箇様な訳になつて居るのであります(15)」と記しているが、彼はさいころ賭博などの歴史的起源にも言及することにより、「賭博の歴史と現在」をより明瞭に説明しているのである。

このように、賭博の方法について大審院判決が明治期から大正期にかけて数多く出ている。たとえば、「八八」（明治三七年（一九〇四）二月一五日大審院判決）、「カタツリ」（大正二年九月一七日大審院判決）、「オサエタ」（大正三年一一月一〇日大審院判決）、「イレタ」（大正五年大審院判決）、「メカス」（大正七年（一九一八）一一月六日大審院判決）、「押ヘタ」（大正一二年五月一〇日大審院判決）、「ジヤン拳及花札ノ使用ト賭博罪ノ構成」（大正一二年一一月一四日）などである。賭博罪の成立にはこれらの賭博の方法は関係ないが、司法当局もこれらの賭博の方法については具体的に調査していたようであり、尾佐竹が大審院判決に関与し、また関与しない場合でも判決文によって賭博の方法について熟知していたと考えられる。尾佐竹は司法官としての立場からこうした大審院判決を自己の賭博史研究に取り組んでいったといえる。

つまり、司法官として尾佐竹は賭博の方法等について相当の知識を蓄積していたのであり、これが彼の賭博史研究の基盤を形成していたと考えられる。しかし、彼の興味は、博徒などが賭場で行うようなサイコロ賭博や花札賭博が中心であり、資本主義的経済活動に伴って増加してきた投機に関する賭博罪についてはあまり触れられていない。彼の著書では、上代から近代までの賭博に多くの頁を割いており、彼の興味は歴史的に長い系譜をもつ賭博にあったといえる。

三　尾佐竹猛と宮武外骨

(1)　宮武外骨『賭博史』の影響

尾佐竹が賭博史の集大成として『賭博と掏摸の研究』（総葉社書店）を出版するのは、大正一四年一〇月である。その後、大正一五年（一九二六）六月には『法曹珍話・閻魔張』（無用学博士名、春陽堂）、昭和四年（一九二九）一一月には『賭博と掏摸の研究』とほぼ同じ内容の賭博編、掏摸編が所収された『売淫・賭博・掏摸』（近代犯罪科学全集休暇、武俠社）が出版された。尾佐竹の三〇年以上の賭博および掏摸に関する研究成果が、これらの著作に集約されているといえよう。

一方、尾佐竹よりも早く賭博史関連の著作を出しているのが宮武外骨である。宮武は尾佐竹よりも二年以上早い大正十二年五月に『賭博史』（半狂堂）を出版している。この出版の経緯について、宮武は次のように記している昨年の十二月三十日、あすは大みそかといふ日、旧友の折口信夫先生が来訪されて、彼是と雑談の末「賭博の事を書いた本は古来一つもないが、これも国民性研究の一つとして是非なければならぬ物で、アナタのやうな人がやるべき事だらうと思ひます、我々の如き教職にたづさわつて居る者共は、賭博研究の専門書がないので、いつも困る事があるのです、アナタ一流の編纂式でやつて下さいませんか」との要求、予は多く思考する迄もなく「それは面白い事ですからやりませう、今まで何故それに着眼しなかつたかと自分を怪む程です、直ぐに取掛りませう、聊か自信がないでもありませんが、徳川時代の写本に山崎美成が五六種の賭博の事を書いた『博戯犀照』があるのみで、大正の今日まで賭博専門の刊行は一つもないから、参考に窮する事も多いでせうが、出来るだけ努力してやつて見ませう」と早速承諾したのが、本書編纂の起こりである。（中略）材料の蒐集について助けて呉れたのは、広瀬氏、金子氏、松本氏、岩田氏、村田氏、当方では例の雨石子、照々坊等である。[16]

宮武は折口信夫から出版の必要性を進められ、出版を決断している。折口は大正二年に宮武が創刊した日刊『不二』に短歌、文芸批評などを発表しており、これ以降も宮武と関連の深かった人物であった。[17]宮武は折口の指摘のように国民性研究のひとつとして賭博史研究の著書を出版した。この著作に当たっては、多くの友人から資料の蒐集を協力してもらっているが、宮武の直接的な資料蒐集には「雨石子」[18]すなわち尾佐竹猛の協力を仰いでいたことがわかる。宮武よりも賭博研究の領域においては研究蓄積の多かった尾佐竹猛に依存しながらこの著作が出版されたのである。いずれにしても、宮武の『賭博史』は、従来出版されることのなかった賭博関連の著作を、専門的研究として位置づけて出版された最初の著作となった。宮武もこの点について次のように記している。

昔も今も賭博の事を専門的に書いた公刊本は一冊もない、其無いのは風教に害ある国禁の賭博であるから、憚つて出版する者は無く、官も許さないのである、然らば本書も亦此れ国禁違反のものであらうか、否々、手引案内式に書けば無論イケナイが、学者として之を研究的組織的に記述すれば、法律家や教育家の参考にも成り、社会学や考古学の一助にも成る、盗賊と殺人は賭博以上の罪悪であるが、盗賊伝授とか殺人秘法とか云ふやうな本は許されないでも、警察学や犯罪学では盗賊と殺人の方法をも講究して居る、又史実物としては大盗伝もあり悪人研究もある、これに因つて、本書は排潑的の筆致を避けるどころか、寧ろ排斥的の態度で、政府の公許事業にも反対意見を以て攻撃を加へ、国禁は飽までも国禁として其徒の闊歩を許さない事にし、之を国体擁護の美名で暴力行使団に利用するが如き誤れる政策は、法律上にも風教上にも大害ありとする見識から筆を執つたものである(19)

宮武は風俗および教化の観点から許可されてこなかった賭博関連著作に対して、専門書として出版したのである。また、一方では、大日本国粋会のような暴力行使団を国体擁護の目的で利用する政府の政策に対して法律上も風教上も問題ある、という見識から出版を行ったとも記している。この著書は、大日本帝国憲法のパロディを掲載して不敬罪に問われ入獄した宮武ならではの官憲への挑戦であったかもしれない。宮武の『賭博史』は、次のような目次から構成されていた。

緒言
総説（定義、起因、名称、傾向、弊害、利用）
種類（采バクチ、骨牌バクチ、籤バクチ、動物バクチ、雑種バクチ、社会事象バクチ）
叢談

制裁
雑記
自跋

この目次のように、宮武は賭博の定義、種類など賭博の歴史について、尾佐竹などの協力者から資料提供を受けて専門書として編纂した。この著書は日本の賭博史研究の先駆的なものである。また、専門書を意識して打ち出しているところから、国禁になるような著作ではなかった。宮武は「自跋」のなかで、「歴史は民衆生活の表裏を基礎とした叙述でなくばならぬ、支配階級の動静や、政権争奪の戦乱記などを主としたものでは、その歴史といふ意義を成さない、又そんな歴史は自己に目醒めた後世には何の益もない、とは近世の新しい論である、此論を是とすれば、本書『賭博史』は古来の社会状態を観察すべき絶好の一研究資料と見ねばなるまい、熟ら惟るに、賭博は卑賤野人の手業であつたばかりでなく、上流中流に遍く行はれ、古今東西に均く分布し、公卿百官、学者文人、富豪豪族も亦此悪戯に耽溺した者が多かつた、それ等は只管世に忍び人に秘して居たのみで、「我は博徒なり」と自ら呼号した者は勤王家日柳燕石唯一人で、他は皆無名の遊人であり、勝負師であり、国粋会員である、温故知新、温新知故、珍しい真歴史の一が出来たものだと、例の己惚ながら筆を擱く」[20]と締めくくった。宮武は、賭博は支配階級も愛好していたことをも述べようとしていた。官吏侮辱罪や風俗壊乱罪で多くの雑誌類が発禁になった宮武の支配階級への挑戦的な一面もあったといえよう。

(2)『掏摸と賭博の研究』の刊行とその特色

尾佐竹が宮武の『賭博史』出版にどのように影響されたのだろうか。尾佐竹は宮武の出版から約二年余りで『賭博と掏摸の研究』を総葉社書店から出版しているが、実は関東大震災の前には賭博と掏摸に関する出版が進んでいた。『賭博と掏摸の研究』の「自序」で尾佐竹は次のように記している。

……手近なところで、賭博に関するものと、賭博に関するものとを纏めて出版することになり、それぞれ本屋と活版屋とに渡したところ、それ例の天譴という大震災にでっくわして、本屋も活版屋も丸焼となり、お蔭で原稿も跡形もなくなり、これでサバサバしたと半分は負惜みもいって見たが、なにしろあの災害のことだ、それだけで済んで他に被害のなかったのが何よりと喜んだが、咽喉元すぐれば何とやらで、勤倹努力が震災前に輪をかけた奢侈贅沢となり、復興気分という馬力をかける時勢となりては、被害の無かった身だけで天譴とやらも忘ることも早く、焼けた原稿が惜しい気がし出した。さりとて今さら新たに起草するという気もなかったが、一度新聞や雑誌に出たものはこれを手に入ることも出来そうになったから、またまた集めにかかってどうやら集まったが、それでも旧稿の三分の一に過ぎなかった。元来賭博に関するものと、掏摸に関するものとは別々に出す積りであったが、こうなっては二者一つに纏めた方がよいと思って、一冊にすることにしてほぼ目鼻がついた。いわば焼木抗や古トタンを集めて、バラックを建てたようなものであった。まだ本建築の段取りまではゆかなくても、せめてもの心遣りに造ったのであったが、その後二三片のトタンや五六枚の板も加えて、どうやら寒さは凌げる位のものになったところへ、書肆総葉社主人が来て出版さしてくれという。バラック住民が府営住宅へ入るの喜びで二つ返事で承知はしたものの、またまたこれまでとは異なった方面に、迷惑をかけるのかと思いながらも、欲目も手伝ってどうか甘く行ってくれればよいがなーと、危ぶみながらも出版というところまで漕ぎつけたが、もともとバラック出来である。読者諸君の区画整理でどうとも取り計らってくれ給え。これまでの罪滅しで一切苦情がましいことは申さぬ。(21)

尾佐竹は、賭博と掏摸とを別々の著書にして出版しようと計画していたのだが、関東大震災で原稿が焼失していたのである。彼は、再度、新聞、雑誌に書いていたものを集めて出版に至ったが、従来の分量からすれば三分の一程度であり、分冊は不可能となったのである。尾佐竹の著書が『賭博と掏摸の研究』という題名で出版されたのは、かかる経緯による。宮武の『賭博史』は関東大震災の数ヵ月前に出版されていたが、この頃には尾佐竹の賭博および掏摸に関連した著書の準備が着々と進展していたことになる。尾佐竹は宮武の『賭博史』の出版に資料提供者として協力するとともに、この宮武の出版に対する官憲の反応や社会的影響などを考慮しつつ、自著の出版計画を進めていたことになる。これに加えて、大正一〇年には、司法省調査課が『司法資料第一号・定型ある犯罪の調査（賭博編）』[22]を刊行し、詳細な賭博の方法を明らかにした。さらに、大正一二年七月には『名古屋管内　賭博要覧』[23]が刊行され、名古屋地方における賭博の種類方法などが明らかにされた。このように、大正一〇年以降、司法省による賭博関連の出版が活発化しており、宮武や尾佐竹にとっても賭博関連の出版がしやすい状況が整備されつつあったといえよう。こうした状況下において専門書を意識しながら出版を行った宮武の『賭博史』は、もちろん発禁処分にならなかった。司法官としての尾佐竹に出版の自信を確信させたことは間違いないと考えられる。

ところで、尾佐竹の『賭博と掏摸の研究』は以下の目次から構成されている。

第五章 十四九の分布
第六章 花がるたの沿革
第七章 加留多賭博の三大系統
第八章 トランプと加留多
第九章 賽と加留多
第十章 メクリ加留多に就いて

尾佐竹の賭博関連の著書は、法曹談話会での講演や『法律新聞』などに掲載された論文を中心に構成されている。第一章は法曹談話会の講演からなり、講演会での質問・応答も盛り込まれている。たとえば「盆座とはどんなものですか」という質問に対して、尾佐竹は「ははあ盆座のことも説明がひつようでしたな、これも賭博には重要な道具で、特に天災賭博については重大な関係があるから説明しますが、この事については『法律新聞』の七三一号に書いておいたから、ここに一寸読み上げます(24)」といったようである。賭博の方法は複雑であり、なかなか理解しづらいが、尾佐竹は質問形式を採用することにより賭博の方法、種類などを容易に説明しようとしている。また、その内容は『法律新聞』などに書き溜めたものを織り交ぜながら、賭博研究の発端、賭博の歴史、賭博の道具および使用方法などに言及している。とくに、この第一章では、尾佐竹の賭博研究の発端について次のように述べている。

斯の如く世界の国々に行はれて居る賭博が特に日本に於て更に別個の発達を為したと云ふひとに就て、少しく述べやうと思ふのであります。俗語でも能く言ふことであるが下等社会に通じての三道楽と云ふと、飲む、打つ、買ふと云ふ至極簡単にして要領を得たる言葉があります。此の中の打つと云ふことが、即ち賭博である。何ぜ打つと云ふことが賭博であるかと云ふに就て、私が最初に研究に取掛つたのであります。（中略）飲む打つ買ふと此の三つ並べた言葉が、即ち箇様の言葉が、他の国にあるかどうかと云ふことを調べて見ましたが、どうも他国には箇様な言葉は無いらしいのであります。酒と女を戒めるのは何所の国にもありますが、此の内の二つと相並んで賭博を以て道楽の原因として居るのは、実際に於ては我国より外には箇様な言葉は見当らぬのであります。欧羅巴に於ては御承知の通り今日に至るまでも、此の賭博に就いては余り厳格なる制裁は無いのであります。支那は固より同様であります。（中略）何が故に日本に於ては斯の如く厳重なる規定を要し、斯の如く非常なる弊害を生ずるのであるかと云ふと之が即ち我が国民性の然らしむる所であるといふことが出来るのであります。（中略）一体日本国民と申せば元来が哲学とか、科学とかの思想には乏しいのでありまして、面倒なる計算とか深刻なる理論等に就いては、甚だ薄弱なる頭を持つて居る国民であります。日本魂の如きは世界に誇るべき美点は充分ありますが、深き考へを為し、或は充分に秩序立つて遺ると云ふ事よりは、寧ろ乾坤一擲の快挙を遺ると云ふ気性があるのであります。従来国民性を論ずる人は大抵之を論じて居りますが、即ち賭博に如何に影響するかと云ふ事に就いては、未だ之を論ずる人が無かつたのであります。（後略）(25)

このように、尾佐竹は宮武と同様に、国民性研究として賭博史研究を意義付け、㈠他の国と比較して、なぜ日本では古くから賭博の取締りが行われたのであろうか、㈡日本のさまざまな賭博はどこに起源をもち、日本においてどのように変遷していったのか、㈢日本人の持っている独自な国民性は賭博にどのように関連しているか、という観点から賭博研究の著作を出版したのである。

しかし、尾佐竹が宮武と決定的に相違しているのは、彼の著作では大審院判決を適宜取り入れながら、これに彼独自の歴史家的な考察を加えて構築されていることである。また、賭博関連のサイコロ、花札などの道具、あるいは詐欺賭博についても宮武より詳細な説明がされている。さらに、彼の著書には賭博による社会的影響にも言及している箇所がある。例えば、「日本橋の一部のやうな変梃な所はない。第一に蛎殻町に取引所を中心として、慾深連が居り、合百と云ふ連中があり、呑屋があり、博徒が居り、夫から賭博詐欺があり、詐欺賭博師が居る。紙幣偽造を種とする詐欺師のペーパー師も多く彼所に居る。又一方に行けば高等淫売が居る。実に人間の屑が寄り集まつて居る[26]」というように、賭博や紙幣偽造、相場師などの社会に及ぼす害についても言及してそれらを厳しく批判しているのである。

尾佐竹が詐欺賭博や賭け具の不正加工について取り上げているのも、賭博の社会的影響を強く感じていたためである。たとえば、尾佐竹は賭具の加工製造者について「法律や警察がやかましい現代に於て、何処で製造するのであらうか。真逆山の中の人里遠き処で拵へるのでもあるまいと思ふ者もあるかも知らぬが、何もそんな面倒なことは無い。東京は某区の大通り電車通の繁華な街に、堂々と大店舗があつて盛んに製造し、近年は更に大儲けをしたと見えて立派な増築をした。さうして毎年一回は必らず某新聞に広告して、詐欺加工の賭具を公然販売して居る。成程静かに考ふればこんな品を販売しても全国各地の詐欺賭博の従犯になるとも限らぬから売つても差支は無いのかも知らぬ。我輩も法律は盲目で何も知らぬから、売つてもよいものなら買つてもよからうと思つて、二三品買つたことがある。爾来御得意様と思はれたかして、毎年年始状を頂戴するの光栄を有して居る。併し断つて置くが我輩は博徒でも無く、また仮令買ふことは差支は無くても、使つたら悪いだらうと思ふから使はずに珍蔵してある[27]」と、述べている。すなわち、彼は詐欺賭博の賭け具の賽や骨牌がどうして売られているのか、ということに疑問を抱き数点購入したことがあるという。彼の実証主義的歴史家としての側面は、加工賭け具まで資料のひとつとしていた。彼の賭博史は加工賭け具のパンフレットにまで及び、これをもとに詐欺賭博で使用される賭け具についても詳細な説明を行っている。また一方では、「そこで一体かういふ品物を公然販売するといふことは如何なるものであらうか。道徳上風教上不可なることは勿論であるが、法律上果してどんなものであらう。（中略）余輩は刑法上の問題は兎も角として行政上、是等販売店に向つて何等の方法は無いのであらうか。敢て質す[28]」と述べ、不正は許されないという司法官としての正義感も表しているのである。

むすびにかえて

尾佐竹の『賭博と掏摸の研究』が大正一四年に出版されると、内田魯庵、中山太郎、花見朔巳（東大史料編纂官）、石井豊七郎（宮城控訴院長）など多くの書評が各雑誌に掲載され、大きな反響を呼んだ。

内田魯庵は『中央公論』第四七六号の中で、「例えば賭博の如き、前に宮武外骨氏の『賭博史』があり、其の他の読書にも零砕の記事が散見するが、賭博の種類方法を詐欺賭博の仕方までも本書の如く精しく詳述したのは写本にだもあるを聞かない。文献に依拠する骨牌の沿革其の他の考証に至っては人に由って異説もあろうし、マダ攻究する余地があろうが、賭博の方法やイカサマを古今に渉って現在行はれる手段までも公開したのは本書が恐らく跡にも先にも類の無い天下一本の奇書であろう。此の如き文献では迚も求められない材料を其の道の本職から拾集して系統的に纏められた著者の組織的才能の非凡なるを感嘆すると同時に、此の多大の労苦を捧げた研究を筐底に秘めずに公開されたのを深く感謝して措かない[29]」と絶賛した。

司法官尾佐竹猛としての地位は、彼の歴史研究に大きな影響を与えた。すなわち、司法官としての立場は、明治期から大正期にかけての賭博関連裁判史料の収集に有利であり、尾佐竹自らが関連した裁判もあった。これに加えて、膨大な賭博史資料を基に実証主義的に歴史を構築していくという尾佐竹の歴史方法論は、宮武外骨に賭博史の出版年月では一歩遅れをとったものの、日本の賭博史研究の第一人者としての名声を築いたといっても過言ではない。もし、関東大震災で資料の多くが焼失しなければ、さらに詳細な賭博史研究が生まれたことは間違いない。いずれにしても、尾佐竹猛の賭博史研究は、彼の研究領域の中でも司法官と歴史家という二面性が最も明白に反映された研究成果の一つといえるだろう。

(1)　尾佐竹猛の賭博関係著作は、『賭博と掏摸の研究』(総葉社書店、大正一四年一〇月)が最初である。その後、この初版本を定本として喜田壮一郎の「売淫」を加えた『売淫・掏摸・賭博』(武侠社、昭和四年一一月、『近代犯罪科学全集』9、所収)、『掏摸・賭博』(犯罪科学書刊行会、昭和九年一〇月)などが刊行された。戦後は、『賭博と掏摸の研究』(総葉社書店、大正一四年一〇月)を定本とした『賭博と掏摸の研究』(神泉社、昭和二三年)、『賭博と掏摸の研究』新装版(神泉社、昭和五五年)、『掏摸と賭博の研究』新版(神泉社、平成一一年)などの復刻版出版が行われた。尾佐竹の賭博関連著作目録については、飯澤文夫「書誌調査からみた尾佐竹猛」(『大学史紀要』第九号、明治大学史資料センター、平成一七年三月)を参照されたい。

(2)　『名古屋地方裁判所管内　博徒ニ関スル第二調査書』(司法省調査課『司法資料第百二十一号・賭博に関する調査』)、昭和二年一一月、所収)一三～一四頁。

(3)　前掲『名古屋地方裁判所管内　博徒ニ関スル第二調査書』一四頁。

(4)　増川宏一『賭博Ⅲ』(法政大学出版局、昭和五八年)、三〇三頁。

(5)　『名古屋地方裁判所管内　博徒ニ関スル調書』(司法省調査課『司法資料第百二十一号・賭博に関する調査』昭和二年一一月、所収)四四～四五頁。

(6)　『郵便報知』(明治二五年一〇月二七日)、(小野秀雄編『新装版・新聞資料明治話題事典』東京堂出版、平成七年、所収)。

(7)　『日本市場史――米・商品・証券の歩み――』(山種グループ記念出版会、平成元年)、四三八～四三九頁。

(8)　根来泰周・飛田清弘編『賭博事件裁判要旨集』(高文堂出版社、昭和五五年)、四一〇頁。原典は『大審院刑事判決録』七輯六巻七九頁(明治三四年六月二五日)。

(9) 前掲『名古屋地方裁判所管内　博徒ニ関スル第二調査書』一四〜一五頁。
(10) 前掲『名古屋地方裁判所管内　博徒ニ関スル調書』四四〜四六頁。
(11) 尾佐竹の司法官履歴に関しては、村上一博「司法官・尾佐竹猛の時事法律論」(『大学史紀要』第一〇号、明治大学史資料センター、平成一八年三月) に詳しい。なお、尾佐竹の第三刑事部代理判事時代には、「ジャン拳及花札ノ使用ト賭博罪ノ構成」(大正一二年一一月一四日判決)、「狐チョボ方法ノ説示」(大正一二年一一月一〇日) の判決が出ている(『法律新聞』二一九七号、二二〇二号)。
(12) 前掲『賭博事件裁判要旨集』二八四頁。
(13) 同右。
(14) 前掲『賭博事件裁判要旨集』一二六〜一二七頁。
(15) 前掲『賭博と掏摸の研究』新版、二〇頁。
(16) 宮武外骨『賭博史』(半狂堂、大正一二年五月)、「例言」。
(17) 宮武外骨と折口信夫との関係については、吉野孝雄『宮武外骨』(吉川弘文館、平成一二年六月) に詳しい。
(18) 尾佐竹のペンネームについては、雨花子、雨花台、縦横子、名那繁次、無用学博士など多くのものが知られている(山野博史・田熊渭津子「尾佐竹猛略年譜・著作目録」、『法学論集』関西大学法学会、第二七巻第二〇号、昭和五二年六月)。この「雨石子」も尾佐竹のペンネームとみなしていいと考えられる。
(19) 前掲『賭博史』一頁。
(20) 前掲『賭博史』「自抜」。
(21) 前掲『賭博と掏摸の研究』新版、「自序」一〜二頁。
(22) 司法省調査課『司法資料第一号・定型ある犯罪の調査(賭博編)』(大正一〇年一一月)。この資料は、東京区裁判所勤務塩野季彦の報告を収録したものである。「序」には編纂の経緯について次のように記載されている。

本書は大正四年五月検事清水行恕氏の努力により編纂せられたるものに係り吾儕同僚依て以て執務上の便益を得た

ること鮮少ならざりき今回司法大臣官房調査課に於て之を印刷し全国要枢の裁判所に配布し執務の参考資料となさんとするの挙あり因て二三同僚と諮り急遽改訂増補を試む及ち撞球及詐欺の二章を増し骨子の章に二節骨牌の章に五節相場の章に一節其の他の賭博の章に五節を補ひ又百合一八の二節中多少の改定を加へたり固より繁務の余暇精到なる能はざりしは頗る遺憾とする所なり今次増訂の事に当りたる同僚諸君に就は執筆の各項目下に名を署し以て其の労を謝することとせり顧ふに斯種の研究は複雑多岐に渉るを以て本書の記述遺漏なしと称すべからず若し夫れ練達の先輩篤学の後賢幸に本書の不逮を補ひ以て完璧たらしむることを得ば著者及贈訂者の素懐を達するに庶幾らんや乎

大正十年十月

東京区裁判所検事局

検事

塩　野　季　彦　識

(23)　この調査が行われた理由として、次のようなことが記されている大正一二年七月（『名古屋管内　賭博要覧』〔司法省調査課『司法資料第百二十一号・賭博に関する調査』〕昭和二年一月、所収）。

司法資料第一号に「定型ある犯罪の調査」と題し賭博の方法に関する詳細の説明あり実務家の至便とする所なりしが我名古屋を中心として当地方に流行する賭博の種類及方法は多少これに相違し又は殆とこれと類を異にするものあり依て本年三月検事松阪廣政同高木常七両氏にその違異するものの調査を託したるに同四月松阪検事は東京に転任し爾後高木検事専らこれに当り遂に同氏に依りて完成したりその調査詳密にして叙事明晰頗るその要を当地方特有の賭博は網羅し尽せりと謂ふ得べく今後前記司法資料と倶に執務上の利便多大なるものあるべし茲に調査の顚末を録す。

大正十二年七月

名古屋地方裁判所　検事正　　吉良　辰次郎

(24) 前掲『賭博と掏摸の研究』新版、二三頁。
(25) 前掲『賭博と掏摸の研究』新版、一六〜一八頁。
(26) 前掲『賭博と掏摸の研究』新版、三六頁。
(27) 前掲『賭博と掏摸の研究』新版、五八頁。
(28) 前掲『賭博と掏摸の研究』新版、七〇〜七一頁。
(29) 藤田幸男「雨華先生の思いで」(前掲『賭博と掏摸の研究』新版、三〇一〜三〇二頁)。

第4章　民権結社の成立と地方民会論

渡辺隆喜

はじめに

大衆社会成立時の大正デモクラシー期に、普通選挙制と陪審制を主張し、地方政治の成長を通じて明治維新史または日本近代史を説明しようとした尾佐竹猛は、その主著『日本憲政史論集』(昭和一二年(一九三七)九月刊)において、次のように述べている。(1)

明治維新の本質とは、封建制の解体と立憲制の形成である。上級武士に対する下級武士の反発が、政権移動を起こし、やがて一般民衆の政権要求が政党運動として続発する。藩閥打破の自由民権運動、つまり政党運動は「幕末の勤王運動へ継続」(2)したとみる。公議輿論は直に一般民衆のものとなったのではなく、列藩会議論が上下両院論とかかわって、大名の貴族院と一般民衆の衆議院とに区別する考えが維新期に成立し、フランス革命と異なった明治維新は、外来思想の導入をつうじて開化したという。維新変革の性格から、土佐藩を中心とする議会論の輸入が、封建議会、官僚議会をつうじ立憲議会が成立する、としており、立憲議会の形成の基礎は、明治五、六年から起こる地方民会であり、これが明治八年四月の立憲政体樹立の詔勅に帰結すると説いている。この間、憲法においては伊藤博文一派の手柄ではなく、国家の根本法としての憲法論と、国民参政権を基礎とする憲法論が、国政の相談場に過ぎないとする議会論と、民主参政権を要件とする議会論とが、二大潮流として対立的に存在したことが指摘されている。

当時の尾佐竹の研究段階では、外来思想の上下両院論が、国内に浸透する過程として説かれ、一方では自由民権運動と政党運動の、内在的動向との関連が明確ではなかったが、戦後に至って、この観点は大きく前進することになった。すでに前述の尾佐竹の指摘のなかにあった、参政権を主とする憲法思想および民衆の政治的成長の視点は、戦後に主流となる、この点を巧みに表現したのが服部之総である。彼は維新変革とその後の状況について、次のように述べている。

自由民権運動の第一頁を、板垣らの「民撰議院設立建白書」(明治七年一月)から記述するのは、この建白をもって単なる「上流民権論」とかたずけさるのと同様に不当である。「建白書」の提出は、その前提として二つの動きをもっていた。一つは廃藩置県以後、先駆的な各府県で形成され始めた「地方民会」における、素朴な民主主義政治への動向であり、この転換期を表象する全国的な農民反抗の、解職された封建家臣団の、やり場のない不平不満が、しおさいのごとく、その背景にどよめいていた。(3)

以上の表現のなかにみられる当時の重層的動向は、板垣的な士族民権コースに対し、豪農民権的な地方民会コースが、農民民権的な世直しコースと、士族反乱の士族反対派コースとともに四重の構造として、成立しつつある大久保政権に、対抗していたことを明らかにしているのである。当時の歴史は五重の構造の、相互関係として説かれねばならないとするわけで、ここでは尾佐竹的先進西欧思想の浸透史観にかえて、幕末以来の世直し的状況のうえに、資本主義化を推進する豪農層中心の政治運動として定置されているのである。

しかし、この視点も指摘のみで、具体的に検証されたわけではない。筆者はかつて地租改正事業とかかわる農民的土地所有確立に向けての動きとして、地方民会の形成とその実態を分析したことがある。(4) これは上記視点を充分にふまえたものであった。しかし、ここでは地方民会の実態分析に重点をおいたため、民会形成の背景としての民権結社と民会論の性格の検討を度外視してきた。本章は尾佐竹の提起を、さらに一歩前進させるため、地方民会の思想的政治的背景について検討することを目的とする。

一　尾佐竹憲政史の特色

服部之総が指摘する民選議院設立建白書の前提としての二つの動きとは、地方民会の動きと、それを生み出す農民の反抗、すなわち世直し状況の動きであった。開明的地方官の開明性ゆえの西欧的地方会議の形成としての地方民会は、本来は府藩県三治時代においても、地方会議の創出として各府県で努力されていた。

もちろん、最初は村役人改革と重なって大小惣代会議として始まったが、もとをたどれば、江戸時代の寄場組合や統治上の、各藩、天領内の代官支配域村々の会合上に成立してきたと思われる。大庄屋や大小惣代の会議慣行が、そのまま維新期に移動したか否かは、各地の戊辰戦争前後の世直し状況と関連する。会議構成者は、系譜的に特権惣代役人層の横すべりが見られるが、多くは世直し状況の洗礼をうけ、維新期の革新的議員として登場する。

時代的制約から公選要求の地域的動向をふまえながらも、官選議会として諮問会化する傾向にあったが、明治国家の登場にともない、地域開化の先頭で発言を強める存在であった。服部が指摘する二つの前提的動向は、わかち難く結びついて進行しており、尾佐竹の指摘する開明的地方官の開明性ゆえの、上からの議会的要請に下から実態を与えるものとなっていた。

尾佐竹は前掲書の第四章において、「藩議院と地方民会」を論じている。著書全体三八五頁のうち二八二頁を占める。全体の八割弱がこのテーマである。尾佐竹憲政史のなかでこのテーマの占める大きさがわかろう。

明治元年（一八六八）一〇月二八日の藩治職制において、「大ニ議事ノ制ヲ立ラルベキニ付キ、藩々ニ於テモ各其制ヲ立ツヘシ」とされたことに応じたもので、封建議会ともいうべき中央の公議所、集議院に対応して、各藩で開設された藩議院の議事規則を分析する。そして、その根拠が五箇条の御誓文にあるもの（大垣、加賀、高槻、津山藩）、藩治職制の命によるもの（長島、高松、大垣藩）、中央政府の施設を模倣したもの（多数の諸藩）、漠然と言路洞開を主張したもの（丹南、中村藩等）、漢学者流の輿論説に拠るもの（館林藩）、英米流の議会思想の採用（高知、吉田、浅尾藩）などの類型にわけ、これらは規則編成上の相違であって、実態の相違ではないとする。藩庁役人の議員を主とする藩議院に、農民代表を加えたもの（浅尾、大垣、明石、郡上、吉田の各藩）があったが、「民衆の参政権の思想などは勿論発達して居らなかつた」[5]としている。この明治元年から四年（一八七一）までの府県会については、何の指摘もない。

明治五年（一八七二）以降の府県会、つまり地方民会については明治五年八月の愛知県議事条例のほか、四七県の県会議事規則を史料として掲げている。藩議院と比較し、「際立って進歩的」[6]であるこの地方民会は、欧米文化の流入により西洋議院の制に倣ったものが多いとする。これまた形式的な規則分析が主で、実態分析が行なわれているわけではない。自由民権運動の前史として地方民会を見ながら、その民権運動への参入の仕方が問われていないのである。

尾佐竹著『明治政治史点描』が出版されたのは昭和一三年（一九三八）二月である。『日本憲政史論集』の「姉妹編」[7]であるという。この第六章で、「政党の発生」を検討している。文久二年（一八六二）、第二回目の洋行として竹内下野守一行の随員となった福沢諭吉が、「党派には保守党と自由党と、徒党のやうな者があって、双方負けず劣らず鎬を削って争ふて居ると云ふ。何の事だ。太平無事の天下に、政治上の喧嘩をして居るといふ。サア分らない。コリャ大変なことだ」[8]といった現状認識であったから、政党論は「市民層、民衆が政治的無能力者としてこれに没交渉」[9]であったゆえ、誕生しなかったと述べている。五ヶ条誓文でも徒党強訴が禁止されたので、為政者はその後も政党無用の立場にあった。

日本における最初の政党の用語は、明治四年刊の加藤弘之訳『国法汎論』にある。「文明開化国ニテハ、政治方法ノ議論ニ就テ、衆民ハ数党派分レ（中略）、之ヲ政論党派ト云フ」[10]とされる政論党派が政党になったと予測する。日本においてこの政党は、明治一四年（一八八一）から組織されるが、その前提にすでに政党への萌芽があったとする。彼の言葉によれば、「固より初期の政党にも農民の加はったものが多かった。政党に地方的根拠の生じたのは、この農民党であるが、それも今日の意味の農民運動でもなければ民衆運動でもなく、また今日の地主党といふよりも軽き意味であった。その所謂農民といっても地主の門閥家で（中略）、これがその下に経済的に隷属せしめ居る小作人等を頤使して、これを数とし、農民の名に於て政権の分け前を要求[11]」したという。「初期の政党運動なるものは、維新勤王運動の継続」で、担当者は準士族階級であったと述べている。農民を問題にしている点に新しさがみられるが、門閥的地主層や準士族が担い手とする点に限界があり、しかも勤王運動の継続性を主張しているので、倒幕運動を起した草莽層を対象にしているのであろう。

この視点は、板垣退助や後藤象二郎らの「民撰議院設立建白書」の見解に近い。建白書の立場に立つ愛国公党の人々は、「今夫れ斯議院を立るも、亦遽かに人民其名代人を揮ぶの権利を一般にせんと云ふに非ず。士族及び豪家の農商等をして独り姑く、此の権利を保有し得せしめん而已[12]」と主張するが、続いて「是の士族農商等は、即ち前日彼の首唱の義士、維新の功臣を出せし者[13]」としている。草莽志士を輩出した「豪家の農商」のみを、有権者とするものであったから、尾佐竹政党論もこの考えの延長上に構築されていることがわかる。これは戦前における革新派の政党論であったが、戦後に至ってこれは板垣的自由党史理解として否定されることになる。

戦後は土佐藩中心の士族的自由民権運動に対し、在村的潮流とされる全国各地の農村内部からの運動と理解されるようになった。このような理解は、地方民会路線とか県議路線とし、各県の議会体験が国会開設運動の底流と理解されたものの、実証の不充分さは否めなかった。この過程につき、地租改正による農民的土地所有化への動向が地租軽減論を生み、一方では民間営業の活発化の要求が、財力の地方分散と地方産業の育成というブルジョア的要求となったことを私は明らかにしたつもりである。しかし、そこでは政党の前提としての政社、つまり自由民権結社の検討や地方民会論については何ら触れるところがなかった。それゆえ政社、政党の動向を、地方民会論とのかかわりで検討するのが本章の課題である。

この点を検討する前に、従来の見解である土佐民権運動と政党との関係を要約しておこう。尾佐竹は前記「政党の発生」のなかで、「政党の萌芽」として愛国公党から書き始める。明治六年（一八七三）一〇月、征韓論争に敗れ下野した板垣、後藤らは、民選議院設立の建白を目的に、京橋区銀座三丁目に「幸福安全社」という倶楽部を開設した。建白の過程で集った同志をもって、明治七年一月一二日に「愛国公党」を組織する。その趣意書で「天ノ斯民ヲ主スルヤ、必ス之ニ付スルニ通義権理ヲ以テス、斯通義権理ナル者ハ、天ノ均ク以テ人民ニ賦スル所ノ者ニシテ、人力ノ以テ之ヲ移奪スルヲ得サル者ナリ」(14)という天賦人権論を主張する民権的政治組織であった。この結社が「いつとはなく解消」(15)した後に登場するのが立志社である。

明治七年四月、板垣は片岡健吉、林有造らと帰郷し、政社を組織し立志社と名づけ、別に学舎、商局、法律研究所を開き、公会堂において討論演説会を開き、自由民権論を鼓吹した。社長片岡、副社長福岡精馬である。立志社の趣意書は愛国公党に重なり、愛国公党の地方版であったが、これに呼応したのが阿波の自助社であり、明治九年（一八七六）の埼玉県の進修会であったという。

前に愛国公党を組織した人々は、明治八年（一八七五）二月、大阪において「愛国社」を組織する。その後、大阪会議により板垣入閣がきまって、自然立消えとなった愛国社が、再興されるのは明治一一年（一八七八）四月である。全国各社の連絡機関としての愛国社に、集り来るもの数十名、立志社惣代西山志澄が中心となり、愛国社再興合議書をきめている。明治一二年（一八七九）三月、第二回大会を大阪に開き、集った地方有志者は八〇余名、一七県二一社の代表が参加した。尾佐竹の説く政社政党成立史は、以上のように愛国公党―立志社―愛国社と推移する土佐民権派中心の、愛国社的潮流を主とみている点に特色があった。これは前述したごとく、板垣的自由党史的士族民権路線つまり上流の民権説として、戦後は批判されることになった。戦後は愛国社的潮流に対し非愛国社的潮流の地方的動向が明らかにされることになったからである。非愛国社的潮流はまた在村的潮流とも言われ、下流の民権説として地域的実態の解明が進んでいる。しかしそれ自体も、今後一層深化されねばならないのである。

二　民権結社の生成

現在、判明している民権結社の生成過程を、図表化すれば第1表のようになる。明治六年頃から結社が組織されはじめ、明治一四、五年がピークになる。第1表では表示していないが、明治一三、四、五年には全国的に結社化が進み、国会開設請願運動や憲法草案起草の動き、および自由・改進党結党に向けての演説活動が、この時期、全国的に展開する。

第1表　民権結社の年次別成立状況

明治六年　講義社（埼玉県）、海南義社（高知県）、求我社（岩手県）

明治七年　立志社（高知県）、同心社（愛媛県）、共憂社（大分県）、自助社（名東県）、集義社（愛媛県）、耕耘社（小田県）、蛙鳴社（小田県）、地方民会（福島県）、中立協和社（筑摩県）

明治八年　阿波自助社（名東県）、通志社（東京府）、自明社（佐賀県）、七名社（埼玉県）、協同会（浜松県）、天橋義社（兵庫県）、忠告社（石川県）、石陽社（福島県）、中津公会（大分県）、開進会（佐賀県）、民会（大分県）、愛国社（東京府）、山陽社（広島県）

明治九年　解疑社（福井県）、錦川社（山口県）、桐蔭社（長野県）、進修会（埼玉県）、共同会（埼玉県）、自治社（愛媛県）、蟻封社（筑摩県）、明八会（福島県）、有志社（山形県）、鳴時社（山形県）、蟄竜社（宮城県）

明治一〇年　精義社（埼玉県）、嚶鳴社（群馬県）、三師社（福島県）、公共社（愛媛県）、北辰社（福島県）、天民社（愛媛県）、自興社（愛媛県）、保権社（愛媛県）、共同社（愛媛県）、興風社（福島県）、明十社（新潟県）、尽性社（山形県）、盤鴻社（長野県）、開墾社（福岡県）、成美社（福岡県）、亦一社（大分県）、協同社（群馬県）、有信社（群馬県）

明治一一年　精義社（石川県）、実学社（和歌山県）、演説会社（京都府）、共之社（岡山県）、実行社（岡山県）、自衛社（岡山県）、立志社（香川県）、相愛社（熊本県）、観光社（熊本県）、共立社（大分県）、覆立社（愛知県）、交誼社（大阪府）、同倫社（茨城県）、絹水社（茨城県）、共同会（青森県）、鶴鳴社（宮城県）、有為社（長野県）、向陽社（福岡県）、通見社（埼玉県）

明治一二年　参同社（静岡県）、巳卯社（静岡県）、以文会（千葉県）、交親社（愛知県）、自治社（兵庫県）、尚志社（島根県）、笠津社（島根県）、自郷社（福井県）、薫風社（茨城県）、東洋回天社（青森県）、益友社（青森県）、博愛社（青森県）、合同社、一心社、北斗社、伸権社（青森県）、協同社（岩手県）、喈々社（宮城県）、時習社、断金社（宮城県）、嚶鳴社（神奈川県）、民政社（大阪府）、就光社（兵庫県）、開進社、大壮社、有信社、立誠社（岩手県）、草荷社（大阪府）、演説社（大阪府）、義奮社（福井県）、耕腸社（石川県）、如水社（埼玉県）、有信社（徳島県）、履信社、浩然社、義烈社、渭北同盟、南溟社、秋栄社（徳島県）、共愛会（福岡県）、画一社（大分県）、正徒社（太田県）、自存社（秋田県）、共立社（鳥取県）、扶桑社（静岡県）、静陵社（静岡県）、豆南社（静岡県）、北溟社（秋田県）

戦後、この時期（一四、五年）の研究がもっとも進んでいる。全国的総結社数は一万社を下らないと思われるが、第1表で結社のみられなかった府県、たとえば栃木、神奈川、山梨、三重、広島県などでも簇生するからである。全国的総結社の研究は、いまのところ行なわれていない。従来、盛んに行なわれた府県史編集と、それにともなう府県史研究により大分明らかになったはずである。これらを集計するだけでも相当数の結社数が判明しよう。これらの検討は後日に譲らざるを得ない。

ここでは従来より指摘されていた愛国社大会へ代表を送った各府県結社について触れておこう。(16)

第2表　愛国社大会出席結社

明治一一年九月　再興第一回大会（大阪）

松山公共社、鳥取共立社、福岡成美社、土佐立志社、有信社、南洋社、南嶽社、共行社（以上高知県）、宿毛合立社、「大阪に来り集る者数十名」

明治一二年三月二〇日　第二回大会（大阪）「十八県廿一社」
熊本相愛社、同観光社、名古屋羈立社、三河交親社、松山公共社、久留米共勉社、福岡正倫社、雲州尚志社、西京正心社、東京親睦社、丹後天橋義社、因州共立社、土佐立志社、嶽洋社、開成社、合立社、南山社（以上高知県）
「其他岡山、和歌山、石川、大分、山口諸県の有志合計八十余名」
明治一二年一一月七日　第三回大会（二十余の同盟社）
熊本相愛社、磐城三師社、石陽社、久留米共勉社、豊津合一社、福岡共愛会、出雲笠津社、松山公共社、高松立志社、鳥取共立社、三河交親社、越前自郷社、常陸潮来社、土佐立志社、宿毛合立社、土佐連合各社
明治一三年三月一五日　第四回大会（大阪）「国家期成同盟」成立
「愛国社同盟二十七社」「二府廿二県八万七千余人代表」
大阪民政社、磐城三師社、福岡向陽社、鳥取共応社、宿毛合立社、土佐自動社、土佐純民社、徳島立志社、土佐開成社、土佐直遥社、松山公共社、土佐嶽洋社、広島立志社、土佐立志社、土佐有信社、土佐誘義社、姫路正鐘社、高松立志社、三河交親社、越中北立社、松本奨匡社、丹波自治社、土佐開運社、仙台本立社、土佐修立社、出雲笠津社、磐城石陽社、丸亀立志社、東京北辰社、酒田尽性社、岩代愛身社、岐阜岡村党、宮津天橋義社、熊本相愛社

明治一一、一二年は愛国社大会に出席する同盟社が増加するが、土佐立志社のほかは福岡向陽社、金沢精義社、三河交親社が中心となったように、士族的民権結社が同盟の核であった。これが明治一二年一一月から河野広中の石陽社、杉田定一の自郷社、一三年（一八八〇）から窪田畔夫らの奨匡社など豪農民権結社が合流する時期である。

当初、主導した士族民権結社とはいえ、士族的要求が中心であったのではない。すでに明治一〇年（一八七七）六月の立志社建白が、国会開設、地租軽減、条約改正、地方自治を主張していたように、地域住民の繁栄に主眼がおかれており、士族指導にかかわらず豪農層中心の、民権的要求に留意されていたのである。たとえば、和歌山県の実学社は愛国社大会の同盟結社として名前は出していないが、第一回大会には山東直樹、児玉仲児、千田軍之助の三人が出席している。この結社は第二回大会には同盟社となったが、本来は地租改正反対運動を指導した、有力者達の結社である。粉河騒動と呼ばれた反対運動の本拠地、那賀郡粉河村に本部を設置したこの結社は、運動の中心人物児玉仲児を中心に組織した一四五人の結社で、地租改正反対運動の体験を基礎に、国会開設、憲法制定を要求する民権運動の推進母体となったのである。[17]このように、愛国社的潮流は農民的な非愛国社的潮流を含みつつ、民権運動を高揚させる時期が明治一〇年代初頭であって、愛国社同盟結社数の増大はこの現実を反映したものであった。

このような傾向は、明治一〇年以降一層強まる。立志社—愛国社の自己変革をともないつつ、在地の農民的結社に影響を与える過程であった。立志社—愛国社の士族的民権路線に対し、在地の結社がどのように生成するかが問題である。いくつかの事例を検討し、この問題の傾向をみておくことにしよう。

事例の第一は、青森県の共同会（明治一一年）の場合である。青森県では明治五年一一月、私立東奥義塾が設立される。慶応義塾を模範とし福沢諭吉流の実学精神と、キリスト教精神とにより建学理念が定められ、反官的性格をもつものであった。この東奥義塾を母体に、関係者の菊地九郎、本多庸一を中心に結成されたものが共同会である。民権を伸張し生命財産の安固をはかり、地域開化をはかることをこの結社は目的としていた。

青森県では八戸地区に暢権社が結成されるが、それまで岩手県の民権結社救我社の活動と連携し、運動を展開した。[18]救我社は東京でキリスト教の学僕をしていた鈴木舎定が帰郷し、盛岡で結成した組織である。本来は南部家の家令山本寛次郎が設立した、青年士族達の書籍展覧所として出発した。これに帰省した鈴木が参画する明治一一年をもって政社化するのである。その発行した『盛岡新誌』はキリスト教的自由主義、民主主義を主張する雑誌型新聞であった。この書籍展覧所の政社化は、東奥義塾という学校の政社化との二つの政社化コースの一つの例を示すものであった。

学校の政社化は、このほか宮津の天橋義塾、福岡の成美義塾または向陽義塾などがある。直接に学校がそのまま政社化したものでない場合もある。長野県では明治五年飯山の顔戸開成所、明治六年九月の飯田の募開学舎、七年三月長野の開陽学舎、九年三月豊科の猶興義塾、一〇年三月飯山の協心義塾などが、自由民権論の基盤をなしたという。[19]同じ学校を基礎とする政社化のコースでも、天橋義塾や向陽義塾が士族的変革を通じての民権結社化であるのに対し、長野県のそれは、農民的結社化の基盤の成立の意味である。

書籍展覧所の政社化は、意外に多いコースである。例えば埼玉県における最初の結社たる七名社もこれである。明治八年四月組織の七名社は、熊谷駅周辺の大庄屋クラスの七人によって結成されたもので、文明開化の波を地域で直接にうける人々であった。各自出資し東京から書籍を購入し、転読しつつ読書会を開いたのが始まりで、やがて演説討論会を開くようになった。「社員一名コトニ各月一円出金シテ購求書籍ノ代価ニ充[20]」て、その書籍は社中「熟議」で購入を決定した。そして「輪次之ヲ読ンテ疑義ヲ討論」するもので、明治七年中より準備されていた。読書会の政社化である。このような自由民権の波が、同じ熊谷に進修会を生み、会員五〇名で「自由ノ心思ヲ発表シ、自治ノ精神ヲ培養[21]」し、「言論及ビ出版ノ自由ヲ許シテ公議輿論ヲ皇張」させ、「中央国会、地方民会ヲ興シテ与政ノ習慣ヲ養成」することを目的とした。尾佐竹はこの進修会を、立志社系の結社とするがその根拠は不明である。埼玉県ではこのほか幸手に共同会が組織されたが、各大区有力者を網羅した結社である。実態は不明である。

埼玉県には明治一〇年末に結成された精義社がある。岩槻周辺の人々の新聞解読会がその発端である。設立中心人物は「参政自治ノ権理」を主張し、周辺有志者の政治的成長の場ともなった。結社化されないまでも、布告布達や新聞購読会が県下各地に開設され、開明的な地域的グループを生み出しつつあった。[22]

新聞購読会からの政社化のコースは、当時は結社化の中心コースと思われる。当時、全国的に小学校が設立され、県庁とともに新聞購入が義務づけられる。そのため教師層や学校世話役のちの学務委員らが新聞にふれ、政治的に成長する。前述の学校の政社化コースとは異なるが、全国的にはこのコースが一般的で、開明的人物を中心に結社化する場合もあったのである。

新聞従覧所または新聞購読会を通じ、成長する事例の代表的なものは山梨県である。県庁の広報誌的性格をもつ甲府新聞にかわり、官に批判的な『民間雑誌』、『生読新聞』が誕生するのは明治一一年である。「自由権利ヲ旨トスル人民」養成を主張する新たな新聞に同調し、『甲府新聞』も性格を変えるが、明治一二年三月発行の『峡中新報』は、その後の民権運動の指導的役割を果たすことになった。民会議員を中心に発行された反県庁政論紙としてのこの新聞は、その主張が「新聞解話会」[23]を通じ県民に浸透する。この解話会を基盤に、交益社ほか一六社の政治的結社が成立する。つまり新聞解話会または新聞購読会もまた政社化の主要コースであったことを示すもので、政社化の第三コースと言ってよいであろう。先述の天橋義塾にも「書籍新聞従覧所」がおかれていた。豊後国でも「新聞展観所」[24]が設置されている。

政社化の第四のコースは、岡山県津山で組織された共之社の場合である。明治一一年成立の「共之社」の設立趣旨によれば、二一名の愛国の志操あるものが「協意し、結会して国家の資益を興し、衆議を以て社会の鴻益を謀らん」[25]ことを盟約した。この盟約を実践するため、結社設立と同時に村内に立石岐を所長に「私立養蚕伝習所」を設置し、養蚕による富国化をめざした。しかもこの伝習所は、藩閥県令の殖産興業政策に対抗し、津山の県立農事試験所に対応して設立されたもので、遅れた作州農村への新産業の導入を、民の立場から積極化しようとするものであった。この共之社に結集した豪農層は、国会開設請願運動を通じ、地方自治、民力休養を要求する。明治一三年には岡山県で「郷党親睦会」が組織され、一二〇五人の会員が共済制度により相互扶助を要請し、やがて美作同盟会へとつらなってゆく。つまり、このコースの特色は、反官的な地域産業の育成による富裕化の養成が、政社化を促し、地方自治、民選議院要求の基本におかれているのである。地域経済の活性化が政社化の基礎であった。

政社化の第五のコースは、前述の和歌山県の実学社の場合である。地租改正反対運動の延長上に政社化する。農民的土地所有の確立をめざす農村動向が、高地租を保証する検査例に対し、測量法や収穫量調査をめぐる反対運動に発展する。これらは地租軽減という自由民権運動のスローガンに収斂されるとともに、租税共議思想にもとづく国会開設要求に連っていく。この地租問題を最重要課題とし、第四コースの地域産業育成が、在村的潮流の基本要求になった。

実学社と同じ性格をもったものに、越前の自郷社がある。自郷社は当初、自郷学舎といい学校の政社化のコースも代弁する。福井県の自由民権運動は、明治八年、杉田定一の帰省から始まると言われる。愛国社再興に努力した杉田が、本格的に運動に着手するのは明治一二年七月、坂井郡波寄村に自郷学舎を設立してからである。「天賦自由ノ権利ヲ恢弘シ、社会開明国家富強ノ一助」[26]にするための学習結社の設立であった。これが地租改正反対運動を契機に、政治結社「自郷社」に変質する。自郷社員は地租改正反対運動の村々の地主とその子弟達であった。士族的学校の政社化ではなく、まさに農民的学校の政社化の典型であった。

このような地租改正や殖産興業の、基本的要求をふまえて豪農層は、区戸長会でも自己の利害を実現しようとする。区戸長会は官製会議であるため、公選議員による民会化を要求し、その基礎構築のために政社を組織する場合があった。大分県中津の明治八年結社の「民会」、福島県の「地方民会」はその例であろう。また小田県の「耕耘社」、「蛙鳴社」もその例であった。

明治七年に、全国的に最も先進的な県民会を成功させたのは小田県である。この推進者は、「多くは安那郡内の小豪農と神官、僧侶、医師などのプチブル・インテリ層」[27]であった。彼らは小田県民選会議において、自作、小作貧農層を代弁し、士族や大豪農商ら特権的インテリ層と対立した層であったという。「蛙鳴群規則」[28]において彼らは、「各小田ノ蛙タルコトヲ忘レズ（中略）、只群蛙一般ノ甘苦利害上ニ就キ、愛国ヲ主トシテ鳴キ立ツ可シ」と遠慮して述べている。小田県民選会議が多分に啓蒙的で、かつ観念的であったことに対する反省から、より着実な足を地につけた運動に切り換えたもので、地域の政社化への第一歩となった。

明治七年一〇月結成の「耕耘社」[29]もその例である。耕耘という社名自体が、政治思想の培養を意味し、社則によれば毎月一回「毎会課題を降し、各書取を以、協議対論」すべきこととされた。決議は社名をもって新聞社へ投書し、広く世論の形成に役立たせようとしていた。

以上、政社化のコースを六つに区分して述べたが、いずれも地域発展を課題としていたことは当然であった。

三　法律結社と民権運動

前記「蛙鳴群規則」によれば、第七条に「蛙鳴会ハ一月一度（中略）、午前十時ヨリ正午十二時迄二時間、法律書会読、余ハ雑鳴ス可キ事」とある。政治的学習結社「蛙鳴社」の基本は、二時間の法律研究にあり、その余が雑鳴つまり政治社会問題の討論であった。当時、法律は天賦人権論を展開する際の基礎知識であったから、法律研究を基礎におくことは当然であった。ここでは民権結社が政社化するうえで、法律知識をどのように得ていたかを検討してみよう。

この時期、全国的に大きな影響をもった法律結社に北洲舎がある。明治法律学校をはじめとする専門の法律学校が簇生する明治一〇年代以前、それまでこの北洲舎が実務と教育を担当する中心機関であった。そこでまず北洲舎を含む法律結社の発生年次表をみておこう[30]。

明治　四年　九月　明法寮
明治　五年　八月　同寮　生徒二〇名募集　岸本辰雄、宮城浩蔵ら入学
明治　七年　四月　土佐立志社設立
同　　　　　四月　法律研究所　島本仲道
同　　　　　六月　北洲舎　大阪　北田正董
同　　　　　七月　便宜商社　大阪　紫山正憲
同　　　　　八月　北洲舎　東京　島本仲道
同　　　　一〇月　仏学塾　東京　中江兆民
同　　　　一一月　鞭駘義塾　東京　木村一歩
同　　　　　冬　　薫風社　兵庫豊岡　石黒涵一郎
明治　八年　一月　北洲舎新潟分社
同　　　　　　　　北洲舎愛知分社
同　　　　　五月　法律学舎　東京　元田直
同　　　　　七月　保権社　東京
同　　　　　九月　尽辞社　東京
同　　　　一一月　三洲舎　東京
同　　　　一〇月　法律研究所　飾磨
明治　九年　三月　貴知法社　東京　吉川忠彦
同　　　　　三月　尊義社　東京　大島貞敏

同　　　　六月　保権社　東京　田村訥
同　　　　九月　東京開成所法学部
同　　　　九月　講義舎　東京
同　　　　　　　天水舎　東京　沼間守一
同　　　　　　　保安社　東京
明治一〇年　一月　賛成舎　大阪　小里忠里
同　　　　一月　講法学舎　東京　北畠道龍
同　　　　三月　法律学舎　横浜　塩谷俊雄
同　　　　四月　東京大学法学部　東京
同　　　　四月　伸権社　西京　飯塚銀弥
同　　　　五月　明治学社　東京　大井憲太郎
同　　　　　　　守成舎　東京
明治一一年　一月　政友社　東京　鬩々社、審法社合併
同　　　　一月　富田信英代言社　東京
同　　　　二月　同人社　東京　中村正直
同　　　　四月　茂松法学社　東京　茂手木慶信
同　　　　六月　研法社　東京
同　　　　八月　伸権社　東京　方波見祐助
同　　　　　　　審法舎　東京　中島又五郎

明治一一年までである。表示された法律結社は、生成期の法律知識供給機関であったが、これにより公事師と呼ばれた江戸時代の弁護士は、近代的代言人へ変化する契機が与えられている。国家による免許制度が確立し、正式に代言人とし登録されたものは、明治九年が最初で一七四人、明治一〇年四五七人、明治一一年五七七人、明治一二年六七七人と確実に増加する。明治一六年（一八八三）には一〇一五人に達している。いずれも政治活動をする人が多く、自由民権運動には新聞記者、教師とともに代言人が中心的役割を果たしている。

このような法律担当人口の先がけとなったのは、政府の明法寮設置にともなう法制官僚養成が最初であった。当初、二〇名の学生で始まった明法寮生徒が、民間に法思想を普及させるために、法律学校を開設するのは明治一〇年以降である。明治一三年にパリから帰国し、講法学舎で教鞭をとり、その解散後、明治法律学校を創設する岸本辰雄、宮城浩蔵は、その代表的存在であった。

しかし、この政府養成の人材による法律普及のコースを辿らない、民間主導の法律普及のコースが、既に存在していたことは注意しなければならない。それが明治七年四月の土佐立志社の法律研究所の設置である。前述、小田県の蛙鳴会が、法律研究会を組織するのもこの明治七年である。立志社の法律研究所は、「先きに司法大丞たりし島本仲道之に主として其事務を裁せり。島本は官を辞せる後ち、北洲社なるものを興し、我邦民間に於ける法律普及の権輿たりしが、今帰りて立志社に於ける法律研究所の長とはなれるなり」(31)とされている。自由党史のこの記事が正しいとすれば、土佐立志社に先んじて、北洲社を設立していたことになる。前述結社表では、北洲舎設立は立志社の二カ月後となっているが、民間においては土佐のみでなく、法律知識を要請する風潮が早くからあったことがわかる。

この北洲舎は当初、大阪に本社をおき、間もなく東京に進出し、新潟、愛知、その他に分社をおくことは表からも判明する。草創期法知識普及の先駆的役割を担当したのである。北洲舎が最初に設けられたのは、明治七年六月である。大阪北浜二丁目に事務所を設け、代書代言に従事した。当初は寺村富栄、北田正董、都志春暉、岩神昴、岩成寿雄らが始めたものであった。

中心人物の寺村富栄は滋賀県蒲生郡武佐村の人で、武蔵川越藩領に属し、明治初年、京都で川越藩の周旋方となり、会計掛を兼務したという[32]。明治二年（一八六九）二月、奈良県に出仕し、聴訟方下調となり、ついで断獄掛を兼務し、法律業務にたずさわった。この経歴はその後大阪府少属として、聴訟、断獄二課の勤務に生かされ、明治五年四月、奈良県に転任し、聴訟課長となり典事に出世した。同年五月に辞職し、大阪に出た時は三三歳であった。

北田正董は千葉県東金の人、後藤象二郎の食客となり、後藤が大阪府知事当時、警備担当の難波隊の隊長となった人物である。その後、大阪府取締大区長となり、警察事務を担当した。七年三月に辞職する。岩神昴は土佐藩老深尾氏の臣古沢南洋の子で、古沢滋の兄であり、明治五年に司法省一〇等出仕、翌年権少検事として京都裁判所に在勤した。七年三月辞職し、大阪に出た人物である。土佐系、関東系の維新期法律事務担当者が集まり、大阪の田部密の出資を得て開業した。社名の北洲舎は、北浜の北と、浜の別称の洲を採用し名づけたものという。

出発間もなく、北洲舎は舎中に代書、代言、庶務、会計の四課をおき、社員のほか生徒をおき、舎員とともに生徒にも月給を支給した。寺村富栄、北田正董、都志春暉が二五円で最高俸、以下三円までの舎員一五名の出発であった。このとき、司法省三等出仕で大検事警保頭の島本仲道が辞職し、立志社創立に参加、社中におかれた法律研究所の責任者となったが、帰京のため大阪に来た時、岩神昴が説得し、北洲舎長に迎えることになった。七月一七日には北洲舎は、今橋一丁目五番地の岩成寿雄家の空家に移り、規模を拡大し、法律研究所設置を府庁に届出た。

これより会則を修正し、舎員を五等に分け舎長に一五〇円の月給を、三等舎員は五〇円、四等四〇円、五等三〇円に増額した。生徒も五等に分ち、五円から二〇円を月給としている。生徒は成績により舎員に昇格する仕組みであった。明治七年七月当時の舎員は一一人、生徒は八人、小使二人であった。明治七年八月、島本仲道が東京に帰ったので、日本橋北鞘町五番地に北洲舎を設け、これを本舎とし大阪を支舎とした。新たに「日雇筆耕生」をおいている。一〇月には東京でも法律研究所を設置した。

明治七年一二月、広島に、八年一月堺に、八年四月博多に支舎を設けたが、成績不良で間もなく閉舎する。九年三月堺に再設、また京都に支舎を置いている。この間、舎員の等級を拡大し、舎長以下一〇等に分け、生徒を六等とした。明治一三年一月、北洲舎改革により、東京北洲舎長に北田正董が、大阪北洲舎長に寺村富栄が就任し、島本仲道は顧問になった。舎員は代言人試験合格者である。この時、舎員は一五人、生徒は一〇人、無給生徒三人であった。その後、白井政夫らが入舎しているが、すでに九年当時、白井は北洲舎員として筑摩県地租改正反対運動を指導している。前々から関係があったと思われる。

法律研究会としての北洲舎が集めた書籍は次のようなものであった。仏国憲法、仏国商法、仏国訴訟法、刑法、治罪法、新条約書、司法職制法、憲法類編、仏国商法講義、訴訟提綱、玉篇、第二憲法類編、司法省日誌、新律綱領、性法略、司法省布達全書、仏国政典、地租改正条例規則、米規則、仏国民法契約法講義、仏国證拠法、日新真事誌などである。蔵書貸付手続なる規則を定め、舎員、生徒が借り出し勉強したものと思われる。明治一〇年二月には「仏蘭西法律書を会読することとし、総則を定む」[33]とされており、木曜日は仏蘭西民法、月曜日は仏蘭西刑法を研究した。大阪上等裁判所在勤の、司法省雇フランス人リップマンが、北洲舎のフランス法講義を担当したという。

島本仲道が立志社に関係し、土佐派の人であったためか、フランス法研究が北洲舎の中心であったようである。民権主義的性格がつよく、当時の世相に開化上大きな影響を与えたと思われる。「島本仲道の東京北洲舎を日本橋北鞘町に設くるや、名声隠然として天下に聞え、兼務漸く盛にして、新潟、名古屋、大津等に支舎を置き、明治八、九年の頃最も好況を呈したり」[34]という。舎員中より有名な民権家も輩出する。

四　地方民会論の成立

地域的民権結社が明治六年を契機に簇生し、また法律普及結社が明治七年を契機に普及し始めると、明治七年一月一七日の民選議院設立建白書提出の新聞報道とあいまって、地方民会論も盛んになる。高校日本史教科書では、いまだこの民選議院設立建白書の提出をもって、自由民権運動の第一頁とするが、服部が指摘するように気運はその前に醸生していた。地方民会開設論は下議院論とともに、民間ですでに五年頃より主張されはじめていた。

改めて現在、判明している地方議会開設論および国会議院論を掲げると次のようになる。

明治　四年　三月　公選村会開設建議　小田県
明治　五年　二月　公選県会開設建議　筑摩県
同　五年　五月　府県議院・下院取立建議　少議官　大給恒
同　五年　五月　立憲為政立略議　犬上県農　福島昇
同　五年　六月　大集議開会建議　滋賀県　竹内成由
同　五年　九月　大小区会・県会・国会議員開設建白　小田県医　窪田次郎
同　五年一〇月　公選県会開設建議　筑摩県
明治　六年　一月　公選議員建議　入間県
同　六年　一月　民選県会開設建議　足羽県
同　六年　一月　国議院・民議院設立建議　司法大輔　福岡孝弟

同　六年　三月　府県集議所設置建議　浜田県　富永景知
同　六年　三月　各地方議会創立意見書　東京記録権少属　島村泰
同　六年　四月　上下両院議員設置建議　東京　河原田盛美
同　六年　五月　下議院設立建議　浜松県　岡田良一郎
同　六年　五月　議事会開設建議　神奈川県　大江卓
同　六年　五月　区県国会開設建議　兵庫県　神田孝平
同　六年　五月　民会議事開設建議　筑摩県高山　大沢正道
同　六年　六月　県会開設建議　島根県
同　六年　六月　国議院開設建議　青森県　岩淵惟一
同　六年　八月　府県下問局設置建議　三潴県　小西虎五郎
同　六年一〇月　民会開設建議　磐前県　河野広中
同　六年一二月　州議院開設建議　山形県　筒井明俊
同　六年一二月　県民会創立建議　新治県　古渡資秀

右建議中、人物名を記載したものは『明治建白書集成』（筑摩書房）第二巻に掲載されたものである。その他は拙著『明治国家形成と地方自治』に掲載したもので、各県の有力者連名の建議である。これら建議からは、明治四年から各県で議会開設の動きがあり、五年を契機に、地方議会論が国会論と重なって主張されはじめることが判明する。土佐立志社に結集する板垣、後藤らによる民選議院設立建白に先立って、多くの議会論が主張されていたのである。廃藩置県による新行政区域の成立が、新たな地域内の利害の把握を必要とし、地方民会論は一方では行政技術論として主張されたものの、多くの場合は、地域実態掌握のうえでの、公正な行政実現をめざす豪農層の主張として展開されていた。

これら府県議会論の特質について検討しておこう。この府県議会論および地方民会論の背景には、すでに実施されていた江戸時代以来の、郡中惣代会議や寄場の大小惣代会議があり、また村寄合の伝統があったことは言うまでもない。戊辰戦争後の府藩県三治時代における生成期の近代的会議慣行もあったはずである。藩議院への農民の登用にくわえ、政府は明治二年の県治条例で、各県に「議事ヲ興スコト」と指示したため、新設府県では府県会開設準備が進んでいたのである。この動きで現在明らかになっているのは、韮山県、浦和県、宮谷県などである。いずれも地元の会議体験を深めるものであった。

管見のかぎり、府藩県三治時代から、廃藩置県後の地方民会開設へと、会議慣行がつみ重ねられるのは、小田県である。明治二年、福山藩制改革において新設された政事堂は、公議局を設け、藩士会議的性格の「上局」と、農民公選議員からなる「下局」の、二院体制を採用する。「下局」は「人物身分に不拘、入札選挙を経、郡市惣代として下局議院[35]」一〇人で構成された。任期二年で半数改選制であった。この公選議員成立の背景は、幕末藩政への改革派の登用があり、「下情採択」が公議再編の、重要な目標になっていたという[36]。

この福山藩下の農村は、明治四年三月代議人制度が創設され、上申のうえ認可され、実際に議員が公選された。これにより小作貧農を含む自作農中心の村会が成立した[37]。庶民教化の拡充を意図して設置されていた「啓蒙社」の活躍がその背景をなしたと思われる。啓蒙社は明治三年一二月、医師窪田次郎の建議により、四年一月に実現したもので、各村に啓蒙所を設置し教育普及を図ったものであった。

明治五年九月、小田県開庁後、「管内民庶ノ名代ニシテ、下議院職ニ当ル[38]」ものとして、庁下に小田県議事所を開設した。これは各郡の戸長惣代会議であったから、純粋の公選議員による会議ではなかった。そのため、この議事所を批判する公選民会、国会論が窪田次郎により構想される。大小区会を基礎に、県会を組織し、県会議員一名を左院に出し、「下議院」にあてるものとする。「議政ハ下ヨリ昇」るものという。農村でこのような体系的構想を、この時期に明らかにしたのは窪田次郎は最初の方であったと思われる。同じ考えは、一年後、兵庫県令神田孝平も主張し、同県下では実践しはじめるのである。

もう少し、窪田の意見を詳しくみておこう。窪田は平民で医師であるが、明治四年二月、福山藩権大属として藩庁の民政「顧問」の立場にあった。彼は民衆による富の蓄積こそ、真の富国であるという民衆的富国論のもち主で、その立場から各種の政治的発言がなされている。彼が藩内の教育改革として始めた啓蒙社の運動は、やがて「学制」下の小学校教育の前提となったし、啓蒙所周旋方の会議も、着実に会議慣行を養成するものになっていた。

彼は明治四年一〇月、福山藩を代表して上京した公議人岡田吉顕（大参事）の、「参謀」としての地位を離れ辞任する。これより翌五年三月帰郷するまで、東京で多くの勉強をしたらしい。自分が参謀として随従した公議人制度が、貢士から公務人を経、名称を公議人と変えても、「空論ヲ指シテ虚名ノ員ニ列」[39]するのみと批判するとき、改めて民意反映の、壮大な民選議院構想を生む原動力となっている。もちろん、福山藩議院および小田県議事所も、上から開設された限り同様に批判の対象であった。

明治五年九月構想の、彼の民会制度は次のようなものであった。まず小区会を組織すること。これは小区内の各村五人組中より一人、「職業貧富不才不学ニ拘ハラズ」議員に選出する。これを名代人として戸長、組頭、取締役とともに「区内ノ事ヲ協議」する。大区会は小区会議員のうち一人を、順番に出して戸長らと協議する。県会は官員をのぞき、各大区より一人の議員を出し、「一県ノ事ヲ協議」する。「天朝下議院」つまり国会下院は、県会議員のなかより県下の戸長、教員、取締、社人らに公選させ、一人の議員を出すこと、となっている。選出法は輪番制と選挙制を用いているが、区―県―国会議員へと複選的方法を採用する。この建議は明治六年一月二一日付の『日新真事誌』に掲載されている。

当時としては先進的な意見であったが、意外と穏健的でもある。会議に戸長、組頭、取締などを一緒にし、官民共治的性格にしていることや、国会を二院制とし、「下議院」しか話題にしていないのである。議院数も各一人と少数である。「議政ハ下ヨリ昇」るとしながら、「為政ハ上ヨリ降ル」[40]とする調和的側面にも配慮している。国家体制にも言及がないのは、当時の政権に遠慮したためであろう。彼にとって「人材陶冶ノ為メ、政教一場ノ局ヲ設」くるものとし、啓蒙所と会所を、同じ場所に設置するよう提案していた。

このような窪田の態度は、やがて明治七年六月の、「民撰議院設立の願書」[41]となる。小田県権令矢野光儀宛に提出されたこの建議は、また同年七月の「矢野権令ニ奉ル書」[42]となり、臨時民選議院論として兵庫県令神田孝平の県下告示を利用し、「先ツ県庁ニ於テ、公然タル臨時議院ヲ開キ、毎一小区ヨリ両三名ヲ撰ヒ出シ（中略）、上国律租法ヨリ、下細民ノ交際ニ至リ、天朝議院ノ則ニ倣ヒ、忌憚ナク究論」[43]させると述べている。県権令はこの決議をもって天朝議院に出席すれば、それは県下五〇万余人の「立派ナル名代人」になるという。

このような建議に、県当局は翌月、「区会議概則」[44]を公布し、窪田建議の趣旨を生かし、臨時民選議院を急遽開催するのは、翌八月のことであった。この小田県臨時民選議院の様子については次節で触れるが、この会議終了後、明治七年一二月に学習結社「蛙鳴群」の結成が宣言される。啓蒙的で観念的な臨時民選議院のあり方を反省し、改めて政治活動を基本から、やり直すための勉強会の設置を宣言したのである。この点は前述したので、これ以上は触れない。他地域では学習結社、演説結社が先に成立し、その啓蒙と建言を武器として地方民会開設の政治運動が展開するのと反対に、現実の議会活動を経、その反省から政治結社化的学習結社が組織されるのである。

学習結社化が、啓蒙性または観念性の反省として生じた真因は、次のような事情にあったらしい。保守的な庁下詰合区長らの批判をみると、当時の議員の実情を、次のように伝えている。

議員事情上申書

去八月中、区会議発行之御趣旨ニ付テハ、万機公平無私ノ会議ヲ可起ト相心得、毎大区会議ヲ発起候処案ニ反シ、中ニ者誹謗暴言ノ論議ヲ建、只管議員ノ権威ヲ主張シ、罵言ヲ以テ参庁ノ者江孤疑ヲ生シサセ、甚シキハ小前之衆庶江、己ハ議政之者、正副戸長并保長諸締ハ行政ノ者、依テ向来ハ村用之大細ニ不拘、議政掛リヲ以、可立会抔ト以ノ外、本旨ヲ取違候者モ有之哉ニ相聞、惣議員之内、多分其存念ヲ抱キ、盲昧之小前ヲ煽動シ、区内ノ混雑促シ候村方モ間々有之趣、今ニ至リ存外之行成、誠ニ以恐入次第ニ御座候、右者一時民情被聞召、御趣意之処前件之次第ニ付、先般議員名称ヲ一旦相廃シ、尓後、再会議之節ハ、更ニ公明ヲ議スルノ良民ヲ推撰為致度、此段御聞届被下度、上申仕候也

明治七年九月八日

庁下詰合区長　諏沢熊太郎

牧　丈平

小田県権令矢野光儀殿

（朱字）書面議長議員共、全ク先般ノ会議限ニ候条、心得違無之様、区長ニテ急度取締可致候事(45)

明治七年九月八日　県印

議員層の高揚した姿を垣間見ることができる。しかし、逆に追い込まれた行政担当の区戸長層の反発を招き、結局、民選議会は一回限りの「臨時」に終わっている。学習結社はこのまき返しのための、基礎づくりの意味をもったと思われる。

小田県以外の、各県の様子をみると、次のようになる。まず、明治五年当時の議会論についてみれば、同年五月、犬上県の福島昇は、「立憲為政之略議」(46)なる建白で、国家経営は「上下ノ両院」を設け、「上院ハ先ツ従来ノ三院ヲ以テシ、下院ハ全国各府県ノ僧侶、神職或ハ庶民ノ中ニ於テ、各入札ヲ以テ各一人宛」選出し議員とする。正院、右院、左院の旧来の三院を合して上院とし、下院を民選議員とする。これにつづいて、各府県で「管下各大区ニ一ツノ議事社ヲ相設ケ、各小区人望ノ帰スル者ヲ選挙」して議員とする。民選大区会設置を要求したこの建白は、官吏登用法、富国策とともに、地方民会論を基礎としたものであった。彼は同九月の建白で、「各府県ニ民政議員ヲ相設ケ、諸民ノ中ニ於テ各入札(47)」することを主張している。

滋賀県の農民竹内成由もまた、国家統合は「人民協議ヲ竭シ、以テ至公ノ施政被為在ニアルヘシ(48)」と、「大集議事ヲ以、公法ヲ被為得」べきとした。「人民有ツテ政府ヲ立、人民亦タ議事ヲ建テ、一ツニ帰シテ国基テ振起」すべきとした。明治五年当時は、建白書の単なる取継所に堕した集議院に対する批判が強く、ようやく府県を基礎とする民選議院論が展開されはじめた時期であった。この傾向は、六年に入っても続く。

明治六年一月、富永景知の建白も、各府県に集議所を設置することが、集議院改正とともに論ぜられている。しかし、これは「諸府県官員ノ合議所」で、地方民会ではない。高山県の大沢正道は、「民会議事(49)」を殖産興業との関連で建白する。だが、これも国会論と地方議会論とが、明確に区分され主張されてはいない。

明治六年後半になると、議院論の性格も明らかになる。同年五月、兵庫県令神田孝平は、「地方裁判所ノ議ニ付建白(50)」を提出し、全国各地で紛争が発生するのは、「地方ノ権利ヲ殺クノ過度ナル」ことと、「財費浩繁用度給セサル」ためという。これを是正するためには、「選挙ノ権地方ニ帰シ、裁判ノ権ト相持シテ平均」させるべきものと主張する。そのためには、法律学校を設立し法知識を広め、「訟師ノ業ヲ免許スル事」とし、あわせて区会、府県会、国会の開設を要望する。この民選議員は併立させるべきだが、もし性急にいうならば、まず町村会を優先せよという。

彼の主張は単なる議論にとどまらなかった。訟師免許はこの後代言人制度に結実するし、兵庫県政のなかに反映される。同年一一月の大蔵省高官による府県調査のなかで、次のように兵庫県が報告されている。同県は「漸次民会ヲ起シ、町村規則、区内規則、県内規則等議定シ、其権限ヲ明ニシ、到底各民ヲシテ権利之有る所を知」（明治六年「地方巡廻報知書類」国立公文書館）らしめたという。大阪府もまた民会開設の意向が示される。

明治六年一二月、山形県筒井俊明は「州議院」(51)設置を建白した。民選議院による州会、大小区会の開設を要望する。明治五、六年の地方民会論は国会議院論とかかわり、その基礎として構想されはじめていた。行政上の都合論としての民会論が主であったが、神田孝平の如く、地方繁栄論のうえに明確に民会を構想した人は少ない。しかし「民庶ノ大議ヲ建ル」(52)要求は確実に増し始めていた。

五　地方民会論の展開

明治七、八年頃になると、地方民会論の位置は明確化する。明治六年政変で下野した人々が、明治七年一月、民選議院設立建白書を提出し、日新真事誌の同月一七日に掲載されて以来、全国的に議論が活発化する。この過程で、地方民会論の性格もはっきりするのである。

明治七年に地方民会の具体的活動を通じ、成長するのは小田県の人々である。小田県では、前述の如く、窪田次郎らの建白をうけて、明治七年八月臨時民選議会が開催された。「区会議概則」として県庁よりこの会議に、示された「会議稟目」(53)は三五議目に達した。その主なものを示せば、以下の通りである。

一、各区へ議院ヲ置クノ議

一、御布達書活字ノ入費幾分ヲ、下民ニ課スルヲ非トスルノ議
一、官費民費分界ノ議
一、区画ヲ改正シ村費ヲ減スルノ議
一、官途ニアリテ商業営利ヲ禁スルノ議
一、官私学校分界ノ議
一、養蚕ノ議
一、戸長検査ノ議
一、外債急ニスヘカラサルノ議
一、貧院ヲ設ケ立ツルノ議
一、学校資金方法ノ議
一、区戸長ノ給与官私分界ノ議
一、地価甲乙平均ノ議

一三項目のみを示したが、この議案の出し方からして、一定の傾向をみることができる。まずこの民選会議は、各大区に臨時に設置されたものであるため、恒常化に向けての第一歩としていること。布告布達費および村費減少を基本とする官民費区分、戸長検査および区戸長給与分界を明確化する町村理事者としての性格の確認、官による民業圧迫の禁止、地租改正の公正化と、地域からする殖産興業の地域経済発展論を基盤とした外債留意議案となっており、すべてにわたって民の自立的視点、つまり地方自治の立場からの議案となっていたのである。

議案がこのような性格であるから、会議による審議もまた当然同じ立場からのものとなる。第六大区安那郡の民選

議会の決議をみれば(54)、二一議案をめぐって次のように決議している。最初に第一条で「国体ノ事」を議し、「上院エハ君族及ヒ諸省寮使ノ名代人出勤、下議院エハ各府県ノ名代人出勤、合シテ左院ト称シ、下モ県会・区会一切ノ議政官之ニ属」すとし、太政大臣以下の官吏を公選する、政府各省庁体制も決めている。第二条「官費民費ノ事」に関しては、官の命によるものは太政大臣より小区戸長まで、すべて官より給し、人民の企てたもののみ民費とする。官費は人民の疑を招くことが多いので、毎年大蔵省より歳入出明細表を公布すること。第三条「万民一族ノ事」は、穢多非人の名称が廃止されたので、華士族も廃止し、「人民一般」にすべきこと。第四条「任務期限ノ事」は、太政大臣より区戸長に至る迄任期を定め、かつ選挙の節は多札を得たもの四、五名の札数を記し、選挙民に公表すること、第五条「国債ノ事」では、何故国債が必要かはすべて下問すること、しかもなるべく国内で賄えるか否かを下問し、人民より献策がない場合のみにすること。もし、下問のないまま負債が発生した場合は、国債とせず関係省庁の官債とすること。第一一条「地租改正ノ事」は、「先般地券ヲ賜リ、尽ク人民ノ私有ニ帰シテ、其実私有ノ名アリテ私有ノ利ナキ者」、新税確定しても「人民悲難」となるので、「御公議ヲ仰ク所ナリ」という。雑税に関しても同様で、「租税平均ノ実効至急御立下サル可」きである。

第一四条「地方裁判ノ事」は、地方裁判所は莫大な経費がかかるので、設置は当分延期し、司法省において各府県を巡回し、裁判する体制にすべきである。第一五条「工部省ノ事」は、御雇外国人を批判し、鉄道敷設もできたので工部省は廃止すること、という。その他の議決については省略する。いずれも議案と同様、民間の利害を優先した決議を行っており、まさに、「国憲民法不撰細大、租税賦課等ノ件ニ至ルマテ、施政上ノ便不便、民間ノ利害得失ヲ熟考シ、心付次第無忌憚」討議した。

いまだ地方議会の権限論が展開されていなかったので、国体論、憲法論、財政論にまで審議がおよんでおり、この決議が実現されれば、全くの民主主義国家が実現するはずであった。このような「御国体并御政体之事」にかかわる議論が、地方議会の審議にふさわしくないと思った議員層は、詰合区戸長や県庁の攻勢の前で、反省として学習結社蛙鳴会の結成にかかわっている。窪田は投書のなかで、「事頗ル高遠ニ馳セ、語殆ント不敬ニ渉ル、実ニ道理世情ヲ弁ヘザルノ到ス所」であったと述べている。同時にこの体験は、「他日ノ補益となり、愛国の基礎になると主張する。

同年一二月の「小田県蛙鳴群規則」[55]によれば、その第一条で、「各小田ノ蛙タルコトヲ忘」ズ（中略）、只群蛙一般ノ甘苦利害上ニ就キ、愛国ヲ主トシテ鳴キ立ツ可シ」と、遠慮のなかでの愛国精神を強調する。この蛙鳴群（会）は、明治八年一月から活動を開始する。蛙鳴会の目的の一つは、各新聞社とくに日報社（報知新聞）を通じて、広く意見を公表し、全国的に議論を拡張することにあったから、最初から全国的にも注目されるに至った。蛙鳴会の第一回では窪田次郎が、「文教論」を演説し、これを新聞に投稿している。第二回は同年二月開催され、窪田が再び「大麻奉仕社式につき四方有識者に質す」[56]と題する演説についても「私有地ノ権利全ク愚民等ニ帰ス可シ」とし、「租税御改正ノ今日ニ切迫シテ、国民尚未ダ其国体政体ノ確説ヲ知ラズ（中略）、何人ト御盟約ニ相成リ、人民ノ名代議院モ御延引ニナリタレバ、何ヲ定規トシテ三分ナリ一ナリ（地価一〇〇分の三または一）、御割リ出シニ相成リシヲ知ラズ（中略）、責テ租税御改正ハ、議院ト共ニ暫時御延引」すべきだという。明らかに、実質的私有地を保証する低租の地租改正は、人民代表者の集う議院で審議すべきことと主張しているのである。

そして、「小田県蛙鳴群ト名ツケテ脩身斉家愛国護政府ノ修行社中ヲ結ビ、徐ニ功績ヲ成サント欲（中略）、報知新聞ニ依頼シテ、国体政体租税法ノ義ヲ質問シ（中略）、衆力ヲ合シ衆説ヲ考ヘ……蛙鳴群ヨリ左院ヘ奉ラン」とした。民間からの国体論、政体論を地租改正論とともに構築しようとしたのである。そのため脩行社なる結社をつくったが、この目的に応じた研究結社は、同年夏頃までには起天会、思元会、資生会、啓行会、晩翠会、蛙鳴会、流彩会、博聞会、同胞会、同盟会として組織され、この総括組織が「蛙鳴群」であった。

このような、民間からする国体政体構築論は、「愚民等ノ国体等ヲ議セシハ、吾身体ノ現在出生シ、吾足脚ノ現在行歩スル所ノ、卑近ナル日本国、国体等ニシテ、決シテ高天源極楽世界等、高遠諸国ノ国体等ニ非ルナリ」、「公然ト新聞紙上ニ弁論セバ、是コソ雑費少キ民撰議院」であると、世論形成の道筋を明らかにする。同時に、六月開催の地方官会議への期待とともに、積極的言論活動を行う契機となった。この地方官会議は官選であるが、傍聴人の出席に期待する。この傍聴人は「吾輩ノ晴雨計」で、「民権ヲ青雲ノ上ニ振ハント期スルノ人」であるから、「吾日本国憲ノ基礎ヲ定ムル大任ヲ帯フ」と大きく期待したのである。それゆえ、地方官会議は民選議会化への移行過程とし、「日本未曽有ノ大変革ナル租税法ヲ確定シ玉フ深意」であろうと推測していた。この立場を新聞に投稿し、「諸府県平民達」に訴えていた。(57)

地方官会議が民権派の期待を裏切ったことがわかった七月一一日、蛙鳴会演説会で窪田次郎は、小田県傍聴人二人が県権令とともに、秘密裏に上京したことに「君主国ノ威風」と見つつも、蛙鳴会は「抵抗」するための組織ではないとし、一層の忍耐努力を要請した。やがて蛙鳴会は政談を止め変質するが、「君主」国政府への幻滅が背景になっていた。

六　地方民会論と民選議院論

明治七年一月の民選議院設立建白は、全国的な議論の口火になった。この建白を、日新真事誌から転載した東京日日新聞は、江湖叢談欄で紹介しており、(58)全国的に一層周知されるに至った。かつてロンドン万国博物館に日本館を出店した清水卯三郎は、早速、この建白に賛意を表し、民選議院の急務を説いた。(59)加藤弘之の民選議院尚早論に対する大井憲太郎の反論も、「今直チニ民撰議院ヲ置クヲ要セス、只或ハ地方会議ヲ設ケハ如何」(60)と提議したものの、本意は民選議院優先論者であった。

この民選議院論それ自体の論争は、自由党史や「民選議院集説」に譲り、ここでは触れない。むしろ議論のなかの一つの傾向であった、明治六年開始の大蔵省主催の地方官会同の民会化の動向につき検討しておこう。大井憲太郎も当時、指摘したように「今般政府ヨリ各地方長官ヲ会同シ、施政上ノ緩急当否ヲ議シ、大ニ国是ヲ議定シ、漸次民選議院ヲ起立ス可キ目的アリト（中略）、其議員タル者ハ、既チ全国人民ノ代議士トシテ、議事ス可キノ諭告アリ[61]」とみて、民選議員への移行を目指す代弁機関とみたのであった。このことが、出席する開明的地方官や、地方有識者に期待を抱かせる結果になった。

開明的地方官が、大蔵省会同に出張するに際し、県下実態を知るため、実質上の県会を開設する場がみられたからである。たとえば滋賀県令松田道之は、県治所見を公にし、新聞に報道されたが、それによれば、「政府立法ノ根元皆人民ニアルヲ以テ（中略）、県令ノ事務皆民ノ事ナリ（中略）、即チ人民自主自由ノ権利ヲ束縛シ、保護ノ官却ヲ即チ妨害者トナル[62]」ことを恐れている。当時の府県令によっては当然なことながら、この意見は革新的であった。兵庫県令神田孝平、千葉県令柴原和とともに三賢令とされ、民間に迎えられている。浜田県でも「夫レ県官ハ何タル者ナル哉、朝廷之ヲ設ケテ人民ヲ保護セシムルニ外ナラズ[63]」とし、そのため「今般人民ヲ会同シテ議事ヲ興シ、上下ノ情ヲ開暢」するものとし、公選県会を開設した。三重県でも、五月頃より県下巡回し、「民撰議員設立ノ命ヲ下シ、且ツ議員ヲ公撰[64]」したという。県下は一時歓迎したが、その後の沙汰がないことに気をもんでいることが報道されている。

東京会議所代理依田百川も、知事大久保一翁に建議し、「地方の長官人民に代るの事ならば、勢ひ人民の会議を興す[65]」べきことを主張した。新治県でも「一回も人民と御集議無之候テハ、人民惣代の名義に於て、如何有之哉[66]」とし、県下の民選議員興立とともに、「両三輩御撰奉御登京の節御召還、議事拝聴為致」たいと要求していた。

兵庫県では政府の地方官会議に、「諸民之代議人として地方長官被召寄、律法御確定」（『東京日日新聞』明治七年六月一四日）の沙汰があったが、「諸民代議の職掌」として自分が出席する以上、県下の意向を把握してからでないと出席できない。そのため出席前に、「管下一同の見込を篤と承度」として、臨時県会を布達した。そして県民代表の傍聴人を一ないし二名同道し、地方官会議に出席することを公約している。小田県下の民選議員開設は、この兵庫県布達を拠り所として、県下意志のある所を、権令が要約すべきものとして要求されたのであった。

このような民選議院化の要求に対し、豊岡県令田中光儀は、県下に布達し、「皇上特載ノ御政体ヨリ成立処ノ、官撰議員トシテ光儀「田中豊岡県令」上京イタシ候」[67]と述べ、「民撰議員左祖ノ者ハ、管内僅々ノ書生輩而已ニテ、五十余万人中ヨリ視レハ九牛ノ一毛」だときめつけていた。地方官会議の性格と地方官の出席上の立場が問題となり、やがて全国的な民間の動向に逆行し、官選議員におちつくのである。そのうえ、征台の役を理由に、この地方官会議は延期されてしまった。その戦費も人民代議の場で、審議が必要とする民間の意向も、専制化を強める政府により、おし流されてしまう。

当時、民権派地方官の府県は言うまでもなく、日和見の府県でも、民選議員とのかかわりで地方民会論が高揚した。神奈川県においても、「議事開発ニ付、県令ヨリ各議員ニ会議ノ大旨ヲ告ル文」[68]が布達されるのもこの時期である。三潴県も区戸長議員ながら、「議事定則」[69]を設けている。各県下で議院研究会としての「共和会同」[70]も始まっていた。兵庫県では地方官会議の中止、延期をうけて、そのために開設した県会での審議結果を、「一県公論」[71]とし七カ条を明らかにした。「坑夫戸籍之議」、「農税減少ノ議」、「雑税改正ノ議」、「徴兵資本金賜方ノ議」、「地所入札払ノ議」、「潰地除税ノ議」などである。総体として農税減少議案が、「地価百分一ヲ地租」とするように、地租軽減のうえに民力涵養すべき公論となっていた。明治七年九月、石川県では地方官会議に出席する県令内田政風宛に、有志連盟で建議し、有司専制の是正、地租改正による税法確定のための民選議院の必要を力説していた。「政府ヨリ出ル者常ニ減シ（中略）、民ニ取ル者常ニ増大」[72]の状況を改善せよという。県会を開設しない県令に対する、切なる建言であったが、この建議は県庁より左院にまわされ握りつぶされている。頼みの地方官会議が延期されると、再び民選議院論が地方民会論とのかかわりで議論されるようになった。地租改正が地租軽減との関連で、議論の中心におかれていた。

大分県農民帆足亮吉は投書して、「今日ノ計宜ク県会（各県人民其地方ニ会議スル者ヲ云フ、下之ニ同シ）テ眡張シ、全国協議ノ法ヲ設ケ、地方官会議ノ遺漏ヲ弥縫スルニ若クナカルヘシ(73)」と主張した。地方官会議で欠ける分を、全国県会協議会をつくり是正せよというのである。岐阜県平民高木真蔭も、一郡一県より惣代員を公選し、二、三年後に東京に、「人民の出張所(74)」を開くべきことを提議した。

明治八年になると、各地に結成された民権結社が、活発に意見するようになった。結社はこの時期に拡大する。たとえば、明治八年早々に設置された東京通志社は、「稟議(75)」のなかで、「民選議院の起るや近きに在り、人々宜しく自ら修め、自ら勉めさる可らす（中略）。吾徒、今日に在スハ、上民選議院を建ると否とを問ハす、下吾徒草莽に於て、我々一箇の民会議社を設けて、民選議院建立の日に至るまで、専ら自勉自修」するものとしていた。名東県でも、「自助社なる者を創業し、主として人民の権利義務の何物たるを講究し（中略）、人民も亦其結社を嘉し、今其支社を布置する数所、市在会場に上るもの凡二千余人(76)」に達した。これは「民議を盛んにせんと、大阪の会議所の自助社、土の立志社に連合せんと」するものであった。それゆえ、四月一四日の立憲政体樹立の詔勅に対し、自助社名で祝詞を投書している(77)。

同年五月五日、地方官会議再開が布達された。「此会議ハ源を民選議院の論に取り、其論の汎論せしより起りしものにして、即ち民選議院論の第一果(78)」として、再び民選議院論を活発化させた。この地方官会議に付記された議案は、五道路堤防橋梁の事、地方警察の事、地方民会の事、貧民救助方法の事のほか、小学校設立及び保護法が追加され、五議案であった。この五議案の限定に対し、当時の最重要課題であった地租改正がないという批判が展開された。地租

「改正ハ全国安危ノ係ル所、不容易ノ大事ニ付キ、広ク公議ヲ尽サレシ上ノ事ニ思シニ、本月五日、地方官会議御諮問条中、此件ヲ載セズ（中略）、民会ヲ開」(79)くべきを、熊谷県平民吉田六三郎は主張する。保守的論潮で御用紙的な『東京日日新聞』でさえ、「実地ニ通暁シタル地方官ト人民トノ共議ニ非ザル以上」、「地方官ヨリ之ヲ区会民会ニ下シ、実地ノ利害得先ヲ詳ニシタル後」(80)、改正すべきことを主張していた。

この時、酒田県治を糾弾し、政府のあり方をしばしば建白していた森藤右衛門も、「人民の租税を納る所以の者ハ、政府の保護を仰く所以にして、政府の租税を収むる所以の者ハ、人民を保護する所以なり。故に政府の財用を出納する必す人民をして与り知らしめすんはある可らさるなり」(81)と、租税共議思想を根拠に、区戸長層の民費賦課を公正にするためにも、「県会を設く」ることを建言している。地租改正や県庁による県民使役など、三島通庸県令の施政をも疑い、元老院に建白していた。

森藤右衛門と同様、地方官会議の傍聴人として上京していた筑摩県の窪田畔夫は、地方民会開設論を建言すると同時に、独自の民会論を元老院に建白した。その趣旨は次のようなものであった。傍聴人として上京した理由は、「郷里数兄弟の推す所となり、止を得すして来る者」(82)であるが、「会議御推問や地租改正の件に付ては、是非公撰民会御取り開き無之テハ、人心悦服致ささる事あれハ、之を各地方官に質して上陳を希ハんと」するためであった。地方官会議は民情を知るため、傍聴人に諮問あるものと期待し、自弁で上京したが、果たして効果があったのかと自問し、まして公選民会が実現せず、官選区戸長会の地方会議となったことに愕然となった。一二県二六名の傍聴人有志とともに、公選民会開設を政府に建議したが、何の指示もない。これでは地租改正の公正も期しがたい。「租税なる者之を人民に取りて、以て天下の須用に供するところなれハ、必す人民の同く服して、同く然りとする所に出」なければならない。実際をみれば、「官吏ハ惟た地価の低下して税額の欠減」を恐れている。もし、「政府の目途とする所を以て地税を賦課せハ、一村の人民其土地を保護する能ハす」。新法は旧税額を減ずるどころか、かえって増加がみられる。「租税ハ一国経済の基本にして、人民の利害休戚に関する之より大なるハなし。必らす人民の公議を採り、天下の承諾を得て然後之を徴集せさるへからず」、そのためには「公撰民会を各府県に開くにあるのみ」。改正は民会で衆議すべきだという。

窪田畔夫は蟻封社や、その後の民権結社奨匡社の中心人物であるが、筑摩県下有志の公約数的意見を代弁したのである。かつて私は筑摩県地租改正事業の特色について検討したことがある[83]。筑摩県においては、この時、先行府県として大きな矛盾に逢着していたのである。すでに筑摩県では、明治六年以来、下問会議と称し、県令主導の県会や大区会が開設され、その民会化への動きが強まってはいたが、あえて純粋な民会でなければ、事態の解決になり得ないことを認識しての建言であった。筑摩県下では農民的地価算定法ともいうべき、減租率の高い「田畑割引法[84]」を生み出していた飯田支庁つき村々では、検査例一則の強制により騒然となり、一揆寸前に達していた。これを北洲舎（社員白井政夫来県）に依頼し、法廷闘争に訴えてもいるのである。戦後研究史は、この闘争方式を一揆から民権の言論闘争への変質として、大きな評価を与えた[85]が、自由民権運動への転換の第一歩となるものでもあった。

窪田畔夫の地租改正を基本とする地方民会論は、明治八年当時の日本の世論を、最も適確に反映したものであった。明治七年の兵庫県会の審議が、地租改正および農税減少問題に集中したことは前述した。したがって、地方民会論は民選議院（国会）論とともに、地租改正を基本に要請され、租税共議思想を実現する場として定着していた。この時期、一方では区戸長公選化も重要課題となり、淡路自助社「区戸長公撰の義建言[86]」や、佐賀自明社の「区戸長公撰の議[87]」が提出され、地方行政上の理事部門の公選化要求も激しくなる。租税を基礎に、総体として地方自治要求が、政治課題となった時であった。

おわりに

明治九年、埼玉進修会は「自由ノ心思ヲ発展シ、自治ノ精神ヲ培養」するため、「言論及ビ出版ノ自由ヲ許シテ、公議輿論ヲ皇張」する「中央国会地方民会ヲ興シテ、与政ノ習慣ヲ養成」することを目的に組織された。八年までの経験をふまえ、民権結社による民権思想の養成が課題となった時である。地方自治を基礎に、一〇年代の自由民権運動が準備される時でもあった。(88)

それゆえ、明治五年から八年までは、基礎事業たる地租改正事業の試行錯誤の時期であり、生成する諸矛盾への対応が迫られた時期であった。折からの開明的地方官による地方議会の開設や、下野参議達による民選議院設立建白は、農村的潮流とも言うべき地租軽減、地方自治の民会路線に、大きな影響を与えたものの、一貫して下流の民間路線は伏在しつつ表面化する時期であった。

廃藩置県後、新県における県治が始まった明治五年を契機に、地方議会の開設が、開明的地方官により豪農層の要請もうけて開始される。地方議会の構成は、区戸長議員から公選議員による民会化が進むが、これに応じて、地方官の諮問会的性格が薄れ、本来的にもった地域産業の育成、開明化の要請を、地域の課題として提起し、解決しようと試みるに至った。当初、統制され整理されないこともあって、地域問題に限らず、地租改正を含む国政全般にわたる審議へと、拡大される傾向にあったことは小田県民会が典型的に示している。

このような地方民会化をめぐる現実の地方議会での、官と民との対立にくわえ、その体験をふまえての地方民会論が展開され、同時に、権利意識にめざめた法律知識普及のための法律結社や、天賦人権論からする民権結社が普及することになった。立志社中心の愛国社的潮流とも言うべき士族的民権運動の影響も強かったが、これとは別に、全国的に農村のなかから地域的民権運動が展開し、法律思想の影響を受けつつ、民権結社を組織し、地方民会論を民選議院論、つまり民選国会論との関連で主張するようになっていた。

明治五年から八年当時は、素朴な両院論や地方民会論が展開されたが、公選化を強めながらも具体的な選挙権論は展開されていなかった。漠然と「ミツドルクラス」論が前提におかれていたようであるが、地租改正利害論も地域産業論も、この立場から発言されていた。当時の経済論は貧富平均論が前提にあり、農村における階層分化問題が論潮に登場するのは、明治一〇年以降である。それゆえ政治論や産業論に、直接に階層問題が投影されることはなかった。政治論、経済論、法律論、組織論ともに、階層的視点を欠いたまま、政府対抗的に主張されていたのが、この時期の特徴であった。

(1)　拙稿「尾佐竹史学の成立とその特色」『大学史紀要』第八号。本書序章に再収。
(2)　尾佐竹猛『日本憲政史論集』（育生社、一九三七年）六頁。
(3)　服部之総「絶対主義論」『同著作集』第四巻（福村出版、一九七三年）二六八頁。
(4)　拙著『明治国家形成と地方自治』（吉川弘文館、二〇〇一年）。
(5)　尾佐竹猛『日本憲政史論集』九一頁。
(6)　同右、一四二頁。
(7)　尾佐竹猛『日本政治史点描』（育生社、一九三八年）序文二頁。
(8)　福沢諭吉『福翁自伝』（岩波書店、一九四四年）。
(9)　尾佐竹猛『明治政治史点描』五九頁。
(10)　加藤弘之訳『国法汎論』（文部省）。
(11)　尾佐竹猛『明治政治史点描』七三頁。

(12)(13) 板垣退助『自由党史』(岩波文庫)上、一〇七頁。
(14)(15) 同右『自由党史』上、八七、七九頁。
(16) 板垣退助『自由党史』上、二四六頁以下。
(17) 高嶋雅明『和歌山県の百年』(山川出版社、一九八五年)三六頁以下。
(18) 宮崎道生『青森県の歴史』(山川出版社、一九七〇年)二二二頁。
(19) 青木孝寿・上条宏之『長野県の百年』(山川出版社、一九八三年)八四頁。
(20) 『新編埼玉県史』資料編一九 近代・現代1(埼玉県、一九八三年)三五二頁。
(21) 『郵便報知新聞』明治九年九月二二日、投書。
(22) 拙稿「埼玉県における自由改進両党組織化の特質」(『埼玉県史研究』二号)。
(23) 飯田文弥「新聞解話会と山梨県の民権運動」(『信濃』二三-一)。
(24) 『日新真事誌』明治八年一月二四日。
(25) 谷口澄夫『岡山県の歴史』(山川出版社、一九七〇年)一七四頁。
(26) 自郷学舎については『杉田鶉山翁』(鶉山会、一九二八年)一二七六頁以下。
(27) 有元・甲斐・頼・青野『明治期地方啓蒙思想家の研究』(渓水社、一九八一年)九〇頁。
(28) 『広島県史』近現代資料編(広島県、一九七三年)四六〇頁。
(29) 『郵便報知新聞』明治七年一一月八日、投書。
(30) 新藤東洋男「自由民権運動と代言社」(『日本近代史研究』第六号)。
(31) 板垣『自由党史』(岩波文庫)上、一四五頁。
(32) 『大阪弁護士史稿』(大阪弁護士会、一九三七年)上、五六七頁、以下同。
(33)(34) 同右、六一六、六二三頁。

注：なお『大阪弁護士史稿』の北洲舎部分の草稿と思われる論文は奥平昌洪「北洲舎始末」(司法資料)である。この論稿は『法律新報』大正一三年五月の第二号以降に連載されている。また、これらを用いた論文に中瀬寿一「一

(35) 八七四～一八七六（明治七～九）年大阪における自由民権運動の勃発とその史的考察」（『大阪産業大学論集』社会科学編六九）がある。
(36) 有元・甲斐・頼・青野、前掲書、五四頁、再引用。
(37) 『広島県史』近現代資料編、一四四頁。
(38)～(44) 有元・甲斐・頼・青野、前掲書、四三七頁。
(45) 注（36）四四五頁以下。
(46)～(48) 広島県立歴史資料館、諏沢家文書。
(49) 「公文録」明治五年『建白書』国立公文書館。
(50) 『明治建白書集成』第二巻（筑摩書房、一九九〇年）六八〇頁。
(51) 「公文録」明治六年府県景況、国立公文書館。
(52) 「公文録」明治六年建白書、国立公文書館『明治建白書集成』第二巻　一〇六頁。
(53) 『東京日日新聞』明治六年三月二三日。
(54) 『広島県史』近現代資料編、四五六頁。
(55) 同右、四五八頁。
(56) 同右、四六〇頁。
(57) 有元・甲斐・頼・青野、前掲書、三七四頁。
(58) 『広島県史』近現代資料編、四七七頁。
(59) 『東京日日新聞』明治七年一月一九日、江湖叢談。
(60) 『郵便報知新聞』明治七年二月一九日、投書。
(61) 『民選議院集説』『明治文化全集』第一巻、憲政編（日本評論社、一九六七年）三六一頁以下。
(62) 『日新真事誌』明治七年六月二九日、投書。
『東京日日新聞』明治七年二月一〇日、江湖叢談。

(63) 同右、明治七年。
(64) 同右、明治七年六月一三日、江湖叢談、『日新真事誌』明治七年五月二三日、県新聞。
(65) 『郵便報知新聞』明治七年七月四日、投書。
(66) 『東京日日新聞』明治七年六月一四日、江湖叢談。
(67) 同右、明治七年七月二八日、江湖叢談。
(68) 『日新真事誌』明治七年五月三一日、県新聞。
(69) 同右、明治七年六月二九日、県新聞。
(70) 同右、明治七年九月二〇日、投書。
(71) 同右、明治七年九月二三日、県新聞。
(72) 同右、明治七年一〇月一三日、左院録事。
(73) 同右、明治八年一月四日、投書。
(74) 『郵便報知新聞』明治七年一二月一二日、建言。
(75) 同右、明治八年二月一七日、投書。
(76) 同右、明治八年四月一五日、投書。
(77) 同右、明治八年四月二七日、投書。
(78) 同右、明治八年五月八日、論説。
(79) 『東京日日新聞』明治八年五月二〇日、寄書。
(80) 同右、社説。
(81) 同右、明治八年五月二二日、『郵便報知新聞』明治八年五月二日。
(82) 『郵便報知新聞』明治八年七月二六日、投書、以下。
(83) 拙稿「松本地方の地租改正」(『土地制度史学』第二九号)、同「増租地帯における地租改正」(『駿台史学』第一七号)、同「地租改正の進行と農民の動向」(古島敏雄編『明治前期郷土史研究法』郷土史研究講座第六巻所収)。

(84)　拙稿「増租地帯における地租改正」(『駿台史学』第一七号)。

(85)　後藤靖「自由民権運動と農民一揆」(『京都大学人文学報』七)。

(86)　『郵便報知新聞』明治八年八月四日、投書。

(87)　同右、明治九年五月一五日、諸県報知。

(88)　同右、明治九年九月二二日、投書。

第5章　明治文化研究会をつらぬく駿台学の系譜

長沼　秀明

はじめに

明治文化研究会の成し遂げた最も大きな研究成果は、何といっても『明治文化全集』の刊行であるといってよいだろう。この全集には一見すると多種多様な、雑多ともいえる史料が多数、掲載されており、この彪大な史料集を目の前にするとき、われわれは、明治文化研究会とは、いったい、どのような研究団体だったのかと、しばし、その、とらえどころのなさに一瞬、呆然と立ちすくんでしまう。

尾佐竹猛は、この明治文化研究会の、吉野作造と並ぶ中心人物である。そして、尾佐竹猛もまた、あまりにも多様な研究業績をあげた学者として、その学問的評価を下すことが、なかなかに難しい人物であるといえるようである。

しかし、明治大学に平成一五年（二〇〇三）、これまでの長きにわたる明治大学史研究の豊富な蓄積をもとに新たに設立された明治大学史資料センターは、その最初の大型研究の対象として、この尾佐竹猛をとりあげることを決定し、研究が強力に推進されて、その成果が本書にまとめられるまでに至った。それは、いったい、なぜなのか。

このことを考えるとき、きわめて興味深い証言がある。明治大学で長らく研究・教育にたずさわり、後年には総長を務め、傘寿を越えられた現在も東洋法史学研究に勤しんでおられる島田正郎氏の証言が、それである。島田氏の父・鉄吉は、尾佐竹とは同じ、同郷意識が強いといわれる石川県出身の、明治法律学校の先輩であり、かつ大審院判事として同僚であり、さらには同じく明治大学法学部教授として共に仕事をした仲間であった。そして、そのような尾佐竹のことを島田氏は、「正月二日には必ず年賀に参られ、座敷で酒をくみかわし談笑されておられたのが、私の記憶になまなましい」として、なつかしく回想しておられる(1)。しかし氏は、自らが尾佐竹から学問上の導きをうけたことに感謝を述べた後に突然、つぎのように言うのである。

　先生は、本学あっての秀れた研究者とは申せまい。たまたま業績をあげられた方が、本学にも居られたにすぎないというべきであろう(2)。

ここに示されているのは、尾佐竹の学問と、彼自身が学び、仕事をした明治法律学校＝明治大学とは、まったく関係がない、という見解である。たしかに、このような見解が成り立つ余地は、あるかもしれない。しかし本当に、そう言い切れるのか、という疑問が、ただちに生ずる。一般に、一人の人間の一生を考える場合、教育が、その人物に与えた影響は、きわめて大きいと考えるほうが妥当であろう。さらに、人物によっては、青年期をすごした学び舎での影響は、かなり決定的な影響を、その人物の、その後の歩みに与えるということも、大いに考えられるであろう。

今回、明治大学史資料センターが、その最初の共同研究の対象として、明治法律学校で学び、母校の明治大学で教授を務めた尾佐竹猛という、明治維新史研究の開拓者として知られる一人の学者をとりあげたことの意味は、はたして、いかなるところにあるのか。おそらく、この問いは「駿台学」という名称で表わされる「明治大学に個有な学問的傾向、または知的伝統」をいかに考えるかという問題と大いに関わりがあるはずである。[3]

そもそも、尾佐竹猛の学問が形成されたのは、彼が地方裁判所判事から控訴院判事を務めていた時期、すなわち明治四〇年代から大正一三年頃までの時期であったとされる。そして、この時期は同時に、民本主義を唱え大正デモクラシーを主導した吉野作造が明治大学の講師を務めていた時期でもあった。尾佐竹は後に詳しく見るように、吉野作造とは学問上の、いわば同志であったが、まさに尾佐竹は、大正デモクラシーの影響のもとに、その学問的基礎を形成したといってよいのである。[4]そして、このような尾佐竹猛の学問形成の時代的背景は、権利自由にもとづく法学の普及という明治法律学校＝明治大学の建学理念と、決して無関係ではなかったはずである。[5]

したがって、尾佐竹猛が吉野作造とともに、その中心的役割を担った明治文化研究会を考察することは、尾佐竹猛の学問、ひいては明治大学の学風の本質を追究するうえで、きわめて重要な課題となるということができるのである。

一　明治文化研究会の概観

明治文化研究会は大正一三年（一九二四）一一月に、前年の関東大震災によって明治期の文化財が大量に消滅したことを憂えた吉野作造を中心に設立された大正・昭和期の研究団体である。[6]初期の同人には石井研堂、尾佐竹猛、小野秀雄、宮武外骨、藤井甚太郎ら八名の民間の学者たちが加わり、会の目的として「明治初期以来の社会万般の事相を研究し之れを我が国民史の資料として発表すること」（会則。傍点部は引用者。以下同）を謳っていた。定期的に開かれた研究会合では、同人その他の学者の研究発表、および同時代人の回顧談などの発表が行なわれた。設立から三カ月後の大正一四年（一九二五）二月には雑誌『新旧時代』を発刊し、昭和二年（一九二七）二月までに二三冊を刊行した（その後『明治文化研究』と改題して発行）。そして、昭和二～五年には、明治初年から大日本帝国憲法発布・帝国議会開設までの、近代日本の形成に大きな影響を及ぼした重要文献・史料を網羅した『明治文化全集』全二四巻を刊行し、その後の明治維新史研究の基礎を築いた。また、同全集に付された月報『明治文化』と、すでに刊行されていた『明治文化研究』とを合して昭和四年（一九二九）七月に新たに『明治文化』を発刊し、昭和一九年（一九四四）一月まで刊行し続けた。昭和八年（一九三三）に吉野作造が没すると、尾佐竹猛を会長として研究活動を続け、多くの日本近代史研究家を育てた。戦後に再興され、木村毅、西田長寿らを中心に、研究会合の開催や新版『明治文化全集』刊行などの活動を続けた。

以上が明治文化研究会の概要であるが、この会については田熊渭津子が、谷沢永一の勧めにもとづいて調査し、その成果をまとめた『明治文化研究会事歴』(7)が基本文献である。同書は「「明治文化研究会」の刊行書及び逐次刊行書の内容目次を主にした目録」(8)で、『明治文化全集』新旧版対照総目次、『明治文化』総目次、新版『明治文化全集月報』総目次、『新旧時代』『明治文化』『明治文化研究』『明治文化』総目次、『（季刊）明治文化研究』総目次、「明治文化研究会刊行本目録、「明治文化研究会例会」講演目録の全七部からなり、われわれに基本的な資料を提供してくれる。

同書によれば、明治文化研究会が吉野作造によって創立された大正一三年一一月段階では、会の本拠は福永書店内に置かれ、当初の編輯同人は石井研堂、石川巌、井上和雄、尾佐竹猛、小野秀雄、吉野作造、宮武外骨、藤井甚太郎の八名であった。また、大正一四年二月に創刊された『新旧時代』に掲載された会則には、「明治初期以来の社会万般の事相を研究し之れを我が国民史の資料として発表すること」を目的とすること、および、月刊誌『新旧時代』の年間購読者を会友とし、会友には種々の特典が付与されること、などが明記されていた(9)。

さらに、毎週火曜日の晩に駒込神明町の吉野作造邸に同人たちが集まって明治文化の研究にとりかかったこと、および、創立後、半年か一年後には明治文化全集を編纂して刊行しようということになり、編纂会議が駒込追分町の基督教青年会館で開かれたこと、などが同書により、すでに判明している。

二　明治文化研究会と尾佐竹猛

それでは、明治文化研究会の実態とは、いったい、どのようなものだったのであろうか。この問題を解明するために、明治文化研究会に実際に参加した人々の証言を、つぎに聞くことにしよう。

(1)　大久保利謙のみた明治文化研究会と尾佐竹猛

大久保利通の孫で、日本近代史研究の大家として知られる大久保利謙は、明治文化研究会について、まず、つぎのように語る。

明治文化研究会創設のころは、わたしはまだ京都大学にいて、明治文化にそれほど関心があったわけではありません。本屋で雑誌『新旧時代』を買って読んだりしたくらいです。宮武外骨・尾佐竹猛の名を知ったのはこの雑誌でだったと思います。[10]

そして、尾佐竹との出会い、および明治文化研究会への参加について、こう証言する。

明治文化研究会の会長だった尾佐竹猛先生と知り合ったのは、『〔東京帝国大学―引用者。以下同〕五十年史』の編纂のときです。開成所頭取だった洋学者、柳河春三の写真を借りに行ったのが最初でした。その後、父が会長をしていた日独文化協会での講演をお願いに行ったりするうちに、いつのまにか門下みたいなことになり、明治文化研究会との関係ができました。(11)

当時、すでに吉野作造は死去しており、明治文化研究会の会長は尾佐竹が務めていた。

わたしが初めて明治文化研究会の例会に出たのは昭和一〇（一九三五）年です。もっとも研究会とはいっても、会則があるわけじゃなく、サロンみたいなものでした。(12)日比谷桜田門外辺に法曹会館というのがあって、そこに一〇人とか二〇人とかが集まる。明治文化研究会の初代会長だった吉野作造博士は昭和八（一九三三）年に亡くなっていますから、このときの会長は尾佐竹先生です。尾佐竹先生は毎回出て、司会をされる。一人か二人、研究発表のようなことをして、あとはてんでに話をして、最後に尾佐竹先生がちょっとまとめみたいなことをいう。雑学的博識ぶりを発揮して、とても楽しそうだったですね。それだけです。あまり専門学者は来なかったですよ。席料は一〇銭とか二〇銭といった程度でした。(13)

ここで注目すべきことは、大久保が、この会には「あまり専門学者が来なかった」と述べている点である。このことは、明治文化研究会の学問的性格を考えるとき、きわめて重要な問題を提起すると思われるが、この点は後に詳しく考察することにすることとして、さらに、大久保の語る、尾佐竹の魅力と研究会の様子について耳を傾けよう。

尾佐竹先生には、いろいろな人を引き込む力があった。いわゆる左翼の人たち、政治史畑の鈴木安蔵さんとか田中惣五郎さんみたいな人も入れるし、一方では石井研堂さん（ジャーナリスト）も入れる。ここでずいぶん多くの人たちと知り合いになりました。文学関係では柳田泉さんとか、木村毅さんとか。このほか、渡辺幾治郎さん（『明治天皇紀』を編纂）、松下芳男さん、京口元吉さんら、明治史研究の錚々たる人たちとも懇意になった。例の宮武外骨老もときおり来ました。非常に骨っぽいところのある人で、独特の語り口でした。ただ、わたしが出席しはじめた頃には、会から離れていっていて、あまり姿をみせませんでしたね。(14)

やはり、明治文化研究会の学問的性格を考える際に、右の証言中に、とくに注目される事実がある。それは、鈴木安蔵や田中惣五郎ら左翼の学者たちが研究会に参加していたこと、および、尾佐竹が会長になった頃には、宮武外骨が研究会には、あまり参加しなくなっていたこと、である。このことの意味についても、後に考察する。

(2)　明治文化研究会の雰囲気

つぎに、高橋邦太郎、斎藤昌三、そして吉田澄夫の証言を聞こう。

まず高橋は、自分が明治文化研究会の例会に出席するようになったのは木村毅のすすめによるものであり、その頃の研究会は吉野作造、尾佐竹猛、宮武外骨、斎藤昌三、石井研堂、原胤昭などの「大家」ばかりであり、木村毅、柳田泉の「諸先輩」も、まだ三〇歳を少し出た位の「新進気鋭」で、自分などは「数にも入れて貰えなかった」と述べている。(15)

また斎藤は、本郷追分の「呑喜」という、おでん屋での、煙草も酒も苦手だった尾佐竹や吉野の思い出を研究会の雰囲気と重ね合わせながら、なつかしく回顧している。(16)

吉田澄夫が明治文化研究会に出席したのは、彼自身の証言によれば、大正一五年（一九二六）七月例会以後のことであった。そして、それから後の会合のことは「記憶している点がいろいろある」として、初めて出席した例会が大正一五年七月一一日に開催され、その時の場所は本郷追分町の電車通りにあった帝国大学学生基督教青年会館の二階の一室であったと、まず語る[17]。

また、研究会の雰囲気を、カレーライス、おでん、タバコの思い出とともに、「結構楽しい会合であった」と、なつかしく回顧し[18]、明治文化研究会の学問的意義について、つぎのように結論づけるのである。

それ〔明治文化全集〕以後の近代文化研究の事業で直接間接にこの会の影響を受けておらぬものはないであろう。この会合に出席して、数年間あの空気にひたったことによって、明治文化史の大要を知り、研究資料の所在、研究方法の長短などについて多くのことを学んだように思う[19]。

しかし、吉田は、ある時期を境にして研究会への出席をやめることになる。

明治文化研究会は、その辺〔昭和四年四月一一日〕までは出席して聴講した記憶があるが、このあとの研究会記録を見てもさっぱり覚えがないところを見ると、出席しなくなったらしい。なぜ出席しなくなったものか、いまその理由が思い出せない[20]。

(3) 吉野作造の人徳と尾佐竹猛の「官僚臭」

なぜ吉田は、研究会に出席しなくなったのか。これには、おそらく研究会の学問的な質の問題と大きく関わる事情があったと考えられるが、吉田は、この問題に関わる、きわめて重要な証言を行なっている。

この学会の中心人物は、吉野作造博士で、これを助けたのは尾佐竹猛博士であった(21)。明治文化研究会は、昭和八年に吉野博士歿後は尾佐竹博士が引き継ぎ、戦後尾佐竹氏歿後は木村毅氏が引き継ぎ長く継続して学界を益したが、何といってもその全盛時代は吉野博士在世の当時であった(22)。

吉田は、「吉野先生歿後は、自然あの会に疎遠になってしまったのは、残念なことであった(23)」とも述べているが、明治文化研究会は吉野の人徳に負うところが多かったと、吉田は吉野への尊敬の念を込めて、つぎのように語るのである。

吉野博士は、当時東大《ママ》教授をやめ、朝日〔新聞〕の客員もやめて、もっぱら学究生活の時代ではなかったか。青白い顔で、時々セキをして、胸がわるいことを思わせた。いつも書物を手離さず、時々市電の停留所で本を立ち読みしている姿を見かけた。少しも気取るようなところがなく、それでいておのずから品位があり、親切で、大分東北のなまりがあったが、理路整然たる話をされ、あんな立派な先生は稀であるという印象をいまも持っている(24)。

二十歳代の青年時代に、吉野作造博士のような無私主純、真に高潔な人格者というべき人に接し得たことを、一生の幸福と思っているのである(25)。

吉野先生という人は、ほんとうに無私の人であった無欲の人であった。親切の人であった(26)。

さらに、吉野のことを「わが国の社会改良思想に、画期的な影響を与えた学者である(27)」と位置づけたうえで、明治文化研究会における吉野の役割をつぎのように結論づけている。

> 明治文化研究会も吉野作造先生あっての研究会で、先生歿後急に衰えてしまったのを見ても、その徳望のほどが知られる。この会には民間学者のスネ物みたいな人が多くいたが、吉野先生の会だから、みな喜んでついて来たのである。明治文化全集というような大事業にも喜んで協力したのであろう。(28)

ここにいう「民間学者のスネ物」とは、おそらく宮武外骨であり、石井研堂であろうと思われるが、それらの個性あふれる人々をまとめるうえで、吉野の役割は絶大なものがあったということなのであろう。

それでは、吉野の死後、明治文化研究会を新たに率いることになった尾佐竹猛は、この研究会の人々から、いったい、どのように見られていたのであろうか。吉田は、まず、「昭和八年三月、吉野博士歿後は尾佐竹氏が明治文化研究会を主宰したが、吉野さん当時ほどもはや人が集まらなくなってしまった(29)」と述べたうえで、尾佐竹について、つぎのような注目すべき証言を行なっているのである。

> 維新前後における立憲思想の研究で法学博士、吉野先生の推挽によるということであったが、以来吉野先生と形影相伴うようにして活動した。当時大審院判事の現職にあり、法曹界の名士であったが、官僚臭があるといって、例の町学者の連中にはきらわれていた。(30)

ここで、きわめて注目すべきことは、尾佐竹には「官僚臭」があり、「町学者の連中」から嫌われていたと、吉田が証言している事実である。吉田は、さらに、こう述べる。

> 尾佐竹猛という、有能な協力者、援助者がいたけれども、この人は大審院判事という役人で、官僚臭があると

いって、町学者の連中はきらっていた。だから明治文化研究会が、尾佐竹さんの代になると、町学者の連中はよりつかなくなったのである。(31)

それでは、「町学者」と尾佐竹とは、どのような相違があるのか。吉田は、両者をつぎのように対比する。

町学者といってよい人で定連の会員に石井研堂という人があった。明治期に博文館の少年雑誌の編修者として名のあった人である。いつも和風の着流しで、まず下宿屋の主人という風体。「明治事物起源（ママ）」の名著がある。(32)

着流しで下宿屋の主人風の石井に対し、では、尾佐竹は、どうか。

この人〔尾佐竹氏〕に接した感じは、頭脳明晰、博学多識の学者という印象を受けたが、戦争中、東京で戦災にあい、福井に疎開して、福井でまた戦災にあい、戦後間もなく、文部省の会議室で会った時、「すっかり疲れましたよ」と言っておられたが、それからじきに物故された。(33)

晩年の不遇な尾佐竹の様子は気の毒なほどであるが、現役の大審院判事時代に「町学者」から嫌われていたという「頭脳明晰」で「博学多識」な尾佐竹猛と、その学問とを、われわれは、いったい、どのように評価すべきなのであろうか。

(4)　左翼学者の尾佐竹評

明治文化研究会における尾佐竹の役割を考えるうえで、たいへん興味深いことは、先に大久保利謙が証言していたように、明治文化研究会には「町学者」とともに、一見すると彼らの対極に位置するともいうべき「左翼」の学者たちも共に参加していたという事実である。

それでは、彼ら左翼の学者たちの尾佐竹評は、はたして、どのようなものであったのだろうか。この点について、田中惣五郎の息子・陽児が、つぎのように語っていることは、きわめて重要である。いささか長文になるが引用する。

> 著者〔田中惣五郎〕には、昭和五年前後に、政治研究会その他の政治活動と、明治文化研究会の末席に連る研究活動とを同時に併行させていた時期があった。明治文化研究会については、本書〔田中惣五郎『吉野作造』〕にもとくに一節を設けて叙述してあるが、この研究会の月例会（昭和四年一二月）で著者が発表した報告『樽井藤吉と東洋社会党』の好評が機縁となり、（略）『東洋社会党考』（昭和五年六月刊（略））の刊行が実現した。前年の処女出版『叛逆家列伝』（解放社）の強烈な啓蒙性にたいする研究的著作の最初の誕生である。そのかげには明治文化研究会の吉野作造氏の強い推挙があり、著作の冒頭には氏の推薦の辞がよせられた。このときの喜びと自信がその後の著者の進路に少なからぬ影響をおよぼしたであろうことは想像に難くなく、もしそうだとすれば、田中惣五郎にとっての吉野作造とは、表面にあらわれた知遇以上に、浅からぬ縁に結ばれたものといってよい。吉野氏は、それから三年後になくなった。(34)

田中陽児は、まず、父・田中惣五郎と吉野作造との学問的交流を右のように述べ、その後、田中惣五郎の学問に対する尾佐竹猛の影響について、こう証言するのである。

> 著者はその後も明治文化研究会に属し、多くの学友知己を得、とくに尾佐竹猛氏が会の中心人物になった頃か

ら、幕末維新史関係の著作をつぎつぎに刊行するようになった。『資本主義発達史講座』のひそかなる浸透と、白揚社の雑誌『歴史科学』へのあいつぐ寄稿が長い前提段階としてあった上でのことである。著者は、その生い立ちと個性のつよさから初めのうち、講壇アカデミズムにはほとんど無関心であったが、多少とも著者にその種の学問のプラス面を開示し得た場があったとすれば、それはおそらく、この研究会においてであったにちがいない。(35)

この証言が事実であるとするならば、田中惣五郎の学問は、尾佐竹猛会長時代の明治文化研究会によってこそ開花した、ということができるであろうが、ここで、さらに問題として浮上するのは、「町学者」たちと「左翼」の学者たちとが共に集い、研究活動を行なった明治文化研究会は、そして、この研究会を吉野作造没後に主宰した尾佐竹猛は、いったい、どのように評価されるべきなのだろうか、という、きわめて大きな問いである。

明治文化研究会とは冒頭に述べたように、はたして本当に、とらえどころのない、雑多な人々の集まりであったのだろうか、それとも、この明治研究会をつらぬく確固とした何かが厳然として存在するのであろうか。そこで、つぎに、明治文化研究会の学問的特質とは、いったい何か、という問題について考えてみることにしよう。

三　明治文化研究会の学問的特質

(1)　批判精神と史料蒐集

明治文化研究会の学問をひとことで言えば、それは「在野の明治維新史研究」（大久保利謙(36)）ということになるであろうが、ここで重要なことは、この「在野の明治維新史研究」とは、いったい、どのような性質のものであったのかをさらに追究することであろう(37)。

明治文化研究会の設立は、たしかに「関東大震災の直後のことで、明治の東京が壊滅したために、一種の明治ブームがもりあがって」いた頃のことであった。しかし、「明治文化研究会もそういう風潮のなかで生まれたのですが、それだけではなくてやはり研究会としての目的や使命をもっておった」（大久保利謙）ことは忘れてはならない(38)。この点についての大久保利謙の、つぎの証言は、きわめて貴重である。

> 創立者の吉野作造をはじめ、尾佐竹猛、宮武外骨とか、それぞれの分野の方々がおられましたが、リベラルな、反官府的な立場で、明治維新なり、明治文化を自由に批判検討するという点は共通しておったので、そういう点で在野の立場であったといえましょう。その背景となったのはやはりあのころの大正デモクラシーの風潮であり、明治文化研究会は大正デモクラシー期の在野の明治維新史研究であったといえましょう(39)。

すなわち、明治文化研究会は一見、雑多な人々の集まりのようではあるが、そこには、大正デモクラシーの時代風潮を体現して、明治維新および明治文化を自由に批判検討するという立場が、つらぬかれていたのであった。

このような明治文化研究会の基本的立場は、尾佐竹猛の明治維新観と重なるところが大きい。木村毅は、こう述べている。

> ことに尾佐竹さんは、腹の中では山県〔有朋〕などが歴史を押さえ勝手にまげるのに対しては非常な反感をもっていた(40)。

このような尾佐竹の明治維新観は、吉野作造のそれと共通している。木村は、さらに、こう語る。

「明治文化の研究に志せし動機」という吉野さんの論文があるのです。それは国家学会が創立三十年記念に『明治憲政経済史論』を出すときに、大隈重信や板垣退助・山県有朋に講演を頼んだんだ《ママ》。元勲はみんなきたが一人承諾しない者がある。伊東巳代治です。それで穂積陳重さんにいってもらって交渉したら、憲法をつくったときのいろいろな秘密があって、とても話ができんというので、よし、官僚がそんなに隠すのなら、民間のおれの手で調べてやろうというのが吉野先生の動機なのです。だから、あれもやはり官僚主義に対する非常な反発からなんです。(41)

そして、このような尾佐竹、吉野の明治維新観は、次世代の学者へ大きな刺激を与えていくのである。(42)

ところで、明治維新および明治文化を自由に批判検討するためには、十分な史料蒐集が欠かせない。明治文化研究会は史料発掘を強力に推進した。大久保利謙は言う。

明治文化研究会の方々は史料の検討、発掘から始められておられるんですね。しかもそれは、政府によって集められ、編輯された公的な文書記録だけでなく、従来、史料としてあまり顧みられなかった民間側の書物・新聞・雑誌その他零細なものを丹念に発掘した史料として生かしたり、また世に紹介して大いに研究者の注意を喚起した。それはたしかに、日本の近代史研究上に新しい道なり方法を提供したものといえましょう。これは在野の立場からの研究であります。そうしてそれが、まあ『明治文化全集』に結集されたことになるのでしょうね。(43)

この史料発掘は徹底的に行なわれ、「尾佐竹先生自体がバタヤですよ」（高橋邦太郎[44]）と言われるほどであった。そして、そのような尾佐竹の史料蒐集は「道楽」といわれ、「紙くずを集めて博士になった」と言われながらも、「只の紙屑じゃない。意味がある」ものであった[45]。

たしかに尾佐竹は裁判官であり、史料を重視する明確な視点をもっていたといってよいであろう[46]。しかし、このような徹底的な史料蒐集については明治文化研究会の同人、とくに石井研堂から大きな影響をうけたようである。多くの史料を所蔵していた石井には、短く、かつ、おもしろい話を集めるという才能があったという[47]。「尾佐竹さんの明治文化研究の源流は石井さんですよ。だから尾佐竹さんは、石井さんの話をよくしていましたね」と木村毅は語っている[48]。

このように批判精神と史料蒐集という明確な基本方針に貫かれていた明治文化研究会は、大正一四年一〇月、はじめて「茶話会」[49]を開き、その後それが慣例となって、吉野作造の本格的な取り組みとして毎月、例会を開くようになったという[50]。会が盛んになったのは大正一五年ごろからで、月例会の参加者は三七～三八人ぐらいが一番多かったそうである。なお、この月例会の日は、ある時期からは毎月一一日に開催することが決まっていたというが[51]、これは、もしかすると、大日本帝国憲法が発布された二月一一日に、ちなんでの開催かもしれない。

なお、終戦後の月例会について木村毅が、自由出版協会の事務所が主婦の友社にあり、主婦の友社の雑誌へ広告を出したことにより「明治大学関係の人がきて、五十人を突破したことが何回かありましたよ」と回想していることは[52]、尾佐竹の影響力を考えるうえで興味深い。尾佐竹は、その頃の会合に二回ぐらい来て、木村毅に会長就任を要請した後、二～三日後に亡くなったという[53]。そして、その後の明治文化研究会は次第に衰退し、消滅した。木村毅は、こう証言する。

終戦後十何年か続きましたが、そのうち、みんながだらしがなくなって、老人連中がぼけちゃって、同じ話ばかりくり返すので、こんなのはもう会を開いても意味がないということと、それからあの会を開くと時間的にも経済的にもかなり負担になるのですよ。（略）どうもその会でやるような話は出つくしたようだからということで、やめちゃった。(54)

吉野の後を引き継いだ尾佐竹が亡くなった後、研究会は急速に、その求心力を失ったということであろう。尾佐竹が会長として、もうしばらくの間、この研究会を率いていたならば、戦後における明治維新史研究は、現実の展開とは別の展開を見せたのではないかと悔やまれる。この点については最後に述べる。

このように尾佐竹猛は吉野作造とともに明治文化研究会を強力に主導していたといってよいが、この指導力は当然、明治文化研究会最大の研究成果といってよい『明治文化全集』の編纂にも表われている。この全集が日本評論社から出版されたのは昭和二～五年で、当時の「錚々たる顔ぶれ」が参加した(55)が、この全集については、木村毅と高橋邦太郎の興味深い証言がある。

ぼく〔木村〕は吉野さんから、木村君、『反響』という雑誌をやってくれないか、といわれて、それをやっていたので、吉野さんのところに毎日のように出入りしていたのだから聞いていなければならんのに、『明治文化全集』の計画があるということを聞かされなかったんです。あれは秘密にやっていたんだな（木村）。（略）われわれが話を聞いたときは、とうに割り当てができたときですよ（高橋）(56)。

つまり、『明治文化全集』の篇別や内容（史料の選定）などは「吉野先生と尾佐竹先生の二人」が担当し、とくに尾佐竹は「非常に縁の下の力もち」の役割を果たしたのであった。[57] この全集の編集・刊行には、尾佐竹の、いわば人集めのうまさが大いに役立ったはずである。大久保利謙は、こう言っている。

尾佐竹先生はなかなか人集めがうまかった。深谷博治・渡辺幾治郎・田中惣五郎・松下芳男さんなども尾佐竹グループに組み込まれましたし、わたしもまた、抱き込まれた一人といっていい。(略)わたしは尾佐竹先生のおかげで〈明治大学で〉法制史の講義をすることになったりして、門下になったのです。[58]

「尾佐竹グループ」と表現されるような研究仲間を形成し得た、尾佐竹猛の組織力、統率力、そして人徳が、うかがえる。

それでは、この二人が編纂した『明治文化全集』には、どのような特徴があったのか。再び大久保利謙の証言を聞こう。

「明治文化全集」は、吉野作造・尾佐竹猛・宮武外骨という、物好きの大将たちが編集したものですから、従来の歴史学では入ってこないものがずいぶんある。『風俗篇』などはとくにそうです。幅がものすごく広くて、従来のアカデミックな専門学会とはがらりと違う。在野性・庶民性があった。希覯本の復刻などは大きな功績です。[59]

また、しまね・きよしも、つぎのように語る。

「庶民による記録」に「学問の素材としての価値をみいだした」のが、明治文化研究会であった。そして、明治文化研究会では、積極的にそれらを発掘し、かれらの研究方法のなかに「聞き書き」をとりいれていった。(略）明治文化研究会は吉野の民本主義思想と決して無縁であったはずはなく、さらに、その民本主義思想が吉野本来の学問である政治学研究からひきだされてくる思想的所産であった。(60)

このように『明治文化全集』は、明治文化研究会の学問的特質、すなわち、批判精神と史料蒐集とを体現した研究成果にほかならず、だからこそ、この全集には在野性と庶民性とが貫かれているといえるのである。(61)しかし、『明治文化全集』に収められた彪大な史料群を表面的に見れば、やはり明治文化研究会は、雑多で、とらえどころのない研究団体のように思えてくる。戦後の明治維新史研究を主導した遠山茂樹の目にも、明治文化研究会は当初、そのようなものとして映ったようである。遠山は、こう証言している。

出てみると、細かい史実をよく知っている年配の方がいる。今度こういう新しい史料を見つけたとかいう話がさかんに出る。細かな、明治事物起原風の雑多な知識の交換会といった様子で、わたしのような初心者にはなかなかなじめなかった。若い者の不遜な考え方からいえば、まさに好事家的な集まりだというふうに見てしまった。それで、われわれの必要とする近代史の知識はあそこでは得られないと、不遜にも思ってしまったわけです。(62)

「好事家的な集まり」または「雑多な知識の交換会」という表現は、まさしく明治文化研究会の表面的な特徴を見事に評価したものといえるだろう。しかしながら、明治文化研究会は先に見たように、その表面的な特徴の下に、吉野作造、尾佐竹猛の意図する明確な基本方針を確固として持っていた研究団体であった。遠山も、やがて、このことに気づく時が来る。

> それで敬遠していたのですが、それではいけないと反省したのは、昭和一七（一九四二）年に、尾佐竹さんの『明治維新』の最初の巻がでて、それを読んだのがきっかけです。あの書物は出典があきらかでない引用があるし、引用の仕方も厳密でない。尾佐竹さんの論文は、広く史料を読んでいることに驚くが、その利用の仕方は厳密じゃないんです。しかし、その学問はそうした史料の次元を越えるものがある。わたしは感動しました。

遠山を感動させた、尾佐竹猛の学問とは、いったい何だったのであろうか。

(2) 好事家たちの情熱

関東大震災によって、明治維新に関わる史料は多数、焼失の憂き目を見、歴史学にとっては「永遠に償はれない文化的損失」[63]となった。しかし、このことは、明治文化研究会が日本近代への根源的な問いかけを行なうことに、つながっていった。明治文化研究会の同人たちは決して、自ら保有する史料を隠蔽することなく、史料の「自由な貸し借りと情報交換」とによる共同研究を推進し[64]、さらに、それらの史料を翻刻して『明治文化全集』という一大成果を社会に還元した。ただし、ここで重要なことは、史料を蒐集し、翻刻することをつうじて、明治文化研究会に集った人々は、いったい何をめざしたのか、という点であろう。

この点について関井光男は、つぎのように述べている。

吉野作造を中心とした明治文化研究会の人々は、「資料の整備保護」を目的として集ったわけではない。資料の発掘は手段であり、それを通して明治以来の日本近代の文化を歴史的に問いかえそうとした。資料の渉猟を基盤に日本近代の文化を認識論的に問いなおし、その根本にあるものを見出そうとした[65]。

〔吉野作造の念頭にあったのは〕「今ある事を昔もあつた様に飾るゝ、加減の記録」（「明治文化の研究に志せし動機」）を疑い、現在と過去の「歴史」を問うこと（略）にあった。機関誌『新旧時代』（大一四・二）を創刊して積極的に資料の紹介をおこなったのは、その方法であり、既製の概念に揺さぶりをかけ、排除された過去の「歴史」を検討するためにほかならなかった[66]。

明治文化研究会には先に見たように、在野の（庶民の）立場から明治維新の変革を批判的に検討するという、すぐれて実践的な問題意識が、つらぬかれていたといってよい。そして、新たな史料の蒐集・公刊こそは、そのために欠くべからざる根本的手段なのであった。明治文化研究会の会則の冒頭に掲げられた、この会の目的が「明治初期以来の社会万般の事相を研究し之れを我が国民史の資料として発表すること」と規定されたことは、まさしく、このような明治文化研究会の学問的特質を表現したものに、ほかならない。それでは、なぜ「明治文化研究」なのか。関井光男は、さらに、こう指摘する。

明治以来の「社会万般の事相」を研究しようとしたのは、日本近代の文化を政治思想や社会風俗、経済などの諸ジャンルの交通の所産として理解したからであるが、それは日本近代の文化を混沌の文化として認識し、それを「国民史」のレベルでとらえようとしたことに発している。（略）吉野作造が「社会万般の事相」のなかにみようとしたのは、文献を超えてあらわれてくる日本近代の混沌の根源にあるものである[67]。

明治文化研究会は「明治初期以来の社会万般の事相を研究」（会則）することを目的とした。そして、この「社会万般の事相」こそが「文化」と呼ばれるものなのであった。また、そのような「明治初期以来の社会万般の事相」すなわち「明治文化」は、「混沌の文化」として理解されるべきものであった。したがって、明治文化研究会が一見、雑多な、とらえどころのない研究団体であるように見えるのは、至極当然のことなのだといえよう。

この混沌とした明治文化を解明するためには、多種多様な、雑多ともいえる史料の蒐集が不可欠である。そして、三好行雄が指摘したように、このような「史料への埋没」は、好事家たちの情熱なしには不可能であった。つまり、彼らの献身的な努力があったがゆえに、史料の蒐集と、その公刊とが実現できたのである。(68) そして、尾佐竹猛や吉野作造は、彼ら好事家たちの大きな力を借りて、明治維新史研究の確固たる礎を築こうとしたのだといえるだろう。

四　明治文化研究の歴史的意義と駿台学

(1)　「尾佐竹史学」の形成と明治大学の建学理念

「尾佐竹史学」すなわち尾佐竹猛の歴史学を理解するとき、明治大学史資料センターの渡辺隆喜所長の、つぎのような見解は示唆に富む。

〔尾佐竹猛の学問は〕憲政史→文化史→維新史と逆説的に研究が深化し拡大したといった方がよいと私は考えている。（略）この事が明治大学の建学理念とかかわり、駿台学の樹立に途を開く、正当な方法であったのである。(69)

この見解は、尾佐竹猛の歴史学が維新史、文化史、憲政史の三分野から成るという基本的認識のもとに、尾佐竹史学の中心が憲政史にあったとする理解である。すなわち、尾佐竹史学の中核は立憲思想にもとづく立憲国家の成立過程の解明にあり、尾佐竹は社会の変動と民衆の政治的成長を重視したと考えるわけである(70)。そして、明治大学の建学理念である「独立、自治、自由、平等」が尾佐竹史学の背景となったとし(71)、尾佐竹猛史学は「フランス法的な明治大学の建学理念と、大正デモクラシーという時代背景によって成立した」と結論づけるのである(72)。

この渡辺所長の見解は、明治大学史資料センターが、なぜ尾佐竹猛という人物を最初の大型共同研究の対象としてとりあげたのかという問いに対する解答であり、明治大学史資料センター構成員の共通認識といってもよいであろう。

(2)　憲政史家としての尾佐竹猛

そこで、つぎに、尾佐竹史学の中心たる憲政史について、その特質を解明することが課題となる。

尾佐竹史学の中核が憲政史であることについては古関彰一も、尾佐竹猛には、いくつかの顔があるが(73)、それは、まったく違った顔をいくつか持っていたのではなく、「ひとつのかなり大きめの顔」であり(74)、それは尾佐竹の骨太の学問と生き方とに表われているとしたうえで、つぎのように述べている。

〔尾佐竹猛は〕憲政史家としての顔を持っていた。しかもその顔は次第に拡大され、吉野作造らと「明治文化研究会」を組織し、ここで健筆をふるい、吉野亡き後に同研究会の会長となり、母校明治大学法学部で明治史担当教授となった歴史家としての顔も持っていた(75)。

このような尾佐竹であればこそ、昭和一三年（一九三八）、大日本帝国憲法発布五〇周年にあたって、貴族院が五

○年史編纂委員会を、また衆議院が憲政史編纂委員会を、それぞれ組織した際に、その双方の委員長に任命されたのである。

問題は古関彰一が言うように、ここから先である。この時、委員長の尾佐竹は、衆議院の憲政史編纂委員会の委員に鈴木安蔵を加えた。(76) 鈴木は、この時、三四歳。すでに尾佐竹と共著で『日本憲政史の研究』などを上梓していたが、京都帝国大学在学中に「学連事件」(治安維持法違反事件)に連座し、その後も同法違反で逮捕され、事実上の失業状態にあった。尾佐竹にとって、このような経歴を持つ鈴木を編纂委員に加えることには古関の言うとおり、かなりの決断が必要であったに相違ない。実際に、国体変革の憲法学者を参加させるとは何事か、との公開詰問状すら出されたという。

しかしながら尾佐竹は、これに動じることもなく、(77) 鈴木は委員に就任し、その後は自由民権期の私擬憲法草案の本格的調査を行なって、土佐の立志社の「日本憲法見込案」、植木枝盛の「東洋大日本国国憲按」などを発掘して明治憲法成立史に新たな光を当てることになった。それでは、なぜ尾佐竹は鈴木を推挙したのであろうか。大久保利謙は、つぎのように証言している。

当時の研究会メンバーというと、思い出すのはまず鈴木安蔵さんですね。鈴木安蔵さんは京都大学の出身で、河上肇先生の門下です。彼が尾佐竹先生と親しくなったのは、昭和八(一九三三)年に出した『憲法の歴史的研究』(大畑書店)がきっかけです。この本は唯物史観的見解というので当時発禁になったのですが、これを尾佐竹先生が非常に褒めた。あの人は幕末維新だけですから、ああいうあたらしい明治憲法の分析や位置づけに驚いたのでしょう。それを聞いて鈴木さんも感激した。彼は当時、パージみたいなかたちだった。そんなとき、大審院判事だった人が自分の著書を認めてくれたわけですから。(78)

そして、「憲政史の門下」がいなかった尾佐竹は、明治文化史・明治憲政史に本格的に研究意欲を持ち始めるなかで「配下の人材」が必要になって「人集めに力をいれ」「在野の少壮マルクス主義憲法学者鈴木〔安蔵〕さんを研究事務局長として活用」したのだという。[79]その後、二人は太平洋戦争の始まった昭和一六年（一九四一）に憲法史研究会を結成し、明治憲法成立史の研究に本格的に取り組むことになる。[80]このことの意味については後に考察するが、いずれにせよ、大久保利謙が語るように「あの時代に鈴木さんの研究に目をつけたということは立派なことだと思います。新しい学風を育てていこうという姿勢がそこにある」といってよいだろう。[81]

(3) 憲政史としての明治文化史

ここで、憲政史家としての尾佐竹猛が、なぜ明治文化の研究に取り組んだのかという問題について、あらためて考えてみよう。この問いは当然のことながら、「デモクラシーの啓蒙をしてきた吉野作造が、なぜ明治の文化研究に没頭したのか」という問い[82]と重なる。

明治文化研究会[83]は先にも見たように、明治の文化を「社会万般の事相」としてとらえ「国民史の資料」としていくことをめざした。そして、このような会の目的の背後に、政府によって正統とされた「正史編纂への挑戦」の意図をよみとることは十分に可能である。すなわち明治文化研究会は正史編纂に対抗し、民間の歴史学を新たに構築することをめざして「我が国民史の資料」の編纂をめざしたといってよいのである。[84]この点について原秀成は、つぎのように述べている。

基本的な資料を活字にし、それを人々の手に届くようにした明治文化研究会の出版活動には、現代とは比べようのない意味があった。出版行為自体が、一八世紀フランス啓蒙時代の『百科全書』のような、反権力の意味をもっていたのである。[85]

そして、明治文化研究会の「反権力」性は、その同人たちが共有していた、いわば「明治政府への反骨の素地」に裏づけられていた。[86] 明治文化研究会には先に見たように、明治文化に興味のある同好の人々がサロンに集うような雰囲気があったが、このように、帝国大学とは無関係の、民間の研究の場を、吉野や尾佐竹は自分たちの力で創設し、「集団で共通の目的意識のもとに研究を進めていこうとした」[87]。このことの学問的意義は、きわめて大きい。

吉野作造は「明治文化の研究に志せし動機」（『新旧時代』一九二六年四月号）のなかで、つぎのように述べている。

何とかして斯うした古い人達（大日本帝国憲法制定過程の談話聴取を拒否した伊東巳代治たち）の迷妄をひらかなければならぬ。一番の近道は彼等に時勢の変化を説くことである。（略）老輩が多年の実験に依て堅めた見識を打破する為には、歴史の光りに依て彼等の議論の背景たる時勢を明らさまに示すに限る。

このことは、吉野が明治文化研究会の機関誌を『新旧時代』と名付けた理由と関わるものである。しまね・きよしは、この点について、つぎのように説明する。

吉野は新しいものとしてのデモクラシーにたいして旧いものとしての専制政治を批判したのであるが、デモクラシーの主張が「民衆」によって実現さるべきであるとする吉野は、デモクラシーの時代は新しいものが産みだされる苦しみの記録であるというかぎり、明治文化研究が、たとえ、明治時代が専制の旧い時代であったにもかかわらず、その専制の谷間に生きた「民衆」の、「記録」に重点がおかれることになったのは当然であった。この「民衆」の「記録」の総決算が明治文化全集全二十四巻の編集である。(88)

明治文化研究会は、まさしく「明治初期以来の社会万般の事相」すなわち明治文化を研究することによって、「国民史」すなわち民衆の歴史を構築しようとしたのであった。したがって「社会万般の事相」たる文化を考究することこそが、憲政史を解明する基礎をなすことにほかならなかったのである。(89)

明治文化研究会が強力に推進した憲政史研究は確かな成果をあげて、帝国議会史の編纂事業に結実し、また昭和一五年（一九四〇）には伊東巳代治の孫である伊東治正が、尾佐竹猛と鈴木安蔵とに憲法制定史関係史料を自発的に公開するほどまでになった。そして、この頃の憲政史研究は、手書きの文書の調査にまで、その手段を拡大するようになったのである。(90)

このような多大な成果を見せた憲政史研究は、さらなる展開を見せることになる。昭和一六年、伊東巳代治文書の整理作業が発展して、新たに憲法史研究会が発足したのである。(91)この憲法史研究会は伊東治正を財政的な支援者として尾佐竹猛と鈴木安蔵とによって結成され、この会には尾佐竹、鈴木のほか、全国の著名な憲法学者が加わった。カナダの外交官であり歴史家であるハーバート・ノーマン（E. Herbert Norman：一九〇九～一九五七）も会に参加していた。そして、この会では昭和二〇年（一九四五）の夏に伊東治正が疎開するまで毎月、研究発表会が続けられたのである。こうして尾佐竹と鈴木とにより、戦時中にもかかわらず、史料の整理と憲法制定史研究が着々と進められたのであった。

そして、この憲法史研究会を語るときに、きわめて重要なことは、この会の参加者たちが戦後の憲法制定に少なからぬ役割を果たしたことである。すなわち憲法史研究会の会員のうち、戦後に政府の憲法問題調査委員会（いわゆる松本委員会）の委員になった憲法学者として、美濃部達吉、宮沢俊義、清宮四郎、河村又介、佐藤功の名前をあげることができるのである。[92]つまり、尾佐竹猛が推進した戦前の憲法史研究は見事なまでに、戦後の日本国憲法の制定に連結しているということがいえるのである。[93]

(4) 日本国憲法制定過程における尾佐竹史学の役割

最後に、戦後の日本国憲法制定過程に対して、尾佐竹猛の憲政史研究が果たした役割について考えてみよう。

まず、鈴木安蔵は昭和二〇年一〇月中旬頃から新聞、ラジオ、さらには尾佐竹猛らとの座談会「新日本の民主主義」などで、憲法改正の必要性を訴えている。[94]そして、このような鈴木安蔵の活動に着目した高野岩三郎は新たに憲法研究会の設立を発案し、友人の室伏高信に呼びかけた。[95]評論家で編集人の室伏高信は、高野の呼びかけをうけて、同人の人選と場所の設定に奔走する。この室伏高信は明治大学法学部に学び、初期の新人会に所属していた人物である。[96]

この憲法研究会の「草案要綱」は昭和二〇年一二月二八日（金曜日）の新聞各紙に掲載され、他の民間団体等の憲法草案に影響を与えるとともに、連合国軍最高司令官・総司令部のもとで進められた憲法案起草作業にも大きな影響を与えたといわれる。[97]そして、この憲法研究会をめぐる「人の輪」は、これまで見てきたところからわかるように、戦前の憲法史研究会、さらには明治文化研究会のなかで培われたものである。[98]つまり、明治文化研究会→憲法史研究会→憲法研究会という憲政史研究の大きな流れを、われわれは見出すことができるのである。[99]そして、この憲政史研究の出発点に位置づけられるのが、ほかならぬ明治文化研究会であり、そして、この研究会を創立した吉野作造と尾佐竹猛であることをわれわれは、しっかりと確認しておかなければならない。

なお、憲法研究会では、長老格の高野岩三郎が会長役のようであったが、必ずしも会長という肩書きなどが付されていたわけではなく、むしろ、各人が平等な立場において、自発的に参加する「同人」の関係であったといわれるが、原秀成が言うように、明治文化研究会および憲法史研究会に参加していた鈴木安蔵が、戦前の、この二つの研究会が持っていた、水平の（横の）人間関係を大切にする、自由な雰囲気を、戦後の憲法研究会の憲法立案作業に活かしたと考えることもできるだろう。(100) さらにいえば、大正デモクラシーという時代風潮のなかで誕生し、成長した明治文化研究会こそは、戦後の自由で平等な日本社会の構築を見すえていた、ともいえるのではなかろうか。

むすび

尾佐竹猛は、学者としては常に、いわゆる在野の立場に立ってきた。そのため、特に歴史学の世界においては、その研究業績が必ずしも正当に評価されてはこなかったということができる。(101) しかし少なくとも礫川全次が指摘するように、尾佐竹の幅広い史料蒐集活動の成果は今日も不滅である。(102)

ところで先に、明治文化研究会における尾佐竹猛の「官僚臭」をどう考えるべきか、という問題を提起した。最後に、この「官僚臭」が意味するものについて考察し、明治文化研究会の学問的意義を総括しておきたい。

まず、尾佐竹とともに明治文化研究会を創設し、これを主導した吉野作造の位置づけをしておこう。彼については、吉田澄夫の見解に代表されるように、帝国大学教授から「町学者」へ転換した、という見方もあり得るかもしれない。しかし、むしろ、井上ひさしが述べているように、「町学者」であろうとした帝国大学教授、(103) と考えるほうが妥当であると思われる。

また、尾佐竹猛も、「町学者」になりきれない大審院判事（吉田澄夫）と見るのではなく、むしろ、大審院判事という肩書を持ちながらも、「好事家」、「町学者」の顔を失わないアカデミズムをめざして、「講壇アカデミズム」の

「プラス面」（田中陽児）を民衆に伝えようとした学者であると位置づけるべきである。すなわち、明治文化研究会に集う「好事家」、「町学者」の史料蒐集への情熱に学びながら、アカデミズム史学としての憲政史研究を左翼の学者たちも含む共同作業によって追究しようとした、と考えるべきではなかろうか。そして、このような学問的姿勢は、当時の日本社会における、民衆に基盤をおいた、いわば「実学」としての歴史学の追究であったと言ってもよいように思われる。その意味で、吉野作造を歴史家としてとらえる史学史研究が今後進められるべきであるという、しまね・きよしの指摘は重要であろう。[104]

ところで、明治文化研究会が、その活動を積極的に展開した昭和初期は、丸山眞男が回顧しているように、「まだ大正デモクラシーの余韻があった時代」であり、「むしろ知的世界ではマルクス主義の全盛期」であった。[105] また、日中戦争直前の日本には社会改良を求める社会民主主義が広がってきていたという坂野潤治の近年の指摘[106]もある。したがって今後は、史学史（明治維新史研究史）における明治文化研究会の役割を、日本資本主義論争、さらには講座派歴史学との関係に着目しながら考察することが、重要な課題となるだろう。

この問題を考えるうえで、先に紹介した、遠山茂樹が尾佐竹の『明治維新』を読んで「感動」したことの意味について、さらに重要なことを語っているので、つぎに引用しておこう。

> 尾佐竹さんにしても、鈴木安蔵さん、田中惣五郎さん、深谷博治さんの各自の研究は、唯物史観史学との通路をもっていた。いまから考えると、尾佐竹さんは若い世代に考証的な学風を伝えたいという気持ちをもっておられたのではないかという気がします。そう思えるようになってきたとき、戦争で会合はつぶれてしまった。明治文化研究会の流れはつぎの唯物史観の学習から出発した近代史研究者につながらず、切れてしまった。これは日本の近代史研究のうえで、ひとつの不幸だった。[107]

戦後の講座派歴史学を代表する一人である遠山茂樹の、この証言は、きわめて重い。遠山は、尾佐竹猛が実は、好事家・町学者たちの在野性・庶民性と、唯物史観との融合をめざしていたことを鋭く見抜いていたといえるだろう。尾佐竹が主導する、憲政史研究を根幹とする明治文化研究の地道な活動が、戦後歴史学とは明らかに断絶してしまったことは、日本近代史研究にとって、実に不幸なことであったと言わなければならない。

尾佐竹史学の根底を支えたのは「史料中心主義的な自由主義的学風」[108]であった。彼は、たしかにマルクス主義者ではなかったが、彼らに対する深い理解を惜しまない民主主義者・立憲主義者であったといえるだろう。

それでは、このような尾佐竹猛の学問の基本的特質は、明治文化研究会における彼の著作に、どのように表われているであろうか。この問題の解明が、今後の課題となる[109]。

（1）島田正郎「尾佐竹猛・佐伯好郎両先生」（『法史学研究会会報』第三号、一九九八年三月）二頁。

（2）同右、三頁。

（3）明治大学史資料センターの渡辺隆喜所長は、つぎのように述べている。「「駿台学」とは、駿河台に立地する明治大学に個有な学問的傾向、または知的伝統を表わす言葉である。この傾向や伝統が、明治大学一二〇年余の歴史のなかで、果して培かわれていたか否か。いたとすれば、どのような特色をもって継承されてきたかを、建学の理念とかかわって明確にされねばならないであろう。（略）激動期を生き抜く誇り得る学問的伝統の確認がまず必要となる」（渡辺隆喜「駿台学の樹立」、『大学史紀要』第八号、二〇〇三年一二月）、四頁。

（4）渡辺隆喜「尾佐竹史学の成立とその特色」（『大学史紀要』第八号、二〇〇三年一二月）四九頁。

（5）同右、四九頁。

（6）明治文化研究会の概観については、由井正臣「明治文化研究会」（塚本学ほか編『日本史大事典』第六巻、平凡社、一九九四年）による。

（7）田熊渭津子『明治文化研究会事歴』（関西大学国文学会、一九六六年）二三二頁、および田熊渭津子「『明治文化研究会事歴』以後——吉野作造・尾佐竹猛著作目録・木村毅と翻訳文学年表——」（『書誌索引展望』第四巻第二号、一九八〇年五月）一六頁。

（8）田熊、前掲「『明治文化研究会事歴』以後」二頁。

（9）会則は、つぎのようであった（田熊、前掲『明治文化研究会事歴』二三二頁）。

目的　明治初期以来の社会万般の事相を研究し之れを我が国民史の資料として発表すること。
事業　機関雑誌を発行し、時々講演会及び展覧会を開催すること。
雑誌　題名『新旧時代』毎月一回発行。（定価金五十銭。一ヶ年金五円五十銭）
会友　本誌年極読者を会友として会友には種々の特典あり。
特典　会友の特典は、①講演会及び展覧会を本会より直接通知す、②明治の事物に関する質疑を本誌に発表し得、③本誌上に会友の為に特設する事項、等、詳細は逐次発表す。

（10）大久保利謙『日本近代史学事始め——一歴史家の回想——』岩波新書（岩波書店、一九九六年）八五頁。

（11）同右、八三頁。

（12）先に見たように会則は存在するので、これは大久保の記憶違いによるものであろうか。または、大久保が会に参加した頃には、すでに会則の存在は、あまり重要なものではなくなっていたのであろうか。

（13）同右、八五～八六頁。

（14）同右、八六頁。

（15）高橋邦太郎「明治文化研究会の頃」（『早稲田大学史紀要』第一三巻、一九八〇年五月）三三頁。

（16）しまね・きよし「吉野作造と明治文化研究会」（『思想の科学』第六次一一一号、一九七九年一〇月）四五頁。興味深い証言なので長文になるが、ここに引用しておこう。

呑喜は本郷追分のおでんやで、文化会と呑喜とは必ず附きものであつたが、一面〔吉野〕先生の最もひいきにされたおでんやであつた。そんな関係で、明治文化会の夕食はおでんと茶飯にきまつて居た。このおでんやで何時も考へ出すことは、先生と蒟蒻である。予は歯が非常に悪いので、いつも豆腐か袋ものにきまつてゐるが、先生のお代りはきまつて蒟蒻である。あんなひよろ〳〵の体で、消化の上でもどんなものかと思はれる蒟蒻が、おでんの中では最も嗜好物であつたらしいのを、自分は何時も不思議に思つてゐた。そして先生の御飯も案外進む方で、その点で健康体の自分の方が顔色がなかつた。先生は確に食ひ辛棒だつた。（略）兎に角この夕食は僕等には最も楽しい会合の一であつた。集る者は平均十人前後であつたが、飯を食いながら、乃至は食後の番茶をすゝりながらの一時は、皆な勝手放題の話題をぶちまけて、政界の話も出ればワイ談も出る。それらを手際よくリードして行く先生の気心のおけない態度は、誠に先生ならではといつも思つた。吉野、尾佐竹両先生は煙草も酒もいけないらしいので、従つて同傾向の会員も多かつたらしいが、席上での煙党は外骨、石井研堂、藤井甚太郎、松崎実、神代種亮の諸君と予などであり、話に興味が沸くと煙も濃くなるので、吉野先生の折角の皮肉な快話もムセ出すと中々止まらない。悪かつたと窓を開くこともあるが、咳が止むと先生は落付いて又話を続けられるのであつた。

(17) 吉田澄夫「明治文化研究会の人びと」（『学苑』三三二号、一九六七年八月）七〜八頁。

(18) 同右、七〜一一頁。この証言も、たいへん興味深いので、そのまま引用しておこう。

研究会は、いつも五十人前後の会衆で、その席にカレーライスを取寄せて食事している人もあり、われわれは、隣りのノンキというおでん屋で食事をしてから来るという風で、その点ごく自由であった。（九頁）

毎月十一日にきまって開かれる明治文化研究会は、自由でにぎやかで、われわれに取ってもまことに楽しい会合であった。あのタバコの煙が濛々と立ちこめる中から、明治文化研究会が盛り上がったのである。あの空気の中から明治文化全集の企画が生まれ、かつ実行に移されたのである。そしてその中心となった人は、吉野・尾佐竹両博士であ

ったといってよいであろう。（一一頁）

その当時はまだ明治期に実際活躍した人びとがたくさん残っていたので、そういう人たちの思い出話をきくようなところもあって、結構楽しい会合であった。（七頁）

(19) 同右、一一頁。
(20) 同右、一一頁。
(21) 同右、七頁。
(22) 同右、一一頁。
(23) 同右、一二頁。
(24) 同右、九頁。
(25) 同右、一一頁。
(26) 同右、一〇頁。
(27) 同右、一〇頁。
(28) 同右、九頁。
(29) 同右、一〇頁。
(30) 同右、一〇頁。
(31) 同右、九頁。
(32) 同右、一〇頁。
(33) 同右、一〇～一一頁。
(34) しまね・きよし、前掲「吉野作造と明治文化研究会」三四頁。
(35) 同右、三四頁。
(36) 大久保利謙、木村毅ほか座談会「維新史研究の歩み〔第二回〕――明治文化研究会をめぐって――」（『日本歴史』第二四七号、一九六八年一二月）一頁。
(37)　なお、「明治文化ということばは内田魯庵が最初に使ったのではないか」（木村毅）という指摘がある（右座談会、三頁）。
(38)　同右、一頁。
(39)　同右、一〜二頁。
(40)　同右、三頁。
(41)　同右、三〜四頁。
(42)　その一人に、慶應義塾の富田正文がいる。木村は、つぎのように証言している。「〔富田正文君が〕明治文化研究会へきたらいきなり尾佐竹さんから、明治十四年の政変が重要な問題だから、くわしく書かなければいけないといわれたんです。そのころまだ明治十四年の政変というのは普通の歴史には出ていませんから、それで富田君も何のことやらわからなくてびっくりした。（略）刺激を与えたのは、やはり吉野、尾佐竹両先生です」（同右、二一二頁）。
(43)　同右、二頁。
(44)　同右、五頁。
(45)　同右、一〇頁。
(46)　尾佐竹には、裁判官として赴任した新島で流人の生活に関する調査を行ない、その成果をまとめた『海南流刑史』という書物がある（同右、一〇頁）。この書物は明治大学史資料センター監修『尾佐竹猛著作集』第一巻「法制史1」（ゆまに書房、二〇〇五年）に関連著作とともに収録されている。
(47)　前掲座談会、九〜一〇頁。
(48)　同右、一〇頁。
(49)　しまね・きよし、前掲「吉野作造と明治文化研究会」四五頁。
(50)　前掲座談会における木村毅の証言（五、七頁）。
(51)　右座談会における木村毅の証言（六頁）。ただし終戦後になると、夜、帰りが危ないという理由で、第二土曜日の正午にしたという（同）。
(52) 同右座談会、七頁。
(53) 同右、七頁。木村の証言は、つぎのとおり。「「木村さんに会長になってもらいたい」といわれたので、「それはとんでもない。この会の歴代の会長は法学博士でないとなれない」といったんです。（笑）「ぼくが法学博士になったらやります」といって、二―三日してぽっくり先生はなくなられたのです。それでしょうがないから、ぼくが会長を引き受けたのです」。
(54) 同右、六〜七頁。
(55) 大久保利謙、前掲『日本近代史学事始め』八七頁。
(56) 前掲座談会、八頁。
(57) 同右、八、二一頁。
(58) 大久保利謙、前掲『日本近代史学事始め』八八頁。
(59) 同右、八七頁。
(60) しまね、前掲「吉野作造と明治文化研究会」三六頁。
(61) なお、小西四郎、高橋邦太郎は、明治文化研究会にフランス学、とくに「人間を浮彫にするために逸話がおもしろい」（高橋）フランス史学の影響をみようとしている（前掲座談会、二三、二四頁）。
(62) 大久保利謙、前掲『日本近代史学事始め』九五〜九六頁。つぎの引用も同じ。
(63) 『東京日日新聞』大正一二年一〇月一七〜二三日。
(64) 関井光男「日本近代文学研究の起源――明治文化研究会と円本――」（『日本文学』第四三巻第三号、一九九四年三月）三〇頁。
(65) 同右、二六頁。
(66) 同右、二六頁。
(67) 同右、二六〜二七頁。

(68) 同右、二九〜三〇頁。
(69) 渡辺隆喜、前掲「尾佐竹史学の成立とその特色」五〇頁。
(70) 同右、六六頁。
(71) 同右、六七頁。
(72) 同右、五八頁。
(73) 古関彰一「憲法五〇年──尾佐竹猛を思う──」(『中央公論』一九九六年五月号)二七〜二八頁。
(74) 同右、二九頁。
(75) 同右、二八頁。
(76) 同右、二八頁。以下は、古関彰一の論文による。
(77) 原秀成「〈共同研究報告〉大正デモクラシーと明治文化研究会──日本国憲法をうんだ言論の力──」(『日本研究──国際日本文化研究センター紀要──』第二一集、二〇〇〇年三月)二二二〜二二三頁。なお尾佐竹は、天皇機関説事件の直後に「機関説結構である。満点をつけてやる」と帝大新聞に書き、近衛新体制発足にあたっては「新体制というふことも挙国一致の別名ならんか、若しくはファッショ的気分に基づくならば真平御免なり」と雑誌『日本評論』に書いて一向に揮らなかった(古関彰一、前掲「憲法五〇年」二八頁)。
(78) 大久保利謙、前掲『日本近代史学事始め』八八頁。なお、尾佐竹に非常に恩義を感じた鈴木は、尾佐竹の死後、その全集をつくろうとした(同、八九頁)。
(79) 同右、八八頁。
(80) 古関彰一、前掲「憲法五〇年」二八頁。
(81) 大久保利謙、前掲『日本近代史学事始め』八九頁。
(82) 原秀成、前掲「大正デモクラシーと明治文化研究会」二一六頁。
(83) 明治文化研究会は、吉野作造の研究資料調査員だった宮武外骨の手伝いをしていた浮世絵研究家の井上和雄が発案し、これに吉野作造が賛同して会を発足させたという(同右、二一六頁)。

(84) 同右、二一六〜二一七頁。なお明治文化研究会の機関誌『新旧時代』は、同人の井上和雄が発行人で、自力での出版であった（同、二一七頁）。
(85) 同右、二一七頁。
(86) 同右、二一七頁。なお、明治文化研究会には「賛助員」として、作家の坪内逍遥、法制史学者の中田薫、作家の内田魯庵、民俗学者の柳田國男、東京帝国大学総合図書館長であった和田萬吉と姉崎正治、歌人の佐々木信綱、『広辞苑』編著者の新村出ら二六人が名前を連ねており、このうち中田薫は、東京帝国大学を中途で退官していた吉野に対し、大学内に研究室を与えたという。また、中田は宮武外骨と法学部との媒介役をも担い、また、吉野と吉田茂との仲介役も果たしたという（同右、二三七頁）。
(87) しまね・きよし、前掲「吉野作造と明治文化研究会」四〇頁。
(88) 同右、四三〜四四頁。
(89) 原秀成は、「枢密院を直接批判して、朝日新聞社退社の目にあい、右翼からも暗殺をほのめかされていた」吉野が「明治「文化研究」と名づけたのは、政治史や憲法制定史研究の意図を隠すためだったとも思われる」と解釈している（原、前掲「大正デモクラシーと明治文化研究会」二一八〜二一九頁）が、このような解釈は、吉野や尾佐竹ら明治文化研究会の人々が真に、めざしたものの本質を見誤ることになるであろう。
(90) 原秀成、前掲「大正デモクラシーと明治文化研究会」二二三頁。
(91) 以下の記述は原秀成、前掲「大正デモクラシーと明治文化研究会」二二三頁によっている。
(92) 同右、二二三頁。
(93) 原秀成は「大日本帝国憲法制定史についての自由主義的な研究活動が、新しい憲法案の起草作業へと結びつけられた」と述べている（原、前掲「大正デモクラシーと明治文化研究会」二二四頁）。
(94) 原、前掲論文、二二四頁。以下の記述は同論文の二二四頁による。
(95) 高野は昭和二一年四月に日本放送協会の会長に就任している（原、前掲論文、二四三頁）。
(96) 室伏は『朝日新聞』の記者や総合雑誌『改造』の特派員などをへて、昭和九年からの九年間、総合雑誌『日本評論』

の主幹をつとめた。高野岩三郎は戦時中、室伏の私宅をしばしば訪れたという。五三歳になっていた室伏は、戦後いちはやく総合雑誌『新生』の創刊に参与し、そこで政治分野の編集と執筆とを担当した。昭和二〇年一〇月発行の『新生』創刊号は三六万部印刷され、二～三日で完売になったという。そして、同誌の発行で得られた潤沢な資金と、高額原稿料による人脈、さらには内幸町大阪ビルにあった新生社という一等地の会場が、憲法研究会に利用されたのであった（原、前掲論文、二二四、二四四頁）。

(97) 原、前掲論文、二一三、二一四頁。

(98) 同右、二二六頁。

(99) 同右、二三二頁。

(100) 同右、二二七頁。

(101) 礫川全次「『法窓秘聞』解題　明治政治裁判史の第一級資料」（尾佐竹猛『法窓秘聞』〈復刻版〉批評社、一九九九年）。

(102) 同右。その例として、『日本政治裁判史録』第一巻所収の四つの事件の判決文があげられる。礫川の指摘のとおり、これらの事件については、すでに第一次史料が失われ、尾佐竹が記録しておいた資料が今日、一次資料並みに扱われているという現実がある。

(103) 井上ひさしは「吉野作造というのは悪口をずいぶん言われていました。街頭学者とかですね。つまりストリートの学者ですね」と前置きしたうえで、「吉野作造が言っていたことは、実は、まだ新しいんです。まだ実現してないのです。国というのはこうあってほしいというふうに、大正の五年から六年、七年、八年ぐらいに、吉野作造は一所《ママ》懸命唱えていたことは、まだ実現されていないのです」と述べている（井上ひさし「（記念講演）作家と資料」、『大学史紀要』第八号、二〇〇三年一二月、三七、三四頁）。

(104) しまね・きよし、前掲「吉野作造と明治文化研究会」四七頁。

(105) 丸山眞男『「文明論之概略」を読む』上、岩波新書（岩波書店、一九八六年）二一七～二一八頁。

(106) 坂野潤治『昭和史の決定的瞬間』ちくま新書（筑摩書房、二〇〇四年）。

(107) 大久保利謙、前掲『日本近代史学事始め』九六頁。
(108) 渡辺隆喜、前掲「尾佐竹史学の成立とその特色」六六頁。
(109) 尾佐竹猛の明治文化研究関連著作は、明治大学史資料センター監修『尾佐竹猛著作集』第一九～二三巻「文化・地方史1～5」(ゆまに書房、二〇〇六年)に収録されている。

第6章　尾佐竹猛における「歴史と文学」の位相
――融通無碍の一貫性――

吉田悦志

一　尾佐竹猛と森鷗外――歴史其儘と歴史離れ――

(1)「津下四郎左衛門」前後の鷗外から

林太郎森鷗外の初発の歴史小説は、周知の通り「興津弥五右衛門の遺書」である。大正元年（一九一二）一〇月『中央公論』発表。鷗外が現代小説から歴史小説に展開を図った記念すべき作品であり、作者一個のみならず日本近代文学史においても画期的な試みに鷗外が進み出たことになった。なぜ、現代に見切りをつけて歴史に創作の舞台を求めたかという点についてはここでは詳しく論ずる紙幅はない。

ただ、明治四五年七月三〇日に明治天皇が逝去し、大正元年九月一三日に、かつて西南戦役において軍旗を失ったことに自責の念を抱き続けてきた乃木希典が、夫人とともに天皇の後を追って殉死をとげた事態が、鷗外に「興津弥五右衛門の遺書」執筆を迫った直接の動機であったことは疑いを挟む余地はない。加えて明治四三年（一九一〇）に発覚し四四年（一九一一）に大審院判決がだされた天皇暗殺計画未遂事件、いわゆる大逆事件と鷗外のかかわりからこの転機を論じる視点もある。

いずれにせよ、鷗外は、史実の探訪に無上の悦びを感じながら、史実に自らの思いや思想を語らせる方法としての、歴史小説という新しい世界に赴いたのである。その後、「阿部一族」（大正二年（一九一三）一月『中央公論』）、「佐橋甚五郎」（同二年四月『中央公論』）、「護持院原の敵討」（同二年一〇月『ホトトギス』）、「大塩平八郎」（大正三年（一九一四）一月『中央公論』）、「堺事件」（同三年二月『中央公論』）、「安井夫人」（同三年四月『太陽』）、「栗山大膳」（同三年九月『太陽』）、「山椒大夫」（大正四年（一九一五）一月『中央公論』）、「津下四郎左衛門」（同四年四月『中央公論』）などを大正四年までに矢継ぎ早に脱稿しており、この年にはさらにあらたな史伝ものの準備に取りかかっている。永井荷風が絶賛した「渋江抽斎」がそれである。この作品は翌五年に『東京日々新聞』、『大阪毎日新聞』に連載されることになる。同時に歴史小説も「ぢいさんばあさん」（大正四年九月『新小説』）、「最期の一句」（同四年一〇月『中央公論』）、「椙原品」（大正五年（一九一六）一月『東京日々新聞』、『大阪毎日新聞』）、「高瀬舟」（同五年一月『中央公論』）などを発表しており、史伝ものでは「伊沢蘭軒」（同五年六月から翌六年（一九一七）九月『東京日々新聞』、『大阪毎日新聞』）、「北条霞亭」（大正六年一〇月から一二月『東京日々新聞』、『大阪毎日新聞』）など追随を許さぬ傑作を奇跡的に遺して、大正一一年（一九二二）七月九日六〇歳にて死去した。

(2)　「津下四郎左衛門」をめぐる尾佐竹猛と鷗外

大正四年四月『中央公論』誌上に鷗外作「津下四郎左衛門」は載せられた。津下四郎左衛門は、幕末期の儒学者であり政治思想家としてよく知られている横井小楠を、明治二年（一八六九）正月五日に斬り殺した尊皇攘夷派の青年である。捕縛され翌年一〇月一〇日に斬首されている。この小説は、四郎左衛門の息子・津下正高の一人語りの形式で構成されている。

正高と鷗外の弟・篤次郎は東京大学の同窓生で、その縁から正高は鷗外を訪ねることになったと鷗外は書いている。(1)大正二年一〇月一三日の鷗外日記に(2)「津下正高来て、父四郎が事に関する書類を托す。横井平四郎を刺し一人なり。」とある。この書類が「津下四郎左衛門」のベースになった。初出は『中央公論』だが、発表後に新たな資料が鷗外に提供され、大正八年（一九一九）一二月刊の『山房札記』(3)にこの小説を収録する際に、これらの資料を参観して補訂している。この補訂の原資料を鷗外に提供したのが、尾佐竹猛である。

尾佐竹猛。明治一三年（一八八〇）石川県生まれ。二九年（一八九六）明治法律学校入学、三二年（一八九九）卒業。三三年（一九〇〇）最年少で判検事登用試験第一回試験合格。後、東京控訴院判事、大審院判事などを歴任した。明治大学法学部、文科専門部（文学部の前身）で教鞭も執った。同時に明治維新史研究を中心に幅広い歴史研究者としても多大の成果を上げている。吉野作造や小野秀雄らとの共同研究の結実が、現在もなお越えられることのない『明治文化全集』となって燦然と輝いている。

なお尾佐竹については、すでに多くの先蹤的研究文献がある。たとえば、田熊渭津子編『尾佐竹猛』(4)は、尾佐竹研究に欠かせぬ書誌的基礎文献である。また、渡辺隆喜、山泉進、長沼秀明、飯澤文夫等がそれぞれのフィールドから執筆した優れた論文集『大学史紀要』第九号（尾佐竹猛研究Ⅰ）(5)も近年の労作である。

そこで、本稿では尾佐竹の維新史研究やその履歴等については、それら先行文献に今のところは委ねて、私見を開陳していく。

さて、尾佐竹が提供した資料について鷗外はこの小説の中で、津下が小楠を暗殺した翌日にだされた「行政官布告」であり、尾佐竹が録存したものであると記している。「徴士横井平四郎を殺害に及候儀、朝憲を不憚、以之外之事に候。（略）」というもの。さらに「この文は尾佐竹さんの録存する所である。尾佐竹氏は今四谷区霞丘町に住んでいる」と、その住所まで書き付けている。また、津下に同情的であった若江薫子が尾州藩徴士荒川甚作に与えた書が、「遠近新聞第五号、明治二（ママ）年四月十日発兌」に印行されており、「新聞は尾佐竹氏が蔵している」とも書いているから、これも尾佐竹が鷗外に貸与した資料である。小説「津下四郎左衛門」は、尾佐竹が鷗外に提供した資料によって、より精密度をまし完成度の高い作品になったといえよう。

(3) 鷗外日記に見る尾佐竹猛と鷗外

鷗外日記に尾佐竹の名前が登場するのは、大正四年四月一五日(6)が最初である。「尾佐竹猛、北原隆吉、三樹一平に書を遣る。尾佐竹は津下四郎左衛門に事に関する遺聞を知れりと云ふ」、この返事が鷗外に届いたことは間違いないが、日記にその記述はない。さらに同年同月二八日にも「尾佐竹猛に書を遣る」と日記にあるから、津下について互いに書を交わしていたと思える。そして、五月三〇日の日記には「津下正高、尾佐竹猛を伴ひて至る。東京控訴院判事なり」とあり、津下正高と尾佐竹猛がすでに旧知の仲であること、尾佐竹が鷗外を直接訪ねたことも分かるのである。

鷗外の日記には、初めて会った人物は必ずそう記録しているか、名刺を交換した旨の記述がある。尾佐竹に関してはそうした書き付けがない。ただ、わざわざ「東京控訴院判事なり」と身分を記しているところから推定すると、この時が初対面の可能性が強い。

いずれにせよ、「津下四郎左衛門」執筆という創作活動が、文豪森鷗外と、明治法律学校出身の逸材・尾佐竹猛とを邂逅させ結びつかせた史実だけは、確かな事柄に属す。

(4) 鷗外の「歴史其儘と歴史離れ」

拙論の展開上ここで先走りになるが、森鷗外のあまりにも高名な、そしてあまりにも日本近代における歴史文学に多大な影響を、善し悪しは別として、与え続けた短文の随筆「歴史其儘と歴史離れ」(7)に触れておきたい。このことと、尾佐竹猛の歴史と文学に関わる考え方を攻究することとが、いずれ接続するからである。

鷗外は、大正四年一月『中央公論』に「山椒大夫」を発表する。この歴史小説を脱稿した直後に「歴史其儘と歴史離れ」をも執筆しているのである。同じ一月、雑誌『心の花』に掲載。さらにその三ヵ月後、大正四年四月に「津下四郎左衛門」を発表しているのである。「山椒大夫」―「歴史其儘と歴史離れ」―「津下四郎左衛門」。この三作は連繫の中で考察することが肝要であるし、そのことが尾佐竹猛と森鷗外における「歴史と文学」認識にも関わる事柄になっていくのである。

「歴史其儘と歴史離れ」で、鷗外は次のように記している。「わたくしの近頃書いた、歴史上の人物を取り扱つた作品は、小説だとか、小説でないとか云つて、友人間にも議論がある」、そして、これまでの自分の歴史文学観を披瀝して次のように言う。「わたくしは資料を調べてみて、其中に窺はれる『自然』を尊重する念を発した。そしてそれを猥に変更するのが厭になつた」と。ところが鷗外はそうした歴史の自然尊重の念を一度かなぐり捨てたいと願うようになる。「わたくしは歴史の「自然」を変更することを嫌つて、知らず識らず歴史に縛られた。わたくしは此縛の下に喘ぎ苦んだ。そしてこれを脱せようと思つた」、だから「兎に角わたくしは歴史離れがしたさに山椒大夫を書いたのだが、さて書き上げた所を見れば、なんだか歴史離れがしたりないやうである。これはわたくしの正直な告白である」、梗概はこうである。

少なくとも「山椒大夫」以前までは、鷗外は歴史の自然を尊重してきた。しかし歴史に縛られ苦しんだ挙げ句、歴史離れがしたいというねがいをこめて「山椒大夫」を書き上げたが、やはり歴史離れがしたりないというのである。

にもかかわらず、鷗外は「山椒大夫」の直後に、再び「歴史其儘」に近い「津下四郎左衛門」を発表しているのである。たしかに「津下四郎左衛門」は、鷗外がこの作品の中で叙しているように、「大正二年十月十三日に、突然私の家を尋ねて、父四郎左衛門のことを話した。聞書は話の殆ど其儘である。君は私に書き直させようとしたが、私は君の肺腑から流れ出た語の権威を尊重して、殆其儘これを公にする」、とすれば、史実より実感的真実を尊重する鷗外がそこにいることになる。ただ、それだけで済まされない事実は、鷗外が、この作品を改訂してまで拘りを持った歴史の「自然」も、この作品「津下四郎左衛門」は同時に包摂しているのである。必要に応じて鷗外は、杉孫七郎、青木梅三郎、中岡黙、徳富猪一郎、志水小一郎、山辺丈夫や、さらには尾佐竹猛に質している。

『鷗外歴史文学集第三巻』の「人物注」によれば、杉は元長州藩士、青木は杉の三男、徳富は言わずもがな、志水は熊本藩士又七の長男、山辺は鷗外と同じ津和野藩出身。同「人物注」に中岡についてこう記されている。「陸軍少尉。岡山藩出身。西南戦争、日清戦争に従軍、陸軍省人事局長に至る。鷗外は『津下四郎左衛門』起稿直前の大正四年二月十四日、伊木隊のことを質問するために元園町に住む中岡を訪問、さらに三月一日に確認の書簡を中岡に送り、中岡はその質問に答えている」とあるのである。「歴史離れ」から「歴史其儘」に弧を描くように回帰している鷗外がそこにはいるのである。この後鷗外は史伝ものに彼の歴史文学を深化させながら、歴史の「自然」の直中に歩み入る。

その鷗外歴史文学の結節点に、尾佐竹猛は立ち会ったことになるし、鷗外の「歴史其儘と歴史離れ」一文が、紛う方なくその後の日本文学における、歴史文学分野に大きくのし掛かりながら、書き手たちを呪縛していくことになった。この程度の短文随筆が、作者鷗外の意図とは別様に一人歩きを始めるのである。戦後激しく行われた井上靖と大岡昇平の『蒼き狼』論争(8)を想起すれば、結局は、大岡は鷗外の「歴史其儘」論に軸足を置き、井上は「歴史離れ」に軸足を置いた論争であった。

その鷗外とそれほど交流があったわけではないが、「津下四郎左衛門」を触媒に一瞬にもせよ、接点を持った尾佐竹猛という優れた歴史家が、果たしてどのような歴史文学観を持っていたかは、次章に譲る。

二　尾佐竹猛と子母澤寛——歴史における実と虚——

(1)　はじめに

平成一六年（二〇〇四）にはNHKの大河ドラマに「新選組！」が放映されたためか、そのブームに乗るかたちで書店やネット上で「子母澤寛」の名前が、若者の目にも飛び込んでいるのではないか。かの司馬遼太郎の『燃えよ剣』、『新選組血風録』も、さらには放映中の「新選組！」も、子母澤寛の仕事があって初めて成立していると断言してもいいのである。

新選組に限らず、作家・子母澤寛が遺した巨大な業績を、紹介することが本稿の眼目ではない。あくまでも、尾佐竹猛と子母澤寛の人的ネットワークを俯瞰しながら、さらにその文学的、歴史的立場を検証するのがこの章の眼目である。

(2)　子母澤寛閲歴——内海月杖とのこと——

実名・梅谷松太郎は子母澤寛である。明治二五（一八九二）年二月一日北海道厚田郡厚田村一六（現在の石狩市）に生まれる。昭和四三年（一九六八）昇天。祖父は十次郎。彰義隊の生き残りで、五稜郭でも戦った。そのまま北海道に定住した。後の作家・子母澤寛誕生とその活動に、大きな影響を与えた人物である。幕末維新期を素材とする寛の多くの小説に、作中人物と重なるように立ち現れるのが、この祖父十次郎である。

大正四年刊行の「明治大学校友会員名簿」[9]によれば、梅谷松太郎は大正三年明治大学法科を卒業している。

明治大学在籍時代のエピソードが伝わっている。『駿台新報』（昭和八年（一九三三）一〇月二一日発行）紙上で「校友訪問記」欄は、子母澤寛を取り上げている。当時明治大学には、教鞭を執っていた東大出の国文の秀才・内海月杖（弘蔵）がいた。月杖は寛の才能に期待して法律家になって欲しいと考え、月謝を出してやっていたのである。ところが、卒業時、寛は月杖の期待を裏切って新聞記者になると言って、月杖を激怒させたという。少なくとも忘恩の徒・子母澤寛は昭和八年一〇月現在では、恩師月杖に会ってはいない。

卒業後しばらく郷里に帰っていたが、大正七年（一九一八）に上京。『読売新聞』、『東京日々新聞』などの記者として活躍。

(3)　尾佐竹猛と作家・子母澤寛誕生史話

子母澤寛が読売に在社していた当時、平野国臣について書いた。ところが、その記事の中で子母澤寛はこともあろうに、鳥羽伏見戦いと蛤御門の戦いとを間違えて記述してしまった。そこに明治出身の俊秀・尾佐竹猛が登場するのである。尾佐竹は、法律家でもあり、吉野作造らと不朽の『明治文化全集』を編んだ幕末維新史の研究家でもあった。常日頃から新聞記者の歴史記述がいい加減であることに、腹立たしさを感じていた尾佐竹は、雑誌『新旧時代』に雨花生のペンネームで、新聞記者の無知ぶりを散々攻撃した。尾佐竹のペンネームについては、すでに多くの研究者が言及しているが、「雨花生」、「雨華生」、「雨花子」など色々と使い分けたようである。松下芳男が「尾佐竹猛氏の横顔㈠」[10]の中で、尾佐竹と「雨花子」が同一人物であることを知らぬ人が、本人の尾佐竹さんに向かって、「あめはなこ」さんという人は、あなたの書くようなことを書いていますよ、と言ったとか、「尾佐竹さんも困ったらしい」と書いている。

閑話休題。『新旧時代』に尾佐竹は、「雨」のペンネームで毎号「近頃の新聞から」欄を担当している。大正一四年（一九二五）五月発行の『新旧時代』[11]に「近頃の新聞から　四」を載せている。子母澤寛に関する問題の記事である。

五月八日のY新聞に「近藤勇等に生捕りになつた古高俊太郎等は京の六角の牢に繋がれたが伏見の戦の夜平野国臣などと一所に三十三名の勤王方が一束にして斬られて終つた」といふ記事があつた、平野国臣等が鳥羽伏見の戦争迄生きて居たのだとしたら之を釈放して働かせたら嘸面白かつたらう、また明治政府となつても平野等の拘禁を解かず、おまけに之を斬つたものは官軍らしいから、随分不都合な話だ、これでは余も記者と共に「血涙を禁ぜ」ないが、同時に新聞記者の知識の深いのにも涙が出る。（略）

尾佐竹の子母澤寛と新聞記者一般への攻撃は、「近頃の新聞から㈡」[12]でも繰り返されている。『新版明治文化全集月報No.３』[13]の「編集部から」に、「木村毅の談論風発ぶり、尾佐竹猛氏の辛辣な揶揄、外骨老人の諧謔は、何といっても会議（『明治文化全集』編集会議――引用者）の珍だ。吉野博士は、いつも問題の提供者で且つ解決者だ」、このような人物評にも、尾佐竹の歴史記述誤謬に対する厳格さが窺えるのである。まさに子母澤寛に向けた攻撃は、「辛辣な揶揄」そのものであった。このあたりの挿話は、先に取り上げた『駿台新報』（昭和八年一〇月二一日発行）紙上で「校友訪問記」欄に詳しい。

「憤然悟るところのあつ」た子母澤寛は尾佐竹に書簡を送り、間違えたのは私であって、記者ではない、勉強しますから、記者の無知呼ばわりだけは取り消しを願う、と認めた。それから子母澤寛は新選組の研究を始め、昭和三年（一九二八）『新選組始末記』を発刊したのである。薩長藩閥政府を正当とする史観からは、無論新選組は、時代に逆行する暗殺集団でしかなかった。この作品の登場によって、新選組が時代の中で鮮烈に生きそして殉じた、その実体が証されたのである。

尾佐竹猛は、「馬鹿でも一生懸命勉強すれば本が書けるか！」と、誰よりも先に尾佐竹に届けた子母澤寛を、褒めたという。この作品から「子母澤寛」というペンネームが使われる。かつて住んでいた大森新井宿、子母澤という地名から採られたらしい。それにしても尾佐竹猛という人物が、実は作家・子母澤寛を誕生させたといってもよかろう。寛はその後、昭和四年（一九二九）『新選組遺聞』、昭和六年（一九三一）『新選組物語』と書き継いでいった。

(4)　尾佐竹猛から子母澤寛、そして司馬遼太郎へ

司馬遼太郎の『燃えよ剣』も『新選組血風録』も、子母澤寛の先にあげた新選組三部作が存在して初めて、より洗練された文学作品としての達成度が保証されたといってよい。司馬遼太郎は『街道をゆく15　北海道の諸道』[14]に「（昭和三六、七年）当時、私は新選組のことを調べていた。ところが調べるほどに子母沢《ママ》さんの『新選組始末記』を経ねばどうにもならないことがわかり、資料として使わして頂くことになるかもしれないということで、おゆるしを得に行った」と記している。

『新選組血風録』（中公文庫）の巻末に、綱淵謙錠が解説の筆を執っている。「現在、子母澤寛の仕事を無視して〈新選組〉を語るわけにいかぬことは、司馬さんの作品も同じである。」と指摘している。浅田次郎『壬生義士伝』の吉村貫一郎、ＮＨＫ「新選組！」も、子母澤作品が不動のベースとなっている。

綱淵の解説にはさらに次のような重要な指摘がある。「子母澤文学の本質は、幕臣意識から生れた雪冤と反権力の情感の文学である」と、綱淵はみごと子母澤文学の本質を穿っている。祖父十次郎が、彰義隊で戦い、函館戦争まで赴いた旧態を貫く人物であったことが、子母澤文学の美学を基底から支えているのである。

勝海舟・小吉父子を描いた『父子鷹』、北野武監督主演「座頭市」の遥かな原作者でもあった。『国定忠治』も書い

た。赤貧に甘んじ幕府に殉じた高橋泥舟を描いた『にげ水』。『駿河遊侠伝』の清水次郎長。幕臣意識は遠く祖父十次郎に連なっていようし、そのような意識を我がものとしながら、物言わぬ庶民・民衆の怨嗟を情念の文学として定着させたのが子母澤寛であった。これらの作品は、講談社刊二五巻本『子母澤寛全集』[15]にある。

三 尾佐竹猛の歴史文学観

(1) 厳格なる歴史考証学者・尾佐竹猛

子母澤寛と尾佐竹猛の新聞記事をめぐる挿話と、その機縁で子母澤寛という歴史小説家が誕生した経緯はすでに叙しておいたとおりであるが、今少し尾佐竹猛の歴史考証家としての厳格な態度や立場をあからめておきたい。

同じ『新旧時代』の「近頃の新聞から」を例示しておく。村田保翁逝去の記事に「鎮守府兼昌平学校」に勤めたとあるが、「鎮将府の昌平学校」の間違い。大久保利通を「大久保利道」、「利光」と書いた新聞があった。これは島田一郎が大久保を刺した刀が警視庁で見つかった記事中に出ていると、尾佐竹は記している。あるいは、高杉晋作の「奇兵隊」を「騎兵隊」と書いている新聞記者がいて、「筆者は満州馬隊のやうな騎兵隊を指揮したものと思つて居るのだらう」と、これまた子母澤寛攻撃の如く辛辣である。[16]「近頃の新聞から 七」[17]には、「九月二十一日のTN新聞に『明治初代の一流作家成島柳北』云々とあつた、文章でも詩でも何でも作るから作家かも知れぬが、此記者は柳北を小説家と思つて居るらしい、成程菊池寛あたりよりも原稿料の収入が多かつたやうだが、余輩不幸にして未だ柳北の小説に接せない、探し物欄にでも出すかなア」とこれまた揶揄ぶりが面目躍如の筆致である。

今ひとつの事例を「近頃の新聞から 六」から、一パラグラフ数行を除いて、抄録しておく。尾佐竹の執拗で厳格なる歴史記述を求める態度と立場が窺えよう。「七月十五日のKH新聞に『佐久間象山』のことが出て居つた中に池田屋斬込みの一節がある、その池田屋には平野次郎国臣が桂小五郎と評定して居り終に平野は縛せられて獄に投ぜられ悲惨なる最後を遂げたとある。これは前々号に指摘した新聞（子母澤寛攻撃文記載号――引用者）よりは幾分幕末史の知識はあるが、根本の誤謬は同一である。元治甲子の変（Y新聞は戊辰の戦争と混同した）に六角の獄中で志士の斬られた惨状だけの知識しかなくて、その志士の中には平野次郎もある、その志士の大部分は池田屋で生捕《マヽ》になつたものだ、故に平野次郎は池田屋で生捕りになつたものなりと自分勝手の三段論法で極めてしまつて書き上げたのである、㈶」と「㈲」の筆名で尾佐竹は記している。

これらの事例からは、尾佐竹猛がいかに歴史記述において厳格さや正確さを求めていたかが理解できようし、またそれだけの資料収集の基盤をしかと我がものとしていたが故の発言であることも納得できよう。執拗に取り上げられた子母澤寛が、歴史文学の方向へ歩み出ていく決意をしたのも、自ずと分かる。管見出来ずにいるが、山田風太郎の明治小説が、尾佐竹猛の『下等百科事典』[18]なくしては書けなかったという風太郎自身の述懐も、そのまま肯い得るのである。夥しい分野の歴史資料収集を手がけた尾佐竹が、鷗外や、子母澤寛や、山田風太郎だけでなく、他の歴史小説家たちに甚大な影響を与えていたであろうことは容易に推測が付く。私一個の物理的条件のためにそこまで今は踏み込むことが出来ないのが無念であるが、後日を期したい。

さて、こうした尾佐竹の歴史に向かう態度や立場が、常に一本筋であったわけではないのである。先に引いた松下芳男の「尾佐竹猛氏の横顔　㈡」にこうある。「尾佐竹さんは所信に強く、それがときとして過剰で、頑固と思われるほどのこともあった」とその実例を挙げている。『中央法律新報』の仲間内の旅行中に、成田から、宗吾霊堂までの約五キロにわたって、片山哲が「公娼廃止論」の立場、尾佐竹は「公娼存置論」の立場から論戦になった。周りの人々は片山支持に、尾佐竹にとって状況は不利。にもかかわらずますます論鋒鋭く一歩も引かないのである。松下は「これは一つの例だが、尾佐竹さんは、だいたいこんなぐあいで、自分の所信は、絶対に変えない人であった」と書いている。常に一本筋であったわけではない事情は後ほど触れる。

(2)　厳格なる歴史考証学者・尾佐竹猛と小林秀雄

今日出海は、その実名小説「踊る雀」[19]に「岸田（国士――引用者）さんは春から明治大学に文芸科が出来るので私と小林（秀雄――引用者）に教師になれと勧誘に来られたのだ。山本有三氏が科長で岸田里見（敦）横光（利一――引用者）岩田（獅子文六）久保田（万太郎――引用者）と言う先輩に小林船橋（聖一）阿部（知二）という顔触れで、私の月給は二十三円五十銭だつたから、幾ら物の安い時でも飯の足しにはならなかつた。私は十五年勤め、教授になつても最高が五十円だつた」と、自分や小林秀雄が明治大学の教壇に立ついきさつを記している。

この昭和七年（一九三二）明治大学文科専門部長が尾佐竹、文芸科長が山本有三、史学科長が渡邊世祐、新聞科長小野秀雄であった。この時小林秀雄の担当科目は「文芸概論」、「文芸思潮史」である[20]。「歴史の活眼」[21]という短文のエッセイに小林は書いている。「明治大学に文芸科といふものがあり、僕はそこで生徒を教えてゐる。もともと先生など柄ではないのだから、いづれ馘になるか、こつちから飛び出すだらうと思つて教え始めたが、やつてみると余程のんき気な学校であるせゐもあり、其他いろいろで、何んとなく六年も経つて了つた。／そこで、三年ほど前から日本歴史を教えてゐる。君は学校で何を教へてゐるか、と聞かれて日本歴史と答へると笑はない人はいない。併し、僕の考へによれば、教師が自分のよく知らぬ事を教えてはいけない理由はない。知つてゐる事ばかり、蓄音機の様に喋つてゐるから、生徒の方でもろくな事を覚えない。教師が勉強し乍ら、あやふやな事を喋るのも、教育の一法である。とは言ふが、これは理屈ではどうでも付くといふ見本の様なもので、別段そんな理屈から始めたわけではない。たゞ、自分の知つてゐる事を教へてゐるのが、たまらなく退屈になつたので、今度は知らぬ事を教へさせて貰ひ度いと申し出で、許可を得たのである。なかなか解つた学校である。／学校の尾佐竹猛博士は、苦笑ひしてをられた。僕は講義科目を堂々と日本文化史としたからである。尾佐竹博士も致し方ないと思つたのであらう、日本文化史の講義が出来る様な学者は、日本にはゐない筈だから、日本文化史研究としてはどうか、と言われた。僕は、うまいことを言ふ先生だと思つた」と小林が書いたのは、概ね昭和一三年（一九三八）頃のことであろう。

尾佐竹猛が、こと「歴史」学に関する事柄に対しては、たとえ文芸評論家・小林秀雄であろうと妥協していないことを窺わせる資料となろう。たしかに「日本文化史」などという空漠たる学問領域や分野を教授できるものは、日本にはいないとする、尾佐竹の厳しい判断は的を射ている。日本文化の「歴史」を「研究」するのであれば、その領域は絞り込むことも出来るし、テーマを設定することで研究は出来ようし教育も出来よう、と言うのが尾佐竹の小林への教唆である。厳格なる歴史考証学者の言である。

ただ、小林秀雄がこのエッセイの後半で次のように書いていることは、尾佐竹にとっては感情を逆撫でされた思いがしたはずである。

「昭和維新などと言はれ、明治維新の歴史について、いろいろ知りたく誰も思つてゐるし、知らねばならないのであるが、い丶本がないのである」と嘆き、さらに「史料の泥沼に足が次第にめり込んで、活眼を失ふ道、もう一つは、唯物史観の様な歴史学の方法の便利さに心を奪はれ、活眼とは何ものであるか解らなくなつて了ふ道、凡そこの二つの道を通つて大勢は堕落しつ丶ある」と、小林秀雄は実証的歴史学と唯物史観的歴史学をともどもに退ける立場を鮮明しているのである。

尾佐竹の史学が、歴史考証学ではあっても、あるいは史料中心主義的ではあっても、「歴史とは理解すべき思想である」とする小林の考え方には尾佐竹に異論のあろうはずがない。尾佐竹の感情を仮に小林が逆撫でしたとすれば、「明治維新について」、「い丶本がない」と書いた部分であろう。この時期までに尾佐竹は、『維新前後に於ける立憲思想――帝国議会史前記』、『明治文化史としての日本陪審史』、『国際法より観たる幕末外交物語』、『明治文化叢説』、

『幕末維新の人物』など、博捜した夥しい史料を基に、様々な角度から幕末維新期の歴史的位相を叙述してきていたのである。ただ、小林が言う「明治維新」についてのいい本がない、との批判は感情を逆撫でされる思いではあっても、尾佐竹としては肯わざるを得なかった。証拠はないが、小林発言の数年のちに尾佐竹は大著『明治維新』上、中、下の1・2・3と書き継いでいくのである。下の3は未完に終わってはいるが、小林発言の数年のちにこの大著の刊行を始めているのは、偶然とは思えぬのである。

(3)　尾佐竹猛の歴史文学観

森鷗外が「津下四郎左衛門」を改訂する際に尾佐竹の持参した史料に依った事実についてはすでに触れた。その鷗外は「山椒大夫」を挿んで、歴史の自然を重んじる「歴史其儘」の方向に我が歴史文学の方向を定めていった。子母澤寛は、歴史記述における誤謬を尾佐竹に痛烈に批判されたことを契機に、ジャーナリストから歴史小説家へその人生の方向を転じていったのである。また小林秀雄が、明治大学での講義科目に「日本文化史」を設置したいと申し出たところ、尾佐竹は「苦笑」しながらも小林を窘めて、それなら「日本文化史研究」になさいと忠告したのである。こうした尾佐竹猛が、歴史学者としてどのような位相に佇立していたかは、明らかである。厳格な歴史考証学者の立場である。博捜し収集した膨大な史料こそ、尾佐竹史学を根底から支えている。鷗外の顰みに倣えば、「歴史離れ」の方向におもむかず、毅然たる態度で「歴史其儘」の方向に我が学問を定着させているのである。

にもかかわらず、尾佐竹猛という学者は、多様に存在する価値を、ただ一つの価値観で裁断する、単純な思考の持ち主ではない。多種多様なペンネームを書く文章の内容によって使い分けたと推定される。飯澤文夫が「書誌調査からみた尾佐竹猛――明治大学での事跡を中心に(22)――」の中で、先行文献を整理していて、二一のペンネームを列挙している。その二一の筆名をその時その時、必要に応じて使い分けている可能性が強い。無論、どこまで厳格に使い分けたかどうかは判然としないが、少なくとも尾佐竹なりに取捨選択の基準のようなものはあったに違いない。多様な価値を、尾佐竹の人生やその文筆活動に適用していった姿が浮かび上がってくるのである。融通無碍。だからといって妥協主義ではない。その折り、その時の立場や態度は、そのフィールドでは一貫しているのである。融通無碍の一貫性こそ「尾佐竹猛」の存在をつらぬいているものなのである。

子母澤寛が手ひどくその過ちを指摘された「近頃の新聞から[23]」にこんな記述を尾佐竹はしている。「小説だから宜い様なもの、、某新聞の新撰組に関する小説の一節中浪士の一人が「買収」といふ語を使つて居るのは耳触り否目触りである。言ふ迄も無く、買収といふ語の用ひられたのは明治二十五六年以降である」と。注目すべきは「小説だから宜い様なもの、」とふともらした如き片言隻句である。述べてきたような、厳格な歴史考証学者・尾佐竹猛が、小説だから少しの過ちはあってもやむを得ぬ、と寛容な態度をふととっていることが実は大事なのである。尾佐竹猛の歴史文学観を検証する上で、あるいはその小説観を検証する上で。

新聞記者・子母澤寛が事実を伝える記事で嘘を書いた。尾佐竹はそれを恕すわけにはいかなかった。ただ、ことが小説なら別なのである。このことを証す貴重な文章がある。

「大衆文学と史実の分岐点(五)」という連載欄に、尾佐竹は、「史実とモデル　それを探究する心理」と題して三回(上、中、下)書いている[24]。総タイトルが「大衆文学と史実の分岐点(五)」となっているから、このテーマにふさわしい人物が担当してきて、尾佐竹が五人目ということであろう。尾佐竹執筆の前後の記事を調べていないので他の執筆者の名は分からぬ。いずれにせよ、尾佐竹猛の歴史文学観なり小説観なりを知る上で貴重である。三回分を纏めて整理しておく。

「斯る時勢である戯作者は一躍して文士となり。ここに歴史小説なるものが出で来つて、盛んに歴史物を書き出したのであつた」と現状を分析する。そして文芸家として王座にある衿持から、歴史を知らなくてはと考えるようになり、「歴史家と交渉が始まり、斯の方面から攻撃の矢が放たる丶に至つたのである」と、歴史小説家が歴史家と関係を持たざるを得なくなり、同時に歴史家側から、史実をめぐる小説家のずさんな描写に攻撃が始まったと、尾佐竹は書く。小説家と歴史家との地位が対等になり、それぞれの立場から議論を深めていき、「文芸の立場と歴史家の立場と混同してはならぬといふ議論となつたのである。それでも、例へば水上に沈没船の帆檣が見えるとするとその帆檣の部分は歴史であるが、その沈没船の何であるかは想像を逞うして随意の筆を揮ふのが小説であるといふ風の議論に落ちついたのである」、この議論は今からみると甚だ物足りない議論であった。「帆檣が有らうが無からうが、沈没船を想像して書くに、なにも差支のある筈がない」、忠臣蔵が鎌倉時代で、しかも鉄砲があってもかまわない。西遊記やダンテの作物が、物理や化学に反しても構わぬ。奈良朝の人間が明治語を使ってもいいのだ。「小説家はどこ迄も小説家である。歴史家ではない。その後、時勢が変わってまた大衆小説が、維新史や明治史を取り入れ、その史料の精選に重きを置くようになった。そこでまた歴史家が容喙し揚げ足を取るようになったのである。それでも小説家はくよくよすることはないのである。読者の中にも問題がある。歴史家の攻撃をみて、小説の価値を疑う読者がいる。こういう読者は小説のモデルを探して喜んでいるのと、共通の心理である。またモデルと違っていようといっこうに構わないのである。「風俗や習慣などが史実に反するのは不都合だといふならば、これこそ枝葉末節に拘泥するといふよりも、これは見当違ひといはねばなるまい」と、これが尾佐竹の明瞭なる歴史家と小説家の相違を論じた主旨である。

繰り返すまでもあるまいが、尾佐竹猛の歴史文学観や小説観は、簡潔明瞭である。清水次郎長も、国定忠治も、座頭市も、(補注)小説空間の中では史実に基づく必要などない。尾佐竹猛の歴史文学観が、森鷗外のそれと大きく隔たりながら、隔たった文化的位相から発語されていることが確認できよう。「歴史其儘」は、歴史家に、「歴史離れ」は小説家に、と截然と分ける尾佐竹文芸観がここにある。もう少し時間的に長い文学史的俯瞰図を想定するならば、尾佐竹は、森鷗外の方向を否定しているわけではない。けれども鷗外の方向のみが歴史文学の歩み行く道筋ではない。むしろ、芥川龍之介、菊池寛、子母澤寛、そして、井上靖を経て、司馬遼太郎、さらには浅田次郎の歴史文学を遥かに展望している、融通無碍の一貫性を存在軸とした「尾佐竹猛」がいる。

(1)『鷗外歴史文学集第三巻』所収「津下四郎左衛門」(岩波書店、平成一一年一一月)。
(2)『鷗外全集第三十六巻』(岩波書店、昭和五〇年三月)。
(3)森鷗外著『山房札記』(春陽堂、大正八年一二月)。
(4)田熊渭津子編『尾佐竹猛』(日外アソシエーツ、昭和五八年七月)。
(5)『大学史紀要』第九号(明治大学史資料センター、平成一七年年三月)。
(6)(注2)に同じ。
(7)『鷗外歴史文学集第三巻』(岩波書店、平成一一年一一月)所収「参考文献(歴史其儘と歴史離れ)」。
(8)『戦後文学論争下巻』(番町書房、昭和四七年一〇月)。
(9)「明治大学校友会員名簿」(明治大学校友会本部、大正四年一二月)。
(10)「新版明治文化全集月報No.13」(日本評論社、昭和四二年一二月)。
(11)『新旧時代』(明治文化研究会、第一巻第四号、大正一四年五月)。
(12)『新旧時代』(明治文化研究会、第一巻第六号、大正一四年八月)。
(13)『新版明治文化全集月報No.3』(日本評論社、昭和四二年八月)。
(14)司馬遼太郎『街道をゆく15 北海道の諸道』(朝日新聞社、平成一七年五月)。
(15)『子母澤寛全集』全二五巻(講談社、昭和四八年一月~五〇年二月)。
(16)『新旧時代』(明治文化研究会、第一年二月第一冊、巻号不明、大正一四年二月)。
(17)『新旧時代』(明治文化研究会、第一巻第七号、大正一四年九月)。

(18)　『下等百科事典』(田熊渭津子『尾佐竹猛』日外アソシエーツ、昭和五八年八月刊によれば、「雨花山人」の筆名で『法律新聞』明治四三年九月五日から大正七年九月三日まで、計百三八回連載されたもの。後、批評社より平成十一年五月刊)。
(19)　今日出海「踊る雀」(雑誌『新潮』第五一巻第一一号、昭和二九年一一月)。
(20)　『明治大学文学部五十年史』(明治大学文学部、昭和五九年三月)。
『明治大学百年史第三巻通史編Ⅰ』(学校法人明治大学、平成四年一〇月)。他に、明治大学文学部五十年史資料叢書Ⅰ『里見弴先生をかこんで』(明治大学文学部、昭和五三年五月)など参看。
(21)　『新訂小林秀雄全集第七巻』(新潮社、昭和五三年一一月)所収。
(22)　『大学史紀要』第九号(明治大学史資料センター、平成一七年三月)所収。
(23)　『新旧時代』大正一四年二月、明治文化研究会発行、第一巻第一号)。
(24)　「史実とモデル　それを探究する心理〔上〕」(『読売新聞』昭和九年五月一三日)、「同〔中〕」(同一四日)、「同〔下〕」(同一五日)。

(補注)　平成一七年六月発行の『明治大学学園だより』(第三百四十一号)に「明治発『座頭市物語』を繋ぐ」という雑文を載せた。尾佐竹と子母澤寛の関係を考えると、この雑文もここに(補注)として全文置いても全体の論旨から乖離するものではあるまい。

明治発「座頭市物語」を繋ぐ～子母澤寛・岡本喜八・北野武～

大学史資料センター委員　吉田悦志(政治経済学部教授)

(1)　はじめに

連綿と創られ続ける「座頭市物語」シリーズを繋ぐ、その初発の場に原作者の子母澤寛がおり、そして「座頭市と用心棒」を撮った岡本喜八がいて、さらに今、最新の「座頭市」を演じ、撮った北野武が毅然として存する。このことを書きとどめておく。本年二月一九日に八一歳で他界した映画監督・岡本喜八がやはり明治出身者であったことに触発されたからである。

(2) 子母澤寛原作「座頭市物語」

梅谷松太郎が子母澤寛である。大正三年明治大学法科を卒業。その子母澤寛に短編小説「座頭市物語」という珠玉の名作がある。昭和三六年刊行の『ふところ手帖』に収録されている。『子母澤寛全集』の紙幅で言えばたかだか五頁。勝新太郎によって見事に映像化されていく映画「座頭市」シリーズは、実は子母澤寛が書いた原稿用紙にしてたった二〇枚弱の「座頭市物語」が初発の原型であったのである。

しかもその後二〇作以上撮影されたこれらの映画は、子母澤寛が定着させた「座頭市」のモチーフや人物像から乖離するどころか、むしろそのフレームの中で堆積する伝統のように、深みと厚みを加えていった。

寛は書いている。天保の頃、やくざの子分で座頭市という盲目のあんまがいた。いい年配で、でっぷりした大男で、頭を剃っていて、柄の長い長脇差しをさして歩いていた。しかも盲目でありながら抜刀術居合いがうまい。いつ抜いたかいつ切ったか、徳利が見事にまっぷたつになっている。「え、悪い事をして生きて行く野郎に、大手をふって天下を通行されて堪るか」、役人と手を組んだ親分に、杯を返して姿を消す。

今読めば、確かに差別的な表現が多くある。多くありながら、子母澤寛の座頭市は、そのハンディを越えた人間の優しさや、悪と権力にあらがう確固とした人間像を、民衆的視座から確立しているのである。このフレームは、後に続く者たちも今なお遵守している。

(3) 岡本喜八の「座頭市と用心棒」

岡本喜八郎が映画監督・岡本喜八である。大正一三年に生まれる。明治大学を卒業。その後昭和一八年東宝に入社。さて昭和四五年度岡本喜八監督「座頭市と用心棒」。勝新太郎によって製作され続けて、子母澤寛原作のフレームは厳守されながら、より深みと厚みを増していた「座頭市」シリーズ。その座頭市と黒沢明監督のバガボンド的ヒーロー「用心棒」を対決させる発想から、この「座頭市と用心棒」が創られた。日本最強のアウトロウ対決の娯楽性は、勝新太郎と三船敏郎の存在感と迫真の演技、さらに岡本監督のスピーディーな間髪を入れぬ物語展開能力が重なり合うことで、見事に達成された。にもかかわらず、そうした娯楽性の基底部に、監督岡本喜八が一九七〇年前後の時代性に着目していた想いが揺曳している。七〇年安保「闘争」という時代性である。

エンタテナーであり、また戦争を中核に据えて「闘い」なるものを見つめ続けてきた岡本喜八が、この時代の「闘争」が陰惨に向かい行く様相を憂いながら、権力に向かう痛快無比な娯楽性を持った「座頭市と用心棒」を、対峙させた。

(4)　北野武・監督主演「座頭市」

芸人・ビートたけしが、監督俳優・北野武である。昭和四〇年明治大学工学部入学。学園紛争激しくやむなく退学する。その後の世界的な芸術活動が評価されて、明治大学から平成一六年特別卒業認定証と特別功労賞の贈呈を受ける。北野「座頭市」もまた、子母澤寛の「座頭市物語」を伝統として踏襲しながら、暖め続けてきた腹案を勝新太郎亡き後ようやく念願かなって完成させたのである。「HANA-BI」は暴力と人間の弱さとそれ故に深まる愛の実相を、ラストの拳銃二発の残響を中空に置いて描いた作品であり、ベネチア映画祭でグランプリに輝いた。

北野「座頭市」も「HANA-BI」と主題が通底するところがある。暴力と人間と愛のテーマは変わらぬ。岡本「座頭市」の娯楽性はこの作品にも強烈に発散している。ただその娯楽性の強烈な発散が、実は、民衆の劇としての北野「座頭市」のラスト、村人たちがタップを踊る歓喜の中に表現されているのである。それまでの盗賊に親を惨殺された姉弟の復讐物語と、北野「座頭市」の闇夜に生きるヒーロー物語と、浅野忠信演じる薄幸の武士夫婦の物語が交錯しながら、収斂していく。そのラストに民衆の勝利を祝う歓喜の踊りがいつまでも続くのである。

「え、悪い事をして生きて行く野郎に、大手をふって天下を通行されて堪るか」といった子母澤寛「座頭市物語」の市の言葉が、やはり明治発「座頭市物語」として現在も繋がっているのである。子母澤寛、岡本喜八、そして北野武へと。

第7章　近代史の中の郷土

鈴木秀幸

はじめに

本稿執筆の具体的な目的は次の二点である。ひとつは研究対象の尾佐竹猛はどのような家や地域にあって、どのように育ったのかということである。一口にいえば生育環境の解明である。対象とする場所と時期は父・保が金沢で生活し、やがて猛が能登地方で生まれ、地元小学校を卒業するまでの、おもに明治前中期ということになる。もうひとつは上京後、その多くは東京で生活することが多かったのであるが、郷里のことをどのように思っていたのかということである。一言でいえば郷土意識の究明である。よって対象とする時期は東京の明治法律学校を卒業し、東京地方裁判所・大審院などの判事を歴任、さらに晩年、母校明治大学教授として活動した時、すなわち明治期後半から敗戦前後である。

この二点を解明することは単に尾佐竹猛という人物の足跡を明らかにするだけではない。いうならば日本の近代および近代文化が形成される過程で、その基層的な部分を探ることになる。具体的には、筆者は近年、「大学史と地方史」をキーワードとして、日本の近代、とくに近代教育史に取り組んでいる。明治の世を迎えると全国青少年はどっと上京、修学をする。卒業後は出身の地域にもどって活動したり、あるいはもどらなくとも地域と関わりをもつといった者が少なくない。こうした修学を通して、「中央」（大学）と「地方」（郷里）との相関関係を知ることは、日本の近代を解くために有意義ではなかろうか。本稿はそうした課題解明の一助となれることを願い、以下、行論するつもりである。

ただし、ことわっておくべきことは本稿では、尾佐竹猛が中央の学校で学んだ内容にはふれない。学んだ学校の特色にふれる程度とする。またその修得事実を細密に、直接にその後の思想・行動の中で検証することはしない。いずれ別稿で論じたい。また本稿では猛と明治大学との関わりは最後の節でふれたが、限定的である。紙数も多くはない。そのことの本格的分析は本共同研究の他稿に譲った。

ところで、平成一六年（二〇〇四）一一月に逝去された筆者の師・木村礎先生に、ある出版社より尾佐竹猛について、出版の話があった旨、話をしたことがある。その時の先生は嬉しそうな顔をされ、「研究者としての尾佐竹の研究も大事だが、地元の石川県のことも重要だ」と語られ、さらに「何か一文書きたいね」と続けられたことが印象に残っている。結果としてこの尾佐竹猛共同研究では筆者が加能地方（石川県）との関係を担当することとなり、いたく責任の重さを感じつつ、筆をとっているところである。

木村先生と尾佐竹猛には共通するところがある。明治大学においてリーダーとして学内行政に関わったこともそうであるが、ともに歴史学において実証主義に基づき、新しい分野を次々と切り拓いたことである。その結果、二人とも明治大学出身の同大学教員として本格的な全集・著作集を有する稀有な存在となっている。(1) そして木村先生自身も尾佐竹猛について、二つの論考を公にしている。ひとつは「尾佐竹猛論」（『明治大学　人とその思想』明治大学新聞学会、昭和四二年一一月）であり、もうひとつは「明大人の系譜　尾佐竹猛」（『明治大学学園だより』第二〇七号、明治大学広報部、平成四年二月一日）である。ともに尾佐竹の学問を例の明解な筆致で高く評価されている。そして前者論文では、「いずれはまともな尾佐竹論をやるつもりである」としている。

ただし、この時の木村論考に地域論（加能、石川）のことはふれられていない。また実際、尾佐竹猛と地域に関する研究は少ない。だが、ないわけではない。竹永三男は「近代日本における中央・地方・地域」（『日本社会の史的構造近世・近代』朝尾直弘教授退会記念会、平成七年四月）で「一九三〇年における「裏日本」論」について、尾佐竹の裏日本論を約一頁くらいのスペースで紹介している。その後、渡辺隆喜は「日本海地域の風土と人間」（『明治大学史紀要』第六号、明治大学史料委員会、平成一三年一一月）において、約二頁半をさき、創立者と同様、日本海地域出身者である尾佐竹猛を明治大学の建学理念と関連付けつつ、近代化への対応の過程を検討している。本稿ではこうした数少ない先行研究に依拠しつつ、尾佐竹猛と地域との関係を推論していく。

一　加賀藩と尾佐竹家

(1)　幕末加賀藩と学問教育

尾佐竹家が長く居を構えた金沢は、加賀藩の城下町であり、「加賀百万石」と称される大藩である。周知の事実である。したがって石川県の歴史を語る時に、例えば『石川教育』第一七四号（大正七年一一月）[2]に「石川県を如何にして了解せしむべきか」（小藤生）では「徳川時代に於て加賀藩に生計し三百年の恩恵に浴したりとせよ」とあるように同藩の存在は強力である。

ところが、その教育の歩みに関する調査研究の文献はきわめて少ない。その中にあって最も本格的なものは石川県による『石川県教育史』（昭和四九年三月三一日）である。本書は刊行時期からも察知できるように、全国的に展開された学制頒布百年記念の動きの中で成ったものである。同書によれば加賀藩校である明倫堂や経武《けいぶ》館の設立は寛政四年（一七九二）のことである。藩財政窮乏打開と風俗矯正のためであった。ただし、この設立時期は近世後期であり、全国藩校にあって早くはない。藩の規模からすれば、学校開設上、先駆的とはとてもいいがたい。そして、開学一〇年後に学校制度の改革、いわゆる「学制修補」を行なっている。その理由は士風の荒廃や勉学意欲の減退（とくに就学者の減少）のためである(3)。

その後、全国的な開国に向けて展開される中、安政二年（一八五五）八月、洋式の学校である壮猶館を設立、明治元年（一八六八）四月には同館を軍事中心の学問所とするために、洋学校として道済館を開設した。こうした藩校の教師は代々世襲の家柄が担ったが、陪臣や足軽・細工人クラスの武士、あるいは武士以外のものも登用された。

さらに明倫堂や壮猶館に関して、同書の記述には、時折、次のような要旨の文言が表われる。

・明倫堂助教には就任したい者がなく陪臣らを登用した。
・藩士の子弟は身分により同堂の授業出席に制限があった。
・壮猶館に対して「西洋かぶれ」という批判があった。
・壮猶館の訓練は実践的ではなく、生徒は減少していった。
・同館が慶応期より加えた洋算に対しては、商業軽視の封建的思考から脱却できなかった。

以上のことからすると、加賀藩の藩学は全体として先進的とはいいがたく、むしろ保守的・停滞的であったといえよう。個別藩校のことではないが、例えば、明治大学で教鞭をとり、作家であった笹川臨風は「加越能の人物と今昔(4)」において、「維新前に於ける北国の大藩加賀は、江戸幕府に憚りて、自ら韜晦した傾があった」と韜晦主義をあげ、そのため「總べてが防禦的で、退嬰的」と評している。藩学面にも当然、そのようなことが影響したと思われる。

石川県教育会々誌『石川教育』をひもとくと昭和一二年（一九三七）四月（第三六三号）から八月（第三六七号）にかけて、能美郡八幡小学校教員山田直次の「徳川時代に於ける加賀藩の文教」という論文が連載されている。この論文は大名前田家による教育を累代的に記述したものである。そしてその代々の教育を好評している。それでも、例えば嘉永五年六月、明倫堂に皇学を教科として加え、古事記、日本書紀等により講釈がなされたことについて、督学加藤甚左衛門らは深意を解することができなく、そのため登校聴講するものが少なかったこと、またそのことは儒学でも相似していると指摘している。また幕末維新期のところでは一四の学校を紹介している。数は多いのであるが、その解説文を一読すると合併や分校によるものが含まれ、その内の四校は民営的なものである。やはり幕末維新期による加賀藩、とくに金沢城下の文教について、華美で広範にわたっていることは認められるが体系的・革新的な動向はあまり見うけられないといえよう。

ところがこの山田論文の中にきわめて気になることがある。

・この時期、民間では、師を択び、皇道を聴き、国書を読むものがある。
・藩は寛政三年（一七九一）八月と天保九年（一八三八）一一月に、家中や陪臣で私塾寺子屋を開いているものを調査した。
・寺子屋はすこぶる多く設立された。
・郷学も発展した。

筆者はさきに『石川県教育史』により、藩校に下級武士や武士以外のものも教師として登用されたことを記した。またこの山田論文では下級武士や民間教育の盛行を読み取った。実は藩当局の教育は、改革されつつも、停滞的・保守的・総花的であったが、下級武士や民間人の対応は必ずしもそうではなく、むしろ年々発展の方向であったといえよう。

(2) 尾佐竹家の系譜

尾佐竹家の歩みを知る資料は少ない。そうした中にあって加賀藩政文書にある家譜「先祖由緒并一類附帳」（明治三年正月、丈三筆）はきわめて貴重なものである。同資料を年譜的に整理したものが資料1である。そこでは尾佐竹丈三保敬から記されている。同家は三〇石取の下級武士（陪臣）であり、生国は尾張とある。同家の言い伝えによれば、元は佐竹と称したが、尾張出身のため尾を付したという。佐竹云々については、いつのことか分からない。同資料によれば第七世に尾内彦三とある。慶長元年鉄砲召抱として切米三〇俵が支給されている。さらに大阪の陣にも出陣している。その後、尾内姓が続く。尾内長左衛門の時は御内所（前田利常）に金沢で奉公していたが、小松隠居に伴ないお供したとある。(5)

ところで、尾佐竹家の墓は金沢市内、蓮覚寺にある。同寺には金沢藩士の墓が多い。(6) 猛はそこに眠っている。題名は不明だが、同寺の文書に次のことが記されている。

寛政六甲寅年
十一月十六日　暁卜改
六十六歳尾内隼太
一　覚了院心月日輝居士
　小松立像寺旦那則立像寺引導当職歎徳読ム輌

この文中、「尾内」の「内」は消され、「佐竹」とされている。つまり尾佐竹家は寛政期ころは尾内と称し、小松の立像寺の壇下であったが、主君前田利常死去により同家は金沢に帰住したため、旦那寺が法縁の蓮覚寺に変わったのである。だから立像寺僧侶が引導してきて、「歎徳」、つまり故人隼太の業績をたたえたのである[(7)]。この立像寺は天和三年の「小松町家数・寺社書上[(8)]」に日蓮宗寺院として列記されている。また文化四年（一八〇七）一〇月三日、東町同寺より町会所に宛てた「立像寺拝銀一件[(9)]」には慶長一三年、前田峯蔵屋敷に造立、七五〇坪あることが記されている。たしかにその後、町絵図、例えば天明二年「小松城中并小松町図」等に見うけられる[(10)]。ただし、現在は隣接する妙円寺に合併している。その尾内家については元禄一六年正月の「小松御城諸役御切米高役附歳帳[(11)]」には尾内甚左衛門（切米高二〇俵、四二歳、二枚橋舟留門番所居番）と尾内源右衛門（二〇俵、六二歳、堀廻并藪竹木等廻）がみとめられる。目下のところ、両尾内家の関係、本稿の尾佐竹家とのつながりはよくは分からない。ただ、いずれにしても尾佐竹家は代々、下級の武士であった。

前出の尾佐竹家々譜（資料１）にもどりたい。その中で最も注目されるのは、尾佐竹丈三保敬、つまり猛の曾祖父とその子息隼太の存在である。彼らは藩校において秀でた成績による褒賞、同校における教師登用、武芸の指南等々、同藩の学芸等に寄与していることが分かる。すでに述べたように同藩における下級武士による学芸面の活躍の一端を如実に示している。すなわち江戸時代の尾佐竹家は由緒・地位、あるいは収入面では恵まれてはいなかったが、学問教育面で実力を発揮するようになってきたのである。つまり、時代的制約から、同家は能力や実力を発揮したくとも し難かったが、とくにじょじょにその片鱗を示してきたということもできよう。

(3)　父・保について

尾佐竹丈三の子息も丈三を名乗ったが、区別するために「保」の方を用いる。同人の履歴は『志賀瑣羅誌』（復刻版）掲載のものが詳しい（資料２）。それによれば弘化元年（一八四四）一二月三日、金沢城下森町に生まれている。

同三年一月には同藩会計担当に任ぜられているが、一二月には「文学訓蒙」に補せられた。同職は小学校教員であり、『石川教育』には同種の辞令書が掲載されている。すなわち『石川教育』第一四五号、大正五年（一九一六）三月、「（五）今昔の感を述へて」明治四年一一月には金沢県が井波外喜男に「文学訓蒙加」とある。文学訓導とはその訓蒙加の上に位置する。(12) おそらく保も同様の証書を受けとったのであろう。

なお、この文学訓蒙という職名は同藩々校時のものを若干、引き継いでいよう。つまり「天保十年学政修補之際明倫堂御役人(13)」には、督学、助教、加入、訓導、同加入、同格に次いで訓蒙とあり、以下、句読師、書写方、御書物出納方、学校御横目とある。

資料2によれば、保は明治四年（一八七一）一一月一〇日には、学校係と外国教師係を石川県から拝命している。つまり県庁において学務行政を司どることとなった。前者は名称から分かるとおり、県下学校行政を担当する職務である。前出「旧加賀藩学制」には「学校　皇漢洋医算ノ事件ヲ答シ生徒ヲ教育シ、其業ヲ遂ケ其業ヲ成サシメンコトヲ要ス」とある。そして、以下、この「学校掛」から「小学所仕法」、「与楽宴規定」、「与楽宴出頭人規定」等の文書が発せられている。(14) 外国教師取扱係とは、次に掲げる「旧加賀藩学制」明治三年（一八七〇）の条が手がかりとなる。

六月二日藩庁より監察局え
　近々英学教師等外国人雇入追々当表之来着之筈に候就いては外国人教師方之儀度々官より御布告之趣一同承知之通に候条御卒爾之振舞有間敷（略）
七月二日藩庁より監察局え
　金谷大属等外国教師取扱方兼務申渡候に付右局外国教師取扱方と相唱度旨聞々届候条役局之申渡候也

同資料によれば、明治五年（一八七二）八月二三日には石川県より区学校五等教師に任命されている。この区学校とは、それまであった小学所をより庶民対象の教育機関に改編したものであり、五年五月に発足した。いうなれば、この地域の小学校は小学所、そして区学校を経て成立したのである。そして保は明治六年（一八七三）二月三日には小学校六等教員に任命された。

その後、九年一一月二一日には二等学区取締に任命された。学区取締とは、その名称のように各中学区の学校の管理・監督を管掌するが、石川県では明治六年一月一八日一八名を任命し、以後、増員していく。二等学区取締とは一等より下位であり、給料も低い[15]。保は明治の世になり、教育関係に職を得たわけである。このことは、すでにみた尾佐竹家の学芸的蓄積が、明治の世になり、前代の制約が解かれることにより、さらに発揮されたといえよう。

当時のようすについて、梅田久栄は「明治初年の開校式[16]」で次のように振り返っている。

当時士族は、其の常識を解かれて間もない時分で、何等適当の仕事もない折柄として、少しく文字のあるものは、争うて学校教員となり、較や文字の力乏しき人は、巡査となつたのである。されば、其の頃世人は金沢を指して、教員、巡査の産地と称へた程であつた。

磯田道史の『武士の家計簿[17]』は加賀藩陪臣猪山氏（七〇石取）の家政を精査研究したものである。多くの士族は明治の世となり、官員への出仕を求めたが、必ずしもそのようにならないようすを描いている。猪山家は幸い、それまでの「姫君のソロバン役」という算用者の能力が認められ、海軍省の官僚軍人へと出世をする。このことは尾佐竹家とやや類似した様相といえよう。

(4) 親族の横山家

金沢市立玉川図書館の『加越能文庫目録』には「横山隆吉三〇〇石、明治七　一四歳、松山寺」とある。この隆吉の父は隆三といった。本節で取り上げる一平は、その次子（隆吉弟）に当たる。そのプロフィールは『加越能時報』、『加越能郷友会々報』、『石川百年史』によって知りうる。[18] それによれば、文久二年（一八六二）五月金沢に生まれた。金沢英学校を卒業、さらに漢学・英学・法律を修め、自ら私塾義侠館を設立。一七歳の時、新選旅団に属し、西南の役に出動したこともある。東京に出て、鉄道や石材事業に関与。明治三七年総選挙の際、千葉県より出馬し、当選。同年メキシコにおいて漁業や農業の開発に関わる。明治四〇年日本捕鯨会社の専務取締役となり、捕鯨会社大合同の後、社長となる。四四年（一九一一）七月に金沢電気鉄道の重役となり、やがて社長となる。その他北鮮電力、常磐興行、北陸冷蔵等の重役を兼ねた。昭和六年（一九三一）、四谷自邸で死去。享年七一歳。同氏と尾佐竹家との関わりは、保の長女俊（もしくは淑、猛の姉）が嫁いだことによる。また三女実（猛の妹）が後添えとなったためでもある。猛が明治法律学校在学中は一平（本郷区本郷住）が保証人となっている。[19] なお、さきの金沢市内蓮覚寺尾佐竹墓石には同人の名が刻まれている。

このことから横山家と尾佐竹家は深い関係にあり、猛はのちに、学資面の援助を受けたことが十分に想像できる。そうした側面のみならず、さきに見たような横山一平が地方から上京し、開拓をしていくことに、猛は刺激を受けたと思われる。横山の行動はひとつの大きなビジョンに基づくものであったことは「時局と移民」と題する論文からも分かる。[20] その主旨は次のようである。

・第一次大戦に日本も加わった。
・各国は平和的領土拡張をすてて武力的拡張をとった。
・形式を捨てて実質をとる近代思想に適合しない。

・私の平和的領土拡張とは移民事業である。

こうした近代的思想、実務主義は、さきにみた開拓精神とともに猛に少なからず、影響を与えたであろう。

二　能登時代の尾佐竹家と猛

(1)　その後の父・保について

資料2の尾佐竹保履歴書にもどる。明治九年（一八七六）一二月のところを見ると、第六大区小一〇区担当とある。第六大区とはそれまでは羽咋郡である。しかし同年一一月の町村区画改編により七尾の北方、つまり鳳至《ふげし》郡・珠洲郡であり、小一〇区は現穴水町、一一区は能登町あたりに当たる。(21)いずれにしても尾佐竹家にとっては大変化であり、能登へ転居、その地の役人となったのである。その後、保は金沢には帰住することはなく、同地で学区取締や小学校長といった教育職、あるいは羽咋郡役所書記(22)や戸長といった地方行政職、最後には区裁判所の司法職員などを務めたのち、明治三四年（一九〇一）八月、職務から退いた。なお、『志賀町史』(23)によれば、明治二七年（一八九四）五月二〇日～二八年（一八九五）八月一日まで、西土田村長に就任している。

すでに述べたように父・保には、先祖以来の学芸的能力があったため、維新後、教員、官吏の道を歩むことができた。ただし、その知識や才能を開花させるには時間を要したのであり、結局は県内とはいえ生まれ育った地とはへだてた地域で公務に当たり、その地のリーダーとして職業生活を終えることとなった。その後、東京の子息・猛の家に引きとられ、次女信らの世話をうけ、昭和七年（一九三二）二月一五日に死去した。

(2) 羽咋地域と尾佐竹猛

資料2の保の履歴には、羽咋郡高浜町字高浜二の二八とある。事実、能登に移住後、おさまった場所は高浜（現志賀町内）である。

資料3は尾佐竹猛の履歴であるが、このことからも分かるように[24]、猛が生まれたのは明治一三年（一八八〇）一月二〇日である。第三子・長男であった。名前の由来は「淑信猛実に堅し」によるといわれる[25]。当地方にあってはにぎわいをみせていた高浜にいつ居住したのは定かではない[26]。住所はすでに述べたが、町中心地であり、明治期の「（地割図）」の「二十二」（現清水正之宅）に相当する[27]。

同資料の通り、猛は明治一九年（一八八六）、地元の大念寺新小学校に入学した。同校について述べる前に明治前期石川県教育の一端を紹介したい。前出『石川県教育史』第一巻によれば、児童就学増加は小学校の設置状況と同じく、加賀に比べ、能登地方は遅れがあったとある。しかし、同書の「第二五表近県就学児童数比較表――明治一〇年――」を加工したのが、資料4-(1)近県就学率比較であるが、石川県は一二県中二位にある。さらに「第八七表　就学表」をもとに作成したのが資料4-(2)の就学率全国比較であるが、石川県は年々就学率を増し、全国平均よりはるかに高い位置にある。その要因は就学督励のための就学旗掲揚とか、小学校簡易科の設置、あるいは小学校教員の待遇改善といった県の教育策によるところが少なくない[28]。

『石川教育』第三二五号（昭和七年一二月）は羽咋郡について、押水・邑知・志加（ママ、志賀）・富来と四郷があり、それぞれ北川尻・羽咋・高浜・富来という中心があることを述べている[29]。その志加の高浜の繁栄ぶりについては、ここでは人口が慶応二年（一八六六）に三七八戸・一五九五人に対し、明治一三年には四三三戸・二六〇三人に急増していることを示すだけにとどめる。

「能登国第六区羽咋郡大念寺新村見取図」という文書がある。この見取図中にある蔵地のところに、のちの高浜小学校が開校する。「高浜尋常高等小学校　学校沿革史」（石川県文教会館複写本）により明治前期の同校の歴史を追ってみる。同資料「学校の部」を一覧すると、この地域も、地域民による教育意識が高く、明治五年三月には岡部久平ら町有志らにより郷学「集学所」が蔵地横の小浜神社に開設され、それは翌年一月石川県の第六区学校、同年三月小学校へと発展した。やがて次々と校名変更をするとともに、自前校舎を旧蔵地の所に建築した。そうしてなったのが、大念寺新小学校である。前記の通り猛の入学は明治一九年四月一日である。詳細にいえば大念寺新小学校という校名は二〇年（一八八七）五月からであり、猛はその前の三番学区高等中学初等科大念寺新小学校へ入学したのである。ただし校舎は同じであり、「郷社小浜神社之景」（明治三一年三月）という絵図には、レンガ造、二階建の瀟洒な学舎が描かれている。このことからも地域の教育レベルのほどを再確認することができる。なお、大念寺新小学校は二二年（一八八九）五月には高浜小学校と改称した。

同沿革史の「職員の部」をみると、一七年（一八八四）には校長が配置されるようになり、その後二〇年には英語・唱歌・体操の教員が赴任している。また「校務の部」では、紀念節や天長節の拝賀式、帝国議院祝賀式の記事が見うけられる。猛は、自ら学ぶ学校が拡充し、勢いをます時期に就学していたのである。そして、同資料の「児童の部」には明治二五年度以降の在学生数が記されている。猛は二六年度卒業であるから、数字に含まれているはずだが、実は尋常科（四年制）までしか載っていない。猛の同科卒業はそれ以前だが、わずかの年差なので、二五年度生を見ると約五〇パーセントの卒業率である。さらに猛は高等科に進み、卒業したのである。同科卒業者数は不明ながらも、少なかったと思われる。猛は成績優秀であるとともに、同家の期待も大きかったのである。前出「父　尾佐竹猛」には、侚《となふ》氏は「父は小学校のとき秀才だったらしく、卒業のとき学校の先生が郡役所に推薦しようとしたとき、祖母が「田舎の役人にするくらいなら、こんな苦労はいたしません。」と言下に御ことわりしたと伝えられている」と記している。祖母の名は、とみといったが「男まさりの女丈夫であったらしい（略）、父が大成したのも、もっぱら祖母の努力と見識によったと思われる」ともある。祖母とみにとっては、夫の丈三だけでなく、子息保が能力あろうとも実力を生かしがたかったこと、しかしこれからは家名挽回・才能を発揮していけるという思いが強かったと思われる。このことはすでに見た金沢藩猪山家のような士族、とくに下級のそれには強かったのである。また猛自身もそれに勉学で応えたい心情は加越能郷友会の「漫談的座談会」で、「私が小学生の時分に、中田某と云ふ書生が破れ帽子の処に絣の差を着て勉強して居るのを見たといふ事を聞いて居りますが、それが今の会長さん（中田敬義——引用者）ですよ」というなにげない会話からも察せられる。いわゆるハングリー精神である。

(3) 上京・修学へのおもい

ところで猛は明治二七年（一八九四）三月三一日に高浜小学校を卒業し、二九年（一八九六）五月二日に東京の明治法律学校に入学している。ここには約二年間の空白がある。本節では、この空白の二年間を追ってみたい。

ひとつは学校選択の問題である。当時、猛の住む高浜、そしてその周辺に上級学校はなかった。あるとすれば、金沢の町、石川県尋常中学校（前身は石川県と真宗大谷派による大谷尋常中学校、明治二一年一〇月開校、二六年七月に改編）である。また第四高等中学校（二〇年四月開校）に入学するためには尋常中学校を卒業しなければならない。しかも、これらの学校で学ぶためには学費・生活費等の出費が、尾佐竹家には大きすぎた(30)。そこで選んだのが、東京の専門学校である。徇氏はさきの「父　尾佐竹猛」の中で、「父が東京の学校で勉学するについては経済的に問題が多かったようで、これを可能にしたのは祖母と、父の一番上の姉の努力によったと聞いている」と述べている。さらに「父が何故に裁判官になったのか理由を聞いたことがあった。（略）父が若い頃は、法律を専攻することが一番早く確実な収入の道であったから選んだという極めて単純な答であった」とある。徇氏は筆者の聞き取りに、「父は案内の看板を見て、明治法律学校に入ったそうです(31)」と答えている。のちに、猛は「私の在学時代は（略）最も貧究《ママ》の時」と追憶している。[32]当時は法律の時代であり、安い学費で、しかも短期間で資格がとれ、将来的に展望のある法律学・法律学校を選んだのである。その学校は、かなりの高率で司法試験を突破することで著名であった明治法律学校を選んだといえよう。[33]

ところが、この明治法律学校は入学に制限があった。明治二七年一月の「司法省指定　私立明治法律学校規則」[34]の第四章入校在校退校規則の第一九条では年齢一七歳以上の男子で、国語・漢文・数学の入学試験に合格した者、あるいは第二〇条には尋常中学校や尋常師範学校等を卒業した者とある。中学校程度の学力を有する必要があったわけである。また入学年齢にも達しなかったわけでもある。したがって、この二年間、猛はそのため勉学に励んだと思われる。

幸い父は地域では学者として聞え、近隣の者に学問をほどこしていた。前記した、地域郷学（集学所）設立者の一人・岡部久平[35]の子息・亮吉はのちに役場助役となるが、小学校卒業後、この保のところへ通学している。この岡部亮吉の所蔵した書籍が資料5の通りである。この書籍は亮吉の所蔵の全冊か否かは不明だが、この冊子名を通し、間接的に保の学問教育の傾向を知ることができる。すなわち漢学を主としつつ、和学、算学等々のものも見うけられる。そして猛は小学校卒業後、こうした教育を父・保のもとで教授されたと思われ、それにより明治法律学校の入学に備えたと考えられる。

(4)『志賀瑣羅誌』のことなど

『志賀瑣羅誌』[36]は高浜およびその近傍のことを記した地誌であり、明治四一年（一九〇八）春に発行された。自筆による孔版で袋綴りになっているが、一二一丁もある。この筆者が尾佐竹猛である。

構成は次のようである。

第一編　総記　第一章名之由来～第一七章道路
第二編　各記　第一章上甘田村～第九章志賀浦村
第三編　高浜記　第一章総記～第三章高浜

事項別、村別、そして居住する高浜について、三部構成になっているが、資料の精査とその緻密な観察力はのちの研究者としての原像を見る思いである。執筆理由は、同書緒言において同地方を「著者幼少ヨリ第二ノ故郷タル石川県羽咋郡志賀区ノ郷土誌編纂ノ志アリ」としていることから、加賀とともに、故郷というべき能登志賀（高浜）への郷土意識によることが分かる。

本節において、最も気にかかることは執筆の時期である。同書によれば、それは明治二六年（一三歳）に初稿、同年末に脱稿、さらに二七年六月に増補。この時、『少年詞藻』第二号に「志賀区地理史談」として掲載された。その後、三五年（一九〇二）、夏季休暇帰省中、知友の勧めで脱稿し、四一年に刊行したという。猛はこの二年間の空白の時期、地誌の編集に当たっていたことが分かる。

なお、同書において、すでに述べた高浜の区裁判所を紹介している。明治二三年（一八九〇）三月に新築されたものであるが、「宏壮カツ地方稀ニ見ル」とある。位置は尾佐竹家のごく近隣にあり、まもなく父が職員として勤務する所である。猛が近代の象徴的建造物（「白壁で目立った」――岡部修氏談、現在畑地）からやがて法曹の道を歩むひとつのきっかけとなったかもしれない。

とにかく少年の身で、こうした地誌を執筆できるのは、高等小学校まで卒業していること、父から中等教育を受けていることといったことだけではなく、すでに述べたような普段の興味関心の欲求の多大さ、学習意欲の旺勢さとによったものである。本節最後に、そのことを示す、猛から宮武外骨への書翰（明治四五年三月四日）[37]の一節を紹介したい。

小生小学の頃頓知協会雑誌など分らぬなからも引張り廻はし居骸骨事件なども記憶候居し　骨董雑誌及協会雑誌も今の猶ほ保存致居候様の始末滑稽新聞の愛読者なること勿論にて（略）

三　加越能への意識

(1)「県外在住先輩諸士意見録」に見る加越能人

前章の諸事から、猛には在地時代より、郷里・加越能への思いが強いことが分かった。ここでは立身出世による栄光を夢みて上京、中央（とくに東京）にあって活動した尾佐竹猛が故郷およびその人々をどのように思ったのか、追ってみたい。まずは次の資料から入る。資料6は『石川教育』第一三一号のために、同会が県外在住者四〇名（二名で一件あり）に石川県人の長短について、アンケートをとったものを、筆者が整理したものである。[38] この内、短所で最も多いのが、「進取」の気象に乏しいことである。「独立自主に乏しい」、「果敢欠如」といった類似文言も含めると圧倒的に多い。「逡巡」するも多い。これも「消極的」、「引込思案」などの用語を含めると、目立つ。「褊狭」であるは六件ある。「狭量」はその類語とした。「頑固」という用語だけで四件、「弁舌」に拙いにも注目できる。意外なのが、「先輩を尊敬せず」だけで三件あるが、これに「団結の欠如」などを類語とした。次に長所の方である。用語自体で最も多いのは、「正直」（八件）であり、「裏表なし」も類似文言としてここにいれた。次に多い用語として「質素」があり、これも類似用語が少なくない。「真面目」だけで三件あるが、ここに「律義」、「誠実」、「勤勉」をいれた。「親切」は二件であるが、「愛情」、「同情」などの類似用語が見うけられる。ここで、特筆すべきは「数学にすぐる」四件である。ここに学芸的な文言を入れると、かなり強力な存在となる。

以上のことからすれば、石川県人は進取の気象に欠け、物事に逡巡するため、偏狭・頑固・弁舌べた・尊敬団結心に乏しい。しかし、一方、正直で質素・真面目であるとともに「親切」でもある。また学芸面に優れているということになる。これらの意見は尾佐竹猛よりやや上の世代であるが、同時代人によるものとして概ねよい。だとすれば、尾佐竹猛もこうした人物と規定したいところであるが、早急な結論は避けたい。ただし、子息徇氏の前出・「父　尾佐竹猛」には、次のような文章が出ており、この県人性と共通する点も少なくない。

・日頃ガンコで何も判らない親爺と思っていた。
・両親をやしない、父が月給以外の原稿料は全部古本を買ってしまい自分で好きなように使っていたようだ。
・デートをしても古本屋ばかりのぞいて歩き、母は父を見失うほどだったということである。
・父は家庭では歌舞音曲一切厳禁であった。
・父は厳格で、ガンコ親ではあった。
・父は中途半端な妥協は極端にまで排せきした。
・交友関係でも、少しでも地位、学歴に影響された交友関係は一切きらって、真に学問を愛する人か、または人間として良い人であるか否かに限定していたようである。
・父は私に「御金や、地位や、名声がなくなったときに訪ねてくれる人がほんとうの友人だ」と聞かせてくれたことは再三ならずあった。
・一切とんちゃくなく全然損得を度外視して奉仕するのが好きであった。

なお、編集者として、尾佐竹猛と関係の深かった松下芳男は次のように綴っている。

（略）学究らしい素朴さ、裁判官らしい誠実さ、北国人（石川県）らしい純真さを感じ、後輩にたいする親切さには、まったく頭を下げた(40)。

(2)「人国記」に見る加越能人

加越能、とくに石川県について、加賀地方と能登地方を分けて論ずることがある。とりわけ人国記・風土記・地誌にはその傾向が強い。この点を等閑視できない大きな理由は、尾佐竹猛が自らの故郷を加賀と能登と認めているからである。やや、行論が複雑化する懸念もするが、資料に当たってみる。幸いなことに、前節の「県外在住先輩諸士意見録」アンケートのあとにその関係の資料が掲げられている。それは七点ほどであるが、さらに参考資料も七点ほど掲げられている。この種のもののほとんどは、加賀（金沢）は「閑雅風韻ヲ喜ビ」（『肝付兼武　東北風談』）、「優柔」・「偏執」（元正院地誌課『日本地誌提要』、邨岡良弼『日本地誌志料』）「爪を隠す」（『加越能郷友会』編集、明石吉五郎『石川県地理詳説』）に対し、能登は「人の心別して狭い」（前出『加越能郷友会』）、「少シク固」（中根淑『兵要日本地理小誌』）「拋撲」（前出元正院、邨岡著）とある。佐久間舜一郎の『日本地理正宗』はさらに加賀を邑都・宿駅と山間僻地とに分け、前者は怜悧・優柔とし、後者は能登と同じく撲実としている。

他の文献もこれらの分析と大して変わらない。ただし藤岡作太郎『東圃遺稿』は、金沢の機械的工芸は見るべきものなし・美術的工芸も日々に衰へんとしていると、横山健堂『旧藩と新人物』は金沢は教師あるのみという指摘をしている。いずれにしても、加賀は学芸的で、能登は朴実であるが、双方とも外に向けて行動しないということになろう。なお、そうした要因については、気候のために外に出ないなどの自然的条件、徳川幕府への対応による韜晦の方便を理由としているが、このことは次節の分析の中でふれたい。

(3) その他の作品に見る加越能人

ここではこれまでのショート・コメントではなく、大正・昭和戦前期における加越能人（とくに石川県）に関する評論類をとりあげることにより、その論理的裏付けをしたい。

石川県出身で、全国的に活躍する三宅雪嶺は加越能学生大会で演説をしているが、それは『石川教育』に掲載されている。[41] そこでは、能力は薩長には劣らないが実行力は欠けている。国のためにということを学生の時から持つべきことを主張している。ともに演説をした早川千吉郎（三井銀行専務取締役）は、藩の頃に培ってきた素質技能を維新後、発揮できないのは遠慮勝ち過ぎるためだと論じている。

同大正五年二月の同誌第一四四号には「北陸三県観察談（梗概）」と題し、佐々木秀司（神奈川県警察部長）が一文を寄せている。それによれば、石川県人は自制心が強く、勤倹力行の風を保つが、進取の気象に乏しく因循姑息であると指摘したあと、思案に耽り研究に専心する頭脳を評価している。だが、そのあとで所信を断行する人物に乏しいとも述べている。

教育界で著名な石川県出身永井柳太郎は昭和一五年（一九四〇）八月発行の『加越能郷友会々報』第八七号の[42]「お国自慢」において、石川県人には学問芸術に傑出した人が多いと述べている。

そして、こうしたことの要因としては、すでに紹介してきた加賀藩の韜晦主義を理由としたものが少なくない。[43] また、さきの佐々木秀司は、自然界の状況が人心を沈静させると自然条件をあげるとともに、近代交通系統の人為的傾向をも追加している。

このようにして見てくると、加越能人の性格・気風について、尾佐竹猛にかなり該当するものがある。頑固、真面目、学芸的な部分がそれである。ところが一方、進取の気象に乏しい、褊狭のようにあまりにも該当しないものもある。こうした該当しない部分は地域や家庭の環境・事情、時代的変化、本人の社会的視野の拡大等々により変容克服をしていったと思われる。

(4)　尾佐竹猛の加越能観

もっとも尾佐竹猛が自らの性格分析を活字にしたものは、目下、見当らない。子息徇氏が観察した文章はすでに紹介した。また尾佐竹猛が県民の性格そのものを直接論じたものはきわめて少ない。管見のかぎりでは、「石川県人は団結が足らぬ、成功者を援助せようとはせずに排済《ママ》せようとする（略）此言ほど大なる誤謬を含めるものは無い[44]」としているくらいである。この考えは自らが加わっている加越能郷友会の活動から得た実感であろう。県人論を直接表現しない尾佐竹猛ではあったが、維新以降の立ち遅れということを通して表現している。昭和一六年（一九四一）八月一一日、金沢市立図書館における「加賀藩の勤王思想」と題した講演は、同年一一月三〇日に上梓されたが、そこでは、加賀藩立ち遅れの要因を四点ほどあげている。第一は交通の不便、第二は韜晦主義、したがって武術、美術・書画骨董には力を尽す。政治家より学者が輩出する。第三は百万石の大封ゆえ、軽々に態度を表現するわけにはいかず、自重の要がある。現状維持派があまりに多い。第四は幕府の勢力と対立しているが、薩長とは異なり徳川氏に恩顧がある。このことからすれば、尾佐竹猛の郷里加越能および加越能人に対する認識は、本章で取りあげてきた人々の論理とは変わらない。すなわち交通不便、韜晦策、自重策、徳川氏への遠慮の四点である。このような分析をした尾佐竹にとって普段気にかかり、そしてこの時は、講演の中心論であった勤王思想について、加賀藩は「維新回天の事業が立ち遅れた」が、実は同藩には脈々とその思想は流れ、今日にいたっているとしている。これは講演会の開催目的や時局をかんがみてのことでもあろう。

しかし、何としても薩長は常に気にかかる存在であった。前節で述べたように、尾佐竹猛はそれまでの地域の性格や事情や時代の制約がありながらも、自らを克服しようとしてきたし、またそうした。そこで尾佐竹の描く加越能人の具体的な行動や目標を知りたい。そのことについて、人生・処世観と郷土観に分けて考察してみたい。昭和六年四月一一日、九段富士軒において、加越能郷友会主催の「加越能出身本年各大学卒業者招待会」が開催された。その祝辞で、尾佐竹は「維新の新政に当つて人材登用を標榜せられてより約三十年の日子を経て、僅かに局長一人を出したに過ぎない」と加越能人のことを述べている。[45]翌年一一月三〇日の『加越能郷友会々報』第三七号では主催者の一人であった上野松阪屋の議会展覧会で、全国の大臣出身分布図を作製したと記している。さきの『加賀藩の勤王思想』では、石川県出身者で「陸軍中将が一人出ました。それは明治二十七年。（略）行政官では初めて局長を出したのが明治二十八年」と時期が遅いことを指摘している。「進取の気象に乏しい」地域であるが、学芸的環境に育った尾佐竹猛が、「立身出世」という時代的な風潮の中で上京し、学校で勉学に励み、昇進する中でもろに感じたことであろう。[46]

ところが、猛は単に職業上の立場・階層上の地位で物を見ているばかりではないことは、さきの子息・徇の父親観にも含まれていたが、郷里に関する次の事柄が証明している。猛は『加越能郷友会々報』第三二号[47]に「江戸時代の得難き庶民史料『加賀藩農政史』を読む」を寄せている。ここでは同書の著者について「無名の士の独力に基づいた」ものとし、さらに「この大努力を続けるについては無理解な徒より物ずきと目せられ、甚だしきは狂と罵られ愚と嘲られたこともあるであろう」としている。無名な人物への注目、その地道な努力に高い評価をしていることは注目に値する。全くの単なる出世主義者ではないことが読み取れよう。そして、こうした姿勢は自らの賭博・掏模の研究にも表わされている。

次に郷土・地域観をかいまみる。昭和一〇年（一九三五）の加越能郷友会の総会兼新年宴会は一月二六日、九段坂下軍人会館で開催された。新たに副会長に就任した尾佐竹は、挨拶の中で、「「裏日本」といふ言葉が使はれて居ります。此の言葉を聴く毎に吾々加越能人は甚だ不愉快な思ひを致すのであります」とし、さらに「満州国と最も密接な関係にある我が加越能は表日本であります」と強調している。その語気はさらに荒くなる。「見よ、勃興の気運潑剌たる日東大帝国の勢威は大陸に伸びて、朝鮮、満州はその足溜りである。日本の勢力の海外に発展する尖端は日本海沿岸の地方である。日本海は一の庭池に過ぎないのである」と。その後、同会誌には不破志要、千田世成というペンネームで「北日本といふこと」、「裏日本の名称について」、「裏日本といふこと」と題し、裏日本廃称論を主張する。それはまた、すでに見てきたように表日本を中心に展開する薩長への対抗意識でもあった。

四　加越能郷友会との関わり

(1)　主な活動

本章は、尾佐竹猛が上京後、在京団体の加越能郷友会にどのように具体的に関わったのか、ということを目的とする。このことについては、すでに部分的にはかいまみてきた。例えば、同会誌に論文を寄せたり、あるいは副会長として挨拶したといったことである。ここでは、それらの事柄を整理しながら、同会における猛の活動を把握してみたい。

なお、郷友会『加越能郷友会雑誌』は『加越能郷友会々報』、『加越能』と改題をするが、以下では時には『加越能郷友会誌』とすることもある。

『加越能郷友会誌』に猛関係記事が見えるのは、明治三九年（一九〇六）が最始である。それは同年上半期分の会費を納めた記事である。しかし、これを入会時期と断定することはできない。それは同誌の初期の残存分が少ないからである。評議員として尾佐竹の名が登場するのは昭和三年（一九二八）三月一〇日である。前号にはないので、この年からであろう。そして、副会長に就任するのは昭和一〇年（一九三五）のことであり、以降、改選ごとに重任となる。そして昭和一八年（一九四三）一月二八日の総裁推戴式では会長林銑十郎に代わり推戴文朗読式辞を述べている。その後、副会長を、昭和二一年（一九四六）一〇月一日死去するまでの間、いつの時点までつとめたのかは不明である。あるいは太平洋戦争の激化で休会・閉会となったことも考えられる。いずれにしても、このように、若き時より、加越能郷友会に入会、やがて重職に就任し、会のリーダーとして当たっていったのである。

しかし、最も尾佐竹らしい同会への貢献は何といっても執筆である。資料7は、目下、所在確認ができる『加越能郷友会誌』の中から、尾佐竹猛が執筆したものを抽出した一覧である。昭和四年三月発行の第二一号から昭和一八年七月八日の第一一三号まで、実に四〇件にのぼる。そのボリュームは第二一号の「各地郷友よりの通信」のような五行とごく短文のものもあれば、第八二号の「銭屋五兵衛の財雇」のように五頁にわたる小論文ともいうべきもの、あるいは第七三・七四号「黒川良安に就いて」のように連載のものもある。「旧事叢談」は第一〇一・一〇二合併号より第一一三号（以降は雑誌所在不明）まで連載している。父の遺稿を寄稿することもあった（第九八・九九合併号、「卯辰山の開拓」）。さらに同一号の中に二つの作品が掲載されることもあった。例えば第七三号を見ると、執筆者不破志要「裏日本に就いて」も実は猛の筆である。そしてその内容のほとんどは加能・能登の歴史に関するものである。しかもそれは前田利家のような著名人から大穴持像石神社・胎谷寺といった無名の社寺まで対象の幅が広い。いずれにしても、自らの得意とする歴史学により、同会に、そして郷里・加越能のために尽力しようとしたことは事実である。なお、前記したように裏日本に関するものもまとまってある。だが、これとてもその歴史的経緯を含めて述べているものが多い。

(2) 関係の会合

次に尾佐竹猛が加越能郷友会において関係した会合について、追う。資料8は、その出席した会合の内、初出のものをまとめた。すでに述べたように猛は評議員や副会長などをつとめたため、会務のための出席は多い。総会兼新年祝宴はいうまでもなく、他に評議員会、理事会、例会、臨時総会などである。祝賀会、慰労会、歓迎会への出席も少なくない。東善作歓迎、栄進四氏招待祝賀、前田家の栄進・帰国の祝い、三宅雪嶺夫妻喜寿古稀祝賀、石川県選手の慰労等々ある。講演会にも足を運んでいる。定例のもののほか、寺西秀武・飯本信之・稲葉中将天日光一の関係もある。談話会・講話会にも関与している。定例談話会・漫談的座談会・文芸座談会・中堂海軍大佐座談会などである。学生の激励会にも積極的に出向いた。同資料にある加越能出身本年各大学卒業者招待会や加越能郷友会鶯友会学生会合同園遊会の類である。在京二八会とはいかなる会か分からないが、旧友会とは四高同窓生中心によるものである。その他、壮行会や前田公記念祭などがあるが、最も尾佐竹猛にふさわしいのは加越能維新勤王家表彰会であろう。猛はその準備委員でもあった。このように尾佐竹猛は役員としての会務だけではなく、さまざまな会合・集会に精力的に参加していたことが分かる(49)。

(3) 発展策の提起

関わりが深い、この加越能郷友会について、尾佐竹猛は危惧することもなかったわけではない。昭和五年五月『加越能郷友会報』第二七号「各地郷友短信」では「県人会の振はないのは加越能ばかりでないようです」と言っている。このことは同会も振はないと思っていることでもある。会の目的について、昭和一〇年五月の同誌四七号「加越能郷友会の発展如何」では「当初の会員の多くは軍人官吏であり、また郷友会と密接な関係にある育英社の如きも、当初は軍人養成が目的であつたのである」と、その目的が弱まり、年々「老人の会合所とのみなる処がある」と指摘している。さらに次号（八月）「先輩後輩の弁」ではその人間関係について、「即ち封建的ギルド的親分子分の関係があったのである」と分析している。尾佐竹猛は単に嘆いたり、批判するだけでなく、改善や克服をしようする才能と力量があった。猛は提案する。「社交倶楽部としての機能を充分に発揮することである」（前掲第四七号）、「先輩後輩の関係は社交倶楽部的意味に於て、充分の連絡を要するのである。利益関係に於いての先輩後輩の関係の必要なく寧ろその弊に堪へぬのである」（前掲第四八号）と、社交倶楽部化を力説している。この改革案を主張したのは、副会長にはじめて就任した時であった。同案をどの程度実行できたのかということの詳細は分からない。しかし、前節で見たようにさかんに会誌への執筆をし、会の学芸的向上を図ったり、さらには座談会・歓迎会などで社交につとめていることから、ともかく実行・実践に向けて尽力したことは確かである。こうした方策と実行に、第二節で紹介した子息徇氏の父親像の、「ほんとうの友人」を求めたという尾佐竹猛の姿が重なるようである。

尾佐竹猛は、加越能に強く愛着をもっていたことは、『加越能』第八七号（昭和一五年八月二五日）「近来の佳言」と題した一文に如実に示されている。すなわち、尾佐竹は、『県人雑誌』七月号に和歌山県人上山勘太郎という人物が「羨むべき加賀閥」という題名で、今日は加賀閥が大阪財界に展開しているという記事のことを、わざわざ同誌に寄せている。やはり尾佐竹にとって、やがては薩長閥に伍さんする意識が頭中にあったのであろう。すなわち尾佐竹は裏日本・加越能出身によるハンディと克服につとめたのである。

以上、本章では、尾佐竹猛が出身の加越能に対しどのように思い、そして活動してきたのか、加越能郷友会を通して追ってみた。そしてその会活動を通し、現状をどう把え、さらに発展させようにしてきたのか、ということをかいまみた。

五　さまざまな郷里との関わり

(1) 高浜へのおもい

筆者は長々、本稿を執筆してきたが、それでもやや消化不良気味である。その要因は二つある。ひとつは尾佐竹猛という人は郷里にあってどのように活動したのかということである。もうひとつは本研究のスタンスともいうべき明治大学、とくに校友会・県人会との関わりである。

そこでまずは郷里との直接的な関係について、追ってみる。その前に念頭に置くべきことは当時の同地方における交通事情や気象条件、出身地における親族存在の有無等を考慮しなければならない。ところで、猛は夏休みには高浜に帰省したこと、あるいは金沢において講演会をしたことはすでに述べた。繰り返しは避けたい。

寛永九年、若狭国高浜出身の助左衛門・助五郎らは、現在の石川県志賀町高浜（当時大念寺新村）に移り、帳外地に住んだという。その後、同地出身の高瀬清太郎（当時は横浜で貿易商。のちに帰郷）は高浜町開祖之碑を建てることを思い立った。高瀬は大正九年（一九二〇）春、同地の出身である東京控

高濱町開祖之碑（尾佐竹猛選文　2003年撮影）

訴院判事尾佐竹猛に碑文執筆を依頼、了承された。こうして成ったのが「高濱町開祖之碑」である。選文猛、書は父の保、碑銘は釈宗演師である。碑文には、その依頼に「欣然諾之」、つまり、よろこんでこれを引き受けたと猛自ら記している。釈宗演師とは臨済宗円覚寺の管長であり、若狭高浜に生まれた人であった。建立の式典は無事、大正一〇年孟春に行なわれた。同碑は現在地より町方に近い所（旧能登鉄道高浜駅、現バスターミナル）に建立されたが、現在はやや、離れて日本海に面した崖地に移設されている。(50)

この高浜の地に岡部文夫という人物がいた。(51) 明治四一年四月二五日に生まれ、平成二年に死去した。大正一二年（一九二三）に旧制羽咋中学校第一回生として卒業後、昭和四〇年（一九六五）の定年まで専売公社に勤務した（最後は福井専売局）。中学卒業以後、地域をも詠むプロレタリア歌人として活躍。昭和一三年（一九三八）の讀賣新聞懸賞募集の際、二万人余の応募の中から一等（賞金一〇〇円）となった。選者の北原白秋が激賞したほどである。(52) この時、尾佐竹猛は郷里出身のこの歌人に祝文をおくった。その後も猛は同人『加越能』第七三号（昭和一四年四月）を郵送している。

同号には高浜会のことが紹介されている。同会は高浜出身者によるものであり、同年四月二八日、元高浜小学校長長谷川八太郎の上京を機に歓迎会が行なわれ、二四名が出席した。当日の世話役は尾佐竹猛の弟の堅であった。猛は「高浜小学校の史的説明」という講話をしている。母校の校史について、一席打ったわけである。

本節最後に猛と高浜に関する世俗的な事柄について紹介する。尾佐竹猛の調査研究・顕彰に尽力した地元の室矢幹夫は敗戦直後のことを町広報誌『広報　西能登しか』に次のように記している。弟の堅さんが高浜に来て親交のあった神代の水野左近さんから米や野菜をもらって来たのを見て「私も（高浜へ）行ってくれれば良かった」とつぶやいたとか。そして室矢幹夫らにより復刻した『志賀瑣羅誌』の序文（昭和四五年八月記）には、次のようにある。

先生（尾佐竹猛――引用者）の友人達は現在高浜町に何人も生存して居られ（る）

(2) 疎開先の福井

尾佐竹猛は昭和一九年（一九四四）秋、福井に疎開した。福井市内、足羽山にある松玄院という寺院である。資料3にあるように、猛は明治三五年七月九日、判事を任ぜられ、福井地方裁判所に赴任、やがて福井区裁判所判事を勤めた。この縁で、明治四四年四月一七日、同地の山田まさと結婚した。山田まさについては、さきの足羽山松玄院の直下にある著名な料亭の子女であるということだけにとどめる。そのため、猛は福井市に疎開したわけである。猛は松玄院において、持参した資料をもとに研究を続けたのであるが、昭和二〇年（一九四五）七月のいわゆる「福井空襲」により、資料のすべてを失った。

その一ヵ月前、福井市役所では国民義勇戦闘隊の結成により、その顧問に推されている(53)。生産と防衛を目的とするのが同隊に地域著名人として他の人達と名を連ねただけかもしれないが、詳細は不明である。

(3) 明治大学県人会における活動

明治法律学校・明治大学は開校以来、フランス法に基づき、「権利自由」を建学精神に掲げてきた。時には自由民権の学校ともいわれた。猛入学の頃、同校はその建学精神そのものの時代であったとはいえ、政府補助金無支給等による経営難、法典論争による敗北と続いた時代であった。その一方、司法試験の高い合格率、卒業生による地方進出などもあった。「山あり谷あり」の時代というべきか、まさしく激動の時代であった。その学校から猛が在学中影響をうけたことは間違いない。卒業後も建学精神に基づく校風・特色といった伝統と関係がなかったとはとてもいいがたい。前節で述べたように尾佐竹猛は明治三五年、福井に赴任した。二二歳の時である。そして早速、一二月の明治大学校友会支部の例会において幹事に選出された[54]。その後、猛は上京するが、大正一〇年（一九二一）六月一一日、明治大学石川県人会の総会で副会長に推され、一一月六日の大会において委嘱された[55]。昭和二年（一九二七）一一月二日の大会にも副会長とし出席、同会では郷里のこと、明治大学の現状が話題となっている[56]。翌年一一月一六日の総会は尾佐竹猛学位授与祝賀を兼ねて行なわれた[57]。また五年（一九三〇）一〇月二〇日の総会は校友池田常一君送別会を兼ねて行なわれているが、尾佐竹副会長は毎月一回の会合や会員死亡の弔慰について、提案をしている[58]。昭和一六年五月三〇日には石川県人会再興の創立総会が開かれている。しばらく中断していたのであろう。この時、尾佐竹は会長に推戴されている[59]。

なお、明治大学石川県人会々員の立場ではないが、昭和六年八月一五日、尾佐竹は金沢市において明治大学創立五〇周年記念式典講演部による講演を行なっている[60]。石川県校友の多くが参加したのはいうまでもない。

以上本節では、尾佐竹猛が若くして校友会支部の役員に就任したこと、県人会の会長・副会長として尽力したこと、学校から講演者として派遣されたことを述べた。

おわりに

本稿は目下、筆者のめざすテーマ・「大学史と地方」を念頭においた。平たくいえば、近代を迎えた時、地方・地域の青少年がなぜ上京し、修学しようとしたのか、そして修学したあと地方・地域とどのような関わりを持つのかということである。そのために、まずは、本研究の対象・尾佐竹猛の生育環境を、猛の先祖から追う必要があった。しかし、その前に第一節では先祖ゆかりの金沢藩における教育政策の実態を捉えた。それは革新的・先進的なものとはいいがたいものであったが、一方、下級武士や庶民からは新たな動きが見うけられた。

第二節では、この下級武士・尾佐竹家は政治上・文教上の制約がありながら学芸的能力をじょじょに発揮しようとしていたことが分かった。それが明治期になると、その能力をさらに発揮することができた。それは父親の代である。だがそれは一気に実現というわけにはいかず、地方赴任など不本意なこともあった。家族あるいは自身の不本意・不満を背に勉学に励んだのが猛である。地方生活とはいえ、教育に先進的な町場であることは、幸いした。またワイドな視野を持つ親族が活躍していることも励みとなった。さらに父から中等教育を受けることに恵まれた。そのかたわら、自らの住む地域を強く意識し、地誌の執筆につとめたのである。

その後、一早く資格と収入を得るため、東京の明治法律学校に入学、親族、家族の支援のもと、全国最年少で司法試験を突破し、判事となった。まさに「青雲の志」、「立身出世」そのものである。

視点や方法上、第一・二節が歴史的分析だとすると、第三節は社会的分析を試みた。つまり地方に育った猛。その猛をとりまく、いわゆる「県民性」である。そのために、ここでは当時の識者の加越能人論、あるいは人国記などの類を援用し、それに子息・徇の父親分析論を加味した。それにより、尾佐竹猛は加越能人（石川県人）の特徴を強くもちつつも、マイナス面の克服（とくに上京、社会人として）に努力したことを指摘した。また、猛自身もそうした加越能人論も認めるところであるが、単なる宿命論・固定論とはせず、維新以後の立ち遅れという形で、その要因の分析に当たっている。それにより、とくに眼目としたところは「裏日本」であった。しかもそれは薩長を意識してのことであった。

こうした地域・地域人の課題をどのように克服すべきか、尾佐竹のその活動を追及したのが第四節である。すなわち在京県人団体・加越能郷友会の活動のことである。そこで評議員・副会長として尽力、あるいは同会のさまざまな会合・集会に出席した。また自身の得意を発揮し、会誌に数多くの執筆をした。さらに、同会が発展するための方策を提案することもあった。なお、尾佐竹は幕末維新期の勤王に対する加越能人にふれながら、一方、同地の無名人にも注視している。このことは修学・社会生活の結果と思われる。時々、見うけられるこうした尾佐竹の視野・視点は注目に値する。

第五節は、第四節が猛の在京における地元・地方のための活動であるのに対し、おもに在地におけるそれを主とした。そのことの事例のいくつかは、他節でも紹介してきたが、本節では郷里高浜における関わり、あるいは疎開先の福井におけるようすをかいまみた。以上のことは当時の制約諸条件をも考慮しつつ、行論したつもりである。最後に明治大学の校友会・県人会のことなどにもふれ、在地・在京時における尾佐竹猛の郷里への思いを知りえたのである。

近代を生きた尾佐竹猛は立身出世の時代、「自由主義」者、「ブルジョア・デモクラシー思想の持ち主」（以上木村礎前掲書）として実力を発揮したが、その頭中には「下級武士、対薩長、裏日本、無名の士」が常に去来していたのである。極論すれば、尾佐竹猛は二つのハングリーとハンディ、その克服のために近代を生きた。そのひとつは下級武家出身、もうひとつは裏日本（石川県）出身である。今回はふれなかったが、もうひとつあると思われる。官界における私立専門学校出身ということも加わるかもしれないが、それは今後の課題とする。

なお、本稿では、冒頭にことわったように明治法律学校でどのようなことを学んだり、学生生活を送ったのかということはふれなかった。また、卒業後の思考・行動に対し、この部分が学生時代に学んだことの反映部分などと詳細な分析はしなかった。総体的に述べた程度である。ただし、「権利自由」を設立趣旨とした創立一〇数年の明治法律学校から学んだことは少なくない。

本稿の作成に当たっては、尾佐竹徇・雅子夫妻をはじめ、志賀町の岡部修氏、同町図書館の森繁喜氏、石川県文教会館の岸本衆志氏、滝速雄氏、金沢蓮覚寺や小松市妙円寺、石川県立図書館や金沢市立玉川図書館や小松市立博物館の方々に御教示・御協力をいただいた。また加越能郷友会の会誌は飯澤文夫委員の調査によるものが少なくない。

(1)『尾佐竹猛全集』全一五巻（ただし一〇巻分は未完、実業之日本社）。『尾佐竹猛著作集』全二四巻（ゆまに書房）。『木村礎著作集』全一一巻（名著出版）。なお、本文で、「本格的な」とことわったのは、その著者の研究すべてをカバーするものである。例えばタイトルに個人が付いているものなどであり、その人の特定分野に限るものは除いたためである。
(2) 石川県教育委員会発行、石川県文教会館所蔵。
(3) その後、天保一〇年にも同様に行なっている。
(4) 第六二五号、大正三年四月。
(5) 尾佐竹徇「父　尾佐竹猛」（『志賀瑣羅誌』復刻版所収）には「祖父から聞いたところについて（略）尾張の佐竹から来ているとのことである。人質にとられて前田候から命名されたという。人質で大切にされて、やることがなく、仕方なく漢学を殿上人共に講じていたということである」とある。
(6) 猛の葬儀は妙円寺（現東京都渋谷区神宮前）にて執り行なわれた。
(7) 前出尾佐竹家々譜によれば、この尾内隼太の子息丈助（隼太をつぐ）の時、つまり寛政四年四月七日に改姓。
(8)『新修　小松市史』資料編2「小松旧記」（小松市、平成一二年三月）。
(9)『小松史』史料編「小松旧記」（小松町、昭和五四年一二月〈文献出版〉）
(10) 他には天保一五年「小松城并城下図」、文化一一年春写「小松町并町割」、寛政二年初夏写「小松細見図」。以上、金沢市立玉川図書館所蔵。
(11) 金沢市立玉川図書館所蔵。
(12) これは、やがて同誌第一三三号、大正四年三月、「半生の経歴」によれば、石川県が小原恒貞に「小学校訓蒙申付候事」となっている。
(13)(14)『日本教育史資料　二』（文部省、明治二三年一〇月）。
(15) 以上のことについては、前掲『石川県教育史』による。
(16)『石川教育』第一三三号、石川県教育会、大正四年三月。

(17) 新潮社、二〇〇三年四月。
(18) 『加越能時報』第一一三号、同社、大正七年四月、『加越能郷友会々報』第三六号、同会、昭和七年七月、同会『石川百年史』石林文吉(石川県公民館連合会)、昭和四七年一一月。
(19) 明治大学図書館所蔵「学生名簿」明治二八年八月一日〜同二九年七月三一日。
(20) 『加越能時報』第二七二号、大正三年一一月。
(21) 『石川縣史』第四編(石川県、昭和六年三月)。
(22) 『石川県羽咋郡誌』(羽咋郡役所、大正六年九月)によれば、同郡役所は二町三八村を管轄。郡長一・郡書記一三・郡視学一・郡吏員一・雇員五・技手一。庁舎写真もある。『石川県史』第五編(石川県、昭和四九年一一月三〇日)の地図には同郡役所の記載がある。
(23) 第五巻(沿革編)、志賀町、昭和五五年一一月。
(24) 生まれた場所は羽咋町。母あいは北庄隼之助の娘で、尾佐竹家と同じ士族であり、慶応三年一一月一一日に家督相続した保とは明治二年三月三日に結婚している。
(25) 前掲尾佐竹侚「父　尾佐竹猛」。
(26) 前掲『志賀瑣羅誌』では明治二〇年のことで、四一年に東京に移住したというが不明である。
(27) もっとも前出「学生名簿」には「高浜町イ-六十四番」とある。移転しているのか、その「二十一」の地番変更によるものかは目下、分からない。
(28) 前掲『石川県教育史』第一巻、『私立石川県教育会雑誌』第一号、「石川県教育ノ現績」、明治三一年六月。
(29) 「羽咋教育」、羽咋小学校長村井又三郎、昭和七年一二月。
(30) 前掲尾佐竹侚「父　尾佐竹猛」には、自分が入らなかった一高、東京帝大に息子が入ったことをうれしく思っていたと思われるとある。
(31) 平成一三年九月五日、尾佐竹侚家にて。
(32) 『駿台』創刊号(明治大学校友会、昭和一四年二月)「明治法律学校時代の思い出」。

(33)『明治法律学校　校友規則並表』という校友名簿について、明治一四年（開校）から三二年（尾佐竹猛卒業）までの石川県関係者を抽出すると、三二名。内、石川県出身者は二八名、石川県へ赴任者は四名。教員として杉村虎一、小池靖一も含まれる。
(34)明治大学史資料センター所蔵。
(35)天保二年三月一二日～明治一七年九月三日。岡部本家七代目。戸長歴任。
(36)本稿では、昭和四五年一〇月、高浜町文化財調査委員会発行の復刻版を使用した。
(37)明治大学史資料センター所蔵。
(38)大正四年一月。
(39)一人で何件も回答している例が多い。
(40)『明治文化全集　月報』No.13、日本評論社、昭和四二年一二月、「尾佐竹猛の横顔（一）」。
(41)第一四三号、大正五年一月、「三名士の三州人観」。
(42)『加越能郷友会々報』は以前には『加越能郷友会雑誌』といい、のちに『加越能』と称した。本稿では、『加越能郷友会々誌』として総称することが多いが、必要に応じて正確に称することとした。
(43)陸軍歩兵少佐蚊野豊次「石川県民の有つ郷土性」（『石川教育』第四〇二号、昭和一五年九月）では、金沢藩の保守政策やその教育方針を理由としている。
(44)『加越能郷友会々報』第三一号、同会、昭和四年三月。
(45)『加越能郷友会々報』第三三号、同会、昭和六年七月。
(46)当時の「成績原簿」によれば、卒業時には学年一位、第一回判事登用試験では最年少で合格した。以後、判事の道を歩み、大審院判事となる。
(47)昭和四年八月。
(48)『加越能郷友会々報』第五一号、同会、昭和一一年三月。
(49)尾佐竹猛は加越能郷友会において、同会々誌で見る限り講演をしている例は少ない。ただし、他の会において加越能について、講演をしたことはある。例えば、昭和一四年三月一四日、日本医史学会において「黒川良安の事蹟に就いて」など。

(50) 以上は志賀町の故室矢幹夫氏の業績（例えば『志賀の里語り』の「高浜・若狭と能登（9）」一九九七年三月三日、志賀町立図書館など）による。同氏は『志賀瑣羅誌』復刻の際にも中心となった。明治大学百年史編纂時代には手紙や電話で大変、お世話になった。お会いする予定でいた二ヵ月前（一九九七年八月）に逝去された。

(51) 平成一六年九月調査で御教示くださった岡部修氏のおじ。

(52) ペンネームの石川鮎人はこの時のみ。

(53)『新修　福井市史』Ⅰ（福井市、昭和四五年四月）。

(54)『明治法学』第五一号、明治法学会、明治三六年一月。その二年後にも再選されている（『明治学報』第七八号、明治学会、明治三七年一一月）。

(55)『明治大学学報』第五七号、大正一〇年六月、第六二号、大正一〇年一一月。ともに明治大学学報発行所。

(56) 前掲誌第一三三号、昭和二年一二月。

(57) 前掲誌第一四七号、昭和四年三月。

(58) 前掲誌第一六八号、昭和五年一一月。

(59)『加越能』第九六号、加越能郷友会、昭和一六年七月。

(60)『明治大学学報』第一七七号、明治大学学報発行所、昭和六年八月。

資料1　尾佐竹家々譜

尾佐竹丈三保敬（三〇石　生国尾張、　二八歳）

安政　四・　六　三人扶持　中小将組　御通役

五・一〇　素読四書五経卒業につき、明倫堂で小学句読大学匠拝領

文久　三・　七　槍術精を出し、学校で白銀拝領

慶応　元・　七　　明倫堂で素読・礼法・算学・帳番世話につき、孔子家語拝領
　　三　　　　　　明倫堂初儀指引を仰せ渡され、勤めたため金銭拝領
　　三・一一　　　相続（亡父隼太）
　　三・一二　　　経書と武芸に心掛け、金銭拝領
　　三・一二　　　弟舎六郎、八歳にて明倫堂の四書五経卒業、稀につき、書物拝領。兄としての教諭につき金銭拝領
　　三・一二　　　明倫堂の帳番行届きにつき、金銭拝領
明治　元・一二　　礼法指引方に精を出し、明倫堂で金銭拝領七世　尾内彦三
慶長　元　　　　　鉄砲召抱　切米三〇俵　大坂両度の陣にお供
その後　　　　　　芳春院江戸下向と金沢帰国の際、お供
寛永　二・　七　　病死
　一一・一〇　　　妻病死
六世　尾内長左ェ門
微妙院代　能州で召抱　切米二九俵　金沢で奉公　御内所小松隠居のため、お供
延宝　六　　　　　同地で病死
　　同年　　　　　妻病死
五世　堀源左衛門（長左ェ門せがれ）堀源兵衛（御徒組）養子
寛文　二　　　　　御徒組召抱　切米三〇俵
　二・一〇　　　　病死
天和　二　　　　　妻（竹内清兵衛娘）病死
高祖父　尾内安左衛門（源左衛門せがれ）本名名乗る前田権佐家来（のちに暇を申請）
享保　二　　　　　病死
明和　七　　　　　妻（小松一向宗勝名寺娘）病死

曾祖父　尾内隼太（安左衛門三男）
陲振院代　中村元右衛門遺知五〇石相続　御通役
寛政　六・一一　病死
文政　九・　五　妻（一向宗専光寺地家藤心寺おば）病死
祖父　尾佐竹丈助（隼太せがれ）
寛政　四・　七　故隼太名跡　五人扶持　中小将組　思召により尾佐竹と改め、御通役
文化一四・　正　出精につき、給人　六人扶持
文政　五・　四　病死
安政　元・一一　妻（又兵衛家来岡田半左衛門養娘）病死
父　尾佐竹隼太（丈助せがれ）（注）妻とみ
文化一一・　八　大小将組　一人扶持　小判一両　部屋住近習
文政　五・　六　亡父名跡相続　六人扶持　給人列
天保一〇・　七　明倫堂初儀指引学校主付相勤につき、毎歳金銭拝領
嘉永　七・　正　精出しにつき、新知三〇石拝領
元治　元　保田松之丞門弟指引につき、金銭拝領
慶応　三・　八　病死
四・　六　妻（与悟藤兵衛娘）病死

資料2　尾佐竹保履歴

弘化　元・一二・　三　金沢森町にて生（金沢藩、以下同）
明治　三・　一・　三　南院北院会計方主附
三・一二・　三　文学訓蒙

三・一二・二三　文学訓導（金沢県、以下同）
四・一一・一〇　学校係
四・一一・一〇　外国教師係
五・　八・二三　区学校五等教師（石川県、以下同）
六・　二・　三　小学校六等（四月、五等／八年七月、中学二等）
九・一二・二三　第六大区小一〇区小一一区担当
一〇・　七・二六　学区取締羽咋郡担当
一一・一二・二一　羽咋郡書記一四等（一四年三月、鹿島郡書記）
一六・　二・　五　鹿島郡高畠小学校長（準訓導）
二一・　八・二一　羽咋郡町村外一三ヶ村戸長
二二・　三・三一　戸長
二九・　九・一六　高浜区裁判所属（金沢地方裁判所、三四年八月退職）

資料3　尾佐竹猛履歴（石川・福井関連）

明治一三・　一・二〇　生（注）羽咋町にて
一九・　四・　一　大念寺新小学校入学
二七・　三・三一　高浜小学校卒業
三五・　七・　九　判事（福井地方裁判所）
三八・　四・　一　福井区裁判所判事（同年六月、福井地方裁判所判事兼務）
昭和一九・一二・三一　福井市足羽上町疎開（二〇年七月まで）

資料4　石川県明治前期就学率

（1）近県児童就学率比較表

府県	就学率（%）
山梨	54.6
愛知	37.8
静岡	44.9
石川	59.5
岐阜	58.9
三重	36.0
大阪	67.1
京都	50.1
滋賀	47.7
堺	48.0
和歌山	26.0
兵庫	35.8

（注）『石川県教育史』第一巻「第25表　近県就学児童数比較表――明治10年――」より作成

（2）全国との児童就学率比較表

明治	全国	石川
18	49.6	50.5
19	46.3	51.5
20	45.0	61.2
21	47.3	69.5
22	48.2	69.0
23	48.9	72.0
平均	47.6	62.3

（注）『石川県教育史』第一巻「第87表　就学表」より作成

資料5　志賀町岡部修家寄贈書籍（石川県文教会館所蔵分）

はせを袖日記　全磊戸庵・素綾　寛政11・初冬　1冊
四声字林集韻　上・中・下　鎌田罵津　弘化丁未　3冊

算題新編 巻七 村田則重・石田古周 明治6・8 1冊
小学書刪文例 巻之一、二、三、四 石川県第一師範 明治11・6・11 4冊
改正新編数学解式 岩田順三 明治12・4・30 1冊
十八史略校本 巻之七 石埼謙 明治12・5 1冊
明治新撰 日本政記 巻之壱〜十二 明治13・12 12冊
小学中等科作文全書 巻一・二・三 海妻甘蔵 明治15・4 3冊
箋註蒙求校本 上・中・下 岡白駒 明治16・3・15 3冊
尋常小学修身 巻三 重野安繹 明治26・8・15 1冊
単級小学校算題叢 巻一・四五 石川重幸 明治29・6・9 1冊
尋常小学修身書 巻五 金港堂書籍出版 明治32・11・1 1冊
新撰帝国読本 巻一・三・六 学海指針社 明治32・12・5 3冊
高等算術教科書 児童用 金港堂書籍出版 明治34・9・15 1冊
活益伊呂波字典 六合外史 明治39・9・25 1冊
文法標解古文真宝註釈大全 上・下 山本憲 甲申・3 2冊
校刻日本外史 一、二、五六、七八九、十十一、十二十三、十四十五、十六十七、十八十九二十、二十一、二十二、
三十四 頼襄子成 年不明 12冊 真書千字文 菱湖 年不明 1冊
今世詩作正幼学便覧 全 福井淳 年不明 1冊本（全2冊）
大福節用 年不明 1冊
古文真宝後集 上・下 年不明 2冊
発句俳諧七百題 上・下 小蓑庵雄 年不明 2冊
新撰地理小志（後欠）山田行元 年不明 1冊
続文章軌範評林 巻三四 年不明 1冊

数学問題集附録　完　年不明　1冊
算題新編　下　年不明　1冊
（注）上記以外、活字洋装本　10冊
（例）尋常小学書キ方手本　第一学年用　文部省　明治39・5・27

資料6　『石川教育』第一三一号収載「県外在住先輩諸士意見録」整理一覧

1　短所

（1）「進取」の気象が乏しい　7
（類語）自主自立欠如、独立自主欠しい、創始的でない、豁達なし、果敢欠如、奮闘乏しい、小事にあくせく、克己の力生せず、自主・自助を養うべし、凋落、振わず、因循せよ、奮闘精神乏しい、大志欠如、事業に当らず、大志えがたい

（2）「逡巡」　2
（類語）敏活ならず（2）、勇気欠如（2）、遠慮勝（2）、薄志弱行（2）、消極的、テキパキせず、引込思案、鎖国的、邁進欠如、おとなしい、険難に怯える、注意周到、小心、腹度胸欠如、内気、先だちを好まず、沈黙、控え目、不活発、ぐづ、鈍　重、人付合悪い、社交下手、好いた者同志合う、外交拙い、非交際的

（3）「褊狭」　6
（類語）狭量

（4）「頑固」　4
（類語）公共心薄い、国家・民人への貢献欠如
頑迷固陋

（5）「弁舌」に拙い　2
（類語）談論に長ぜず、弁論に長ぜず、談話応対下手

（6）先輩を尊敬せず　3
（類語）一致団結すべし（3）、団結力薄い（2）、結合力を尊うべし（2）、先輩後輩関係欠如、協同一致欠如、利己的

2　長所

（1）「正直」　8
（類語）裏表なし
（2）「質素」　4
（類語）質撲、素朴、清廉、潔白、潔癖、潔い
（3）「真面目」　3
（類語）忍耐強い（2）、勤勉（2）、律義、誠実、堅実、篤実、気骨、謙譲
（4）「親切」　2
（類語）情誼に厚い、敦厚、愛情、同情大、善意
（5）「数学」にすぐれる　4
高風清月的、室内娯楽に長ける、遊共に親しむ、学者的才、賢人、軍人的・科学・芸術向
（類語）精製品を作る、学芸的緻密
（6）「優美」　1

資料７　加越能郷友会誌における尾佐竹猛（Ⅰ）

（21）四・　三・一五　本会総会及び新年祝賀会
各地郷友よりの通信（石川県人について）
（23）四・　八・二〇　旧藩時代の得難き庶民史料「加賀藩農政史考」を読む
（24）四・一〇・二五　元治甲子　鳳輦衛護に就いて

(27) 五・三一 各地郷友短信（県人会について）
(37) 七・一一・三〇 大臣分布図に就いて
(46) 一〇・三・三〇 加越能の弁
(47) 一〇・五・三一 加越能郷友会の発展策如何
(48) 一〇・八・三一 先輩後輩の弁
(51) 一一・三・三一 裏日本といふこと
(52) 一一・六・三〇 能登の地名に就いて
(55) 一一・一二・二五 幕末に於ける東西対立論
――加賀藩勤王始末に対する一疑問――
(58) 一二・一〇・二〇 アーネスト・サトウの七尾から大阪へ
獄中の陸義猶（雨花）
(62) 一三・四・三〇 英国歩兵練法と南郷茂光氏
(63) 一三・五・三一 前田利家公の画像に就て
(66) 一三・八・三一 利家公と近衛公の憲法研究
禁門事変と長大隅守（落木正文）
(67) 一三・一〇・三一 北日本といふこと（不破志要）
副田氏に代つて雲の舎陸翁氏に答ふ（落木正文）
(73) 一四・四・三〇 黒川良安の事蹟に就いて
――佐久間象山との交渉を中心として――
裏日本の名称に就いて（不破志要）
(74) 一四・五・三〇 黒川良安の事蹟に就て
――佐久間象山との交渉を中心として――（承前）

裏日本といふこと（千田世成）
（76）一四・七・三一　大穴持像石神社と胎谷寺
（81）一五・二・二五　島田一郎関係書類（落木正文）
（82）一五・三・二五　銭屋五兵衛の財産
老の喜び　（不破志要）
（84）一五・五・二五　追記（金沢の旧家里見氏について）
（87）一五・八・二五　近来の佳言
畑時能の遺蹟に就いて（不破志要）
（88）一五・九・二五　里見亥三郎の事蹟に付いて（落木正文）
（89）一五・一〇・二五　齊泰公勤王の一史料
旧事談叢一—三（千田世成）
（90）一五・一一・二五　「近来の佳言」に就いて（千田世成）
（92）一六・一・三一　旧事談叢四—六（千田世成）
（94）一六・四・三〇　旧事談叢七—八（千田世成）
（95）一六・六・三〇　旧事談叢九—一三（千田世成）
（96）一六・七・三一　旧事談叢一三—一五（ママ）（千田世成）
（97）一六・九・三〇　里見亥三郎伝補遺（落木正文）
旧事談叢一六—一八（千田世成）
（98・99）一六・一二・一五　旧事談叢二〇—二五（千田世成）
（101・102）一七・二・二八　旧事談叢二五—二八（ママ）（千田世成）
（105）一七・七・二〇　畑時能序文
旧事談叢二九—三一（千田世成）

(106) 一七・ 八・二〇 旧事談叢三二―三三（千田世成）
(107) 一七・一〇・二五 旧事談叢三五―三六（ママ）（千田世成）
(111) 一八・ 四・ 五 旧事談叢三七―三八（千田世成）
(113) 一八・ 七・ 八 旧事談叢三九―四一（千田世成）

資料8 加越能郷友会誌に見る尾佐竹猛（II）

第四回談話会	三・ 九・ 五	九段富士見軒 兼評議員・理事会
加越能維新勤王家表彰会	四・ 七・二六	華族会館
旧友会	五・ 六・二三	丸の内中央亭
東善作君加越能歓迎会	五・	上野精養軒
加越能郷友漫談的座談会	五・ 九・ 五	九段富士見軒
加越能郷友文芸座談会	五・一〇・ 六	九段富士見軒
加越能出身本年各大学卒業者招待会	六・ 四・一一	九段富士見軒 祝辞
加越能郷友会鶯友会学生会合同園遊会	六・一一・二五	大久保前田家別邸
栄進四氏招待祝賀会	七・ 六・一六	丸の内日本工業倶楽部
本会総裁前田侯爵閣下御栄進祝賀会	八・ 四・二四	上野精養軒
全国警察官武道大会石川県代表選手慰労会	一一・一一・六～七	神田治作等
三宅雪嶺博士夫妻喜寿古稀祝賀会	一二・ 五・一六	丸の内東京会館
在京二八会	一三・ 三・ 八	神田治作 沢野金沢市長上京
理事会	一三・ 四・三〇	赤坂山王ホテル
飯本信之講演会	一四・ 二・一五	桜田門前法曹会館
寺西秀武氏講演会	一四・ 三・二八	桜田門前法曹会館

評議員会	一五・五・一八	赤坂山王ホテル
本会秋季例会	一五・一一・一九	駒場前田侯爵邸
稲葉中将閣下　天日光一氏講演会	一五・三・六	丸の内工業倶楽部
阿部特命全権大使壮行会	一五・四・二	丸の内永楽倶楽部
前田利嗣公四十祭	一五・五・一八	駒場侯爵邸
中堂海軍大佐談話会	一六・一〇・九	日比谷法曹会館
前田侯爵閣下歓迎会	一七・五・一九	目黒雅叙園
第二回本会講演会	一七・五・一八	日比谷法曹会館
会長選挙臨時総会並晩餐会	一八・五・二五	目黒雅叙園

第8章　アンビヴァレンスの人——家族のなかの尾佐竹猛——

山岸　智子

はじめに

尾佐竹猛は、尾佐竹保と阿以の長男として羽咋で生まれた。姉二人、弟、妹と五人兄弟であった。まさ（政子）夫人との間に二男四女をもうけ、孫は一〇人、そして曾孫は私も含め一八人である。なぜか、孫や曾孫のなかに法律家になった者は一人もいない（章末の系図を参照）。

本稿では、血縁者として、しかしながら研究者として一通り学問的訓練を受けた者として、親戚からの聞き取りを材料に、家族から見た尾佐竹猛像を描いてみたい。文献研究と違い、聞き取りという方法では厳正なる中立性は追求しえないし、さまざまな見解のどれが正しいと決めることもできない。家族といえども、それぞれに尾佐竹猛との距離感は異なり、各々尾佐竹猛像の異なる顔を見て記憶している。また本稿は、たまたま明治大学に縁があった曾孫として、図らずも私が自分のアイデンティティを考えるよすがともなった。歴史の真実の追究を放棄するわけではないが、本稿が私的な性格をおびていることも否めない。しかし、「人物」というのはそうしたバイアスなしに語ることはできないし、こうした言説を通して、むしろ一筋縄で括ることのできない尾佐竹猛の魅力を浮かび上がらせることができるとも考えられる。

私が「尾佐竹のおじいちゃん」のこととして語られてきたことや語る人たち（親戚）の様子から感じ続けてきたのは、尾佐竹猛の「両義性（アンビヴァレンス）」である。尾佐竹の親族は、一方で〝帝大でなければ人でない〟のではないかと思えるほど、帝大・東大出がそろっていて権威主義的に見えるのだが、もう一方で「権威」を無条件でありがたがっている人間を少なからず揶揄する癖があり、「権威」に対してちょっと皮肉な、斜に構えた姿勢が時に見られ、プライドをもって既成のあり方から外れることもある。私は自分のなかにもあるこのアンビヴァレンス（あるいは素直じゃない性格！）は、尾佐竹一族の特徴ではないかとかねがね思ってきた。

一　権威との距離感

尾佐竹猛は大正一三年（一九二四）に大審院の判事になっている。大審院の判事といえば、「大日本帝国」の権威のかなり中心に近い位置にあったと考えてよいだろう。知りうる限りでは、尾佐竹猛は謹厳実直に判事の任を全うしようとし、大審院の権威を根底から疑うようなそぶりをみせたことはない。制度的な改正を考え、あるいは憲政のありようについて学問的・歴史的に論じはしても、基本的に司法官としての権威は肯定していたと判断してかまわないだろう。尾佐竹が長となった明治文化研究会に町の研究者たちが「官僚臭」を嗅ぎとったというのは、無理からぬことだと私は思う(1)。

尾佐竹猛の大礼服姿の写真が残っている。［写真1］これは「直任官」として天皇に拝謁する時に身につけなくてはいけない正装であった。尾佐竹猛の自宅ではこの大礼服を桐の箱に大切にしまってありそれを必要な折りに出すの

写真1　正装の尾佐竹猛・まさ夫妻

だが、金モールがついていてとても重たかった、と猛の第三女[2]由紀子と第四女久邇子は回顧する。由紀子は園遊会に出られる年齢になって猛が彼女を新宿御苑での観桜会に伴っていったことを語ってくれた[3]。そうした話には、大変だった、と言いつつ言外にある種のうやうやしさが込められている。

　昭和天皇に展示の説明を申し上げている写真、同じく秩父宮にご説明申し上げている写真は、大きく引き延ばして額に入れ、それぞれの写真の裏に尾佐竹猛当人がきれいな楷書で「昭和十四年十一月一日裁判所構／成法五十年式典ニ際シ畏クモ／聖駕大審院ニ行幸アラセラレ／微臣猛天覧品ニ付キ御説明申／上ゲタルノ光榮ニ浴ス／古來天顔ニ咫尺シ言上シタルノ士少ナシトセザルモ其／場面撮影シタルモノハ是ヲ以テ嚆矢トス／爰ニ記シテ後昆ニ傳フ／大審院判事正四位勲二等法学博士／尾佐竹猛謹識」「昭和十五年五月十九日／日本文化史展覧會ニ／秩父宮同妃両殿下／御台臨アリ／尾佐竹猛御説明申上グ」と記してある[4]。宗京が「住居の二階の天皇写真」と述べているのは、これのことではないかと思われる(5)。尾佐竹猛が書斎に昭和天皇の「御影」を掲げていたか第二女（富士子）に尋ねてみたが、彼女の記憶にはなく、御影を麗々しく掲げて拝んだりしていたわけではないようだ。第三女・第四女の話からも、少なくとも家族に御影に敬意を払うように指示した形跡はなく、猛の娘たちは、当時の習いであった程度には宮城前を通る時に頭を下げたりしたようだが、それ以上の行為の記憶は残していない。

親族の記憶にある尾佐竹猛には、出世欲がことさらに強かった様子はないが、北陸に生まれた貧乏士族の息子が司法界で最高の要職に就くに到った、大礼服にサーベル姿で直々に天皇陛下の前に出る身分となり、自分が出られなかった帝大にも招かれる地位についた、ということを自慢に思わないわけもなかったのだろう。長男の徇《となふ》が父の思い出として、本郷（東京大学キャンパス）へ父にタクシーで送ってもらったことを記憶しているのには、こうした背景があると考えてよいだろう(6)。

第四女久邇子は、「今の言葉でいう《目立ちたがり》だった」と述べる。いろいろな講演を引き受け、ラジオに出演したり、自宅でも話題が自分の知っていることに到ると得々として蕩々と話すことがあり、家に訪ねてきた記者たちに労を惜しまず意見を開陳したりしていた様子である。士族の息子として受けた教育やたしなみが、あからさまな自己顕示を控えさせたのだろうが、娘たちの話からその像を注意深く想像してみると、自分の知識をたのみ少し自慢気な姿が垣間見えるのである。

その一方で尾佐竹猛には美濃部の天皇機関説を容認したり、宮武外骨を励ます会を主催したりという一面もある。掏摸や賭博について「研究」する、というとんでもない発想を持ち、当時はおそらくがらくたや反故と考えられていたものを「史料」と位置づけて収集し、明治文化という考えの枠を積極的に推進していったのは、「官僚」的であるとは到底言えないだろう。

尾佐竹猛が一〇代で記したという『志賀瑣羅志』のページを繰って眺めていると、彼には今日の学問分野でいう人文地理や民俗学の素質があったのではないかと思える。そこに見出されるのは民草の生活世界を含む地域のありさまを丹念に整理記述しようとする意志であり、統治者の権力を正統化すべく記録する「正史」作者とは異なる目線である。こうした資質が後の明治文化研究会への参与につながったのではないだろうか。

尾佐竹猛が司法官になった理由を第二女に尋ねたところ、確実に生計をたてるため、と答えた。若き日の尾佐竹猛は研究者をめざすような経済状況にはなく、ビジネスを行うために必要な資本も適性もあったとは思えない。知的な仕事であり母阿以の期待にも応えられる中央での専門職ということで、周囲のアドヴァイスをいれて明治法律学校に入り司法官になったのではないかと推察される。第三女由紀子も、裁判官は生活のためにしていた、小説家に興味があったようだ、と言う。正義感はあっても、単純な見方をせず、犯罪人の心理を慮ることにスリルを感じていたのだという。「面白い物語を書き綴るといふやうな野心も表現も毛頭ない」とは書きつつも、本音は、小説の世界に惹かれていたのではなかったか。(7)

尾佐竹猛は、司法官の仕事に違和感を覚えてはいたわけではないだろうが、単に判決文を書くだけでは飽きたりないものがあったに違いない。それが彼をして掏摸や賭博についてそのテクニックや道具まで徹底的に調べ、正史からもれてしまうような事象を資料から起こそうとする作業に向かわせたのではないかと思う。そして、史料を丹念に調べて記述する点において、換言すれば「歴史家」と自分を位置づけることで、市井の事柄にも取り組む正当性をかろうじて得て、その仕事に夢中になったのだろう。

尾佐竹猛には、天皇という権威に敬意を示しつつも、民俗誌的な視点があったために庶民が権力側に対して感じる距離感を持ち続け、学問的な態度に伴う冷静さをもって権威のありさまを考察することができた、とはいえ自分の社会的身分や仕事の存立に関わる権威を否定したり正面切って反抗はしたりはしえなかったのではないか、というのが今の私の想像である。こう考えると尾佐竹の言動を少し理解しやすくなるのではないかと思う。

二　家制度には臨機応変

尾佐竹猛の家族生活を考える時、どうしても無視できない事柄として、当時の家制度では許されなかった結婚をしたことを挙げなくてはならない。尾佐竹猛は尾佐竹保の長男で跡取り、そして妻となった山田まさ(8)も一人娘で福井の料亭「五嶽楼」の跡取り娘であったので、二人の結婚は当時の家制度と民法からするとかなわないものであった。二人ともこの世にない今日となっては、この結婚の事情は推察するしかなく、つい何かロマンスがあったのではないかと勘ぐりたくなる。実際、尾佐竹の年譜を丁寧に調べた田熊は年表に「恋愛結婚」と書き、やはり尾佐竹の業績に興味を持って調べた谷内は二人の恋愛の背景をいろいろと考えて、明治三三年（一九〇〇）、福井の橋南での大火で五嶽楼が焼けた時に、市内の寺に疎開したまさと尾佐竹の出会いがあったのではないか、と推察している(9)。

猛の第二女（富士子）に二人の結婚は恋愛結婚だったのかと尋ねたところ、結婚はまさの叔母であり五嶽楼の女将であった坂上勢津《さかのうえせつ》（坂上家を継ぐ以前は山田勢津）が尾佐竹猛の母阿以とまとめたもので、当人の猛とまさの間に特別に何かがあったわけではなかった、と述べた。そこに加え「でも（尾佐竹猛は）妻が料亭の娘だという艶っぽさをまんざらでもないと思っていたみたい」と言う。私はこの富士子の話が実情を示しているのではないかと思う。その理由として、第一に富士子が今生きている尾佐竹の親族のなかで最年長であること（徇は長男ではあるが、二人が結婚して一〇年以上経ってから第四子として生まれた）、第二に、富士子は第一女の信子とともに五嶽楼で育っておりロマンスの噂（当時としてはスキャンダルにだってなりかねない）があればそれを聞いていただろうと考えるためである。

尾佐竹猛が妻との結婚の事情について（わざと）少し思わせぶりな様子を示し、徇がそれを受けて（そして自身もサーヴィス精神を少し発揮して）話をしたのが、恋愛結婚説につながったのではないかと思う[10]。

実際のところは、ウルトラCとも言うべき戸籍操作で跡取り問題は解決した。猛とまさはいわば事実婚として夫婦の生活を始め、第一子の信子が生まれたところで山田仁右衛門（まさの父）と信子を養子縁組みさせて信子を山田家の跡取りとし（明治四三年〔一九一〇〕二月三日）、その後でまさは山田の籍をぬいて公式に妻として尾佐竹の籍に入る（明治四四年〔一九一一〕四月一七日）、という手段をとったのである。

それにしても、なぜ当時の家制度において無理のある結婚をしたのか、という疑問は残る。富士子の言やほかの資料からは、坂上勢津が尾佐竹猛を見込んだから、という以上のことはわからない[11]。坂上勢津は、家族知人の間では、松平春嶽公の相手も立派にできたという「女傑」と見なされているのだが、彼女一流の眼力で、下戸で粗末な身なりをした痩せぎすな貧乏士族の下っ端司法官に、何か大きな可能性を見出したのだろう、としか考えようがない。［写真2］[12]

結婚の事情はさておいても、私には、尾佐竹家の「家長」としての尾佐竹猛像はあまりイメージできないできた。私自身が第一女である信子の孫であるためだろうが、尾佐竹猛はその出身地である金沢や自身の兄弟との縁よりも、妻の実家である山田家との縁の方が深かったように感じられるのだ。山田家の者には、自分たちこそが尾佐竹猛を支えたのだ、と思っている節がある[13]。金沢にある尾佐竹家の菩提寺に行ってみても、その義兄である横山一平が墓石や墓の周りを整えたことは明白だが、当主たる猛が何かをした様子はうかがえない[14]。

また、尾佐竹猛が資料を購入したり、明治文化の研究を遂行したりするうえで必要だった資金も少なからずまさ夫人が実家に無心したものではないかと推量される。まさの父は「いけぇ娘じゃ」と言いながら、送金をしていたらしい[15]。アメリカ軍による空襲が激しくなった時も、尾佐竹猛は羽咋や金沢に向かうことはなく、妻の実家（正確には坂上勢津の地所であった松玄院）に疎開している。そして、疎開先の福井の空襲で大切な資料をすべて失ってしまっ

写真2　板上勢津と名士たち
（前列中央が坂上勢津、両隣は松平慶民子爵と徳川義親侯爵）

た。金沢や羽咋に疎開していれば、と思うが、山田家ほどに頼れる縁者がいなかったのだろう。

明治法律学校入学時の保証人でもありその家にも住み込んでいたという義兄横山一平や弟の堅《かたし》の家族と尾佐竹猛との親戚づきあいの様子が、猛の娘や息子たちからあまり伝わってこないことも、尾佐竹家の当主というイメージを弱めた一因だろう(16)。

戸籍を調べてみると、私の印象に反して、実は尾佐竹猛は父の死後「家督相続」をしていたことが判明した。実際（これは知っていたことなのだが）尾佐竹猛は両親を東京の家にひきとって孝養を尽くし、その死を看取っている。さらに事情があって婚家を出なくてはならなかった妹の信（戸籍名は乃婦）も東京の家にしばらく一緒に住んでいた。この点を見れば、尾佐竹猛は立派に長男としての務めを果たしたというべきだろう。尾佐竹猛は親に対する礼儀をわきまえ、父の前では妻子には見せないへりくだった様子で、行って参ります、ただいま帰りました、などとかしこまって挨拶していたという。千駄ヶ谷の家に住んでいた頃は、食事の時には、保・阿以夫妻が上座に、その次に猛・まさ夫妻、そして子供たち、と三箇所に分けてお膳を並べていたという。

尾佐竹猛が当時の家制度にまつわる封建的な性格をどのように判断していたのかは、いろいろ話を聞いても判然としない。尾佐竹猛の著作は膨大で、すべてに目を通すことはできないが、タイトルをざっとながめたところでは、家制度をテーマにとりあげてじっくり考察したことはあまりないようだ。自身の結婚や親族とのつきあいにおいては、臨機応変に対処し、必ずしも「お家大事」でもなかったのだろうが、とりわけて家制度に旧弊を見て正そうとした痕跡もない。

当時の家制度に伴う家父長制や男尊女卑の思考についてはどう考えていたのだろう。第一女信子が皮肉をこめて、尾佐竹猛は家の外では進歩的に振る舞うこともあったが、家の内では封建的であったと述べていた記憶がある。家庭では妻や子供たちに対して「主人」としてふるまっていた様子は徇の記事からもうかがわれる。それに四人の娘たちをすべて見合いで帝大出の婿――しかもそのうち三人は官吏――に嫁がせているところを見ると、やはり権威主義的で、自由恋愛や家制度の近代化といったことは考えていなかったのではないか、と考えられる。

とはいえ、第一女以外の娘たちはすべて女子大に進学させている。[17] 当時女性が大学に通うことは決して一般的ではなかったはずだが、女性にも高い教養や学問が必要であると考えていたのだろう。さらに書斎には与謝野晶子の和歌を書いたものが掛けられていて、第二女の富士子には、家庭も持ちながら自分の仕事も持っている与謝野晶子のようになることを期待していたという。尾佐竹の妻も姉妹も娘たちも結局は「主婦」として生きざるをえない環境にあり、その環境作りには尾佐竹猛自身も無自覚ではあっても荷担していたに違いないのだが、家庭と仕事を両立させることのできる女性に実はちょっと憧れていたのではないか、というのが私の推量である。

三　戦争と尾佐竹猛

私が「尾佐竹のおじいちゃん」についてはっきりとしたイメージを持ったのは、小学校四年生の時、家族に戦争体験を聞こう、という社会科の課題で母に福井空襲と終戦の玉音放送について話してもらった時のことである。小学生だった母は疎開先で終戦の玉音放送を尾佐竹猛とともに聴いていた。「何を言っていたかよくわからなかったけど、尾佐竹のおじいちゃんはああいう難しい言葉もわかったから、アメリカの兵隊さんたちが来るんだよ、と教えてくれた」という話だった。尾佐竹猛は私の母のみならず周囲の人びとにそれが敗戦の報であったと説明したようである。孫の仁彦も、「西岡につきましたら、日本がアメリカに負けたのだと、尾佐竹の祖父が説明されたので間違いないと、西岡の伯母から言われた」と書く(18)。

そもそも尾佐竹猛は一人の法律家として、軍部の台頭や開戦をどう考えていたのだろう。藤田幸夫の思い出には、尾佐竹は「太平洋戦争を――良識をもった誰でもがそうであったように――はじめから無謀のものとしていた」と記されており、また、徇の記事から経済統制法関係の事件を扱うのに苦痛を覚えていた様子がうかがわれる(19)。しかし第四女が、「今はこういうのは良くないのでしょう?」といって出してきた色紙には「八紘」の文字を還暦の記念に書いている［色紙］。これは、アジアへの勢力拡大（批判的に見れば「侵略」）を是認していた、ということではないだろうか。色紙の書き方（号の入れ方など）には、真剣に書いたというよりも試筆として軽く書いてみたようなポーズが見てとれるが、やはり当時の風潮とともにあったと判断せざるをえない。尾佐竹猛のアンビヴァレンスはこういうところにも見いだされる。

第三女由紀子は、自宅を訪れた客人が尾佐竹に、大陸ではドンパチばかりではなく貨幣価値の撹乱作戦もありうるなどと話していた、と述べてくれた。第二女富士子は尾佐竹家への「アカの人」が来ていたと述べる。松下芳男の記述では、千駄ヶ谷の家に堺利彦が訪ねたこともあったという[20]。大陸で活躍する官吏から社会主義者まで、幅広い人との交流のなかで、時局についても話していたのだろうが、家族の話から当時の尾佐竹猛の考えを推しはかるのには限界がある。

尾佐竹猛は昭和一七年（一九四二）に退官し、戦災を逃れるべく昭和一九年（一九四四）に妻の実家のある福井に疎開した[21]。そして昭和二〇年（一九四五）七月一九日の福井空襲で焼け出され、娘婿の遠縁である坪井家（福井県坂井郡大石村定広／現在は坂井市春江町定広）に行き、その後で娘婿の実家である西岡家に引き取られた。年老いた坂上勢津と尾佐竹猛をリヤカーや荷車に布団を敷いたものに乗せて、六キロから一〇キロほどの道のりを移動したのだという。この西岡家（福井県坂井市春江町為国）で終戦を迎え、その後、弟の堅の縁で鶴岡（山形県）へ移った。第四女久邇子のところには、尾佐竹猛が鶴岡に着いたことを知らせる葉書が残っている［葉書表書き参照］。やがて、鶴岡から東京でも焼け残った荻窪（杉並区、第四女の嫁ぎ先の近所）に移り、そして最後に落ち着いたのは、長男侚が家を構えた野方（東京都中野区）であった。

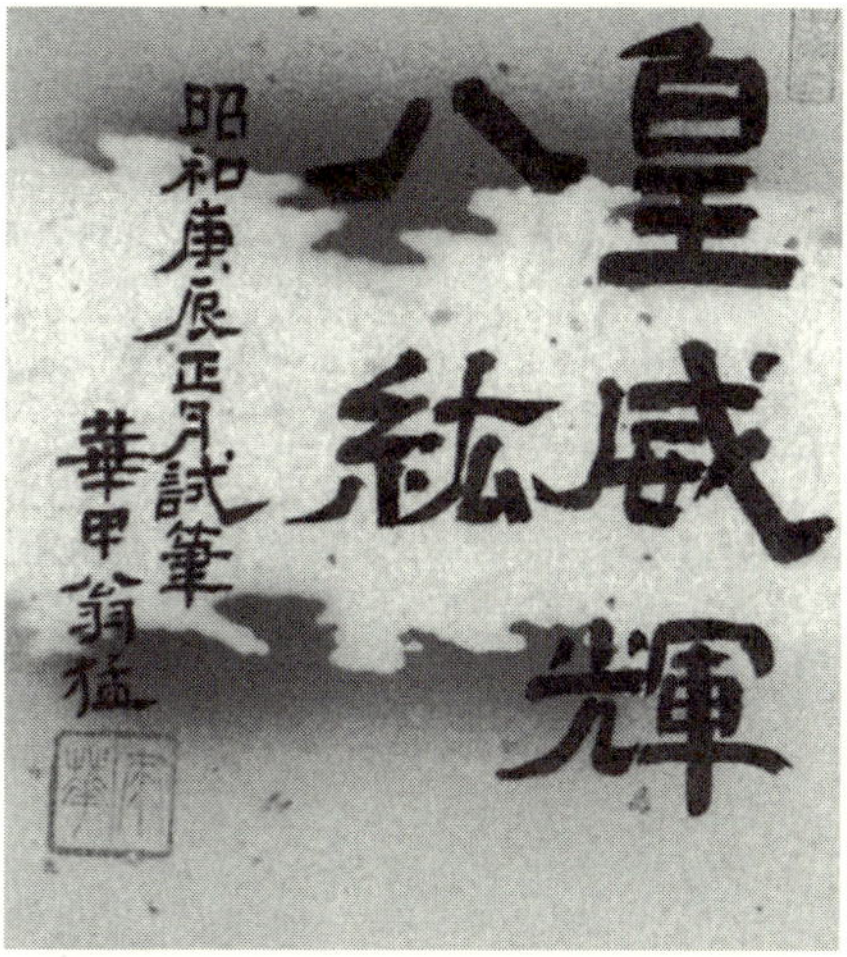

色紙

東京と福井の両方の空襲ですべての研究資料を焼失してしまったことが、尾佐竹猛の生きる気力をそいだのだろう、という点では親族・知人ほとんどの見方が一致する。疎開して住んでいた松玄院は福井市でも中心街をはずれた足羽山にあったので、まさか

堀秀子に鶴岡への到着を知らせる葉書の表書き

そこまで集中的な空襲を受けるとは、全く想像していなかったに違いない。(22)犬丸紀子（まさの従弟の孫・五嶽楼最後の女将）は、尾佐竹猛がとても蕭然としたさまで焼け跡に立っていたことを教えてくれた。

　空襲による喪失感に比べれば、日本の敗戦は、尾佐竹猛にとってそれほどショックではなかったのかもしれない。山田仁彦の印象では、「終戦後の尾佐竹の祖父は、以前よりは深刻さがなくなったように感じました。頭を抱えて一日中机の前で考え事をされている姿は変わりませんでしたが」とのことである。

　尾佐竹猛は明治憲法の終焉とほぼ時期を同じくして鬼籍に入った。明治憲法の枠内で起こした戦争にどのような「判決文」がふさわしいのか、戦争末期から敗戦後の短い晩年、机の前できっと考えていたのだろうと思うのだが、それをどこにも記すことなく逝ってしまった。とても残念なことだ。

四　日常生活

　尾佐竹猛は幼少期のことをほとんど家族に語ったことがない。また、明治法律学校に通っていた時のことも、書かず喋らず、である。

まさとは今日の千駄ヶ谷あたりで新婚生活を始め、何回か引っ越した後で、四谷区三光町の家に移っている。[23] これは現在の東京都新宿区新宿五丁目にあたり、第二女富士子は、その地所は今では道路になっているという。明治通りと靖国通りの交差点付近で、今日では道幅を広げてY字路になっているあたりであろう。三光町の家は二階建ての和風建築で、二階に尾佐竹猛の書斎があったという。家の庭には花壇があり、趣のある庭石なども配していた。まさ夫人が、花壇に花を植え、また庭師の薦めで庭石の購入を決めていたそうだ（由紀子談）。床の間に花を活けるのもまさ夫人の役割で、その花にあわせて尾佐竹猛が掛け軸を選んで掛けていたという（久邇子談）。明治文化研究会を開いていたのもこの家で、女中さんの着物の膝が抜けるほど、そして娘たちが時には一階の天井が抜けはしないかと心配するほど、来客が多かったという。老舗料亭に育ったまさ夫人だからこそ、大勢の来客に戸惑うことなく対応できたのだと思う。

家族の話から想像するに、この三光町の家に引っ越して妻まさが亡くなるまでの八年間（一九三一年四月から一九三九年九月）が、尾佐竹猛の人生で公私ともに一番良い時期だったように思える。尾佐竹猛当人は社会的地位を得て仕事は充実しており、家族の方も、まさ夫人は新宿三越で買い物をしたり、娘たちは女学校や女子大に通って社交ダンスをしたりテニスをしたり、銀座に行ったり、親子でお芝居を見に行ったり、そして長男は高等学校での青春、と昭和初期の東京の楽しい生活を彷彿とさせる話題に事欠かない。

前述の大礼装の写真のほか、背広に蝶ネクタイと洋服で正装した姿を撮影した写真がよく知られているが、これらは勤務時の服装であったろう。特にお洒落だったとは思われないが、帽子にロングコートで街頭を歩く写真を第四女が保管している。モダンな服装を楽しむことも時としてあったらしい。しかし、家ではもっぱら和装だったという。写真4からは着物を着て自宅でリラックスしている表情がうかがえる。

尾佐竹猛は勤めから帰宅すると和服に着替え、家の者に煎茶を煎れさせて、階下の部屋で飲むことになっていた。

写真３　洋装の尾佐竹猛

写真４　和装の尾佐竹猛
（四谷三光町の家の庭で）

酒は飲めず、つきあいで断れずに飲んだ時には、顔だけでなく胸も背中も真っ赤になり、第三女由紀子はその真っ赤になった様子を一度見せてもらったことがあるという。尾佐竹猛があれだけ夥しい量の著作と研究にいそしめたのは、当人の努力の賜でもあろうが、お酒のつきあいがとても少なかったことにもよるのではないか。

健啖家で、新宿中村屋からパンを届けてもらったり、家族で外食にでかけたりもしたという。上野ですき焼きを食べた、中村屋の四階で食事をした、と娘たちは記憶している。モダンな食事を好んだのは、どうやら父の保譲りらしい。尾佐竹保は、金沢で外国取扱方をつとめ、当時としては勇気を持って外国人と握手したり、当時の日本には三本しかなかったこうもり傘を入手したりしていたそうだ。そしてライスカレー（新宿中村屋？）を好んでいた、との話である。

しつこく、食卓に上がるものに金沢や福井の風はなかったのか問うたところ、お正月に素焼きの杯でお屠蘇をいただいていた、他の家みたいにきれいな陶器や漆塗りのお杯が良いのにと思った、という意外な答えが返ってきた。金沢や羽咋での尾佐竹家の生活はとてもとても質素で、それを東京で踏襲する気はあまりなかったのだろう。また、ふるさと宅急便などを楽しむ今日の感覚で当時の食生活を想像しようとするこちらにも問題があると気づいた。

とはいえ、福井からミカン箱でカニが届いたこともあったというし、金沢の有名な和菓子店「森八」の菓子を以前第三女（由紀子）に土産として持っていった時、由紀子は、子供の頃同居していた尾佐竹保・阿以夫妻が「ございござい」（金沢の方言で、おいで、おいで）と招いておいしいものを食べさせてくれた、と回顧していた。金沢の和菓子を入手する機会も皆無ではなかったらしい。

菓子といえば、今でも有名な花園まんじゅうは、三光町の家のご近所だった。尾佐竹家で不要になった新聞紙（尾佐竹猛は何紙もとっていたので古新聞の量も多かった）を花園まんじゅうの店にやり、それと引き替えに花園まんじゅうを譲ってもらっていたという（花園まんじゅうの店では、古新聞紙を菓子の包み紙として使っていたらしい）。また、当時はまだ目新しい菓子であった花園まんじゅうをまさ夫人がちょっとした手土産やお遣いものにもしていたとのことである。

おわりに

尾佐竹家の食事は、静かに行儀良く食べることを旨とし、あまり家族団欒という雰囲気はなかったようである。また、第四女久邇子が子供時代のことを尋ねても「シルクハットをかぶって生まれてきたのだよ」などと言ってまともに答えてくれなかったという。講義の時に口にしていたという語呂合わせや冗談についてもほとんど家では言うことはなかったようだ。加能越郷友会での話、明治大学の商議員としての仕事についても、家族は聞かされていない。記憶する側の問題もあろうが、尾佐竹猛当人も、それを印象深く伝えることはなかったのだろう。

裁判所の仕事では満足できなかった探求心や好奇心を、尾佐竹猛は「明治文化研究」という枠ができたことで大っぴらに追究し、満足させて楽しむことができた。そして後世の私たちもその成果を享受する道が開けた。これと同様に、謹厳な一家の主人として振る舞う限り口にできなかったけれども、身内に言いたかったことも実はたくさんあったのではないだろうか。まさ夫人と仲睦まじかった様子なので、先立たれた悲しみも深かったと思うが、それを誰かに語った様子はない。こうした気持ちや仕事の上での感慨を家族に喋ることを正当化するのに格好な枠組みは存在しなかった。もっと話してくれていれば、とそれが口惜しい。

（1）この「官僚臭」については、長沼の考察を参照されたい。長沼秀明「明治文化研究会をつらぬく駿台学の系譜——尾佐竹猛の明治文化研究の歴史的意義」『大学史紀要』第九号、一一八、一三六〜一三八頁。

（2）本稿で明らかにしたように、戸籍を操作した都合上、尾佐竹猛・まさ夫妻の第一子信子は山田仁右衛門の養子となり、戸籍の記載では二番目に誕生した富士子が長女となっている。しかし家族のなかでは戸籍とは関係なく姉・妹と呼び合っているので、本稿では第一女（信子）、第二女（富士子）、第三女（由紀子）、第四女（久邇子）と書き記すことにする。

（3）当時は今日のように、「陛下」から園遊会参加者にお言葉を賜ることはなかった、とのことである。

（4）この写真は第一女の家の物置にしばらく放置されていたが、山田仁彦氏のご好意により、明治大学史資料センターに寄付された。

（5）渡辺隆喜「尾佐竹猛と草創期文化専門部——宗京奨三氏（明治大学名誉教授）に聞く」『大学史紀要』第九号、一七八頁。

（6）長男の名前を付けるにあたって、任地の東京・名古屋・福井の頭文字をとって「となふ（徇）」としたことについては、藤田幸夫「雨華先生の思い出」『掏摸と賭博の研究』（新泉社）所収、三〇四頁参照。徇の思い出については、「父

尾佐竹猛」『法学教室』第七号、一九六三年、八〇頁。
(7) 尾佐竹猛の「探偵小説」に対する考えについては、山泉進「裁判と事件と歴史」『尾佐竹猛研究Ⅰ』七一～七三頁。
(8) 結婚後は政子と書くようになる。
(9) 田熊渭津子編「年譜」三頁、『人物書誌大系4　尾佐竹猛』、田弁子（谷内文雄のペンネーム）「福井の司法史雑話（一六）新任判事の恋」『庁報ふくい』八八号、一一～一四頁。
(10) 徇は、「父尾佐竹猛」（前掲書）では、恋愛結婚だとは明記していない。
(11) 聞くところでは、五嶽楼での宴会で、尾佐竹猛が余興に木箱を持って踊って見せた姿が印象深かったのだということである。
(12) 五嶽楼と坂上勢津については、足立尚計「山高水長〈山田勢津〉」『産経新聞（福井版）』一九九〇年四月二九日二一面参照。田弁子（谷内）は、『福井評論』昭和六年九月号から、福井評論主幹であった玉村氏の記述を引用する。玉村氏は、家の前を歩く「見なれぬ背の高い書生さん」として尾佐竹を目撃しており、当時の身なりは「髪の毛は前を長くして恰も煙突掃除の棒の先きみたいに、ただし蓬のようなではない当時そうした刈方が流行したのだ、薩摩絣の単衣に大幅白金巾の兵児帯を行儀良く結んで、木履は薩摩下駄（一名按摩下駄とも云ふ）」であったという。田弁子、前掲書一二頁。
(13) 山田仁彦は、山田家は総力をあげて猛を盛りたてた、尾佐竹の家の実質は猛の弟の保のものになったはずだ、と説明している。
(14) 横山家もまた加賀百万石に仕えた士族、それも尾佐竹家よりも格の高い士族であったが、尾佐竹との縁は深く、横山一平は猛の姉（淑）を娶り、その妻が死去した後は猛の妹（実）を後添えに迎えている。
(15) 第三女由紀子、犬丸紀子談。「いけぇ」とは福井弁で「たいそうな、すごい」といった意味。なお、徇の記述では母の苦労話としてこれが現れるが、第三女由紀子は、母が着物を仕立てたり社交的なつきあいをしたりするためにお金を使っていたのでは、と匂わせる話をしている。
(16) どうやら猛の妹と妻の間には小姑と嫁としての葛藤があり、それが疎遠になった理由のようである。横山一平と尾佐竹保の係累の人とは、伝手によって連絡をとることができるようになったが、インタビューを実現できるところにまでは到らなかった。この点については今後の課題としたい。

(17) 尾佐竹猛は東京女子大学の設立者でもあった新渡戸稲造と親交があった様子で、富士子が東京女子大学への進学を決めると「新渡戸君のところに行くのか」と言っていたという。

(18) 山岸智子宛私信。

(19) 藤田幸夫、前掲書三一〇頁、尾佐竹徇、前掲書八一頁。

(20) 松下芳男「尾佐竹猛氏の横顔(一)」『新版明治文化全集月報№14』(日本評論社　昭和四二年一二月)三頁。

(21) 田熊の年譜(前掲書)八頁では一二月となっているが、親族たちは秋から荷物の移動などを行っていたようである。

(22) 福井の市街地ででは、半径一・二キロメートルの範囲に八六五トンもの焼夷弾が投下されたという。http://www.archives.pref.fukui.jp/fukui/07/zusetsu/D23/D231.htm。市の中心から離れた足羽山まで空襲を受けたのは、山中のトンネルに軍事施設か武器庫があると疑われたからではないか、という。山田仁彦談。

(23) 戸籍からは、東京市四谷区四谷霞岳町一一番地、東京府豊多摩郡千駄ヶ谷町大字千駄ヶ谷三三二番地、東京市四谷区西信濃町一五番地、東京府豊多摩郡千駄ヶ谷町大字千駄ヶ谷四七〇番地、の四件の所番地が確認されるが、東京の市街化が進み住所表記なども変わっていった時期のことなので、同じ家が違う番地で記録されている可能性もある。

家系図

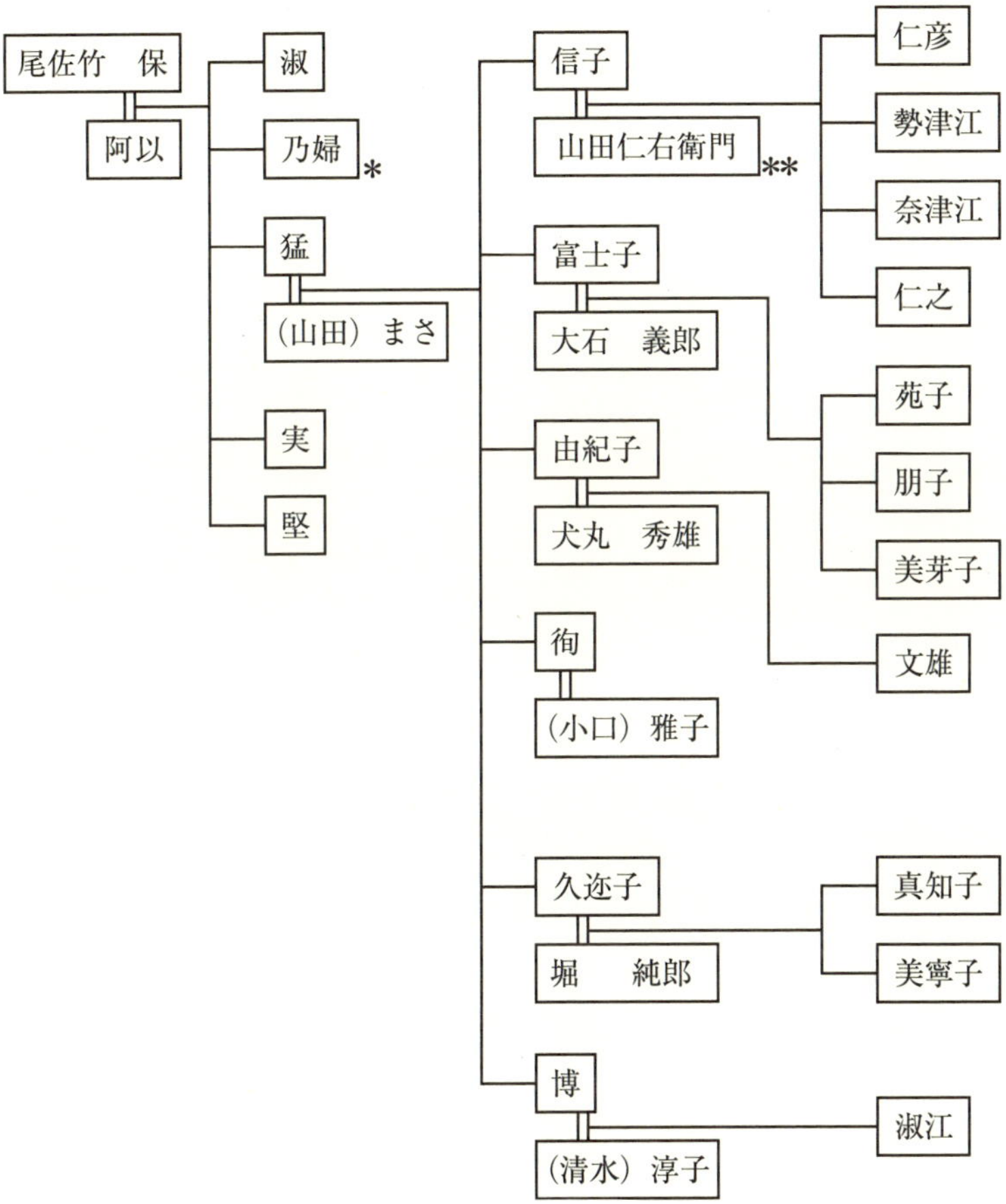

＊名前の由来からは「信」となるべきだが、戸籍名では乃婦となっている。
＊＊信子と結婚して、五嶽楼の主人「山田仁右衛門」を名のった。それ以前は、西岡平吉。

第９章　書誌調査からみた尾佐竹猛——明治大学での事蹟を中心に——

飯澤文夫

一　同時代評価

(1)『読売新聞』連載記事から

昭和三（一九二八）年の三月中旬から四月中旬にかけて、『読売新聞』は朝刊第二面で、「学園展望」と題する連載を行った。内容は都内主要大学の看板教員とその大学の動向を、いささかゴシップ風に紹介する評判記であった。「早稲田」を皮切りに、「帝大」、「東大」、「商大」、「明大」、「中大」、「法政」、「日大」の順で取上げられた。

明治大学は、四月三日から五日まで三日間掲載された。三日は、「明大の巻1　刑法は新聞の三面記事から　岡田三面子雅号の由来　明大法学部の人々」の見出しのもとに、横田秀雄、島田鉄吉、岡田朝太郎らを、四日は「明大の巻2　法学部全盛の夢もむなしく　ここにも見る時世の動き　商学部は若手揃い」で、尾佐竹猛、志田鉀太郎、田中貢、柳柴健治らを、五日は「明大の巻3　父と子が闘う現代人の悩み　左右対立の母親が参加する　新興の政経学部」として小林丑三郎、赤神良譲、米田実、西村文太郎らを挙げている。

(『読売新聞』昭和3年4月4日朝刊第2面)

見出しからも知られるように、明大五〇年の歴史は法学部を中心に展開されて来たが、社会の趨勢は商学部に重きを置くようになってきており、さらには、新興の政治経済学部が脅かしているといった論調で、四日の巻2には、「この意外な珍現象にほくそ笑んでいるのは商学部長の志田鉀太郎博士」だのと、穏やかならぬ表現まである。

ところで、その巻2は、巻1からの法学部の続編と商学部編であるが、次のような興味深い文章で書き起こされている。

教授でもなく助教授でもなければ又「講師」でもない、ただ法学部の機関誌である『明治法学論叢』の編輯主任として学校に繋がりを持っているだけで、而も人気の点に至っては遥か幹部教授の上に在るという明大きっての変り種に尾佐竹猛氏がある。氏は大審院の判事で法曹珍話を山と蒐めている特志家、氏の博学多識には流石の内田魯庵氏でさえ舌を巻いている、宜なるかな近年随筆家として認められ、その特殊研究で大いに出版界を賑わしている。

法学部の機関誌を『明治法学論叢』と書いているのは、『法律論叢』の誤りで、同誌は、明大学会が大正一一（一九二二）年に創刊した『法律及政治』を前誌とし、昭和三年の七巻一号から改題したものである。昭和二年七月六日の法学部教授会で、「法律政治に関する雑誌編輯に付五名の委員を挙げることを申し合せ」たことにより、尾佐竹をはじめ、大谷美隆、松岡熊三郎、水口吉蔵、森山武市郎が委嘱されている。尾佐竹は昭和八年に野田孝明と交代するまで、五年半務めた。この時の編輯兼発行人は、大学の幹部職員であった大西種次郎で、尾佐竹が編輯主任の立場であったかは定かではない。

尾佐竹が法学部の専任教授として迎えられるのは昭和六年四月のことであり、現職教授の評判記であるこの連載が、他の教授陣を差し置いて、未だ教壇に立っていない尾佐竹の存在を強く押し出したことは注目される。

(2)　内田魯庵の評価

内田魯庵は、ドストエフスキーの『罪と罰』の翻訳や、文壇回想録『思い出す人々』など、翻訳、評論、小説、随筆と多方面で活躍し、諸学に通じた当代随一の博識家と、誰もが認める存在であった。それが、「流石の内田魯庵氏でさえ舌を巻いている」とは愉快である。魯庵が、大正一五年二月の『中央公論』に掲載した「読書巡礼」から、尾佐竹評をみておきたい。

近年の明治維新史研究が、政治的関心から、民間資料を基礎として一般社会の趨勢や民衆思想を究明する文化史的考察に重きが移ってきていることは好ましい傾向であるとして、「明治初期に関する人気著述家」の第一に尾佐竹を挙げ、近著三冊を三ページ余にわたって詳解し、感想を述べている。

まずは、『維新前後に於ける立憲思想』（文化生活研究会、大正一四年）で、「其の所説極めて精詳周密、一々的確の資料に依拠して毫末もアヤフヤな憶断や空疎な議論は一行も無くして七百頁に達してをる」とした。

前書よりさらに興味深く、しかも文献外の研究に富んでいるのが、『賭博と掏摸の研究』（総葉社書店、大正一四年）で、「恐らく跡にも先にも類の無い天下一本の奇書であろう。此の如き文献では迚も求められない材料を其道の本職から拾集して系統的に纏められた著者の組織的才能の非凡なるを感嘆すると同時に、此の多大な労苦を捧げた研究を篋底に秘めずに公開されたのを深く感謝しないでは措かない」と絶賛する。

以上の二書を補うものとして、『法曹珍話閻魔帳』（春陽堂、大正一五年）を挙げる。無用学博士の名で上梓されたものであるが、目次を一見すれば一頁だに読まずとも著者は知れるとし、「此の著者ならでは決して見られない乱麻を断つ如き筆鋒と痛烈骨を刺す如き犀利の辛辣味とは覆面の辻斬に顛脱して益々冴えた切れ味を示している。此上に機智も諷喩もあり、秘中の秘、裏の裏までも穿って往々快哉を呼ばしめる個処もあり、中には又苦笑せしめ若くは失笑に禁へざらしめる個処もあり、前記二書に増して一層痛快なる近時の快著である」とまで言わしめている。

以上は、同時代評価の一例に過ぎないが、大審院判事という最高の司法官僚でありながら、民間資料を駆使して明治維新史や政治思想史、文化史を実証的に考証する学者として、さらには、下情に通じた時評家あるいは随筆家として高い評価を得ていたことが分かる。

二　先行書誌

尾佐竹の書誌調査に関して、関西大学及び親和女子大学の図書館員であった田熊渭津子さん（大正一一年生）の業績に勝るものはない。

はじめ、昭和五二年六月に、山野博史氏との共編で「尾佐竹猛略年譜・著作目録」(1)を発表。それを、翌五三年に宗高書房から復刻された尾佐竹著『日本憲政史大綱　下』に増補転載。さらに補訂を加え、五八年七月、日外アソシエーツの「人物書誌大系」に、『尾佐竹猛』（A5判、一四〇頁）として収められた。

田熊さんは、昭和一四、五年頃に、明治文化研究会編の『明治文化全集』（昭和二年一〇月～五年七月、日本評論社）の「翻訳文芸篇」に収録されたゲーテの「独逸奇書　狐の裁判」や、「時代小説篇」の福地桜痴の朝鮮近代史に取材した「張嬪」などを夢中になって読みふけったそうである(2)。

明治文化研究会は、大正一三年一一月に、「明治初期以来の社会万般の事相を研究し之れを我が国民の資料として発表すること」を目的に、吉野作造の呼びかけで、尾佐竹をはじめ、石井研堂、石川巌、井上和雄、小野秀雄、宮武外骨、藤井甚太郎が同人となって設立されたものである。明治時代の社会万般の基本文献を集大成した同全集全二四巻は、今も燦然と輝く明治文化研究の金字塔である。

田熊さんは、そのような縁もあって、同全集の旧版（戦前版）と新版（全一六巻、昭和三〇年一月～三四年二月）の対照総目次、全集月報総目次、明治文化研究会の機関誌『新旧時代』、『明治文化研究』、『明治文化』の総目次、同会刊行本目録、例会講演目録などをまとめ、『明治文化研究会事暦』、『同　補遺』(3)を発表している。『尾佐竹猛』は、まさに得るべき人をして世に出されたものである。

この度、明治大学大学史資料センター（以下、センターという）が尾佐竹猛の総合研究を着手するに当たり、『尾佐竹猛』をベースに、同書刊行以後の文献や明治大学関係資料を中心に補充調査を開始した。

本稿は、『尾佐竹猛』の構成に倣い、「年譜」、「著作目録」、「参考文献目録」の順に、同書の収録状況を紹介しながら、補充調査の過程で得られたものと書誌調査の今後の課題について、中間的な報告をおこなうものである。

(1) 年譜

尾佐竹の最初の著書は、生地石川県志賀町の地誌をまとめた『志賀瑣羅誌《しかさらし》』で、明治四一（一九〇八）年に謄写版刷りの私家版で出された。その後、およそ六〇年を経た昭和四五年に、同県高浜町文化財調査委員会から翻刻及び復刻版が出版された。翻刻版の巻末に、「尾佐竹猛履歴書」と「法学博士尾佐竹猛著書目録」、及び長男徇《となふ》氏による小伝「父尾佐竹猛」が付された。『尾佐竹猛』収載の年譜は、この「尾佐竹猛履歴書」などを参考にして、六頁に簡潔にまとめられている。

両年譜から尾佐竹と明治大学との関係についてみると、「尾佐竹猛履歴書」では、明治三二年に明治法律学校を卒業したことのみしか触れられていない。『尾佐竹猛』においても、以下の三件に留まっている。

明治三二年「七月一〇日、明治法律学校（現在の明治大学）を卒業。」

昭和六年「この年、明治大学法学部教授として明治史を講じる。」

昭和一七年「一二月二六日、後進に途を譲ることを理由に、大審院を退職。退職職後は、母校明治大学の文科部長、東京帝国大学法学部講師、帝国議会の憲政史編纂所長などを兼任することになる。」

そこで、センター及び明治大学中央図書館（以下、図書館という）の明大文庫に収蔵される、『明治学報』や『明治大学学報』、『駿台新報』、『明治大学新聞』などの新聞雑誌、その他の内部資料に当たり、「尾佐竹猛明大関係年譜（稿）」を作成した（表1）。

明治大学には、学術研究機関誌として明治法学会が明治三二年九月に創刊した『明治法学』があり、やがて、現在の『法律論叢』に繋がっていくのであるが、これが、明治三七年九月から四一年一二月まで『明治学報』（明治学会）と称していた。それとは別に、明治四三年頃の創刊と思われる明治大学学友会発行の『明治学報』があった。大学が理事会、校友会、学友会などの動静を伝える機関誌として『明治大学学報』を創刊したのは大正五年一〇月であるが、昭和七年以降の刊行状況は不明である。昭和一三年と一四年には『明大学報』が出されている。また、明治四三年一月には『明治大学学報』というものも存在している。いずれも学内動向を知る基本資料であるが、関係や変遷が複雑である上に欠号も少なくない。大正一二年創刊の大学新聞『駿台新報』（明治大学新聞学会）と、その改題後紙である『明治大学新聞』(4)も完全には揃っていない。

このため、年度によって精粗が著しいものにならざるを得なかった。さらに、例えば、昭和三年四月の、創立四五年式典と記念館完成とを合わせて挙行した復興記念祝典で開催された「明治教育文化展覧会」では、『駿台新報』が尾佐竹を委員と記しているのに対し、『明治大学学報』掲載の委員名簿には名前が見られないなど、資料としての信頼性を欠く面もある。

尾佐竹の明大における評価は従来、法学部教授就任や文科中興の祖たる文科専門部長としての活躍にのみ光が当てられてきたきらいがある。今回、必ずしも十分とはいえぬ調査であったが、前記以外の事柄について、かなりのことが判明した。

なかでも、昭和六年に法学部教授となる以前の働きには目を見張らされる。明治三五年に弱冠二二歳で福井地方裁判所判事に赴任すると、すぐに校友会福井支部の幹事に指名される。これが、校友として母校と深く関わる始まりと思われる。大正五年に名古屋控訴院判事に赴任し、同じ年の愛知県校友支部大会に出席している。大正七年には校友会評議員、同理事に詮衡される。さらに。評議員選出の大学協議員にもなる。大正一〇年には、明大石川県人会の副会長となる。郷土へ寄せる思いは強く、県人会には欠かさず出席していたようである。

大正一三年という年は、尾佐竹にとって特別な年であった。第一に法曹界の頂点というべき大審院判事に就任する。第二は明治文化研究会への参加である。

明大関係では、法科同窓会の設立に尽力する。そして、関東大震災からの母校復興のために設立された後援会に校友評議員から選出されて発起人にもなっている。また、大学の商議委員（後に商議員）に選出され、大学運営に側面から携わることになる。この時期の大学は、関東大震災による未曾有の被害からの復興、校地の移転騒動、横田秀雄学長ら理事の辞任など、次々と巻き起こる問題で震撼していた。頻繁に開催される臨時の商議委員会や校友評議員会に、恐らく激務の間をぬってであろうが、律儀に出席している。

同じ年に、前年の関東大震災で蔵書のほぼすべてを消失した図書館が各方面に再興の支援を求めたのに応じ、六三部一九三冊を寄贈している（図書館報告『明治大学学報』第八八号、大正一三年三月）。寄贈書は、高木豊三著『民事訴訟法論綱』、岡田朝太郎講述『刑法総論』、寺尾亮著『国際私法』など法律の専門書がほとんどであったが、中には、宇野哲人著『支那哲学史講和』や、秋元洒汀著『小野小町』、大日本文明協会編『近世泰西英傑伝　第四巻』といった図書も含まれており（図書館『和漢書受入簿』）、その多くは現在も所蔵されている。これ以降も、自著を刊行するたびに寄贈し続けた。

なお、図書館には戦後から昭和四〇年代頃まで、「尾佐竹文庫」と称するコレクション約一二〇〇点があった。これは、尾佐竹の蔵書ではなく、死後に尾佐竹の研究業績を継承すべく、明治維新史や明治文化に関する図書を集めたものである。現在、文庫は解体され、図書は書庫に分散配架されているが、図書館にはコレクションを別刷りしたカード目録が残されており、あらましを知ることができる。

大学への貢献ということでは、明治四四年に大学施設の維持、充実を名目に行われた募金に、毎月一円を五カ年にわたり、大正九年の大学設立に向けての基金募集には、毎月五円を一〇〇カ月に及んで寄付し続けた。校友は大学の後援者であり、いい意味のパトロンであることが望まれる。尾佐竹は、本当に在るべき校友であったということがいえよう。

昭和三年には、明大博物館の前身である、刑事博物館の設立準備委員会委員になる。博物館の設置は法学部教授の大谷美隆が御大典記念事業として大学に建議したもので、「創建の理念は、刑事法制を学ぶ学生ないしや一般公衆に対して、実物ないしはその模型をもって教育することとあった(5)」。準備委員会委員は大谷、尾佐竹の他に、杉村虎一、松井茂、遠藤源六、遠藤鉄吉、岡田朝太郎、岡田庄作、藤澤衛彦が委嘱された。翌年に設立委員、八年には博物館の職位が定められて委員となった。

初代館長となった大谷は後に、「建議はしたもの丶、自分にやる意思は毛頭なかった」、しかし、「尾佐竹君に頼んでも迚も出来るものかといって引受けない」ので、やむなく引き受けたのだと回顧している(6)。

刑事博物館は四年に記念館の五階に開設された。その後、何回かの移転を経て、平成一六年に生涯教育の拠点として建設されたアカデミーコモンに移り、考古学博物館、商品博物館と合せて明大博物館に改組され、わが国屈指のユニバシティミュージアムに発展したことは周知のとおりである。その刑事エリアに現在も展示されている拷具や刑事関係資料の数々は、大谷、尾佐竹らの奔走によって収集されたものであり、この種のコレクションは、当時も現在もわが国で他に例をみない。

昭和三年は、尾佐竹が「維新前後における立憲思想」によって、東京帝国大学から法学博士の学位を授与された年でもある。この論文のもとになったのは、大正一一年六月から一三年六月まで、明治大学が刊行する雑誌『法律及政治』に二二回にわたって連載した「帝国議会史前記」である。尾佐竹ははじめこれを明治大学に提出したのだが、拒否されたために明治文化研究会で旧知の間柄にあった吉野作造に勧められて東京帝国大学に請求したのだという。「尾佐竹は明治大学からは拒否されたが、その仕事は学界からは高く評価され、拒否によって損したのは明治大学ということになる」(7)。

話は前後するが、明治大学は大正六年二月、尾佐竹をはじめ大勢の卒業生に「法学士」の称号を授与している。これは、大学規則実施以前の法科卒業生で学力が大学卒業者同等以上と認められる者への特別措置であった。明治法律学校を首席で卒業した尾佐竹がその一人として詮衡されたのは当然のことである。

母校への支援の仕方として、大学あるいは学問の自由を守るための行動もあった。大正一五年、政府が軍事教育反対運動を抑圧しようとしたことに対して、明治大学において、読書会雄弁部有志が自由法曹団の明大校友有志と「駿台自由協会」を結成する。尾佐竹は、松谷与三郎、田辺井健二らとともに発起人に名を連ねた。昭和二年に開かれた講演会では、「刺身を食ふたら腹がふくれる」と題した講演を行っている(8)。現職の大審院判事の身であることを考えると驚くばかりである。木村礎先生の評した「ブルジョア・デモクラシー思想の持ち主」(前掲書)とはこうしたことを指すのだろう。

ただしこの「駿台自由協会」は、大正一五年一〇月一六日付の『駿台新報』第一三八号に拠れば、校友、学生、教授間の親睦と学術振興を図り、大明治の建設に資することを理想として設立され、主婦之友ホールで開かれた発会式では、尾佐竹が万歳三唱の発声をしているとあり、前述の『明治大学百年史』で述べられている性格のものであったのか、今一つ釈然としないものがある。

『駿台新報』が『明治大学新聞』と変わる昭和一六年前後頃から、戦況の影響を受けて、紙面は戦時色が強くなり、有力教授多たちの戦意高揚に向けた執筆が目立ってくる。第四八八号（一六年五月一七日）には、「明治大学報国団役員が決る」の見出しのもとに、志田鉀太郎団長以下一〇六部長が列記されている。明治大学の報国団の結成は、志田総長が体制への順応に積極的であったことから、私大の中では早い時期に属するものであった。(9) 部長には、これまで尾佐竹と関わりの深かった教員たちがこぞって名を連ねている。そうした学内状況下において、当時、尾佐竹の立場や地位が、どのようなものであったか詳しくは分からないが、報国団の役員には加わっておらず、戦意高揚の記事も書いていない。新聞を一頁一頁繰って尾佐竹の関係記事を探す中で、尾佐竹の名前を見出せないことに、この時ばかりはほっとさせられた。

ところで、明治法律学校時代の思い出について、興味深い記事を紹介したい。校友会々誌『駿台』の創刊号（昭和一四年一二月）のアンケートに答えたもので、「私の在学時代は学校の最も衰運に瀕したときであり私はまた最も貧究《マヽ》の時でありますから誇るべき何ものもありません。語れば貧乏臭い話ばかりです」とある。学校の衰運とは、尾佐竹が入学する四年前の明治二五年に、明治大学が法典論争で惨敗した影響が尾を引いていた、ということなのであろうか。

一方、教員として授業の評判はどうであったろうか。文科が新設された時に、尾佐竹に請われて新聞科の講師を委嘱された明治文化研究会の同志である木村毅は、学生に混じって尾佐竹の授業を聞いたという。木村によれば、一つの事柄を論じる際の尾佐竹の講義手法は、相反両論を提示し、最後に決定的な証拠をつきつけて独自判断を下すというものであった。木村はその感想を、「尾佐竹史学は、歴史に向かって判決文を書いている」(10) と尾佐竹に話して、苦笑されたそうである。

ある日の講義で、井伊大老を論じた後に、桜田門外の変で井伊の遺骸を探しに行った家臣が、濠から引き上げてみると首がない、「そこで、みんなが、やッこらどう（胴）じゃ、と云った話がある」と結んで、教室中を爆笑で湧き立たせたという飄逸な一面もあった（前掲書）。

いささか横道に逸れるが、先に紹介した長男徇氏の小伝によれば、家での尾佐竹は謹厳そのものであったという。歌舞音曲は一高寮歌を除いては一切厳禁で、学芸会の練習をしていても酷く叱られたことがあり、歌を歌ったり騒いだりしている時に、玄関に尾佐竹が帰った気配がするとただちに机に向かったとのことである。しかるに、大正一四年一〇月二〇日の夜に、木挽町の万安楼で開催された商議委員有志懇親会の様子を当時の『明治大学学報』(11)は、「宴に入り、記念の撮影をなし、一同若返って踊るやら歌うやら充分歓（ママ）を尽くして和気藹々の裡に」散会したと報じている。懇親会での尾佐竹の振る舞いがどのようなものであったのか、興味深いものがある。

また、大正五年に名古屋控訴院への赴任が決まった時、校友会有志の呼びかけで、木下友三郎校長や鵜澤聡明、布施辰治、山崎今朝弥ら錚々たるメンバーが出席して催された送別会の席で、尾佐竹は生殖器崇拝の起源について講話を行ったという話しが残されている(12)。尾佐竹らしいというべきか、人を食ったエピソードである。

以上、明大における尾佐竹の事蹟を駆け足で追ってみた。一連の調査でかなりのところが押さえられているが、しかし、基本的な事柄で判明していない点も多い。大学教員退職日がその一つで、昭和一七年一〇月一七日の『明治大学新聞』に明治大学教授と紹介されていることや、一九年六月に教授として年俸五〇〇円の辞令を受け取っていることから、終戦まで在職していたと推測できるが、正確には分からない。一九年の辞令がどのような性格のものであったかも不明である。各年の講義科目や授業内容も詳らかではない。

商議（委）員や校友会評議員などそれぞれの役職で果たした役割、発言内容も今後の調査課題である。また、明治大学はかなり早い時期から、出身の司法官を招待して、大学幹部との懇談会を継続的に行ってきているが、今回の調査の範囲では尾佐竹の出席を確認することはできなかった。

ともあれ、尾佐竹は明治大学にとって教員としてのみならず、大学経営の面からしても大変な功労者であったことが分かる。

(2)　著作目録

『尾佐竹猛』には、明治二七（一八九四）年の『志賀瑣羅誌』から、昭和五六（一九八一）年までの、著書、編著、校訂書、新聞・雑誌掲載論文・随筆、序文、解題など八七九点が、出版年月日順に掲載されている。

今回の補充調査ではさらに一〇〇点余りを確認している。未刊あるいは未発表原稿の発見もあった。

一つは、尾佐竹が福井地方判事に身分のまま伊豆の新島区裁判所判事を兼任していた時に記した、『海南叢書』のうちの、『海南法権史』（自筆稿本、明治四一年）、『海南流刑史』（自筆稿本、明治四二年）である。他の一冊は『海南風俗史』（謄写刷私家版、明治四三年）で、これが国立国会図書館に収蔵されている。この二冊を先年、明治大学史資料センター運営委員で法学部の村上一博教授が、新島村博物館でコピー複製本を見つけ出された。村上教授によれば、蔵書印からして原本は新島区裁判所に所蔵されていたものと思われるが、現在の新島簡易裁判所に問い合わせたところでは所蔵はないとのことである。村上教授は、その後、『海南法権史』の写真版が、法務図書館に貴重図書として所蔵されていることも突き止められている。

二つ目は、『明治維新史　下三』の原稿で、長男徇氏が大切に保管されていたものである。現存していれば質量ともに天下有数のコレクションとして珍重されていたに違いない尾佐竹の膨大な蔵書は、こまめにつけていたといわれる日記など一切の資料とともに、昭和二〇年四月一三日の東京大空襲で焼失してしまった。疎開先の福井に持ち込んだいくばくかの資料も、福井空襲で焼かれた。徇氏から直接伺ったところでは、東京四谷の蔵書は、家を守っていた徇氏の、重度の火傷を負いながらの必死の消火活動にもかかわらず一週間近くも燻り続けたそうである。大切な蔵書を失った尾佐竹の落胆、失意は察して余りある。六六歳という早すぎる死の引き金にもなったのではないだろうか。

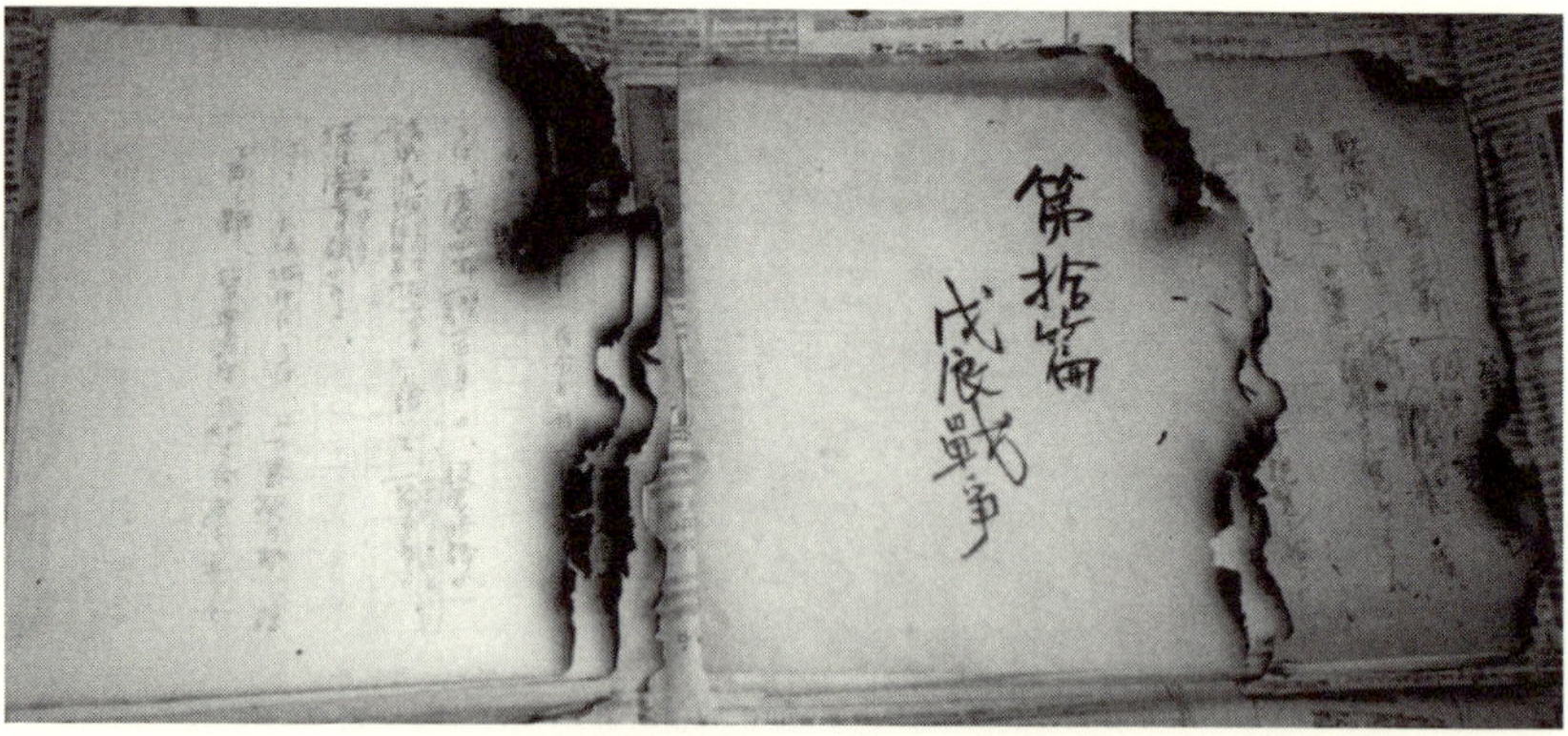

焼けただれた『明治維新　下の三』の自筆原稿

死後に刊行された、『明治維新　下の二』（白揚社、昭和二四年）に徇氏は序文を寄せ、刊行に至る数奇な経緯を次のように記している。

「下の二」の紙型は戦火で失われてしまった。尾佐竹はその校正刷と、執筆に取りかかっていた「下の三」の原稿を抱えて福井に疎開した。しかし、七月一九日に焼夷弾を浴び、火のついた校正刷と原稿を手で火をはたき消しながら火焔の中を避難したが、原稿は、全頁にわたって黒焦げとなり、一部分は崩れ落ちたてしまった。だが、幸いにして、尾佐竹を知る良き協力者が現れて補塡ができ、「下の二」だけは出版の運びとなったというのである。

「下の三」の原稿は未完成である可能性が高い。しかも、写真のように、かなり損傷が激しい。このために、復元には相当の困難が予想されるが、奇蹟としかいいようのない形で残ったこの原稿を、『海南叢書』三部作とともに、なんとか活字化できないものかと願っていたところ、この度、影印ではあるが、ともに『尾佐竹猛著作集』（二〇〇六年、ゆまに書房）に収めることができたのは幸いであった。

尾佐竹の関心の範囲は広く、関わった雑誌類も、学術雑誌から大衆雑誌、郷土関係雑誌、新聞と際限がない。しかも、数知れぬペンネームでの執筆もあって、全貌を捉えるのは容易ではない。

ちなみに、ペンネームで現在まで知られているところを挙げておく。(13) ユニークさには意表を衝かれ、洒脱で、かつ自由人としての尾佐竹の姿を垣間見る思いがするものばかりである。

相良武雄（アイラブユウ）、芦田真足（アシタマタル）、倭遅迩散史（イチニサンシ）、井田蛇義（イデオロギー）、雨、雨花、雨花山人、雨花子、雨華生、雨花臺、大内松太郎、ＯＫ生、甲斐元齢（カイゲンレイ）、活殺子、縦横子、周布佩波（ステープルファイバー）、千田世成（センデンノヨナリ）、高山長水、名那繁次、不破志要（ファッショ）、無用学博士、落木正文（ラッキーセブン）、露木正文（ラッキーセブン）、山田唯比古、若本鳥之（ワカモトドリコノ）

田熊さんは、前掲の「『明治文化研究会事歴』以後」に、「尾佐竹博士の著作は版を重ねる度に博士の手が加わってこれを見分けるのに苦労した。全集でも出版される時にはこれらの諸版の解説が欲しいものである」と書いている。同様に、山野博史氏も「著作のすべてを一所に集めて、それらの内容をじゅうぶんに比較・検討してみないことには、異版を見分け、詳細かつ正確な書誌を作成することは不可能ではないかと思われる」（前掲『関西大学法学論集』）と指摘している。初出と著書に収録された文献の相互参照、改稿の有無、著作各版テキストの厳密な校合等も今後の課題である。

(3)　参考文献目録

『尾佐竹猛』には、大正一四（一九二五）年の吉野作造による『維新前後に於ける立憲思想』に寄せた推薦の辞から、昭和五六（一九八一）年の『斎藤昌三著作集　五』（八潮書店）収録文献まで、六〇点が収録されている。「(二)　尾佐竹猛著作一覧」からも分かるように、昭和五八年に『尾佐竹猛』が刊行された昭和の後半期から相前後して、復刻、再構成版、文庫本化、雑誌連載の単行本化といった、いわば尾佐竹本の出版ブームのような現象が起きている。昭和五〇年代以降、その数は一八冊にもなる。

著作だけでなく、三谷太一郎の『近代日本の司法権と政党――陪審制成立の政治史』(塙書房、昭和五五年)[14]は、尾佐竹の大津事件に対する見解を敷衍し、大久保利謙の『日本近代史事始め――歴史家の回想』(岩波新書、岩波書店、平成八年)は尾佐竹の日本近代史研究の先駆性を指摘するなど、尾佐竹に対する再評価や、尾佐竹の学問に立脚する研究文献が多く見られるようになっている。

平成一九(二〇〇七)年一月の『新潮』に発表された富岡多恵子の小説「湖の南」は、大津事件の主犯津田三蔵の心情と、被害者であるロシア皇太子ニコライの内面に迫ったもので、ここにも尾佐竹の言説が多々引用されている。[15]

ところで、参考文献調査の過程で、気になることがあった。それは、尾佐竹の名「猛」の呼び方である。「たけき」と呼ぶことは、ご遺族にも確認いただいたところであるが、「たけし」としているものが少なからず見受けられたからである。

一例を挙げれば、西田長寿が解説した『日本近代文学大事典 一』(講談社、昭和五二年)である。西田は東京大学法学部明治新聞雑誌文庫に勤務し、明治文化研究会で尾佐竹とは身近にいて親交が深かった人物である。その西田が「たけし」としている。

郷里の石川県で刊行された、『石川県大百科事典』(北國新聞社、昭和五〇年)の小倉正一郎の解説は、「おさだけたけし」としている。名だけでなく、姓の方も「たけ」を「だけ」と呼んだ唯一の例である。ただし、同社が平成五年に新たに編さんした同名事典は、大多誠の執筆で「おさたけたけき」となっている。

地元の文献では、石川近代文学館刊行の『石川近代文学全集 一四 近代小説・評論』(平成五年)の著者紹介も「たけし」としている。

尾佐竹の著書で、昭和一五年に高山書院から刊行された『新聞雑誌の創始者柳河春三』の奥付は「たけし」とルビが振られている。

図書館の目録でも混乱が見られる。著者の読みで検索すると、国立国会図書館はさすがに全データすべてが「たけき」となっており、「たけし」では一点もヒットしない。無論明大図書館も同様であるが、私の住む区立図書館では、逆に所蔵六点すべてを「たけし」としている。困るのは、典拠コントロールがされていない図書館で、ある市立図書館では、「たけき」で七点、「たけし」では二七点もヒットするといったケースも見られる。

ちなみに、この名の由来は、金沢藩の漢学者であった父保が、自分の子供に「淑信猛実に堅し」と命名することを考えたことによる（前掲『父尾佐竹猛』）。尾佐竹は五人兄弟の三番目の子供で長男として生まれ、計画通り「猛」と名づけられたものである。

三　辞書・事典の中の尾佐竹

最後に、参考文献調査から尾佐竹の評価を検証する一つの方法として、辞典類での扱いを見ておきたい。「国語辞典」と「文学辞典」除いて、幅広く当たり、立項のない辞典についても記録した。後述のように、解説文での視点の分析もさることながら、まずは、登載の有無が、評価の第一の価値判断を示していると考えるからである。

後掲の「辞書・事典の中の尾佐竹猛」（表3）は、一般的、社会的な評価を見るものとして「人名辞典」「百科事典」「国語辞典」「地域辞典」を、学界など各専門分野での評価を知るものとして「日本史辞典」「専門辞典」「文学辞典」を各ジャンルごとにまとめた。併せて、人物調査のツールとして「レファレンス辞典」を採録したが、名簿や紳士録の類は省いてある。

「評価の視点」は、各解説文の中から特に、尾佐竹の主要な研究業績と考えられる立憲史、日本近代史（特に維新史）、明治文化史研究と、職業履歴としての司法官僚、大審院判事を、そして、明治法律学校の卒業生、明治大学教授であったことを切り出して、記載の有無を比較したものである。併せて、主要著作として挙げられた書名を拾った。

詳細な分析は後日を期さなければならないが、全体を概観すると、人名辞典にはすでに生前に登載があり、百科辞典や中型以上の国語辞典とともに、一般的な辞典では早い時期から取り上げられていることが分かる。昭和四三年には神田文人[16]が、厳密な考証に基づく研究をおこなったと評価した。それ以降の、他の辞典でも、実証主義、文献主義といった記述が見える。

専門の日本史辞典が本格的に取り上げるようになるのは、昭和五〇年代半ば以降である。センター所長の渡辺隆喜文学部教授のご教示によれば、歴史学会で尾佐竹の評価が出てくるのが三五年代半ばで、位置づけがはっきりして辞書にも書きやすくなったからだろうとのことである。そのような学界の動向の中で特筆すべきは、昭和三一年の岩井忠熊である。「厳密な考証と権威に屈しない自由主義的見解を特色とする」[17]とした。大久保利謙[18]の、「論証に民間資料を駆使して独自の史風を樹立」し「史料主義を標榜した」とともに、尾佐竹像を確立したものといえよう。

専門分野の辞典でも、文化史や社会史、とりわけ肝心の法学・法律関係辞典の扱いはいささか薄いといわざるを得ない。一方、文学辞典も登載は少ないが、随筆家としての評価がある。

人物調査を行う際の基本ツールである法政大学文学部史学研究室編『日本人物文献目録』（平凡社、昭和四九年）に登載がないといった事実もあり、尾佐竹の評価のブレを見た思いがした。

明治大学に関する事柄では、明治法律学校の卒業生であることは、ほぼ定着しているが、その後の明治大学での活動や業績についての認知度は、かならずしも高いものではない。

評価の視点として、尾佐竹のどの著書が主著として記載されているかにも着目してみた。リストアップした辞典のうち、解説中に著書を挙げたものは七五冊で、多いものでは一三点を挙げている。

以下に、記載の多い順に上位一〇位までを、記載点数とともに並べてみる。

57『維新前後に於ける立憲思想』
53『明治文化全集』
50『日本憲政史大綱』
32『明治維新』
16『日本憲政史』
15『尾佐竹猛全集』
12『賭博と掏摸の研究』
9『国際法より観たる幕末外交物語』
7『明治文化史としての陪審史』
6『幕末明治新聞全集』
6『明治秘史疑獄難獄』

『維新前後に於ける立憲思想』を筆頭とする憲政史関係著書が上位を占め、明治文化研究会での『明治文化全集』や『幕末明治新聞全集』の功績を多とすることは頷けるところである。意外なのは、『明治維新』と『賭博と掏摸の研究』で、前者を挙げている辞典は四割、後者に至っては二割に満たないことである。特に後者は、類書が極めて少ないこともあり、大正一四年の初版以来今日まで、増訂版、改版、再構成版、新装版等々、様々な形で版を重ねている人気書である。それは、「尾佐竹猛著書一覧」（表2）を見ていただければ一目瞭然である。だが、内田魯庵の絶賛にもかかわらず、世俗的なテーマであるが故なのか、辞典執筆者の眼鏡にはかなわないらしい。

次に、版を重ねている辞典において、時代の変遷とともに記述内容に変化がでているのかを、『広辞苑』を例に見ておきたい。同書の初版は昭和三〇年で、今日まで約半世紀に間に五版を数えている。初版と最新の第五版（平成一〇年）の解説を比較してみる。

初版「おさたけ・たけき［尾佐竹猛］歴史学者。法博。東京の人。大審院判事。明治文化研究会主宰。明大教授。著『日本憲政史』『明治文化の新研究』など。（一八八〇／一九四六）」

五版「おさたけ・たけき［尾佐竹猛］司法官・歴史学者。金沢生れ。明治法律学校卒。大審院判事。明治大学教授。明治文化研究会を主宰、同人と『明治文化全集』を刊行。著『日本憲政史大綱』『維新前後に於ける立憲思想』など。（一八八〇／一九四六）」

出生地は初版では東京となっていたが、第三版（昭和五八年）で石川県と正しく表記される。それがなぜか、第四版（平成三年）から金沢に変わってしまう。しかし、第三版で明治法律学校卒であることとが入り、主著も改まる。第四版で『明治文化全集』が加わって、第五版に至っている。僅かながらではあるが、字数も増え、出生地のことを除けば、解説も妥当なものに変わってきているのは嬉しいことである。

おわりに

先行書誌である『尾佐竹猛』に依拠しながら、尾佐竹の明治大学での事蹟を補充調査し、その中から得られたものを紹介した。

尾佐竹猛は、法曹家としても学者としても、そして校友としても、明治大学が生んだ最高の逸材である。その人物について、身贔屓でなく、正しく総合的に評価したいというのが、現在センターが取り組む尾佐竹研究の目的である。

尾佐竹は明治法律学校で何を学び、どのような交友関係があったか。明治大学で学び明治大学の校友であったことが、尾佐竹の学問や思想形成にどのように生かされているのか。それが、学界や社会にどのような影響を及ぼしてきているのか。先に、木村毅の授業の感想を紹介したが、大学に関わるあらゆる行動について、さらに調査を深め同時代評をはじめ、関係する文献を丹念に拾い上げることで、尾佐竹の存在感を明確にしていきたい。

田熊渭津子さんは、『尾佐竹猛』刊行後、明治大学図書館を調査をされ、図書館に欠けている尾佐竹の著書を始め、尾佐竹の名古屋時代の書簡や明治文化研究会の例会記録などを寄贈してくださっている。

御長男の徇氏のお宅には、平成一三年に曾孫の山岸智子政治経済学部教授のお計らいで故後藤総一郎先生とともにお邪魔し、父親としての尾佐竹の興味深いお話しを伺うことができた。その際にお許しを得て撮影した、焼けただれて生々しい自筆原稿の写真を掲載させていただいた。その頃は大変にお元気であったが、残念ながら二〇〇七年七月に逝去された。

書誌調査では、センターの書架を可能な限り渉猟した。そのため、事務室の皆さんに多大なご迷惑をおかけした。和泉図書館（当時）の柴尾晋さんにも文献入手の手を煩わせた。併せて感謝申し上げる次第である。

（1）『関西大学法学論集』第二七巻第二号。
（2）「『明治文化研究会事歴』以後——吉野作造・尾佐竹猛著作目録・木村毅と翻訳文学年表」（『書誌索引展望』第四巻第二号、昭和五五年五月）。
（3）『国文学』第四〇号、四二号（昭和四一年一〇月、四二年一二月、関西大学国文学会）。
（4）昭和一六年五月一七日発行の第四八八号から。明治大学新聞部。

(5) 伊能秀明「明治大学刑事博物館の誕生」(『明治大学刑事博物館報告』第二号、平成九年三月)。
(6) 「刑事博物館とその資料」(『博物館研究』第七巻第三号、昭和九年三月)。
(7) 木村礎「尾佐竹猛論」(『明治大学 人とその思想』明治大学新聞学会、昭和四二年)。
(8) 『明治大学百年史 第三巻』(明治大学、平成四年)。
(9) 加藤隆「解説・学徒勤労動員」(『明治大学史紀要』第八号、平成二年七月)。
(10) 『幕末遣外使節物語 (尾佐竹猛全集第七巻)』解題 (実業之日本社、昭和二三年)。
(11) 第一〇八号、大正一四年一一月。
(12) 『明治大学学報』第一号。
(13) 出典は、田熊渭津子・山野博史共編「尾佐竹猛略年譜・著作目録」(『関西大学法学論集』第二七巻第二号、昭和五二年六月)、西田長寿「尾佐竹猛」(『日本近代文学大事典 一』講談社、昭和五二年)、「尾佐竹猛」(『文化人名録』日本著作権協議会、昭和二六年)など。
(14) 平成一三年に増補改訂版『政治制度としての陪審制——近代日本の司法権と政治』(東京大学出版会)。
(15) 二〇〇七年三月に新潮社から単行本化。
(16) 『大日本百科辞典 三』(小学館)。
(17) 『日本歴史大辞典 第三巻』(河出書房新社)。
(18) 『国史大辞典 二』(吉川弘文館、昭和五五年)。

刊年	編者『書名』（出版社） 掲載頁　執筆者	評価の視点									
		明法	明大	法学	司法	大審	憲政	文化	歴史	維新	著書『略称』 （掲載順）

レファレンス事典

刊年	編者『書名』（出版社）掲載頁　執筆者	明法	明大	法学	司法	大審	憲政	文化	歴史	維新	著書『略称』（掲載順）
昭和26 (1951)	『文科人名録　昭和26年版』（日本著作権協議会）p556			○							「大綱」
昭和49 (1974)	法政大学文学部史学研究室編『日本人物文献目録』（平凡社）	登載なし									
昭和54 (1979)	深井人詩編『人物書誌索引』（日外アソシエーツ）p76			○					○		
昭和58 (1983)	『人物レファレンス事典 3 現代編　上』（日外アソシエーツ）p			○	○						
昭和58 (1983)	『昭和物故人名録　昭和元年～54年』（日外アソシエーツ）p118			○	○						
平成 6 (1994)	深井人詩・渡辺美好編『人物書誌索引　78/91』（日外アソシエーツ）p123			○				○			
平成 7 (1995)	『日本人物文献索引　政治・経済・社会　80/90』（日外アソシエーツ）p179										
平成12 (2000)	『人物レファレンス事典　明治・大正・昭和（戦前）編　あ～し　新訂増補』（日外アソシエーツ）p			○	○	○		○	○	○	「立憲」

刊年	編者『書名』(出版社) 掲載頁　執筆者	評価の視点									
		明法	明大	法学	司法	大審	憲政	文化	歴史	維新	著書『略称』 (掲載順)
昭和37 (1962)	川崎庸之他編『日本文化史辞典』(朝倉書店)	登載なし									
昭和43 (1968)	『社会科学大事典　2』(鹿島研究所出版会) p301-302　高野澄	○		○	○	○	○	○	○		「閻魔」「立憲」「明全」「大綱」「論集」「研究」
昭和48 (1973)	『万有百科大事典　11　政治・社会』(小学館) p56　神田文人	○		○	○	○		○	○		「明全」「立憲」「大綱」「維新」
昭和56 (1981)	戦前期官僚制研究会編、秦郁彦『戦前期日本官僚制の制度・組織・人事』(東京大学出版会) p52	○	○	○	○	○	○	○			
昭和62 (1987)	『オリジナル新版　世界名著大事典　14』(平凡社) p98	○	○	○	○		○	○			「立憲」「大綱」「疑獄」「国際」「維新」「夷狄」「疑獄」　★
平成4 (1992)	『社会科学総合辞典』(新日本出版社)	登載なし									
平成9 (1997)	鹿野正直他編『民間学事典人物編』(三省堂) p99-100　内海孝	○	○	○	○	○	○	○			「立憲」「陪審」「警察」「憲政」「論集」「点描」「大綱」「明全」「新聞」「賭博」「国際」「柳河」「全集」
平成13 (2001)	大須賀明他編『憲法辞典』(三省堂)	登載なし									

文学辞典

昭和40 (1965)	久松潜一他編『現代日本文学大事典』(明治書院) p207　中村完	○	○	○		○		○			「立憲」「文叢」「大綱」「維新」
昭和52 (1977)	日本近代文学館、小田切進編『日本近代文学事典　1』(講談社) p331　西田長寿	○	○		○	○		○	○		「明全」「新聞」「立憲」「賭博」「閻魔」「国際」「陪審」「疑獄」「全集」　★

刊年	編者『書名』（出版社） 掲載頁　執筆者	評価の視点									
		明法	明大	法学	司法	大審	憲政	文化	歴史	維新	著書『略称』 （掲載順）
昭和60 (1985)	『日本歴史大辞典　普及新版２』（河出書房新社）p374　岩井忠熊	○			○	○	○	○	○	○	「明全」「立憲」「大綱」「維新」
昭和61 (1986)	『最新昭和史事典』（毎日新聞社）p112	○	○	○	○	○	○	○			「立憲」「明全」「全集」　★
平成３ (1991)	林睦朗他編『日本史総合辞典』（東京書籍）	登載なし									
平成４ (1992)	安岡昭男編『近現代史用語辞典』（新人物往来社）p42　石川恵美				○	○	○	○	○	○	「明全」「夷狄」
平成４ (1992)	『日本史大事典』（平凡社）p1196　宇野俊一	○			○	○	○	○	○		「明全」「新聞」「立憲」「大綱」「維新」「賭博」「全集」
平成７ (1995)	武光誠他編『日本史用語大事典』（新人物往来社）p200-201　石川恵美				○	○	○	○	○	○	「明全」「夷狄」
平成９ (1997)	『日本史広辞典』（山川出版社）p353-354	○		○	○	○	○	○	○	○	「明全」「立憲」「憲政」「大綱」「維新」
平成11 (1999)	日本歴史学会編『日本史研究者辞典』（吉川弘文館）p86	○	○	○	○	○	○	○	○		「立憲」「大綱」「全集」
平成11 (1999)	石上英一他編『岩波日本史辞典』（岩波書店）p176	○	○		○	○	○	○	○	○	「立憲」「賭博」「大綱」「維新」「全集」
平成12 (2000)	『日本歴史大事典　１』（小学館）p519　宇野俊一	○			○	○	○	○	○		「立憲」「憲政」「大綱」「明全」
平成13 (2001)	藤野保編『日本史事典』（朝倉書店）	登載なし									
平成13 (2001)	『平凡社日本史事典』（平凡社）p216-217	○			○		○	○	○		「明全」「大綱」「維新」「賭博」

専門辞典

昭和37 (1962)	世界名著大事典　8　著者編（平凡社）p98	○	○	○	○	○	○	○			「立憲」「大綱」「疑獄」「国際」「維新」「夷狄」★

刊年	編者『書名』（出版社） 掲載頁　執筆者	評価の視点									
		明法	明大	法学	司法	大審	憲政	文化	歴史	維新	著書『略称』 （掲載順）

地域事典

昭和50 (1975)	『石川県大百科事典』（北国新聞社）p117　小倉正一郎	○	○	○	○	○		○			「憲政」「大綱」
平成３ (1991)	『福井県大百科事典』（福井新聞社）	登載なし									
平成５ (1993)	『石川県大百科事典』（北国新聞社）p190　大多誠	○			○	○	○	○	○		「明全」 ★
平成10 (1998)	石川県姓氏歴史人物大辞典（角川日本姓氏歴史人物大辞典　17（角川書店）	登載なし									

日本史辞典

昭和25 (1950)	鮎沢信太郎・鎌田重雄共編『日本史辞典』（誠文堂新光社）	登載なし									
昭和31 (1956)	『日本歴史大辞典　３』（河出書房新社）p288　岩井忠熊	○			○	○	○	○	○	○	「明全」「立憲」 「大綱」「維新」
昭和33 (1958)	京都大学文学部国史研究室編『日本近代史辞典』（東京経済新報社）	登載なし									
昭和43 (1968)	『日本歴史大辞典　増補改訂版　３』（河出書房新社）p374　岩井忠熊	○			○	○	○	○	○	○	「明全」「立憲」 「大綱」「維新」
昭和48 (1973)	『万有百科大事典　５　日本歴史　あ―す』（小学館）p189　宇野俊一	○			○	○	○	○	○	○	「明全」「立憲」 「大綱」「維新」
昭和53 (1978)	『日本近現代史辞典』（東洋経済新報社）p80　杉井六郎	○		○	○	○	○	○	○	○	「明全」「立憲」 「大綱」「維新」 「全集」
昭和55 (1980)	『国史大辞典　２』（吉川弘文館）p820-821　大久保利謙	○	○	○	○	○	○	○	○	○	「柳河」「立憲」 「明全」「憲政」 「大綱」「維新」 「国際」「全集」
昭和58 (1983)	『日本史事典』（平凡社）p168	○			○	○	○	○	○		「明全」「大綱」

刊年	編者『書名』(出版社) 掲載頁　執筆者	評価の視点									
		明法	明大	法学	司法	大審	憲政	文化	歴史	維新	著書『略称』 (掲載順)
平成6 (1994)	『日本百科全書　4　2版』4 (小学館) p159　池田政章	○	○	○	○	○	○	○	○		「立憲」「明全」 「大綱」「研究」
平成7 (1995)	『丸善エンサイクロペディア大百科』(丸善)	登載なし									

国語辞典

刊年	編者『書名』(出版社) 掲載頁	明法	明大	法学	司法	大審	憲政	文化	歴史	維新	著書『略称』
昭和30 (1955)	新村出編『広辞苑』(岩波書店) p287		○	○		○		○	○		「憲政」「新研」
昭和44 (1969)	新村出編『広辞苑　第2版』 (岩波書店) p296		○			○		○	○		「憲政」「新研」
昭和48 (1973)	『日本国語大辞典　3』(小学館) p353					○		○	○		「立憲」「大綱」
昭和51 (1976)	新村出編『広辞苑　第2版増訂版』(岩波書店) p296		○			○		○	○		「憲政」「新研」
昭和56 (1981)	尚学図書編『国語大辞典』(小学館) p356					○		○	○		「立憲」「大綱」
昭和57 (1982)	時枝誠記・吉田精一編『角川国語大辞典』(角川書店) p288					○		○	○		「明全」「大綱」
昭和58 (1983)	新村出編『広辞苑　第3版』 (岩波書店) p324	○	○		○	○		○	○		「大綱」「立憲」
昭和61 (1986)	尚学図書編『言泉　国語大辞典』(小学館) p309					○		○	○		「立憲」「大綱」
昭和63 (1988)	松村明、三省堂編修所編『大辞林』(三省堂) p328	○			○	○		○	○		「明全」「大綱」 「立憲」
平成3 (1991)	新村出編『広辞苑　第4版』 (岩波書店) p324	○	○		○	○		○	○		「明全」「大綱」 「立憲」
平成7 (1995)	松村明・三省堂編修所編『大辞林　第2版』(三省堂) p339	○			○	○		○	○		「明全」「大綱」 「立憲」
平成7 (1995)	松村明監『大辞泉』(三省堂) p339		○		○	○	○	○	○		「明全」「立憲」 「大綱」
平成10 (1998)	新村出編『広辞苑　第5版』 (岩波書店) p368	○	○		○	○		○	○		「明全」「大綱」 「立憲」
平成13 (2001)	『日本国語大辞典　第2版　2』 (小学館) p1112					○		○	○		「明全」「立憲」 「大綱」

刊年	編者『書名』（出版社） 掲載頁　執筆者	評価の視点									
		明法	明大	法学	司法	大審	憲政	文化	歴史	維新	著書『略称』 （掲載順）
昭和52 (1977)	『大日本百科事典　ジャポニカ　第３版　３』（小学館）p498　神田文人	○			○	○		○	○		「明全」「立憲」 「大綱」「維新」
昭和53 (1978)	『学研新世紀百科事典　増補改訂版』（学習研究社）p247			○		○		○	○		「憲政」「新研」
昭和55 (1980)	『グランド現代百科事典　新装版　５』（学習研究社）p275	○			○	○	○	○	○	○	「明全」「立憲」 「大綱」「維新」 「賭博」「陪審」 「警察」
昭和56 (1981)	『世界大百科事典　1981年版』（平凡社）	登載なし									
昭和57 (1982)	『小百科事典　増補改訂版』（平凡社）p184	○			○	○	○	○	○		「明全」「大綱」
昭和58 (1983)	梅棹忠夫他監修『大事典 desk』（講談社）	登載なし									
昭和58 (1983)	『ブリタニカ国際大百科事典　小項目事典　１　改訂版』（ティビーエス・ブリタニカ）p859	○		○	○	○	○	○	○	○	「維新」「明全」 「立憲」
昭和59 (1984)	『大百科事典　２』（平凡社）p995　宇野俊一	○			○	○	○	○	○		「明全」「維新」 「立憲」「新聞」 「賭博」
昭和60 (1985)	日本大百科全書（小学館）										未見
昭和63 (1988)	『世界大百科事典　４』（平凡社）p221　宇野俊一／昭和59に同じ	○			○	○	○	○	○		「明全」「維新」 「立憲」「新聞」 「賭博」
平成２ (1990)	『マイペディア［新装・改訂］小百科』（平凡社）p185	○			○	○	○	○	○		「明全」「大綱」
平成４ (1992)	『CD-ROM 版世界大百科事典』（平凡社）宇野俊一／昭63版に基づく	○			○	○	○	○	○		「明全」「維新」 「立憲」「新聞」 「賭博」
平成５ (1993)	『ブリタニカ国際大百科事典　１小項目事典　第２版改訂』（ティビー エス・ブリタニカ）p859	○		○	○	○	○	○	○	○	「維新」「明全」 「立憲」

刊年	編者『書名』（出版社） 掲載頁　執筆者	評価の視点									
		明法	明大	法学	司法	大審	憲政	文化	歴史	維新	著書『略称』 （掲載順）
平成12 (2000)	『日本史人物辞典』（山川出版社）p197	○		○	○	○	○	○	○	○	「明全」「立憲」「憲政」「大綱」「維新」
平成13 (2001)	臼井勝美他編『日本近現代人名辞典』（吉川弘文館）p239　大久保利謙／昭和55『国史大辞典２』に同じ	○	○	○	○	○	○	○	○	○	「柳河」「立憲」「明全」「憲政」「大綱」「維新」「国際」「全集」
平成13 (2001)	『コンサイス日本人名辞典　第４版』（三省堂）p302	○	○	○	○	○	○	○	○	○	「立憲」「明全」「全集」
平成13 (2001)	『講談社日本人名大辞典』（講談社）p433	○			○	○	○	○	○		「明全」「憲政」
平成14 (2002)	『没年日本史人物事典』（平凡社）p362	○			○	○	○	○	○		「明全」「大綱」
平成14 (2002)	秦郁彦編『日本近現代人物履歴事典』（東京大学出版会）p132	○	○		○	○		○			
平成16 (2004)	伊藤隆・李武嘉也編『近現代日本人物史料情報辞典』（吉川弘文館）	登載なし									
平成16 (2004)	『20世紀日本人名事典　あ～せ』（日外アソシエーツ）p603	○	○	○	○	○	○	○	○		「明全」「立憲」「警察」「大綱」「維新」「文叢」「人物」「全集」

百科事典

昭和39 (1964)	『世界大百科事典』（平凡社）	登載なし									
昭和43 (1968)	『大日本百科事典　ジャポニカ３』（小学館）p498　神田文	○			○	○		○	○		「明全」「立憲」「大綱」「維新」
昭和46 (1971)	『現代世界百科大事典　１』（講談社）	登載なし									
昭和47 (1972)	『ブリタニカ国際大百科事典小項目事典１』（ティビーエス・ブリタニカ）p650	○		○	○	○	○	○	○	○	「維新」「明全」「立憲」
昭和49 (1974)	『学芸百科事典　３』（旺文社）p252　波多野和夫	○			○	○	○	○	○		「立憲」「大綱」「維新」
昭和51 (1976)	『国民百科事典　２』（平凡社）p445-446　栄沢幸二	○			○	○	○	○			「明全」「立憲」「大綱」

刊年	編者『書名』（出版社）掲載頁　執筆者	評価の視点									
		明法	明大	法学	司法	大審	憲政	文化	歴史	維新	著書『略称』（掲載順）
昭和52（1977）	『現代人物事典』（朝日新聞社）p278-279　奈良本辰也	○		○	○	○	○	○	○	○	「明全」「立憲」「大綱」「維新」「全集」
昭和53（1978）	『世界伝記大事典1　日本・朝鮮・中国編』（ほるぷ出版）	登載なし									
昭和54（1979）	『日本人名大事典　現代』（平凡社）p178　中村真澄	○	○	○	○	○	○	○			「明全」「大綱」「論集」「点描」「立憲」「文叢」「人物」「陪審」「警察」
昭和61（1986）	『注解日本史重要人物辞典』（教育社）	登載なし									
昭和61（1986）	『20世紀WHO'S WHO　現代日本人物事典』（旺文社）	登載なし									
昭和62（1987）	『現代人名情報事典』（平凡社）p218	○	○	○	○	○	○	○	○		「立憲」「警察」「国際」「疑獄」「大綱」「維新」
昭和63（1988）	『日本人物辞典』（北京、商務印書館主出版）	登載なし									
昭和63（1988）	『新訂日本重要人物辞典』（教育社）	登載なし									
平成2（1990）	『コンサイス日本人名辞典　改訂版』（三省堂）p286	○	○	○	○	○	○	○	○	○	「立憲」「全集」「明全」
平成2（1990）	『[現代日本]朝日人物事典』（朝日新聞社）p397　宇野俊一	○	○	○	○	○	○	○	○		「立憲」「憲政」「大綱」「賭博」「陪審」「国際」「維新」
平成3（1991）	『新潮日本人名辞典』（新潮社）p402	○	○	○	○	○		○	○	○	「明全」「立憲」
平成6（1994）	『朝日日本歴史人物事典』（朝日新聞社）	登載なし									
平成7（1995）	富田仁編『事典近代日本の先駆者』（日外アソシエーツ）	登載なし									
平成9（1997）	山口昌男監『日本肖像大辞典上巻』（日本図書センター）	登載なし									

第3表　辞書・事典の中の尾佐竹猛

注）評価の視点

○は解説文中に以下の記載があるもの

「明法」は明治法律学校卒業

「明大」は明治大学教授など明大での活動

「法学」は法学者としての位置づけ、法学博士など

「司法」は司法官僚、裁判官など司法界での活動

「大審」は大審院判事就任

「明全」は明治文化研究

「歴史」は日本近代史研究など歴史家としての位置づけ

「維新」は維新史研究の業績

著書

解説中に主著として記載されているものを列記した。

「略称」は「（表２）尾佐竹猛著書一覧」によるが、他に、「明全」は『明治文化全集』、「新聞」は『幕末明治新聞全集』（ともに明治文化研究会編）、「全集」は『尾佐竹猛全集』を指す。

★は名を「たけし」としているもの

刊年	編者『書名』（出版社） 掲載頁　執筆者	評価の視点									
		明法	明大	法学	司法	大審	憲政	文化	歴史	維新	著書『略称』 （掲載順）

人名辞典

刊年	編者『書名』（出版社）掲載頁　執筆者	明法	明大	法学	司法	大審	憲政	文化	歴史	維新	著書『略称』（掲載順）
昭和４ (1929)	『現代日本人名辞典』（東邦通信社）	登載なし									
昭和12 (1937)	『現代日本人名辞典（中央公論第52年第１号附録）』（中央公論社）p39	○		○	○	○					「立憲」「憲政」「陪審」「警察」「賭博」「夷狄」「疑獄」
昭和13 (1938)	新撰大人名辞典７（平凡社）p133	○	○	○	○	○	○	○			「明全」「立憲」「憲政」「憲法」「点描」「史叢」「国際」「陪審」「賭博」「疑獄」「法窓」
昭和28 (1953)	『大人名辞典１』（平凡社）p605 松下芳男	○	○	○	○	○	○	○			「立憲」「憲政」「大綱」「点描」「史叢」「明全」「維新」
昭和30 (1955)	『現代日本人名辞典』（平凡社）	登載なし									
昭和51 (1977)	『コンサイス人名辞典　日本編』（三省堂）p258	○	○	○	○	○	○	○	○	○	「立憲」「明全」「全集」

幕末外交秘史考　☆13　「秘史」　昭和19.7（1944）　邦光堂書店（B6判、255p）

（内容）生麦事件の真相／小栗上野介の遺物／幕末に於ける海外使節の話／甲鉄艦問題と陸奥宗光／徳川幕府と仏蘭西との密約に就て／仏人モンブラン新説書／外交上より観たる江戸城明渡／局外中立／居中調停

下等百科辞典　礫川全次校訂解題　「下等」　平成11.5（1999）　批評社（四六判、342p）

下層社会や犯罪に係る事柄を、辞典風にイロハ順で記した読み物。明治43年9月5日から大正7年9月3日まで「法律新聞」に連載したものから、確認できる136回分を収録。解題・礫川全次「日本の近代を知るための第一級資料」。初出一覧を付す。

明治四年賤称廃止布告の研究　礫川全次校訂解題　「賤称」　平成11.9（1999）　批評社（四六判、159p）

主として大正年間に発表した、明治4年の「賤称廃止布告」関係の論文と、付録として、岡本弥「故加藤弘之先生の三週年に当りて」（1918）など関係論文7点を収録。

（内容）解説・礫川全次「尾佐竹猛の先行研究の意義」／凡例／「非理法権」抄（1916～17）／穢多非人の称号廃止に就いて（1919）／穢多非人の称号廃止（1923）／穢多非人の称号廃止に就きて（1925）／「特種部落の呼称廃止」抄（1934）／付録／関係人物小辞典

王政復古の大号令／第６章　辞官納地問題／林茂「あとがき」／刊行者言

明治維新　下ノ３　☆18 （内容）第10篇　戊辰戦争		**未刊**	**自筆原稿** （200字詰［一部240字～320字詰等あり］、412枚）
明治維新　上巻　復刻版 底本は、昭和17-18年白揚社版の上巻及び中巻。		昭和53．4（1978）	宗高書房 （A5判、696p）
明治維新　下巻　復刻版 底本は昭和19、24年白揚社版の下巻ノ１－２。		昭和53．4（1978）	宗高書房 （A5判、p697～1378）
日本憲政史の研究　☆11 （内容）自序／例言／独逸憲法思想移入の素描／明治初期の政治思想界における勃爾弖（エドマンド・バーク）の影響／国会開設運動史／憲政史料目録／維新前に於ける憲法草案／五箇条の御誓文と三条実美／各種の憲法案／私擬憲法／憲法の先覚者展望／「天皇の名に於て」／裁判所構成法制定の由来	**「研究」**	**昭和18．5（1943）**	**一元社** （A5判、397p）
明治大正政治史講話　☆12 （内容）序／はしがき／王政復古と廃藩置県／封建の清算／文明開化／西南戦役の影響／言論政治の台頭／国憲創定論／元老院の国憲按／国会開設運動／私擬憲法／国会開設の大詔煥発／政党の結成／内閣制度の確立／条約改正談判と保安条例／憲法制定／憲法発布と大同団結／朝野の政情／帝国議会／日清戦争／条約改正と大津事件／政党の進出／日露戦争／日韓合邦／第一次世界大戦／政党の全盛／付録（無任所大臣の話／政史断片／勤王即憲政の板垣退助／先覚談叢／陸奥宗光の入閣事情／明治雑俎／上州遷都論／藤山家の門／政党とスパイ）	**「講話」**	**昭和18.8（1943）**	**一元社** （A5判、264p）
明治の行幸　☆15 （内容）序／例言／明治元年の大阪行幸、御東幸、御還幸／明治二年東京御再幸／明治五年横浜行幸／明治九年東北御巡幸／明治九年郡山行幸／明治十一年の北陸東海行幸／明治十四年の山形行幸／千住に於ける明治三陛下の聖蹟／明治初期行幸語録解題／明治行幸文献年表／付録（明治節に際し明治天皇の御盛徳を景仰し奉る／大津事件の御宸念）	**「行幸」**	**昭和19．3（1944）**	**東興社** （B6判、370p）
明治文化の新研究〈編〉 明治文化研究会代表としての序文と「元老院の性格」を執筆。他に、木村毅「広島大本営謹考」など19点を収録。	**「新研」**	**昭和19．3（1944）**	**亜細亜書房** （A5判、638p）

日本憲政史大綱　下巻　☆８ （内容）憲政の陣痛期（民権議院設立の建白／立憲政体樹立の聖詔／政党の発生／国憲創定／武力闘争と言論闘争／国会開設運動／私擬憲法／国会開設の大詔渙発／政党の結成／朝野の相剋）／憲法制定（伊藤博文の欧行／欧州における伊藤の憲法調査／調査資料としての諸学説／憲法起草／憲法会議／憲法発布）／憲政の揺籃期（大同団結／第一次山縣内閣／政党の分野／第一回選挙／議会直面の政界）／山野博史・田能湄津子「尾佐竹猛略年譜・著作目録」／日本憲政史大綱索引		**昭和14．1（1939）**	**日本評論社** （A5判、p371-861）
日本憲政史大綱　上巻　復刻版 底本は、昭和13年日本評論社版。		昭和53．9（1978）	宗高書房 （A5判、369p）
日本憲政史大綱　下巻 底本は、昭和14年日本評論社版。		昭和53．9（1978）	宗高書房 （A5判、p371-861）
石井研堂先生著作目録：喜壽祝賀會記念〈編〉	**「石井」**	**昭和16．5（1941）**	尾佐竹猛 （A5判、［23］p）
加賀藩の勤王思想　☆24 （内容）加賀藩の勤王思想／幕末に於ける東西対立論／禁門事変の際に於ける鳳輦御動座説に就て／齊泰公勤王の一史料／禁門事変と長大隈守／金澤の里見氏／河崎公平と勤王志士	**「加賀」**	**昭和16.11（1941）**	**財団法人加越能新勤王記念標保存会** （A5判、39p）
大島宇吉伝　野田兼一著〈監修〉	**「大島」**	**昭和17（1942）**	**新愛知新聞社** （菊判、554p）
憲法上諭について 昭和17年５月26日（於華族会館）憲法史研究会第14回例会講演速記。	**「上諭」**	**昭和17（1942）**	**憲法史研究会** （A5判）
明治維新　上巻（近代日本歴史講座 第１冊）　☆16 （内容）序／例言／第１篇　総論／第２篇　朝権の進出／第３篇　二元政治	**「維新」**	**昭和17.11（1942）**	**白揚社** （A5判、344p）
明治維新　中巻（近代日本歴史講座）　☆16 （内容）第３篇続き／第４篇　挙兵抗幕／第５篇　幕権の衰頽		**昭和18．4（1943）**	**白揚社** （A5判、p345-696）
明治維新　下巻ノ１（近代日本歴史講座）　☆17 （内容）第５篇続き／第６篇　第十五代将軍徳川慶喜／第７篇　廃幕より討幕へ／第８篇　衆議公論／第９篇　王政復古		**昭和19．4（1944）**	**白揚社** （A5判、p697-1024）
明治維新　下ノ２（近代日本歴史講座）　☆17 （内容）尾佐竹徇「序に代へて」／［第９篇］第３章　慶喜将軍の上奏／第４章　討幕の密勅／第５章		**昭和24．8（1949）**	**白揚社** （A5判、p1027-1398）

法窓秘聞（尾佐竹猛全集　第12巻） 底本は、昭和12年育生社版。付録は収録せず。解題・松下芳男。		昭和24．3（1949）	実業之日本社 （A5判、308p）
法窓秘聞　復刻版 底本は、昭和12年育生社版。解題・礫川全次「明治政治裁判史の第一級資料」。		平成11.12（1999）	批評社 （四六判、407p）
明治政治史点描 **（日本政治・経済研究叢書　8）**　☆12 （内容）序文／政治の時と人／文武対立問題／軍人と政治／軍隊勅諭発布の時代／西南戦役に関する一考察／政党の発生（徒党と政党／政党発生の原因／政党の萌芽／政党の組織）／明治十四年の政変に関する一史料／板垣退助洋行問題／民政といふ語義／憲法草按の先駆（民選議院仮規則／大日本国政典）／憲法論争の追憶／選挙干渉は憲法擁護なり／司法権の独立と大審院の創設／藩議院と地方民会（補遺）（藩議院／地方民会）／伊藤案以前に於ける憲法諸按（補遺）／雑纂（荒木政樹の憲政意見／大久保利通の憲政思想／近衛公家令河原田氏とその議会意見／愛国公党本盟の原本／伊藤博文の憲法取調の一史料／元老院権大書記官金子堅太郎氏の憲法意見／内閣の新聞操縦法／政党の恥／勝海舟の貴族院観／神代復古と社会主義／新年賀礼の廃止令／『人』より『士』へ）／尾佐竹猛著述（憲政史の部）	「点描」	昭和13．2（1938）	**育生社** （A5判、306p）
日本憲灋制定史要　☆11 （内容）序／憲政の胎動記（公議輿論／列藩会議論／上下両院論／五箇条の御誓文／政体書／議会の試み／憲法制定論の発生）／憲政の準備期（民選院設立の建白／大阪会議／明治八年の聖詔／元老院大審院の設置と地方官会議／政党の発生／元老院の国憲創定と諸参議の建白／自由民権運動の展開／明治十四年の政変／政党の発達／弾圧と暴動）／憲法制定（伊藤博文の欧行／欧州における伊藤の憲法調査／グナイスト、モッセ、シュタインの教説／憲法起草／憲法会議／憲法発布）	「憲法」	昭和13．2（1938）	**育生社** （A5判、297p）
現代日本史研究〈杉山平助らと共著〉 （内容）尾佐竹猛「序文」／杉山平助「社会」／尾佐竹猛、林茂「政治」／など6点収録	「現代」	昭和13.10（1938）	**三笠書房** （A5判、317p）
日本憲政史大綱　上巻　☆7 （内容）例言／緒言／憲政の胎動記（公議輿論／列藩会議論）／上下両院論／万機公論／封建議会／官僚議会／地方民会／華族会議／憲法制定論の発生）	「大綱」	昭和13.11（1938）	**日本評論社** （A5判、369p）

新／外交上より観たる明治維新の戦争）／人物篇（尾州の乙吉／維新の女傑若江薫子／加賀藩生れの外人（海軍大将スロイス）／名古屋の生んだ近代文化の二大偉人（柳河春三と宇都宮三郎）／新聞人としての松平春嶽／夢路の記と島本仲道／西洋見聞録を読みて野村文夫を伝す）／雑纂（維新壁頭に歌われた朗らかな進軍歌／明治維新と武蔵野／明治維新と熱田神宮／僧道雅の遷都論／禁門事変の際に於ける鳳輦御動座説に就いて／加越能維新勤王史綱／御璽国璽の彫刻／紀元節の制定／西園寺公望のよみかた／東郷平八郎の名の公文に表はれた始め／池田筑後守の新聞意見書とその批評／徳川慶喜の妾／陽国陰国／ K. S. ASOM ／板垣退助の宛聞／明治戊巳／ヒコの一聞）

幕末維新の人物　☆20 （内容）序／近藤勇と土方歳三／坂本龍馬／由利公正／エトワース・スネル／大隈重信／福澤諭吉	**「人物」**	**昭和10.11（1935）**	**学而書院** （四六判、283p）
類聚傳記大日本史　第11巻　政治家篇〈編・解説〉 （内容）尾佐竹猛「政治家篇概説」／江藤新平、他	**「政治」**	**昭和11.6（1936）**	**雄山閣** （A5判、338p）
類聚傳記大日本史　第11巻　政治家篇 〈編・解説〉　復刻版 底本は、昭和11年雄山閣版。		昭和56（1981）	雄山閣出版 （A5判、338p）
日本憲政史論集 **（日本政治・経済研究叢書　4）**　☆10 （内容）序文／明治維新の憲政史観／大政奉還の意義／五箇条の御誓文の成立過程／藩議院と地方民会（藩議院／地方民会）／伊藤案以前の憲法諸案	**「論集」**	**昭和12.9（1937）**	**育生社** （菊判、385p）
日本憲政史論集　復刻版 昭和12年育生社版『日本憲政史論集』と、昭和13年育生社版『明治史点描』を合冊し復刻。		昭和54（1979）	宗高書房 （A5判、693p）
法窓秘聞　☆5、☆19（掏摸関係） （内容）第一部（狐憑き／国定忠治郎の判決／天一坊事件／大岡越前守に就いて／江戸時代の探偵小説／探偵小説私見）／第二部（死刑の差止め—大村益次郎暗殺事件／片桐省介一件／犯罪捜査の詔書—広沢参議暗殺事件／訴訟関係人の怨み—玉乃判事の遭難／赤坂喰違の変—岩倉大臣の要撃／思案橋事件／尾去沢銅山事件／判事伊藤博文の判決）／第三部（外人の襲撃／明治の仇討／マリアルズ号事件／発行禁止不服の訴／妊娠中の妻並に娘其他一家眷属六人を毒殺したる保険魔／政治と金）／付録（前科一犯の僕／少年掏摸／愛知の賭博）／尾佐竹猛重要著述書目	**「法窓」**	**昭和12.9（1937）**	**育生社** （四六判、407p）

近世日本の国際観念の発達 「近世」 昭和7.12（1932） 共立社書店
(現代史学大系　第5巻) ☆13 （A5判、134,139p）
赤松智城「宗教史方法論」と合刻。
（内容）国体の自覚と国際観念／国際場裡への進出／万国公法思想の移入／世界地理書の普及／遣外使節／海外貿易／開国

近世日本の国際観念の発達 昭和7.12（1932） 共立社（A5判、149p）
上掲書の分割本。

万国公法と明治維新（使命会講演集　第6輯） ☆13 「万国」 昭和8.1（1933） 使命会本部（A5判、38p）
万国公法の思想が明治維新に及ぼした影響について述べたもの。

政党の発達（岩波講座　日本歴史） ☆12 「政党」 昭和8.9（1933） 岩波書店（A5判、85p）
（内容）徒党と政党／政党発生の原由／政党の萌芽（愛国公党／立志社／愛国社／愛国社の再興／国会開設願望有志会／大日本国会期成有志公会）／政党の組織（自由党の創立／自由党の別働派／改進党の組織）

明治文化叢説 ☆23 「文叢」 昭和9.7（1934） 学芸社（四六判、530p）
（内容）序／江戸？東京？／二重橋／特殊部落の称号廃止／遊女解放令の前後／明治五年の奴隷解放事件／近藤勇の本領／坂本龍馬の藩論／吉田松陰橋本左内の獄制改革論／ポリスとバンク一事務官吏としての西郷南洲／大隈と西郷／明治時代文武対立問題概論／皇国陸軍の創制／軍令瑣談／憲政意見の相似／軍隊勅諭の発布の時代／刺身を食ふて下痢をする／官員録の研究／日誌もの、種類／総理大臣になりたい話／総理大臣が瞞された話／二字と四字／司法権の独立／司法省という役所／大名の門／暗殺・政府顚覆・直訴／異学の禁／懲戒一大隈重信と西園寺公望／狼藉者と一揆／警視庁物語／婦女断髪禁止令／外人土地所有権物語／和礼乱／明治初年の公論奇論／維新史上の弱き女／埋宝物語／薩摩琉球国の勲章／新聞広告の始め／西洋料理の引札／古写真の蒐集／古新聞の魅力／幕末の新聞／緑蔭訳語漫談／日本図書雑誌発禁史／史実とモデル一それを探究する心理

秘書類纂　法制関係資料　上〈平塚篤と共校訂〉 「秘書」 昭和9.9（1934） 秘書類纂刊行（A5判、615p）
（内容）ヘルマン・ロヱスレン稿「法律命令意見書」、他

秘書類纂　法制関係資料　下〈平塚篤と共校訂〉 昭和9.10（1934） 秘書類纂刊行（A5判、573p）
（内容）スタイン氏日本訴訟法ニ関スル意見、他

維新史叢説 ☆15 「史叢」 昭和10.10（1935） 学而書院（四六判、333p）
（内容）序／概説篇（明治維新の幅／維新史研究の右と左／明治維新は皇国の大不幸／万国公法と明治維

底本は、昭和23年実業之日本社版。金井圓「学術文庫版『幕末遣外使節物語』の刊行に寄せて」を付す。			
日本憲政史（現代政治学全集　第６巻） ☆10 （内容）緒言／憲政の胎生期（公議輿論／列藩会議論／上下両院論／五箇条の御誓文／政体書／官吏公論／議会の試み／憲法制定論の発生）／憲政の準備期（民選議院設立の建白／大阪会議／明治八年の聖詔／元老院大審院の設置／地方官議会／政党の発生／国憲按と私擬憲法／内乱と政論／国会願望運動／明治十四年の政変／政党の勃興／伊藤博文の欧行／弾圧と暴動／憲法の起案／第一次伊藤内閣／枢密院の新設／憲法会議／大同団結／憲法発布）／憲政の実施期（第一次山縣内閣の成立／政党の分野／第一回総選挙／議会直面の政界）	**「憲政」**	**昭和５．６（1930）**	**日本評論社** （A5判、408p）
刑罪珍書集　２（近代犯罪科学全集　第14篇）〈解題〉 （内容）序（解題）／無冤録術／棠陰比事／江戸にて狐附奉行御捌之伝／犯姦集録／御仕置例類集抄／牢獄秘録	**「刑罪」**	**昭和５．８（1930）**	**武侠社** （四六判、508p）
刑罪珍書解題 昭和５年武侠社版『『刑罪珍書集　２（近代犯罪科学全集　第14巻）』より抜粋。 （内容）解題／無冤録術（巻之上、下）／棠陰比事（巻之上、中、下）／江戸にて狐附奉行御捌之伝／犯姦集録		昭和９．11（1934）	犯罪科学書刊行会 （四六判、361p）
牢獄秘録（刑政文庫３） 昭和５年武侠社版『刑罪珍書集　２（近代犯罪科学全集　第14巻）』より抜粋。		昭和14（1939）	刑務協会横浜支部 （文庫本、93p）
犯姦集録（史録叢書３） 底本は、昭和５年武侠社版『刑罪珍書集　２』。解説・紀田順一郎「検屍、裁判、行刑」。		昭和47．11（1972）	三崎書房 （四六判、515p）
江戸時代犯罪・刑罰事例集　復刻版〈編・解題〉 昭和５年武侠社版『刑罪珍書集　１－２（近代犯罪科学全集　第13-14巻）』を改題し、合本。		昭和57（1982）	柏書房 （四六判、516,508p）
刑罪珍書集　２（近代犯罪資料叢書　６）　復刻版〈解題〉 底本は、昭和５年武侠社版。		平成10．8（1998）	大空社 （A5判、508p）
明治大学創立満五十年記念論文集　法学篇（法律論叢10・11）〈共編〉 編輯委員・尾佐竹猛、大谷美隆、松岡熊三郎、水口吉蔵、森山武市郎。水口吉蔵「会社の機関を論す」など８点を収録。尾佐竹の著作はない。	**「明大」**	**昭和６．11（1931）**	**明大学会** （A5判、344p）

衛一件／越後伝吉一件／傾城瀬川一件／畔倉重四郎一件／小間物彦兵衛一件／後藤半四郎一件／松田お花一件／嘉川主税一件／小西屋一件／雲切仁左衛門一件／津の国屋お菊一件／水呑村九助一件

明治秘史疑獄難獄　☆4　**「疑獄」 昭和4.6（1929） 一元社**（四六判、552p）

（内容）自序／近藤勇の処刑（明治元年）／阪本龍馬暗殺の下手人（明治三年）／雲井龍雄の罪案（明治三年）／広沢参議暗殺事件（明治四年）／小野組転籍事件（明治六年）／非常上告の始め　山科生幹一件（明治八年）／藤田組の贋札事件（明治十二年）／板垣伯岐阜遭難事件（明治十五年）／露国皇太子大津遭難　湖南事件（明治廿四年）（上篇　来遊記／中篇　事変記／下篇　裁判記／余篇（津田三蔵／向畑治三郎、北賀市太郎／畠山勇子）／付録（大岡政談解題／玉乃世履のこども）／尾佐竹猛著述目録

明治秘史疑獄難獄（尾佐竹猛全集　第11巻）　昭和23.12（1948）　実業之友社（A5判、436p）
　底本は、昭和4年一元社版。解題・松下芳雄。

湖南事件―露国皇太子大津遭難（岩波新書青版68）　昭和26.1（1951）　岩波書店（新書判、231p）
　底本は、昭和4年一元社版『明治秘史疑獄難獄』所収の「露国大使大津遭難湖南事件」。
　（内容）編集者「まえがき」／来遊記／事変記／裁判記／余篇（津田三蔵／向畑治三郎、北賀市市太郎／畠山勇子）／解題・林茂

大津事件―ロシア皇太子大津遭難　三谷太一郎校注（岩波文庫）　平成3.4（1991）　岩波書店（文庫本、338p）
　底本は、昭和4年一元社版『明治秘史疑獄難獄』所収の「露国大使大津遭難　湖南事件」。
　（内容）凡例／来遊記／事変記／裁判記／余篇（津田三蔵／向畑治三郎、北賀市市太郎／畠山勇子）／校注／解説・三谷太一郎／主要資料文献

明治秘史疑獄難獄　復刻版　礫川全次解題　平成10.12（1998）　批評社（B6判、552p）
　底本は、昭和4年一元社版。解題・礫川全次「『明治秘史疑獄難獄』の価値と読み方」。

夷狄の国へ―幕末遣外使節物語　**「夷狄」 昭和4.7（1929） 万里閣書房**（B6判、384p）

（内容）自序／遣米使節新見豊前守一行（万延元年）／遣欧使節竹内下野守一行（文久二年）／遣仏使節池田筑後守一行（文久三年）／遣仏使節徳川民部大輔一行（慶応三年）／尾佐竹猛著述

幕末遣外使節物語（尾佐竹猛全集　第7巻）　昭和23.11（1948）　実業之日本社（A5判、252p）
　底本は、昭和4年万里閣版。渋沢栄一「仏蘭西時代の思ひ出」と、解題・木村毅を付す。

幕末遣外使節物語　夷狄の国へ（講談社学術文庫907）　平成1.12（1989）　講談社（文庫判、292p）

（内容）珍所珍物過去帳／法曹珍話閻魔帳／思ひ出す儘／掏摸物語／付録二篇（隈侯いろいろ／犬いろいろ）

法曹珍話閻魔帳　復刻版　礫川全次解題　平成11．1（1999）　批評社（四六判、335p）
底本は、大正15年春陽堂版。解題・礫川全次「異色にして興味深い明治史資料」。内容細目を付す。

明治文化史としての日本陪審史　☆2　「陪審」　大正15．7（1926）　邦光堂書店（A5判、176p）
日本の陪審制度に関する、わが国でまとまった最初の研究書。
（内容）緒言／陪審思想の移入／陪審の視察／陪審の試み／陪審法成案／付録（陪審法）

明治警察裁判史　附刑事弁護制　☆2　「警察」　大正15．10（1926）　邦光堂書店（A5判、208p）
（内容）自序／上篇 明治警察史／明治六年一月十日司法省警保寮官員録／下篇 明治裁判史／非理法権録（抄）／明治四年八月二十八日司法省官員録／付録（刑事弁護制／非理法権録（抄）

国際法より観たる幕末外交物語　☆14　「国際」　大正15．12（1926）　文化生活研究会（B6判、499p）
（内容）緒言／国際法の研究／主権者／外交官／条約／局外中立／居中調停／戦争／付録（生麦事件の真相／小栗上野介の遺物／幕末に於ける海外使節の話／甲鉄艦問題と陸奥宗光）／事項索引

国際法より観たる幕末外交物語　昭和5．3（1930）　邦光堂（四六判、499p）
（内容）立作太郎「国際法より観たる幕末外交物語を読みて」／緒言／普及版を出すに就いて／国際法の研究／主権者／外交官／条約／局外中立／居中調停／戦争／付録（生麦事件の真相／小栗上野介の遺物／幕末に於ける海外使節の話／甲鉄艦問題と陸奥宗光）／増浦（徳川幕府と仏蘭西との密約に就て／仏人モンブラン新説書／外交上より観たる江戸城明渡）／事項索引／尾佐竹猛著述

判事と検事と警察
―蒙愚理問答　中止・解散・検束等　☆3　「判事」　大正15．12（1926）　総葉社書店（B6判、196p）
（内容）判事と検察と警察／蒙愚理問答／中止、解散、検束／判例の素人評／喜剣思想

玄人の玄人素人の素人らしからざる法律論　昭和10．6（1935）　大誠堂（四六判、196p）
大正15年総葉社書店版『判事と検事と警察―蒙愚理問答　中止・解散・検束等』の改題。

仮名論とローマ字論（日本ローマ字会パンフレット）　「仮名」　昭和3．7（1928）　日本ローマ字会（A5判、23p）
〈佐伯功介と共著〉

大岡政談（帝国文庫　第16篇）　〈校訂〉　「大岡」　昭和4．4（1929）　博文館（B6判、774p）
（内容）解題／大岡政談首巻／天一坊一件／白子屋阿熊一件／煙草屋喜八一件／村井長庵一件／直助権兵

維新前後に於ける立憲思想—帝国議会史前記　☆9 （内容）吉野作造「本書推薦の辞」／緒言／概観／議会思想の移入／議会の傍聴／議会設置の論議／列藩会議論／大政奉還と議会論／議会制度の参考書／新聞雑誌の勃興／五箇条の御誓文／政体論／官吏公選／会津陣中の憲政論／議会の試み／左院／地方民会の発達／索引	**「立憲」**	**大正14.12（1925）**	**文化生活研究会** （B6判、698p）
維新前後における立憲思想 —帝国議会史前記　前後編　増訂改版　前編 （内容）吉野作造「本書推薦の辞」／陳重の尾佐竹宛書簡／徳富蘇峰「維新前後に於ける立憲思想を読む」／内田魯庵「読書巡礼抄」／奥平武彦「維新前後に於ける立憲思想」／時評／平林初之輔「維新前後に於ける立憲思想を読む」／上杉慎吉、美濃部達吉、末広厳太郎、穂積重遠、立作太郎、三浦周行、小野清一郎、鵜沢総明、石井研堂「批評」／普及版を出すに就いて／緒言／概観／議会思想の移入／議会の傍聴／議会設置の論議／列藩会議論／大政奉還と議会論／議会制度の参考書／新聞雑誌の勃興／五箇条の御誓文／付録（五箇条の御誓文と木戸孝允／五箇条の御誓文と政体書）		昭和４．４（1929）	邦光堂 （B6版、61,308p）
維新前後に於ける立憲思想 —帝国議会史前記　後編 （内容）／明治維新の憲政史的意義／政体書／官吏公選／会津陣中の憲政論／議会の試み／左院／地方議会の発達／付録（地方民会／明治初年に於ける憲法制定の議／初期の政党）／尾佐猛著述		昭和４．10（1929）	邦光堂 （B6判、38,307-698,125p）
維新前後に於ける立憲思想の研究 （内容）緒言／概観／議会思想の移入／議会の傍聴／議会設置の論議／列藩会議論／大政奉還と議会論／議会制度の参考書／新聞雑誌の勃興／五箇条の御誓文／政体書／官吏公選／会津陣中の憲政論／議会の試み／左院／地方民会の発達／明治維新の憲政史的意義／付録（五箇条の御誓文と木戸孝允／五箇条の御誓文と政体書／地方民会／明治初年に於ける憲法制定の議／坂本龍馬の『藩論』）		昭和９．９（1934）	中文館書店 （四六判、730,147p）
維新前後に於ける立憲思想 （尾佐竹猛全集　第１巻） 底本は、緒言と本文は昭和９年中文館版により、昭和４年邦文社版所収の「普及版を出すに就いて」と、初版及び再版所収の吉野作造「本書推薦の辞」を加える。解説・林茂。索引と凡例を付す。		昭和23.10（1948）	実業之日本社 （A5判、472p）
法曹珍話閻魔帳　☆3 無用学博士のペンネームで執筆。	**「閻魔」**	**大正15．5（1926）**	**春陽堂** （四六判、335p）

賭博の種類／十四九の分布／花がるたの沿革／加留多賭博の三大系統／トランプと加留多／賽と加留多／メクリ加留多に就いて）／下巻　掏摸篇（掏摸の沿革／掏摸物語／三大親分の判決）／総目次

近代犯罪科学全集　第９編　売淫・掏摸・賭博 底本は大正14年『賭博と掏摸の研究』の「賭博篇」と「掏摸篇　第１章　掏摸の沿革」。喜多壮一郎著「売淫」と合刻。	昭和４.11（1929）	武俠社 （四六判、260p）
賭博と掏摸の研究　☆19 （内容）内田魯庵「読書巡礼（抄）」／中山太郎「賭博と掏摸の研究」／花見朔巳「賭博と掏摸の研究を読む」／［書評］（報知新聞　14.11.23／大阪朝日新聞　14.12.５／東京朝日新聞　14.11.25／東京日々新聞　14.11.20／法律新聞　第2532号／史林第11巻第２号）／［来翰］（新村出氏／三浦周行氏／富谷鉎太郎氏／板倉松太郎氏／柳田國男氏／石井豊七郎氏／須賀喜三郎氏／白井喬二氏／天釣居主人／中島利一郎氏／松井茂氏／笹川臨風氏／鳥居龍蔵氏）／以下の自序、本文は、大正14年総葉社書店版に同じ	昭和８.４（1933）	総葉社書店、新進社書房 （四六判、239, 217p）
掏摸・賭博 昭和４年武俠社版に同じ。	昭和９.10（1934）	犯罪科学書刊行会 （B6判、260p）
賭博と掏摸の研究（尾佐竹猛全集　第13巻） 底本は、大正14年総葉社書店版。解題・藤田幸男「恩師雨華先生」。	昭和23.10（1948）	実業之日本社 （A5判、328p）
賭博と掏摸の研究 大正14年総葉社書店版を底本とし、昭和４年武俠社版と昭和23年実業之日本社版を参照。付録に、昭和12年育成社版『法窓秘聞』所収の「少年掏模」を加える。昭和23年実業之日本社版所収の解題・藤田幸男「恩師雨華先生」を改稿して収録。解説・加太こうじ。	昭和44.11（1969）	新泉社 （A5判、331p）
賭博と掏摸の研究　新装版 昭和44年新泉社版に同じ。	昭和55.１（1980）	新泉社 （A5判、331p）
スリのテクノロジー 底本は大正14年『賭博と掏摸の研究』所収「掏摸篇　第２章　掏摸物語」。「スリ物語」と改題。デヴィオット・W. マーラー著「スリのテクノロジー」と合刻。	平成８.３（1996）	青弓社 （四六判、171p）
賭博と掏摸の研究　新版 昭和44年新泉社版に同じ。	平成11.３（1999）	新泉社 （A5判、331p）

海南流刑史（海南叢書　第二編）　☆1 （内容）序／緒言／流刑義／流刑犯／流刑罰（出船／流刑地／流刑人員／所轄／着島／生活／島民との関係／犯罰／赦免）／流囚伝	「流刑」	明治42.3（1909）	**自筆稿本** （表紙共72丁）
海南風俗史（海南叢書　第三編）　☆1 （内容）緒言／神話時代／平安朝時代／英雄伝説時代／徳川旧幕府時代	「風俗」	明治43.10（1910）	**謄写刷私家版** （和装　半紙半裁　30丁）
新聞雑誌の創始者柳河春三 （内容）柳河春三略年譜／名古屋の人柳河春三／慶応三年十月西洋雑誌／慶応四年二月中外新聞／新聞紙の濫觴は此中外新聞なり／柳川氏の功／新聞雑誌界の元勲／慶応四年四月中外新聞外篇／新聞号外の元祖／名古屋大和町に生る／書道の天才／画もまた一家を成す／砲術便覧／十一国語箋／歌人として独壇の地歩／洋算著書の嚆矢／開成所頭取／写真術著書の元祖／教育界の功労者／大学少博士に任じられ（目次は「大学少博士」）／松平春嶽の知遇／成島柳北との交遊／福地源一郎との交遊（目次は「福地源一郎との親交」）／加藤弘之との交際／福澤諭吉との私交／宇都宮三郎との交情／享年三拾有九歳／柳河先生追遠会／文明史上逸すべからざる天才	「柳河」	大正9.2（1920）	**名古屋史談会** （菊判、45p）
新聞雑誌の創始者柳河春三（高山叢書　1）　☆20 （内容）序／柳河春三年譜／名古屋の人柳河春三／慶応三年十月西洋雑誌／慶応四年二月中外新聞／慶応四年四月中外新聞外篇／新聞号外の元祖／柳川氏の功／名古屋大和町に生る／西洋砲術の書を著し／洋算洋書一百巻／洋算著書の嚆矢／会訳社／開成所頭取／新聞薈叢／丙寅戦死之碑／写真術著書の鼻祖／歌人として独壇の地歩／書道の天才／画も一家を成す／水虎先生の伝／大学少博士に任ぜられ／松平春嶽の知遇／成島柳北との交遊／福地櫻痴との関係／加藤弘之との交際／福澤諭吉との私交／宇都宮三郎との交情／享年三十九歳／柳河先生追遠会／柳河の遺族／付録（辞令集／女除けの御守／中外新聞）		昭和15.10（1940）	高山書院 （新書判、126,65p）
新聞雑誌の創始者柳河春三 （近代日本学芸資料叢書　第9輯） 底本は昭和15年高山書院版。		昭和60.4（1985）	湖北社 （A5判、126,65p）
賭博と掏摸の研究 賭博と掏摸について、起源から方法まで、尾佐竹が収集した道具の紹介などを交え、実証的に論述。尾佐竹の文化史研究の出発点と位置づけられる。 （内容）自序／上巻　賭博篇（賭博に就いて／詐欺賭博に就いて／上代に於ける賭博／徳川時代に於ける	「賭博」	大正14.10（1925）	**総葉社書店** （四六判、239, 217p）

第2表　尾佐竹猛著書一覧

注）ゴチックは初版。再版、復刻版、再編集改題版等は初版のもとにおいた。
書名末尾の☆と数字は『尾佐竹猛著作集』（ゆまに書房、2006年）収録の巻数。
頁数は本文頁のみ記した。

書名（叢書名）	「略称」	出版年	出版社 （判型、頁数）
志賀瑣羅誌 生地石川県羽咋郡高浜町とその周辺についての地誌。 （内容）第1編　総記（区名之由来／沿革（郷荘の沿革／所領の沿革）／位置／地形／地勢／気候／戸口／生業／人情、風俗／学事／司法／警察／郵便／物産／河川／海岸／道路）／第2編　各記（上甘田村（柴垣／滝谷／執谷）／中甘田村（岩田／坪野／長沢／大島／福野／宿女）／下甘田村（上中山／上棚／二所宮／福井／米浜／大坂／穴口／館）／加茂村（倉垣／矢駄／安津見／安津見新）／東土田村（火打谷／徳田／館開）／西土田村（矢田／代田／仏木／印内／谷屋／栗山／市野谷）／上熊野村（松木／米町／小室／田原／直海／釈迦堂／長田／大笹）／堀松村（梨谷小山／清水今江／西山／末吉／堀松／北吉田／神代／矢蔵谷）／志加浦村（川尻／町／安部屋／上野／大津／小浦／百浦／松戸／赤住／江野）／第3編　高浜誌（総記／大念寺／高浜）	**「志賀」**	**明治41.春（1908）**	**謄写刷私家版** （和装　半紙判、121丁）
志賀瑣羅誌　室矢幹夫編・註　復刻・翻刻版　☆24 明治41年版を底本とした復刻版と翻刻版。翻刻版には頭註と、新たに下記の資料等を付す。 （内容）地図（位置図）／口絵（志賀瑣羅誌原本表紙／志賀瑣羅誌原本記事内容／尾佐竹猛大正10年の肖像、同時代の尾佐竹家一家／志賀郷内の名所／現在の志賀八景）／尾佐竹徇「序」／南浩三郎「序」／尾崎利一「お祝いの言葉」／凡例／参考資料（その1）志賀郷関係（管轄郷荘名等の変遷表、志賀郷内年代別人口等一覧など明治以降統計資料8点）／参考資料（その2）尾佐竹家関係（先祖由緒并一類附帳／尾佐竹保履歴書／尾佐竹猛履歴書／法学博士尾佐竹猛著書目録／尾佐竹徇「父尾佐竹猛」）／室矢幹夫「あとがき」		昭和45.10（1970）	高浜町文化財調査委員会 （復刻版　和装 B5判　121丁） （翻刻版　B5判 244p） 合わせてケース入り
海南法権史［（海南叢書　第一編）］　☆1 新島区裁判所管内における司法の沿革史を叙述。「海南叢書」は、新島区裁判所判事時代に、海南百科全書の編集を意図して記した伊豆諸島に関する3部作。 （内容）緒言／旧記／開庁前記／開庁記／開庁後記／跋記／附録・島制雑則	**「法権」**	**明治41.10（1908）**	**自筆稿本** （表紙共46丁）

昭和18 (1943)	63		加越能郷友会副会長に選出される〈加越能111〉
			4月、「維新」中
			5月、「研究」
			8月、「講話」
昭和19 (1944)	64		3月、「新研」「行幸」
			4月、「維新」下ノ1
		6月1日、教授として「給年俸金五百円」の辞令を受ける〈旧秘書課辞令簿〉	7月、「秘史」
			12月末、福井県足羽上町に疎開〈田熊〉
昭和20 (1945)	65		5月24日、空襲により四谷三光町の自宅と蔵書を焼失〈田熊〉
			7月、疎開先の福井で罹災し、福井近郊、山形県鶴岡市に転居〈履歴書〉
			10月、帰京し、杉並区荻窪一ノ四九に住む〈履歴書〉
昭和21 (1946)	66		3月、中野区鷺ノ宮三丁目十六番地に転居〈転居通知〉
			10月1日、急性肺炎のため死去〈田熊〉

		10月28日、鵜澤總明総長の諮問機関として、教学の刷新と、大学の地位向上を図ってその真価を発揮し国家社会に貢献することを目標に、教授、校友60余名からなる「明大振興委員会」が設置され、委員となる〈駿台新報431〉	
昭和12 (1937)	57		９月、「論集」「法窓」 12月、叙勲二等　援瑞宝章〈履歴書〉
昭和13 (1938)	58	この頃、法学部で大久保利謙とともに、「法制史」を担当。文芸科教授、文科科長〈駿台新報446〉	２月、「点描」「憲法」 ４月、東京帝国大学法学部で日本憲政史担当（17年３月まで）〈田熊〉 10月、「現代」 11月、「大綱」上
昭和14 (1939)	59	２月１日、商議員会に出席。専門部興亜科新設に関する件〈明大学報２〉 10月頃、外務官僚中田敬義から図書館への、政治、伝記書など約360冊の洋図書の寄贈を斡旋する〈駿台新報467〉	１月、「大綱」下
昭和15 (1940)	60	４月、各学部及び各科専門部長の任期満了による選任で文科専門部長に留任〈駿台新報462〉 この年度、地理科で「幕末明治史」を担当〈駿台新報459〉	
昭和16 (1941)	61	５月30日、昭和初年以来中絶状態にあった明大石川県人会再興の創立総会（於神田 YMCA）が開かれ、会長に推薦される。顧問に島田鉄吉、篠原雄、島村他三郎〈加越能96〉	５月、「石井」 11月、「加賀」
昭和17 (1942)	62		９月、東京帝国大学法学部で日本憲政史担当（19年９月まで）〈田熊〉 ？月、「大島」「上諭」 11月、「維新」上 12月25日、大審院検事〈履歴書〉 12月26日、後進に途を譲るため大審院を退職〈田熊〉

		史〉	
		3月17日、文科主催「明治大学文科復興記念講演会」（於記念館）で、文科専門部長として挨拶する〈駿台新報344〉	3月18日、吉野作造死去。これにより明治文化研究会第二代会長となる〈田熊〉
		4月、「任文科専門教授　命国史学講座担任」、「補文科専門部長」の辞令を受け、文科専門部文芸科及び史学科で「幕末明治史」、新聞科で特別講義を担当〈駿台新報347〉〈明治大学文科要覧1932〉	12月、「近世」
		9月、文科を代表して図書館委員に加わる〈駿台新報322〉	
昭和8（1933）	53	1月、新聞科主催の新聞沿革展（於表神保町東京堂）に所蔵資料を賛助出品〈駿台新報337〉	1月、「万国」
		4月1日、文科専門部教授として「兼任法学部教授命法制史講座担当」の辞令を受ける〈教員辞令簿〉	
		4月、刑事博物館の職制が定められ、大谷美隆のもとで委員（8名の内）に任じられる〈刑事博物館図録上巻〉	9月、「政党」
昭和9（1934）	54	4月、外務省、司法省、関係大学、日仏協会、大阪・東京毎日新聞社等により設立されたボアソナード教授記念事業発起人委員会の東京在住委員になる。明大関係では他に、岡田朝太郎、横田秀雄、木下友三郎、杉村虎一。本学は200円を醵出。6月27日、パリ法科大学に胸像を建立〈ボアソナード先生功績記念〉	1月2日、陞叙高等官一等（閣議決定）〈朝日新聞〉
		6月1日、文芸科教師会に出席（7年4月以来2回目。前32名中29名が出席）〈駿台新報382〉	
			7月、「文叢」
			9月、「秘書」上
			9月5日、高等試験臨時委員〈履歴書〉
			10月、「秘書」下
昭和10（1935）	55	この年度、史学科で「明治史」担当〈駿台新報417〉	10月、「史叢」
			10月5日、高等試験臨時委員〈履歴書〉
			11月、「人物」
昭和11（1936）	56	5月頃、前年に創刊され廃刊となった雑誌「明大派」旧同人を中心とする有志により結成された文学研究会（会長・舟橋聖一）に加わり、月刊雑誌「明大文学」の創刊を決める〈駿台新報423〉	6月、「政治」

		６月１日、創立50周年記念式典の展覧会部部長の依頼を受ける。副部長は播磨辰治郎、藤澤衛彦ほか〈大学報176〉〈明大グラフ〉	
		６月18日、雄弁部部員大会で部長に推挙される〈駿台新報290〉	
		７月８日、校友会評議員第２回詮衡委員会で評議員に推薦される〈大学報176〉	
		８月14日、福井市において創立50周年記念式典講演部による講演。他に志田鉀太郎〈大学報177〉	
		８月15日、金沢市において創立50周年記念式典講演部による講演。他に志田鉀太郎〈大学報177〉	
		８月17日、新潟市において創立50周年記念式典講演部による講演。他に志田鉀太郎、小島憲〈大学報177〉	
		８月20日、秋田市において創立50周年記念式典講演部による講演。他に石川浅、小島憲〈大学報177〉	
		この頃、畑耕一、佐々木味津三、藤澤衛彦らと、文科復活運動の一環として、雑誌「駿台文学」の再刊に奔走する〈駿台新報297〉	
		11月１日、大学創立満50年記念式で「永年在職商議委員並ニ校友会本部幹事」として表彰される〈大学報181〉	11月、「明大」
		11月２日、同前記念式記念講演会（於記念館）で、「明治法律学校創立の時」を講演。他に大田黒敏男、米田実〈大学報181〉	
		11月20日、津村卓男が進めていた文科復活運動の会合が、一ツ橋如水会館で開かれ、「明大文科復活懇談会」と名づけられた。畑耕一、藤澤衛彦、赤神良譲らとと中心メンバーになる〈駿台新報307〉〈文年史〉	
昭和７(1932)	52	１月６日、文科復活懇談会名で趣意書を発表〈東京日日新聞〉	
		２月25日、臨時商議委員会に出席。理事から文科設立が提案される。大谷美隆、志田鉀太郎らの反対意見に、吉田三市郎専務理事らとともに反論、提案は承認され、同月29日の特別委員会で正式に決議された〈歴史編纂事務室報告13〉	
		３月４日、文科編制委員会が組織され、満場一致で同委員会委員長と文科専門部長に推薦される〈駿台新報307〉〈文年史〉	３月、父死去〈田熊〉
		３月15日、文科の４月開講の成案ができ、尾佐竹文科専門部長、山本有三文芸科長、渡辺世祐史学科長、小野秀雄新聞科長（夜間一年制）の陣容が決まる〈文年	

		3月29日、商議委員会招待会（於芝公園内錦水）に出席〈大学報149〉	
		4月、法学部講師〈大学史紀要6〉	4月、「大岡」
		5月16日、商議員会に出席。決算の件〈大学報151〉	
		7月27日、校友会評議員会で同会より選出される商議委員に当選〈大学報153、162〉	6月、「疑獄」
		7月29日、大学より商議員を正式に委嘱される〈大学報153〉	7月、「遺外」
		11月14日、商議員協議会（於丸の内日本倶楽部）に出席。学校経営上の件。閉会後、築地新喜楽で催された懇親会に出席〈大学報157〉	
昭和5 (1930)	50	3月29日、臨時商議委員会（於丸の内日本倶楽部）に出席。商業学校設立の件〈大学報161〉	
		5月6日、校友会大阪支部及び明大浪華実業会の合併春季総会に併催された講演会（於大阪弁護士会館）で「法政史上の大阪」を講演〈大学報163〉	6月、「憲政」 8月、「刑罪」
		10月20日、池田常一送別会を兼ねた明大石川県人会総会（於麴町富士見軒）に出席し、副会長として挨拶〈大学報168〉	9月～11月、九州帝国大学法文学部で「明治憲政史」講義〈履歴書〉
		10月30日、商議委員会（於丸の内日本倶楽部）に出席。決算の件〈大学報168〉	
		11月26日、理事監事選任に関する臨時商議会において鵜澤總明議長より、詮衡委員選出のための委員に、天野敬一、高橋久吉とともに指名される〈大学報169・170〉	
昭和6 (1931)	51	1月19日、新理事監事による、商議委員校友会幹事制度調査委員招待会（於丸の内東京會館）に出席〈大学報171〉	
		2月18日、創立満50年記念祭委員会（鵜澤總明議長。於日本倶楽部）に出席。議長より記念祭計画確定特別委員（20名）に指名される〈大学報172〉	
		3月23日、記念式典計画確定特別委員会に出席〈大学報173〉	
		3月27日、商議委員会に出席。予決算、不動産売却未収金、安田銀行手形金弁済の件〈大学報173〉	
		4月1日、法学部講師として「法学部教授ヲ委嘱ス」の辞令を受ける〈大学報173〉	4月、四谷三光町25に住居購入〈田熊〉
		4月16日、法学部教授として「兼任文科専門部教授」の辞令を受ける〈辞令［簿］〉	

		7月6日、法学部教授会で「法律政治に関する雑誌編輯に付五名の委員を挙ぐることを申合せ」、大谷美隆、水口吉蔵、森山武一郎、松岡熊三郎ともに依頼される。この雑誌は「法律及政治」で翌3年1月から「法律論叢」に改題。8年に野田孝明に交代〈大学報129〉〈法律論叢12(2)、50(6)〉	10月5日、明治文化研究会編『明治文化全集 全24巻』刊行開始。5年7月25日完結〈田熊編『明治文化研究会事暦〉
		11月2日、明大石川県人会昭和2年度大会(於日比谷幸楽亭)に副会長として出席〈大学報133〉	
		11月21日、校友協会秋季総会兼懇親会(於日比谷公園内松本楼)に出席〈大学報133〉	
		11月23日、商議委員会に出席。理事改選、決算の件〈大学報133〉	
昭和3(1928)	48	4月21-24日、創立45年式典と記念館完成に合わせて挙行された復興記念祝典に並行して開催された「明治教育文化展覧会」の委員(横田秀雄会長、松井茂委員長)になるとともに、史料を出品〈大学報138〉〈駿台新報186〉	
		5月11日、商議委員会に出席。決算の件〈大学報139〉	
		6月21日、商議委員会に出席。第四期建築、終身商議委員補欠の件〈大学報140〉	
		7月4日、商議員会継続会に出席。第4期建築に関する件〈大学報141〉	7月、「仮名」
		10月12日、商議員会に出席。決算、女子部設置の件〈駿台新報144〉	8月20日、東京帝国大学から法学博士の学位を授与される〈官報〉
		10月25日、校友会有志により、鵜澤總明と藤田謙一郎の貴族院議員勅撰、猪股淇清の東京弁護士会長就任を兼ねて、尾佐竹の学位授与祝賀会(於丸の内東京会館)が開催される〈大学報145〉	
		10月29日、商議員会継続会に出席。女子部設置の件〈大学報144〉	
		11月26日、明大石川県人会昭和3年度総会(於本郷燕楽軒)を兼ねた学位授与祝賀会が開催される〈大学報147〉	
		12月19日、刑事博物館設立準備委員会委員を委嘱され、第1回準備会に出席〈大学報146〉〈明治大学一覧 昭10〉	
昭和4(1929)	49	1月、2月、杉村虎一ら刑事博物館設立委員9名の連名で、校友に参考品の寄贈を呼びかける「刑事博物館設立ニ付謹告」を出す〈大学報146、147〉	
		3月25日、商議委員会に出席。予算の件〈大学報149〉	

		10月20日、商議委員有志懇親会（於木挽町萬安楼）に出席〈大学報108〉	
		12月3日、商議委員会に出席。予決算、岳麓運動場設置の件〈大学報111〉	12月、「立憲」
		12月21日、商議委員会に出席。岳麓運動場設置、復興委員の件〈大学報111〉	
大正15（1926）	46	1月21日、商議委員会に出席。復興建築計画の件〈大学報111〉	
		3月25日、商議委員会に出席。予算案の件〈大学報113〉	
		3月30日、商議委員会に出席。予算案の件〈大学報113〉	
		4月18日、校友会評議員会に出席〈大学報114〉	正五位に叙される〈学報114〉
		5月29日、定時校友総会（於銀座松本楼）に出席〈大学報115〉	5月、「閻魔」
		7月3日、校友会評議員詮衡委員会において評議員に選出される〈大学報116〉	7月、「陪審」
		7月27日、校友会評議員会に出席。任期満了に伴う大学商議員と校友会幹事の詮衡が行われ、商議員に再任される〈大学報114・115、117〉	
		10月5日、商議委員会に出席。第二期復興建築の件〈大学報120〉	10月、「警察」
		10月12日、校友、学生、教授間の親睦と学術の振興とを図り、大明治の建設に資することを理想とする「駿台自由協会」の発起人の一人となり、発会式（於主婦之友ホール）で、万歳三唱の発声をする〈駿台新報138〉	11月、吉野作造らと「明治文化研究会」創立〈田熊〉
		10月18日、商議委員会（継続会）に出席。第二期復興建築の件〈大学報120〉	12月、「国際」「判事」
昭和2（1927）	47	4月18日、商議委員会昭和2年度予算調査委員（山口憲委員長）として調査報告書を作成〈大学報126〉	
		4月26日、商議委員会（継続会）に出席。終身商議委員補欠、予決算の件〈大学報126〉	
		6月、津村卓男によって雑誌「駿台文学」が創刊され、同人となる。他に、畑耕一、佐々木味津三、藤沢衛彦ら。第2号で休刊〈文年史〉〈百年史2〉	
		6月25日、第40、41講堂で開催された駿台自由協会演説会で、「刺身を食ふたら腹がふくれる」と題して演説する。弁士は他に布施辰治ら〈百年史3〉	9月、勅任官〈履歴書〉

		窓会秋季総会（於本郷三丁目燕楽軒）に出席〈大学報95〉	
		10月2日、臨時商議委員会に出席。震災復興にともなう移転を決議〈大学報96〉	
		10月14日、臨時商議委員会に出席。文部省からの震火災復興資金低利借入、大学移転の件〈大学報96〉	
		11月6-7日、「図書館週期」に際して図書館閲覧室で開催された「図書館展覧会」に、明治以前の諸新聞、官報、原敬著書3種を出品〈大学報97〉	
		11月19日、臨時商議委員会に出席。横田秀雄理事を学長に推薦〈大学報97〉	
		12月、後援会常務幹事〈大学報98〉	
大正14(1925)	45	1月23日、臨時商議委員会に出席。大学移転の件〈大学報99〉	
		2月11日、法科同窓会春季定時総会（於本郷四（ママ）丁目燕楽軒）に幹事として出席〈大学報100〉	
		2月27日、法科同窓会幹事会に出席。現理事の留任と横田学長の無条件復帰を希望することを決議〈大学報87〉	
		2月28日、臨時商議委員会に出席。政治経済学部設置、横田学長理事等留任勧告の件〈大学報100〉	
		3月15日、臨時校友評議員会に出席。校友会より選出する選挙の立会人を務める〈大学報101〉〈明治大学年鑑1926〉	
		3月22日、臨時商議委員会に出席。学長及理事選挙に関する件。「横田学長及井本理事に留任を勧告する為に更に7名の委員」選挙することになり、田島義方らとともに選ばれる〈大学報101〉〈明治大学年鑑1926〉	
		3月27日、継続臨時商議委員会に出席。復職勧告の件〈大学報101〉	
		4月22日、臨時商議委員会（於生命保険協会）に出席。横田学長留任決議、小平村移転問題等の件〈大学報102〉	
		5月6日、臨時商議委員会に出席。理事4名の補欠選挙の件〈大学報103〉	
		9月30日、商議委員会に出席。予決算の件〈大学報107〉	この頃の住居は府下千駄ヶ谷村〈明治大学年鑑1926〉
		10月3日、校友会定時総会（於上野公園内精養軒）に出席〈大学報108〉	10月、「賭博」

		募集区域を設置することになり、宿利英治とともに四谷区の幹事に選出される〈大学報42〉	
		以降、ほぼ毎月５円を約100ヵ月に亘り寄附する〈大学報　各号〉	
大正10 (1921)	41	４月28日、校友会評議員増員選挙において指名選任される〈大学報57〉	
		６月７日、校友会評議員会に出席〈大学報58〉	
		６月11日、大正10年度明大石川県人会総会（於記念館）で副会長に推戴するすることを決定〈大学報57〉	
		11月６日、大正10年度明大石川県人大会（於日比谷公園内松本楼）に出席、副会長を委嘱される〈大学報62〉	
大正11 (1922)	42	６月９日、校友会評議員選出詮衡委員会において当選〈大学報70〉	
大正12 (1923)	43	１月15日、「明治大学学報」第76号に「明大学会」名義で掲載した年賀広告に、富谷鉎太郎、横田秀雄ら９名と名を連ねる〈大学報76〉	９月１日、関東大震災により校舎3000坪弱、蔵書６万冊を焼失〈百年史〉
		12月16日、校友評議員会に出席〈大学報86〉	
		12月23日、臨時校友総会（於本郷三丁目燕楽軒）に出席。罹災情況の報告及復興策の件〈大学報86〉	
大正13 (1924)	44	２月11日、法科同窓会創立準備委員及び発起人として法科同窓会を開催（於本郷三丁目燕楽軒）〈大学報86〉	１月９日、大審院判事〈官報〉
		２月20日、後援会発起人会にて校友評議員から20名の世話人、及び委員指名の世話人中より選出評議員（校友評議員）に選出される〈大学報87〉	
		２月27日、後援会評議員会に出席〈大学報87〉	
		２月、図書館復興のため『民事訴訟法論綱』他63部193冊を寄贈〈大学報88〉	
		５月15日、校友評議員第２回詮衡委員会において校友評議員（在京者）に選出される〈大学報91〉	
		７月29日、校友評議員会において、大学寄附行為改正に基づく商議委員15名増員のための選挙が行われ当選〈大学報93〉	
		８月１日、校友会選出の係る商議委員として大学より正式に委嘱される〈大学報94〉	
		９月15日、法学博士を授与された校友猪股淇清の校友会及明治倶楽部主催の祝賀会（於上野精養軒）に出席〈大学報95〉	
		９月24日、法科出身新商議委員招待会を兼ねた法科同	

明治41 (1908)	28		6月［19］日、新島区裁判所判事兼任〈官報〉 春、「志賀」 10月、「法権」
明治42 (1909)	29		3月、「流刑」
明治43 (1910)	30		9月13日、東京地方裁判所判事兼任〈官報〉 10月、「風俗」
明治44 (1911)	31	12月、大学の維持存立を確実にすることを目的に募集した大学基金（一口毎月50銭、5ヵ年）に応募し、月々1円（二口）の寄付を始める〈明治学報（明大学友会）24〉	
大正2 (1913)	33		5月29日、東京控訴院判事〈官報〉
大正5 (1916)	36	7月10日、校友会有志により、名古屋控訴院判事就任と校友水田正之の宮城控訴院検事就任の送別会（於築地精養軒）が開催される。出席者は両人のほか、木下友三郎校長、鵜澤聡明学監、布施辰治、山崎今朝弥、水口吉蔵ら28名。この席で尾佐竹は生殖器崇拝の起源について講話を行う〈大学報1〉 12月10日、愛知県校友支部大会（於名古屋市前津香雲軒）に出席〈大学報4〉	7月5日、名古屋控訴院判事〈官報〉
大正6 (1917)	37	2月25日、本学大学規則実施以前の法科卒業生で、学力が大学卒業者同等以上と認められる者に明治大学法学士の称号が授与されることになり、第5回詮衡委員会で詮衡される〈大学報6〉	
大正7 (1918)	38	7月10日、校友会理事会（於本郷燕楽軒）で、4月13日開催の校友総会の決議に基づく評議員の改選が行われ当選する〈大学報23〉 10月、校友会理事の詮衡が行われ当選する〈大学報25〉 12月17日、校友評議員会において大学協議員の選挙が行われ当選する〈大学報28〉	5月23日、東京控訴院判事〈官報〉
大正8 (1919)	39	7月17日、大谷美隆が大学から命じられてスイス、英、独に3ヵ年留学することになり、本学講師及び校友が発起人（代表・藤森達三）となって開催された送別会（於上野精養軒）に出席〈大学報117〉	
大正9 (1920)	40	2月7日、新大学令に準拠する大学設立に向けて基金募集のための大学期成委員会が開催され、東京府下の	2月、「柳河」

第１表　尾佐竹猛明大関係年譜（稿）

注）〈　〉は出典誌紙・図書名と巻号
略号表示したものは下記のとおり
〈大学報〉は「明治大学学報」　〈文年史〉は『明治大学文学部五十年史』
〈百年史〉は『明治大学百年史』　〈田熊〉は田熊渭津子編『尾佐竹猛』
〈履歴書〉は『志賀項羅誌』翻刻版所収
著書は生前に刊行された初版のみ記載した。
「略称」は、「（表２）尾佐竹猛著書一覧」による。

年	歳	明大関係	その他の主要事項 及び著書「略称」
明治13 (1880)			１月20日、石川県羽咋郡に生まれる〈田熊〉
明治29 (1896)	16	５月２日、明治法律学校に入校。本籍は石川県羽咋郡高濱町イ六十四。保証人は横山一平（本郷区本郷一、一）。横山は東洋捕鯨（現在の日本水産）の設立者〈明治法律学校学生名簿〉	
明治30 (1897)	17	第１学年の成績は、民総96、刑法65、刑訴75、法人80、経済80、合計396点で学年第６位〈成績原簿〉〈明治法学８〉	
明治31 (1898)	18	第２学年の成績は、憲法94、物権80、債権75、商法95、民訴65、刑各73、行政100、合計582点で学年第２位〈成績原簿〉〈明治法学８〉	
明治32 (1899)	19	７月10日、明治法律学校卒業。第３学年の成績は、商法84.4、債権85、民訴80、相続100、私法95、公報100、財政80、擬律70、口述82、合計786.9点で学年１位〈成績原簿〉〈明治法学８〉	
明治33 (1900)	20		11月、判事検事登用第一回試験に及第〈官報〉 12月７日、司法官試補、東京地方裁判所詰〈官報〉
明治35 (1902)	22	12月７日、校友会福井支部例会において、会則改正（幹事の増員）にともなう幹事補欠選挙で幹事に選出される〈明治法学51〉	７月９日、福井地方裁判所判事〈田熊〉
明治37 (1904)	24	校友会福井支部大会の選挙及び決議により、指名委員より幹事に指名される〈明治学報（明治学会）78〉	７月、裁判所書記登用試験委員〈学報76〉
明治38 (1905)	25		11月13日、東京区裁判所判事（前任の職名は、福井区裁判所判事兼福井地方裁判所判事判事）〈官報〉

あとがき

本書が刊行されるまで、当明治大学史資料センター（以下、「センター」）の尾佐竹猛研究は三つの段階を経てきたので、以下、その経緯や事情を綴ってみる。

尾佐竹猛のことは、『明治大学百年史』編纂時において、注目されなかったわけではないが、編纂にともなう頁数、時間あるいは体制に制約があった。しかし、それでもできる範囲で取り上げ、のちの調査・研究を期した。

そのため、同年史編纂後の平成九年（一九九七）一〇月、当時の歴史編纂事務室員鈴木秀幸は、尾佐竹猛が幼少年時代を過した石川県の金沢や志賀の史料調査をした。そのことがきっかけとなり、同室では尾佐竹関係の書簡や書籍等を収集することにつとめた。さらに大学史料委員会（百年史編纂委員会を改組）において吉田悦志委員より、本学政治経済学部助教授（当時）山岸智子氏が尾佐竹猛の末裔との報告があり、早速、平成一三年（二〇〇一）七月、山岸氏を囲む研究会を開いた。さらに九月には、山岸氏の案内で、後藤総一郎委員長（故人）以下、尾佐竹猛長男徇氏（故人）宅を訪問、史料調査や聞き取り等を行なった。また同月には石川県金沢市の明治大学全国校友石川大会で、「石川県出身の法律学者尾佐竹猛著作展」（於同市文化ホール）という題名で明治大学と石川県共催により展覧会が開催される（直接担当明治大学図書館飯澤文夫氏）とともに渡辺隆喜副委員長が、尾佐竹猛のことも含めつつ「日本海地域の風土と人間」と題して講演を行なった。このようにして、じょじょに尾佐竹猛研究の気運が盛り上ってきたのである。

以上が第一段階であるが、尾佐竹猛研究開始の強力な援護となったのは、平成一四年（二〇〇二）二月、日本経済評論社社長栗原哲也氏の、歴史編纂事務室来室である。そこにおいて、同氏は室員鈴木秀幸に尾佐竹猛研究書の刊行を提案された。これに基づいて、さらに同年七月、渡辺隆喜副委員長も交えて話し合いを行なった。結局、大学史料委員会において、尾佐竹猛研究および『尾佐竹猛研究』刊行が承認されることとなった。

平成一五年（二〇〇三）五月にはセンター（大学史料委員会・歴史編纂事務室改組）の中に「尾佐竹猛研究会」を分置することになり、それにより七月には第一回研究会が開催され、編集計画立案、構成案作成、さらに研究発表がなされ、以後、継続された。メンバーは以下の通りである。渡辺隆喜、別府昭郎、山泉進、吉田悦志、村上一博、秋谷紀男、山岸智子、長沼秀明、島田栄子、鈴木秀幸。

この間、上記のメンバーに藤田幸男委員、村松玄太室員も加わったセンター全員で、平成一五年七月二七日～二九日、石川県金沢市・志賀町で史料調査に当った。またメンバー各自のテーマに基づいて石川県金沢市・小松市・志賀町、富山県富山市、東京都八丈町等々に出向き、史料調査に奔走した。さらに尾佐竹家親族、尾佐竹猛在職時の明治大学関係者から聞き取りも行なった。こうして、尾佐竹猛に関する調査研究は着実に進められたのであり、この時期は第二段階というべきである。

以下第三段階について、記したい。ところで、平成一六年（二〇〇四）一一月、ゆまに書房から村上一博委員を通じて、『尾佐竹猛著作集』刊行の依頼があった。尾佐竹家等関係者の同意を得たあと、大学史資料センター委員会で検討の結果、編集を了承、同社を交えて数回の打ち合せを行った。それによりセンターの編集により、二〇〇六（平成一八）年一〇月、全二四巻が完結した。直接、編集や執筆に当ったのは、渡辺隆喜、山泉進、村上一博、長沼秀明、飯澤文夫、阿部裕樹である。なお、現在、同センターでは、同書のあとを受けて、同じく明治大学出身法曹『布施辰治著作集』を編集中である。そして平成一七年（二〇〇五）三月、センターの『大学史紀要』第九号では「尾佐竹猛研究Ⅰ」として、翌年三月の第一〇号では「尾佐竹猛研究Ⅱ」として刊行することができた。

その後、同年五月九日、センター事務室において前記日本経済評論社栗原社長・出版部の谷口京延氏と渡辺隆喜所長・鈴木秀幸事務長、阿部室員とにより研究書『尾佐竹猛研究』の刊行が話し合われ、以後、同社と具体的に向けて数回のやり取りをしたあと、一〇月のセンター委員会で審議、承認された。それにより、研究書の刊行に向けて、各自原稿の修正・校正だけではなく、序文やあとがきの執筆や年表作成等々が進められ、このたびの刊行に至ったのである。

その間、センターでは第一八回明治大学小史展で「尾佐竹猛展」を平成一七年五月～九月まで、学内の大学会館において開催した（直接担当阿部裕樹室員）。また一般社会人に向けた本学リバティアカデミー講座では「明大人の遺産（1）尾佐竹猛」と題して、全六回の講義を行った（講師はコーディネーター村上一博、渡辺隆喜、長沼秀明、吉田悦志、山岸智子、鈴木秀幸）。

こうして、ひとまずセンターによる尾佐竹猛研究は終了したのであるが、少なくとも同研究の先駆的役割を任ったこと、また諸分野より検討がなされたこと、さらに「駿台学の樹立」考察の問題提起をなしたことは確かである。しかしまだまだ研究すべきことは多々あり、今後、ますます発展させていかなければならない。

なお、本書に収めた論稿の初出は以下のとおりである。

序　章　渡辺隆喜　尾佐竹史学の成立とその特色（『大学史紀要』第八号、二〇〇三年一二月）

第1章　村上一博　司法官・尾佐竹猛の時事法律論——民衆の法律化・人権蹂躙・貞操蹂躙——（『大学史紀要』第一〇号、二〇〇六年三月）

第2章　山泉進　裁判と事件と歴史——「裁判事件史」開拓者としての尾佐竹猛——（『大学史紀要』第九号、二〇〇五年三月）

第3章　秋谷紀男　尾佐竹猛の賭博史研究——司法官・歴史家としての尾佐竹猛——（『大学史紀要』第一〇号、

二〇〇六年三月）
第4章　渡辺隆喜　民権結社の成立と地方民会論（『大学史紀要』第九号、二〇〇五年三月）
第5章　長沼秀明　明治文化研究会をつらぬく駿台学の系譜――尾佐竹猛の明治文化研究の歴史的意義――（『大学史紀要』第九号、二〇〇五年三月）
第6章　吉田悦志　尾佐竹猛における「歴史と文学」の位相――融通無碍の一貫性――（『大学史紀要』第一〇号、二〇〇六年三月）
第7章　鈴木秀幸　近代史の中の郷土――加能地方出身の尾佐竹猛について――（『大学史紀要』第一〇号、二〇〇六年三月）
第8章　山岸智子　アンビヴァレンスの人――家族のなかの尾佐竹猛――（『大学史紀要』第一〇号、二〇〇六年三月）
第9章　飯澤文夫　書誌調査からみた尾佐竹猛――明治大学での事蹟を中心に――（『大学史紀要』第九号、二〇〇五年三月）

本研究に当っては、尾佐竹猛長男徇氏（故人）、雅子御夫妻をはじめとして、多くの方々の御指導と御協力をいただき、深謝しております。紙数の関係でお名前を省略させていただくことをお詫び申し上げます。

また本書出版は、日本経済評論社社長栗原哲也氏をはじめ、社員の方々の御支援と御尽力によるものであります。

末筆ながら謝意を申し上げます。

尾佐竹猛略年譜

年	年齢	尾佐竹猛年譜		出来事
1880(明治13)	0	石川県羽咋郡に尾佐竹保の長男として出生	石川	
1881(明治14)				明治法律学校（明治大学の前身）開校
1886(明治19)	6	大念寺新小学校（明治22年に高浜小学校と改称）入学		
1889(明治22)				大日本帝国憲法発布
1890(明治23)				第1回帝国議会
1896(明治29)	16	明治法律学校に入学	東京	
1899(明治32)	19	明治法律学校卒業		
1900(明治33)	20	判事検事登用試験合格		
1902(明治35)	22	福井地方裁判所判事	福井	
1904(明治37)	24			日露戦争
1905(明治38)	25	東京区裁判所判事	東京	
1908(明治41)	28	新島区裁判所判事を兼任		
1910(明治43)	30	東京地方裁判所判事を兼任		大逆事件
1913(大正2)	33	東京控訴院判事		
1916(大正5)	36	名古屋控訴院判事	名古屋	
1918(大正7)	38	東京控訴院判事	東京	
1920(大正9)				大学令に基づいた明治大学認可
1923(大正12)				関東大震災
1924(大正13)	44	大審院判事		
1925(大正14)				普通選挙法、治安維持法公布
1928(昭和3)	48	法学博士		
1929(昭和4)	49	明治大学法学部講師		
1931(昭和6)	51	明治大学法学部教授、同文科専門部教授		
1932(昭和7)	52	明治大学文科専門部長、明治文化研究会会長		明治大学文科専門部認可
1937(昭和12)				日中戦争
1941(昭和16)				太平洋戦争
1944(昭和19)	64	福井に疎開	福井	
1945(昭和20)	65	帰京	東京	
1946(昭和21)	66	死去		

(参考図書・資料)　田熊渭津子『尾佐竹猛』(日外アソシエーツ、1983年)、飯澤文夫「書誌調査からみた尾佐竹猛――明治大学での事蹟を中心に――」(明治大学史資料センター編集『大学史紀要』第9号、2005年)、長沼秀明作成「尾佐竹猛略年譜（稿）」

【執筆者一覧】（執筆順）

渡辺隆喜　明治大学史資料センター所長　学校法人明治大学理事　文学部教授

村上一博　明治大学史資料センター運営委員　法学部教授

山泉　進　明治大学史資料センター運営委員　法学部教授

秋谷紀男　明治大学史資料センター運営委員　政治経済学部教授

長沼秀明　明治大学史資料センター研究調査員　文学部講師

吉田悦志　明治大学史資料センター運営委員　政治経済学部教授

鈴木秀幸　明治大学史資料センター運営委員　調査役（大学史担当）　文学部講師

山岸智子　明治大学史資料センター研究調査員　政治経済学部教授

飯澤文夫　明治大学史資料センター運営委員　図書館事務長　文学部講師

尾佐竹《おさたけ》 猛研究《たけきけんきゅう》

2007年10月1日　第1刷発行　定価（本体4500円＋税）

編　者　明治大学史資料センター
発行者　栗　原　哲　也

発行所　株式会社　日本経済評論社
〒101-0051 東京都千代田区神田神保町3-2
電話 03-3230-1661 FAX 03-3265-2993
URL : http://www.nikkeihyo.co.jp
印刷・シナノ＊製本・美行製本
装幀　渡辺美知子

乱丁・落丁本はお取り替えいたします　Printed in Japan

ISBN978-4-8188-1960-3 C3021

村上一博編著

日本近代法学の揺籃と明治法律学校

四三〇〇円

人々の権利と自由に必要な法学の普及とそれを担う法曹の養成を目的として開校された明治法律学校（明治大学の前身）の資料により黎明期日本法学教育の発展を実証的に解明する。

渡辺隆喜著

日本政党成立史序説

六八〇〇円

近代日本の政党形成期（明治前期）を中心に、地租軽減の自由民権運動の消長を考察しながら、地域の利害を反映させた政党の形成過程をみる。

鈴木しず子著

『男女同権論』の男

―深間内《ふかまうち》基《もとい》とその時代

三〇〇〇円

J・S・ミル『男女同権論』を初めて訳し日本に紹介した深間内基。その思想、精神は、仙台の女子自由党結成への道を開いた。彼の仕事と行動、時代状況を積み重ね実像に迫る。

同時代史学会論

日本国憲法の同時代史

二八〇〇円

戦後六〇年をともに歩んできた憲法。日米安保、東アジア、「外国人」問題、終わらない「戦後」、社会政策論、「家族」像など、多彩な視点から憲法を考える論点を提示する。

源川真希著

東京市政

―首都の現代史―

三二〇〇円

都市空間の拡大、国政と市政・都政、戦争と東京、地域社会と人々の生活、「市民」の形成等々、帝都の誕生から現代までの歴史的展開を追う。

（価格は税抜）

日本経済評論社